PRO HERALDICA
Enkelmann

Impressum:

2. erweiterte Auflage
1987 Copyright by Jahn & Ernst Verlag,
Wilhelmstraße 22
2100 Hamburg 90

Satz: Druckzentrum Harburg

ISBN 3-925242-15-5

ENKELMANN Königstein

Überzeugen, aber wie?

ABC der Beeinflussungskunst

Rhetorik

Jahn & Ernst Verlag

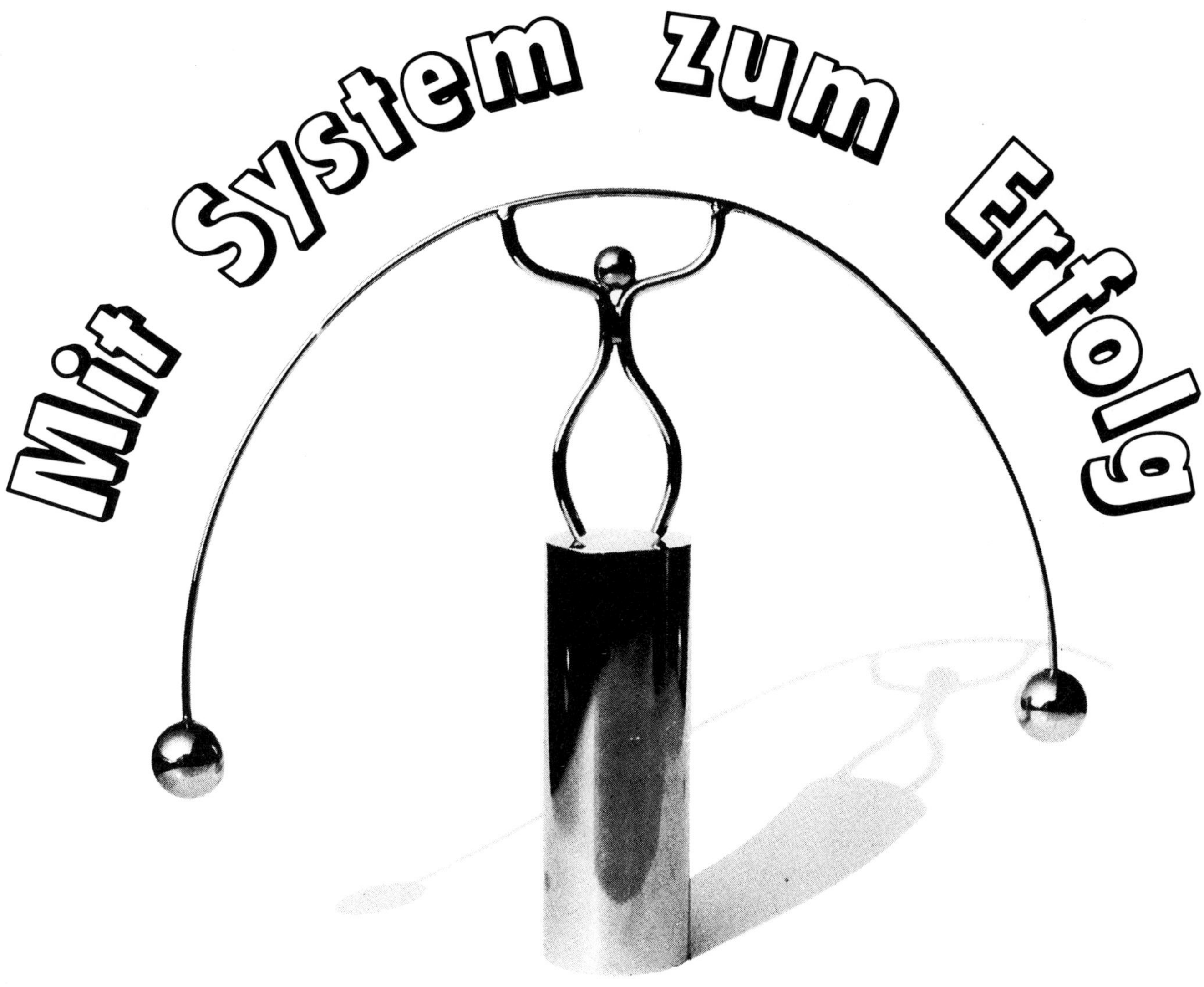

Das Institut für Rhetorik und Persönlichkeitsbildung in Königstein/Taunus hat sich zum Ziel gesetzt, all die menschlichen Eigenschaften und Fähigkeiten zu entfalten, die den Menschen zu einer glücklichen Persönlichkeit machen.
Der Inhalt dieses Buches soll Ihnen helfen, Ihre Mitmenschen besser zu verstehen, um sie wirkungsvoll behandeln zu können.
Umgang mit Menschen und Menschenführung sind die wichtigsten Voraussetzungen für ein erfolgreiches und glückliches Leben.

Viele Ehen und Karrieren scheitern nur, weil man den Partner nicht richtig anzusprechen versteht.
Dieses Buch der Überzeugungskunst ist entstanden aus 25-jähriger Schulungspraxis des Psychologen Nikolaus B. Enkelmann, der Spezialist für Rhetorik, Sprecherziehung, Entspannungstechnik und Menschenführung ist. Die hier gegebenen Tips und Anregungen sind praxisbewährt und lassen sich kurzfristig umsetzen.

Inhaltsverzeichnis

Inhaltsverzeichnis

ZUM LOBE DER REDE

1. **Der Redner hat die Kraft, Ideen stark und mächtig zu machen, und er hat die Macht, durch die Kraft des gesprochenen Wortes die Zukunft mitzugestalten.**

2. **Dichter werden geboren; Redner werden gemacht.**

Cicero

3. **Der Macht des Menschen sind keine Grenzen gesetzt, weder der Gewalt des Wortes noch der des Geistes.**

Vivekananda

4. **Klar ausdrücken kann man nur das, was man zuvor klar durchdacht hat. Unklare Gedanken ergeben unklare Worte.**

Bongardt

5. **Das Schweigen ist nach dem Reden die zweite Großmacht der Welt.**

La Cordaire

6. **Der Mensch wirkt durch das Wort.**

Felix von Eckhardt

7. **Andere Menschen durch eine Menschenrede zu gewinnen —, welch eine herrliche Aufgabe, wahrlich ein Sieg der Persönlichkeit.**

Eduard Engel

8. **Etwas, worüber man nicht redet, ist gar nicht geschehen. Nur das Wort gibt den Dingen Realität.**

Oscar Wilde

9. **Wer seinen Geist nicht durch die Redekunst ordnet und übt, liest auch alles zu oberflächlich.**

Melanchthon

10. **Auch meine Worte können Balsam oder Gift sein.**

11. **Wer so spricht, daß man ihn versteht, spricht gut.**

Molière

12. **Nichts kann den Menschen mehr stärken, als das Vertrauen, das man ihm entgegenbringt.**

13. **Man kann ohne Liebe Holz spalten, Ziegel formen, Eisen schmieden, aber mit Menschen darf man nicht ohne Liebe umgehen.**

Leo Tolstoi

Grundgesetze der Lebensentfaltung

1. Nur der Mensch hat die Kraft, bewußt zu denken, zu planen und zu gestalten. Nur er kann sich selbst und damit sein Schicksal und seine Zukunft gezielt beeinflussen.
2. Am Anfang jeder Tat steht die Idee. Nur was gedacht wurde, existiert.
3. Gedanken entwickeln sich im Unterbewußtsein. Aus dem Menschen selbst oder durch äußere Einflüsse.
4. Das Unterbewußtsein — die Baustelle des Lebens und der Arbeitsraum der Seele — hat die Tendenz, jeden Gedanken zu realisieren.
5. Aus dem kleinsten Gedankenfunken kann ein leuchtendes Feuer werden.
6. Was wachsen soll, braucht Nahrung. Die Nahrung der Gedanken ist die Konzentration.
7. Bewußte oder unbewußte Konzentration ist Verdichtung von Lebensenergie.
8. Im Streit zwischen Gefühl und Intellekt siegt immer das Gefühl.
9. Gefühle lenken und verstärken die Konzentration unbewußt, aber nachdrücklich.

10. Durch eine gezielte Entscheidung
kann die Aufmerksamkeit
auf jeden ausgewählten Punkt gelenkt werden.

11. Beachtung bringt Verstärkung.
Nichtbeachtung bringt Befreiung.

12. Zustimmung aktiviert Kräfte —
Ablehnung vernichtet Lebenskraft.

13. Die ständige Wiederholung einer Idee
wird erst zum Glauben — dann zur Überzeugung.
(Auch in negativer Hinsicht)

14. Glaube führt zur Tat.
Konzentration führt zum Erfolg.
Wiederholung führt zur Meisterschaft.

Was Du denkst, das wirst Du

Die Philosophie der Erfolgreichen

Den erfolgreichen Menschen erkennt man
auf den ersten Blick.
Man sieht, daß etwas in ihm steckt,
und man spürt, daß er eine schöpferische Kraft
in sich trägt.
Er hat einen offenen Blick;
schon nach den ersten Worten bemerkt man,
daß man ihm gute Leistungen zutrauen kann.
Der erfolgreiche Mensch gehört zu den
Menschen, die früher oder später mit
beständiger Sicherheit an die Spitze kommen.
Ein bestimmter Geist zeichnet ihn aus.
Es ist der Geist der Initiative, des Mutes
und der Arbeitsfreude.
Der erfolgreiche Mensch hat eine nur ihm
zukommende Lebensanschauung.
Er glaubt nicht an Intrigen und Lügen.
Er glaubt nicht an den Zufall.
Er wartet nicht auf bessere Zeiten.
Er weiß, das alles sind nur Ausreden.
Dagegen glaubt der Tüchtige
an die Wirksamkeit seiner Leistung.
Er glaubt daran, daß er sich
selbst anstrengen muß.
Er vertraut seiner Fähigkeit, auch Durststrecken
durchstehen zu können.
Er glaubt vor allem an die treibende Kraft,
die von großen Zielen ausgeht.

Die Kunst zu überzeugen — eine lebenswichtige Fähigkeit

Wir alle mußten oft erfahren, wie schmerzlich es ist, wenn man die Wahrheit sagt — aber man vertraut uns nicht, wir hatten recht — doch man glaubte uns nicht, wir hatten eine großartige Idee — aber wir konnten andere nicht davon überzeugen, wir machten gute Erfahrungen mit einem Produkt, einer Dienstleistung, einem Buch, einer Methode, einem Lehrgang, einer Reise — aber andere blieben skeptisch. Eine wohlmeinende Absicht, eine gute Idee allein genügen nicht, wie Sie sehen, um andere zu gewinnen. Was uns fehlt, ist eine lebenswichtige Fähigkeit:

Die Kunst des Überzeugens

Zur Entfaltung dieser Kunst schlage ich Ihnen ein kleines Entwicklungsprogramm vor. Beginnen wir mit dem 1. und 2. Denkgesetz.

1. Denkgesetz:

Nur der Mensch hat die Kraft, bewußt zu denken, zu planen und zu gestalten. Nur er kann sich selbst und damit sein Schicksal und seine Zukunft beeinflussen.

2. Denkgesetz:

Am Anfang jeder Tat steht die Idee. Nur was gedacht wurde, existiert.

Machen Sie sich bitte schriftlich bewußt, wie wichtig die Fähigkeit, andere zu überzeugen, ist. Nehmen Sie den Stift und suchen Sie 10 Gründe, warum die Kunst zu überzeugen gerade für Sie so wesentlich ist. Aber bitte schriftlich!

1. ____________________
2. ____________________
3. ____________________
4. ____________________
5. ____________________
6. ____________________
7. ____________________
8. ____________________
9. ____________________
10. ____________________

11. Denkgesetz:

Beachtung bringt Verstärkung. Nichtbeachtung bringt Befreiung.

Deshalb ist es so wichtig, dies schriftlich zu machen, denn **Aufmerksamkeit ist das Mittel zur Beseelung der Gedanken.**

Lassen Sie sich einige Tage Zeit. Ihr Unterbewußtsein hat jetzt einen klaren Arbeitsauftrag und wird sich intensiv mit der Suche nach Gründen beschäftigen. Lesen Sie Ihre Liste ab und zu durch und erweitern Sie sie immer mehr. Eine Flut von kleinen und großen Gründen wird Ihnen einfallen und so langsam die Erkenntnis und damit den Entschluß reifen lassen: die Kunst, andere zu überzeugen, ist eine meiner allerwichtigsten Fähigkeiten. Erst dann beginnen Sie mit der zweiten Aufgabe.

Schreiben Sie die Namen von mindestens 10 Personen auf, die Ihrer Meinung nach Meister sind in der Kunst des Überzeugens. Das können Persönlichkeiten aus Politik, Wirtschaft, Kunst, Geschichte, Theater oder Wissenschaft und aus Ihrem persönlichen Bekanntenkreis sein. Notieren Sie zu jeder Persönlichkeit auch eine kurze Begründung. Notieren Sie, WARUM jemand so erfolgreich ist. Das läßt Ihre Erkenntnisfähigkeit enorm wachsen.

1. ____________________
2. ____________________
3. ____________________
4. ____________________
5. ____________________
6. ____________________

7. ______________________________

8. ______________________________

9. ______________________________

10. ______________________________

3. Denkgesetz:

Gedanken entwickeln sich im Unterbewußtsein. Aus dem Menschen selbst oder durch äußere Einflüsse.

Haben Sie immer Notizpapier bei sich. Eine Fülle von Ideen und Begründungen werden Ihnen klar werden. Es ist aber wichtig, diese sofort zu notieren, da der Alltag sonst Ihre Gedanken verschluckt. Also nicht mehr warten — **sofort** beginnen!
Es ist absolut zu wenig, die Gesetze des Denkens nur zu studieren. Machen Sie sich die kleine Mühe, sie auswendig zu lernen. Denn nur so stehen sie Ihnen immer bewußt und vor allem **unbewußt**, das heißt gefühlsmäßig, zur Verfügung. Die Denkgesetze werden somit zu Bausteinen, mit denen Ihr Unterbewußtsein die Kunst des Überzeugens für Sie aufbaut.

Praxis ist alles!

Nur durch das Praktizieren gelangt der Mensch vom kalten Wissen zur Erkenntnis und zur lebendigen Erfahrung. Die Denkgesetze zeigen uns den Weg, aus unserem Leben das Beste zu machen. Darum also üben und trainieren? Der Alltag ist unser Trainingsfeld. Doch weiter in unserem Entfaltungsprogramm:

Durch die zwei ersten Übungen wurde Ihnen bewußt:

1. wie wichtig die Kunst des Überzeugens ist,

2. wer ein Meister darin ist.

Dadurch wuchs in Ihnen der Wunsch, es auch zur Meisterschaft zu bringen.

**Bewußtsein
bewirkt
Schöpfung!**

Bevor wir nun einen Schritt weitergehen, lesen Sie sich die Ergebnisse der 1. und 2. Aufgabe noch einmal durch. Dabei fällt Ihnen noch etwas Neues dazu ein, das Sie auch sofort notieren. Diese Übungen haben einen tiefenpsychologischen Hintergrund. Dazu eine kleine Geschichte: Als junger Mann hielt Goethe eine Ansprache anläßlich des Geburtstages von Shakespeare, in der er unter anderem sagte: **Eigenschaften und Fähigkeiten, die wir an anderen Menschen erkennen, davon tragen wir den Stempel in uns selbst.** Wir arbeiten also wieder mit dem

6. Denkgesetz:

**Was wachsen soll, braucht Nahrung.
Die Nahrung der Gedanken ist die Konzentration.**

7. Denkgesetz:

Bewußte oder unbewußte Konzentration ist Verdichtung von Lebensenergie.

und dem

9. Denkgesetz:

Gefühle lenken und verstärken die Konzentration unbewußt, aber nachdrücklich.

10. Denkgesetz:

Durch eine gezielte Entscheidung kann die Aufmerksamkeit auf jeden ausgewählten Punkt gelenkt werden.

Überzeugen heißt beeinflussen!

Beeinflussen kann man aber nur jemanden, der bereit ist, etwas in sich »einfließen« zu lassen, der sich öffnet, der zuhört, der aufmerksam ist. Deshalb ist die Aggression der größte Feind der Überzeugungskunst. Aggression verschließt und verhärtet. Jede Aggressivität ist daher unbedingt auszuschalten. Kein Erfolg ist möglich ohne die Hilfe des Anderen, des Nächsten. Dazu aber brauchen wir Achtung, Vertrauen, ja Zuneigung. Jeder Mensch muß Sie gern haben und Sie als sympathischen und liebenswürdigen Menschen schätzen.

Nehmen Sie wieder einen großen Bogen und stellen Sie sich vor einen großen Spiegel oder nehmen Sie sich kritisch ein Foto vor, das in jüngster Zeit von Ihnen gemacht worden ist.

Sicherlich fühlen Sie, worauf diese Geschichte hinaus will. Daß es nur möglich ist, Menschen zu führen, wenn man weiß, was im Menschen vorgeht, und wenn man weiß, wie notwendig es ist, ganz bestimmte Inhalte zu verändern. Immer wieder spricht man von der modernen Menschenführung, von Suggestivtechnik. Suggestion ist »Eingebung«, willkürliche geistige Beeinflussung der Gefühle, Vorstellungen und Willensabläufe eines anderen. Jeder Mensch ist suggestibel, das heißt, der Suggestion zugänglich.

Eine Suggestion ist eine zweifelsfreie Behauptung. Also nicht ein entschiedenes 'Vielleicht' oder 'Wahrscheinlich', sondern ein 'Sich-fest-legen'. In unseren Rhetorikkursen für Fortgeschrittene haben wir oft Teilnehmer, die berichten, daß sie, seitdem sie sich bemühen, präziser und suggestiver zu sprechen, weniger Rückfragen haben als je zuvor. Denn immer wieder, wenn etwas schiefgegangen ist, hören Sie den Satz »Ich habe mir gedacht . . .». Dann wissen Sie schon, daß es wieder etwas geradezubiegen gibt. Wenn es nun aber gelingt, zweifelsfrei ganz bestimmte Informationen in das Unterbewußtsein unserer Mitarbeiter zu lenken, kann unser Mitarbeiter gar nicht anders, als unter dem Zwang dieses suggestiven Einflusses auch den Befehl folgerichtig durchzuführen.

Es kommt darauf an, daß Ihre Anweisungen sich möglichst tief und eindeutig im Unterbewußtsein Ihrer Mitarbeiter einnisten, also tiefe Engrammkomplexe bilden. Besprechen Sie Ihre Mitarbeiter wie eine Tonbandkassette. Wenn Sie ein Tonband schwach besprechen, dann kommt das Echo selbstverständlich schwach zurück. Wenn Sie ein Tonband unsicher besprechen, wie kann nur das Echo sein? Unsicher!

Sie sehen also, wieweit wir hier eine Möglichkeit in der Hand haben, durch unser eigenes Verhalten das Echo und die Reaktion unserer Mitarbeiter selbst zu bestimmen.

Wovon hängen Tiefenwirkung und Prägefähigkeit Ihrer Beeinflussungsfähigkeit ab? Die einzige Voraussetzung, um die Kraft Ihrer Suggestionsfähigkeit zu steigern, ist Ihre **Konzentrationsfähigkeit.** Je konzentrierter und eindeutiger Sie selbst Ihre Anordnungen suggestiv in das Gehirn Ihrer Mitarbeiter hineinspeichern, um so fester verankern Sie dort Ihre Informationen.

Wenn also Konzentrationsfähigkeit die wichtigste Eigenschaft für eine Führungskraft ist, dann werden Sie erkennen, daß Nervosität die negativste ist. Je nervöser, je abgehetzter Sie sind, um so geringer ist der Einfluß, der von Ihnen ausgeht. Darum setzt die Fähigkeit, Mitarbeiter zu führen, nicht nur den Mitarbeiter voraus, der willens ist, sich führen zu lassen, sondern von dem Motivator wird noch mehr verlangt.

Durch welche Kanäle ist nun das Unterbewußtsein des Menschen am stärksten beeinflußbar? Durch die Sinne natürlich, vor allem durch Augen und Ohren. Dabei ist es interessant, zu bedenken, daß der Mensch die Augen schließt, den optischen Sinn also während des Schlafes abschalten kann, daß unsere Ohren aber ständig geöffnet sind. Das heißt, daß auch jemand, der nicht zusieht, trotzdem durch akustische Informationen ständig beeinflußt wird. Der stärkste suggestive Einfluß entsteht, wenn Optik und Akustik sich verbinden.

Vorbild zu sein ist also die stärkste Macht!

Wir wissen heute, daß der Mensch zu 15 % von seinen Erbanlagen und zu ca. 85 % von seiner Umwelt beeinflußt wird. Zum allergrößten Teil also ist der Mensch Produkt seiner Umwelt. **Sie** sind für Ihre Mitarbeiter Umwelt. **Sie** bestimmen, wie Ihre Mitarbeiter reagieren. Wie stark ist Ihre Fähigkeit, in Ihren Mitarbeitern ein positives Echo wachzurufen?
Durch Presse oder Fernsehen haben Sie sicher erfahren, daß Österreichs Skispringer bei der letzten Olympiade in Innsbruck Gold- und Silbermedaillen gewonnen haben. Vor 12 Jahren gewann Baldur Preiml in Grenoble eine Bronzemedaille im Skispringen. Danach hörte man vom österreichischen Skisprung nichts mehr. Trotz bester Voraussetzungen war die Nationalmannschaft eine der schlechtesten der Welt. Der größte Teil österreichischen Exports aber besteht aus Skiern und Skiartikeln. Die Motivation, österreichische Skier zu kaufen, war gering. So kam die Industrie auf die Idee, wieder sportliche Siege zu fordern. Auf der Suche nach einer dafür geeigneten Persönlichkeit kam man auf Prof. Baldur Preiml, dem es auch tatsächlich gelang, mit Hilfe psychologischer Menschenführung innerhalb von 2 Jahren die österreichischen »Adler« zur Weltelite zu bringen. Hier zeigt sich, daß es möglich ist, das Leistungsniveau des Menschen bis ans Wunderbare zu heben, wenn von einer Persönlichkeit die Kraft ausgeht, die Mitarbeiter anzuspornen.
Wir selbst also sind die Umwelt unserer Mitarbeiter. Wir selbst bestimmen weitestgehend, wie andere reagieren. Die 14 Denkgesetze enthalten alle diese psychologischen Naturgesetze. Beginnen wir mit dem

2. Denkgesetz:

Am Anfang jeder Tat steht die Idee.
Nur was gedacht wurde, existiert.

Ein Mitarbeiter kann noch so bereit sein, Ihre Anordnungen durchzuführen, wenn sie ihm aber nicht klar sind, nützt der beste Wille nichts. Hier müssen wir uns selbst einmal an die Brust schlagen. Gehen wir nicht oft von der falschen Voraussetzung aus, unsere Mitmenschen als Gedankenleser zu betrachten? Müßten sie nicht merken, was wir wollen? Nein! Wir setzen beim anderen viel zuviel voraus. Wir nehmen uns nicht die Mühe, den anderen zu informieren und in unsere Gedankengänge einzuweihen. Das ist eine große Unterlassungssünde.

Das

5. Denkgesetz

sagt:

Aus dem kleinsten Gedankenfunken kann ein leuchtendes Feuer werden.

Es sind seine Gedanken, seine Bewußtseinsinhalte, die einen Mitarbeiter zu seiner höchsten Leistungsfähigkeit antreiben können; aber es sind auch seine Gedanken und Gefühle, die einen Mitarbeiter dazu veranlassen können, daß er aufgibt und resigniert. Ein neurotischer Chef kann einen ganzen Betrieb verrückt machen; ein harmonischer, dynamischer führungsfähiger Chef aber kann auch seinen ganzen Betrieb mitreißen, er kann in den Köpfen seiner Mitarbeiter zukunftsfrohe Ideen aktivieren.

Das

11. Denkgesetz

lautet:

Beachtung bringt Verstärkung.
Nichtbeachtung bringt Befreiung.

Das

12. Denkgesetz

lautet:

Zustimmung aktiviert Kräfte —
Ablehnung vernichtet Lebenskraft

Wir beschäftigen uns viel zu oft mit dem, was wir **nicht** wollen und viel zu selten mit dem, **was oder wie** wir etwas wollen. Setzen wir uns weniger mit den Fehlern unserer Mitarbeiter auseinander als mit ihren positiven Anlagen. Konzentrieren wir uns also

auf das, was wir wollen! Viele wiederholen immer und immer wieder, was ihnen nicht paßt, was sie nicht mögen. Damit ärgern sie die Kritisierten bis zur Weißglut. Was man aber eigentlich will — das zu formulieren, ist manchem einfach unmöglich. Auch in der Schule hatten wir schon Lehrer, die aus uns herausholen konnten, was andere für unmöglich hielten, oder aber wir hatten Lehrer, denen wir auf dem Kopf herumtanzten.
Eine der wichtigsten Aufgaben also, die ein Unternehmer sich heute stellen muß, ist tatsächlich die Fähigkeit, das aus einem Menschen herauszuholen, was aufgrund seiner Anlagen möglich ist.
Nicht in der Ablehnung — im Kritisieren, Schimpfen, Nörgeln oder (noch schlimmer) im Ironisieren — liegt Ihre Beeinflussungskraft, sondern in der Bejahung, in der Anerkennung, in der richtigen, positiven, suggestiven Führung gewinnen Sie.
Dabei ist das

13. Denkgesetz

vielleicht das Wichtigste:

Die ständige Wiederholung einer Idee wird erst zum Glauben — dann zur Überzeugung. (Auch in negativer Hinsicht)

Felsenfeste Überzeugung also, der sichere Glaube, von dem man sagt, daß er Berge versetzen könne, macht erst die Kräfte bereit, um die Behauptung zu realisieren. Die Werbung praktiziert dieses Denkgesetz jeden Tag, um Millionen von Menschen zu manipulieren. Warum verzichten Sie bei Ihrer schwierigen Aufgabe der Menschenführung auf diese Erkenntnisse? Schon Pestalozzi erkannte vor Jahren, daß mancher etwas Gutes tue, weil man ihm etwas Gutes zutraue. Ein altes Gesetz also.
Mendès-France, der große französische Politiker, hat gesagt: Wir haben nur zwei Möglichkeiten. Entweder einzugestehen, daß wir uns geirrt haben, oder etwas so oft zu wiederholen, bis es sich realisiert hat. Sie haben sich mit einer Idee, einem Plan, wochenlang auseinandergesetzt. Dann aber glauben Sie, es Ihren Mitarbeitern einmal sagen zu müssen genüge. Ja, Sie sind vielleicht sogar noch erstaunt, daß der Betrieb nicht sofort reagiert, wenn Sie eine Anordnung einmal geben. Das **kann** nicht gut gehen! Denn Ihre Ideen sind für andere Fremdkörper. Durch die fortdauernde Wiederholung aber, durch Erklären, Beschreiben, Vorwegnehmen der Wirkungen und Zustände, durch Hervorheben und Unterstreichen der zu erwartenden Vorteile und Besserungen allein wird Ihr Plan auch zum geistigen Eigentum Ihres Mitarbeiters. Denn:

einmal sagen ist keinmal sagen!

Erinnern Sie sich, wie oft Ihre Mutter Ihnen etwas sagen mußte? Auch aus der Werbepsychologie wissen Sie, daß eine Anzeige allein nichts nützt. Entweder lassen Sie eine ganze Serie von Annoncen los, oder Sie lassen es ganz sein. Ein einsamer Impuls wird durch andere überdeckt.
Das

11. Denkgesetz

lautet:

Beachtung bringt Verstärkung.
Nichtbeachtung bringt Befreiung.

Wenn Sie bei Ihren Mitarbeitern Fehler beachten, werden die Fehler von Tag zu Tag zunehmen. Wenn Sie bei Ihren Mitarbeitern die positiven Eigenschaften beachten, werden diese positiven Eigenschaften von Tag zu Tag zunehmen.
Einer unserer Kursteilnehmer, Direktor einer Dresdner Bank, bewahrte auf seinem Schreibtisch — wir sahen es bei einem Besuch — ein Tageskärtchen auf mit dem Text:

Ein Chef, der an seinen Mitarbeitern nichts Gutes findet, ist nur zu faul, danach zu suchen.

Solch ein Chef ist in der Lage, ein gutes Betriebsklima zu erreichen. Alle Antriebe in uns existieren aus der Beachtung. Warum haben wir nur die starke Neigung, immer nur auf die Fehler zu achten? Wenn wir das Positive zu wenig anerkennen, bekommt der Mitarbeiter zu wenig Erfolgserlebnisse. Haben Sie schon je in Ihrem Leben das Gefühl gehabt, zu stark anerkannt, zu viel gelobt, zu heftig geliebt worden zu sein????
Wie Sie erkennen, ist es mit den »Streicheleinheiten« wie mit dem Geld. Man kann nie davon genug bekommen. Wenn Sie auch bemerkten, daß Sie selbst ein »Streicheldefizit« haben, glauben Sie dann, Ihren

Mitarbeitern ginge es anders? Jetzt sehen Sie klar, welche positive Chance Sie mit dem 13. und 14. Denkgesetz erhalten haben:

Alle Antriebe existieren nur aus der Beachtung!

Es ist ein straffer Selbsterziehungsprozeß, uns dahin zu bringen, am andern die positiven Seiten zu bemerken. Kein Mensch ist ein Engel. Jeder hat — wie eine Münze — zwei Seiten, aber wer zwingt uns denn dazu, immer nur die negative Seite zu betrachten? Da alles vom Menschen ausgeht, so hängt doch auch Ihr Erfolg von dem Leistungsvermögen und — noch wichtiger — von der Leistungsbereitschaft Ihrer Mitarbeiter ab. Wenn Sie also immer nur auf deren Schwächen achten, dann werden Sie das Letzte, das Beste, das Höchste niemals aus ihnen herausholen. Wir kennen viele Chefs, für die die Mitarbeiter »durchs Feuer« gehen. Welche Art Führungspersönlichkeiten waren das, die das erreichten? Es waren Menschen, die immer wieder auf das Gute achteten. Man kann es hier zu einer wirklichen Meisterschaft bringen, immer das zu bemerken und anzuerkennen, was wir im anderen aktivieren wollen.

Das

14. Denkgesetz

sagt:

**Glaube führt zur Tat.
Konzentration zum Erfolg.
Wiederholung führt zur Meisterschaft.**

Wiederholung zwingt also den Menschen später dazu, automatisch nach einer bestimmten Zigarette oder Seife zu greifen. Wenn die großen Markenfirmen nur ein Vierteljahr lang darauf verzichten würden, ihre Thesen zu wiederholen, wie — meinen Sie — werden dann wohl die Bilanzen aussehen? Keine große Firma kann sich dieses Risiko erlauben.
Worauf es ankommt, ist die Kunst, ganz bestimmte Vorstellungen, Anordnungen und Ziele so lange zu wiederholen, bis sie sich im Unterbewußtsein unserer Mitarbeiter festgesetzt haben und somit zu einer automatischen Reiz-Reaktions-Kette geworden sind. Alles hängt also ab von dem Mann oder der Frau, die den Ton angeben, die Motivator sind.
Welche Voraussetzungen sollte so ein Motivator haben? Auch hier gilt, daß noch kein Genie vom Himmel gefallen ist. Doch **jedes Talent entfaltet sich durch Betätigung**. Wir haben doch täglich die Möglichkeit, unsere Talente in der Menschenführung zu betätigen, um so nicht nur unser Können und unsere Fähigkeiten, sondern auch unseren Einfluß und unsere Macht zu erweitern. Dwight D. Eisenhower hat einmal gesagt: »Führen ist die Fähigkeit, einen Menschen dazu zu bringen, das zu tun, was man will, wann man will und wie man will — weil er selbst es so will«.
Für Sie ist also die wichtigste Frage: Will ich überhaupt führen oder möchte ich lieber geführt **werden**?
Wenn wir uns aber nun dazu bekennen, aktive Menschenführung zu betreiben, dann sollten wir dies nicht mehr unbewußt, sondern ganz gezielt tun. Daraus erwächst das notwendige und starke Selbstbewußtsein, das jede Führungskraft unbedingt auszeichnen muß.

Die zweite Frage, die viel zu selten gestellt wird, ist die: Wozu oder wohin will ich meine Mitarbeiter bringen? Führen ist die Fähigkeit, ein Ziel zu haben und dieses Ziel plastisch vorstellbar beschreiben zu können! Bei vielen Unternehmerseminaren muß man feststellen, wie schwer es fällt, Unternehmerziele zu definieren. Darum sollten Sie sich die konkrete Frage stellen: »Was will ich erreichen?« und zwar, **bevor** Sie mit Ihren Mitarbeitern reden. Zielklarheit ist das erste und wichtigste Anliegen. Zielklarheit ist das Geheimnis der Konzentrationsfähigkeit. Menschen, die sich nicht konzentrieren können, wissen nicht, was sie wollen. Sie sind zerstreut und flatterhaft, haben tausend Gedanken und Ideen im Kopf, aber können keinen einzigen Gedanken stark und mächtig machen und durchführen.

Die Frage nach dem Ziel ist also die erste. Dann kommt die Frage nach dem Weg, dem rationellsten. Was dient, was schadet dem Unternehmen? Je eindeutiger Sie wissen, was Sie wollen, desto leichter machen Sie es Ihren Mitarbeitern, Ihnen zu folgen. Sie können aber nicht von Ihren Mitarbeitern verlangen, daß man bereit ist, Ihnen zu folgen, wenn Sie selbst nicht wissen, wohin die Reise geht. Jedem Autofahrer können Sie anmerken, ob er den Weg kennt oder nicht. Niemand fährt unsicherer und gefährlicher als der, der nicht genau weiß, wohin er soll. Manche Unternehmer machen den Fehler, zu hektisch zu führen. Bei jedem Sechstagerennen können Sie beobachten, daß die Fahrer immer möglichst am Hinterrad ihres Vordermannes fahren, um so durch den Sogwind mitgezogen zu werden. Ist der Abstand, den Sie zu Ihren Mitarbeitern haben, so, daß durch Ihre Führung noch eine Sogwirkung entsteht? Dann wird man Ihnen bereitwillig folgen. Ist aber Ihr Abstand zu groß, entfällt der Sogwind und es entstehen zwei völlig getrennte Bereiche. Darum ist jede Hektik und Übertreibung des Tempos ein echter Führungsfehler! Vorangehen ja — aber so vorangehen, daß man Ihnen folgen kann . . . .

Dynamik also braucht die Welt, in der wir leben. Sie lebt von dem, was Führungskräfte bereit sind, zu erarbeiten. Darum auch ist gerade in einer Demokratie Führung notwendiger denn je. Denn Demokratie heißt nicht, daß nicht mehr geführt werden soll, sondern gerade in der Demokratie wird von einer Führungspersönlichkeit weit mehr verlangt, als in der Diktatur.

Führungslosigkeit — das wissen wir alle — führt zum Chaos. Wie viele Firmen sind in den letzten Jahren im Konkurs geendet! Natürlich waren da auch politische Faktoren auslösend, aber Führungsfehler vergrößerten das Chaos noch. Darum wird Ihnen bewußt, sehr verehrter Leser, daß man sich gar nicht intensiv genug mit der Führungspsychologie beschäftigen kann. Im Mittelpunkt — davon gingen wir aus — steht der Mensch. Im Mittelpunkt sollten SIE stehen mit Ihrer Kraft, Ihrer Fähigkeit, Ihren Mitarbeitern voranzugehen. Von Ihrem Verhalten und Ihrer Wirkung hängen Erfolg und Glück, aber auch das Unglück der von Ihnen geführten Menschen ab.

Darum wollen wir abschließend alles in einem Satz zusammenfassen:

Es zählt allein, was man tut — nicht, was man andern zu tun empfiehlt.

Führung ist Vorbild, denn geistige Kräfte im Mitarbeiter werden durch Nachahmung geweckt. Nur die Taten zählen!

Sprechen — damit Sie verstanden werden
Sprechen — damit man Sie begreift.

Dieses kann man erlernen, man muß es erlernen, es ist nicht angeboren.

Im Zeitalter der Computer und Massen kommt der schöpferischen Persönlichkeit besondere Bedeutung zu. Oft sind es Hemmungen, die uns hindern, unsere Persönlichkeit zu entfalten und das zu tun, was wir möchten und was notwendig ist.

Eine einflußreiche Persönlichkeit muß im täglichen Leben bei vielen Gelegenheiten sprechen. Sie muß frei und sicher auftreten können und sich durchsetzen. Es gibt daher kaum eine Fähigkeit, die so wichtig und universell anwendbar ist, wie die Kunst der freien Rede, wofür in diesem Buch die Voraussetzungen vermittelt werden.

Auf der Wertungsliste für Führungskräfte rangiert die Fähigkeit, Ideen mitzuteilen und neue Ideen zu erwecken, an erster Stelle.

Je höher die Führungskraft steht, um so mehr wird ihre Welt zu einer Welt der Worte.

Welchen Eindruck mache ich?

Notieren Sie unvoreingenommen und gewissenhaft, welchen Eindruck Sie von sich selbst haben — sympathisch oder unsympathisch, verschlossen, aufmerksam, anziehend, abstoßend, aggressiv, unterwürfig, überheblich, selbstbewußt, freundlich, mürrisch, vernachlässigt, gepflegt? Prüfen Sie genau! Bitte SCHRIFTLICH.
Wie erleben uns unsere Mitmenschen? In unseren Rhetorikkursen haben es die Teilnehmer leicht. Sie werden mit der Kamera aufgenommen und können anschließend auf dem Fernsehschirm genau kontrollieren und erkennen, WIE die Mitmenschen sie erleben. Da gibt es Überraschungen!
Die meisten Leute investieren sehr viel Zeit, Mühe, Kosten in ihr Äußeres. Gut so! Bedenken Sie aber, daß wir nicht nur Augenwesen sind, sondern auch mit den Ohren die Umwelt sehr intensiv erleben. Wir werden nicht nur von optischen Eindrücken überflutet, sondern auch von Geräuschen aller Art, Lärm, vielen, vielen Stimmen. Da wirkt eine warme, wohlklingende Stimme wie eine Oase in der Wüste: erfrischend, besänftigend, erfreuend.
Radio, Fernsehen, Zeitungen und auch das Telefon verbrauchen heute unsere Sprache. Worte haben nicht mehr die große Wirkung, die sie noch für unsere Großeltern und alle vorangegangenen Generationen hatten. Deshalb kommt es um so mehr darauf an, WIE man etwas sagt. Unsere Ohren sind viel feinere Meßinstrumente als unsere Augen. Wirkung und Suggestionskraft (Beeinflussungsstärke) unserer Worte hängen ab von der Klangfarbe unserer Sprache. Aber weiter in unserem Entfaltungsprogramm:

WIE spricht wer?

Hören Sie die Klangfarbe der Stimmen prominenter Persönlichkeiten genau an. Analysieren Sie sie. Wie spricht der Bundespräsident, der Kanzler, der Nachrichtensprecher, ein Sportjournalist, ein Pastor, eine Werbestimme, meine Eltern, mein Partner, meine Kinder, meine Geschäftsfreunde, meine Kollegen? Auch hier treiben Sie bitte umfangreiche Studien! Nicht locker lassen.
Als erstes wird Ihnen bewußt, wie oberflächlich Sie bisher den Ausdruckswert der Stimmen beachteten. Zweitens werden Sie merken, daß Ihre Menschenkenntnis wächst. Schon Sokrates sagte zu einem neuen Schüler: »Sprich, damit ich dich sehe.«
Sie werden erkennen, daß die Sprache den Charakter des Menschen offenbart. Sie werden Beispiele finden, an denen Sie die Erfahrung machen, daß es die Stimme ist, die eine Person sympathisch oder unsympathisch macht. Von der Menschenkenntnis kommen wir zur Selbsterkenntnis. Damit sind wir für die nächsten Wochen bei der wichtigsten Übung:

WIE spreche ICH?

Bei dieser Übung entscheidet nicht der Wunsch — wie **möchte** ich sprechen — sondern die Wirklichkeit. Erforschen Sie die Art, WIE Sie sprechen, mit äußerster Gründlichkeit. Bitte wieder schriftlich. Durch das Aufschreiben zwingen wir uns zur Präzision und Gedankenklarheit und lernen uns so immer besser kennen.

Nikolaus B. Enkelmann erklärt im Fernsehen Harry Valerien sein Erfolgssystem.

Fragen zur Selbstanalyse

1. Wie schätzen Sie die Wirkung Ihrer Persönlichkeit ein?
2. Liegen Erfahrungen als Redner vor?
   Wenn keine, warum nicht?
   Weil keine Gelegenheit?
   Oder aus Angst?
3. Haben Sie Mut, als Redner zu wirken?
   Bei beruflichen Anlässen?
   Im privaten Leben?
4. Welche Urteile wurden von Zuhörern geäußert?
   Wie war Ihr eigener Eindruck?
5. In welchen Punkten spüren Sie Mängel?
6. Können Sie sich den verschiedenen Menschentypen anpassen?
   Welchen am leichtesten?
7. Wie sind Sie mit Ihrer Stimme zufrieden?
   Liegen Äußerungen von Angehörigen, Geschäftsfreunden, Kunden über Ihre Stimme vor?
   Positive oder negative?
8. Welchen Eindruck hatten Sie von einer eigenen Bandaufnahme?
9. Wie groß ist die Tragfähigkeit Ihrer Stimme?
10. Wie stark ist Ihre Fähigkeit, suggestiv zu formulieren?

Verhaltensspiegel

zur Selbst- und Fremdbeobachtung

1. **Haltung**
   Auftreten, Körper, Hände, Füße

2. **Hörerbezug**
   Augenkontakt, Zwiegespräch, Dialog

3. **Sprachlicher Ausdruck**
   treffend, klar, einfach, sachlich, konservativ, modern

4. **Sprachtechnik**
   Atmung, Ton, Artikulation

5. **Körperlicher Ausdruck**
   Gestik, Mimik

6. **Sprechausdruck**
   Gliederung, (worthaft) Betonung, Beseelung, Melos

7. **Rednerischer Ausdruck**
   leicht — gehemmt
   stark — schwach
   natürlich — falsches Pathos
   Spannung — Lösung
   Steigerung — Höhepunkt

8. **Sprechdenken**
   Sätze abgebrochen, zu schnell, zu lange Sätze, klare Gedankenführung, Beweisführung

9. **Thema**
   erfaßt, Zwecksatz, Abschweifungen

10. **Aufbau**
    Einleitung, Hauptteil, (Wegweiser) Schluß

Selbstvertrauen
ausgeglichen
zuversichtlich
sympathisch
anregend
konzentriert
souverän
tolerant
überzeugend
aufrüttelnd
natürlich
dynamisch
ausgewogen
beharrlich
eindringlich
vital
kreativ
reaktionstüchtig
zielstrebig
Ehrgeiz
Humor
höflich
Urteilsvermögen
Entschlossenheit
Selbständigkeit
unabhängig
Selbstbeherrschung
verläßlich
Phantasie
Suggestivkraft
treibende Kraft
Führungstechnik
nervös
gehemmt
Komplexe
überschwenglich
unentschlossen
wankelmütig
kriechendes Wesen
Eitelkeit
arrogant
Rechthaberei
aggressiv
Gehässigkeit
Geschwätz
unsympathisch
Mißtrauen
Ungeduld
ermüdend
Pessimist

Der Mensch kann nur das, was er gelernt hat

»Leben heißt lernen«, lautet ein Buch von dem Nobelpreisträger Konrad Lorenz. Er hat viel über Tiere und Menschen nachgedacht und erforscht. Neben vielen Gemeinsamkeiten fand er auch gravierende Unterschiedlichkeiten. Der Unterschied beginnt schon bei der Geburt, in den ersten Stunden des Lebens. Jedes junge Tier ist durch seine Instinktausstattung weiterentwickelt und daher überlebensfähiger als der junge Mensch. Natürlich sagt auch die angeborene Fähigkeit dem Baby, wie es saugen muß, aber es braucht diese Fähigkeit nur vorübergehend. Später braucht der Mensch andere Fähigkeiten zum Überleben, wogegen das Tier sein ganzes Leben lang abhängig ist von dem Programm seiner Art.

Wenn der Mensch geboren wird, ist er nicht viel, aber er kann viel aus sich machen. Im Faust steht diese Chance beschrieben: »So nimmt ein Kind der Mutterbrust nicht gleich im Anfang willig an, doch bald ernährt es sich mit Lust. So wird es Euch an der Weisheit Brüsten mit jedem Tage mehr gelüsten.«

Deshalb verstehen Sie meine These: »Alles was der Mensch kann, kann er nur, weil er das bewußt oder unbewußt gelernt hat.«

Der Mensch ist das lernfähigste Wesen auf dieser Erde — und auch darin liegt der Unterschied zwischen Mensch und Tier. Der Mensch ist das einzige Wesen, das sich selbst und diese Welt verändern kann. Viele Pflanzen und Tiere sind im Verlauf der Evolution ausgestorben. Der Mensch aber hat sich immer höher und weiter entwickelt. Seine enorme Lern- und Anpassungsfähigkeit garantierte sein Überleben bis heute und wahrscheinlich noch viele tausend Jahre. Aber auch das Überleben will nicht nur gewollt werden, sondern es muß auch erlernt werden. Genauso wie man das Zerstören erlernen kann.

Von unseren Eltern erbten wir unseren Körper, unser Gehirn, unser Urwissen, aber nicht die lebensnotwendigen Verhaltensmuster, die uns zu Erfolg oder Mißerfolg, zu Glück oder Unglück führen.

Wir alle wissen, wie wichtig die ersten Jahre im Leben eines Menschen sind. Welche Beachtung er findet, welche Erfolge und Mißerfolge er erlebt. Die Erfahrungen in den ersten Jahren bilden im Gehirn des Menschen dessen Grundraster. Er lernt durch Nachahmung seiner Vorbilder unbewußt. Erst mit der Schule beginnt das bewußte Lernen, der Intellekt übernimmt jedoch nach wie vor — zum Teil — das Nachahmen. Mit dem Satz: »Nicht für die Schule, sondern für das Leben lernen wir«, sollen wir motiviert werden.

Immer mehr Erfahrungen und Informationen über uns selbst und unsere Umwelt speichert in diesen Jahren unser Unterbewußtsein. Es bildete sich unser Charakter, unsere positive oder negative Einmaligkeit. Unser Charakter ist die Summe aller gemachten Erfahrungen. Und unsere Fähigkeiten sind die Summe aller gemeisterten Lernvorgänge.

»Der Mensch kann nur das, was er gelernt hat.«

Für den Lebenserfolg ist nicht nur entscheidend, was der Mensch weiß, sondern was er kann. »Wissen ist wenig, Können macht den König.«

Sie erkennen jetzt genau, warum die antiautoritäre Erziehung scheitern mußte. Sie ging davon aus, daß der Mensch von allein zum wertvollen und tüchtigen Menschen würde. Aber Sie können alles, was Sie können nur, weil Sie es einmal erlernt haben. Wer mit Messer und Gabel essen kann, hat es gelernt. Wer Fahrrad oder Auto fahren kann, hat es gelernt. Wer Englisch oder Latein sprechen kann, hat es erlernt. Wenn Sie all das durchdenken, beginnen Sie vielleicht, sich selbst noch genauer zu begreifen. Unser Können wurde durch Wiederholungen im Unterbwußtsein programmiert.

Auch wenn Sie Geschicklichkeiten bei Dingen an den Tag legen, die Sie nie vorher geübt haben, selbst wenn Sie völlig neuartige Ideen und Konzepte entwickeln, so basieren auch sie auf der Verknüpfung vorhandener Programmprägungen.

Selbst die größten Erfindungen und Entdeckungen basieren auf der richtigen Kombination von vorhandenem Wissen und Fakten. Durch das wissenschaftliche Erarbeiten von neuen Erfindungen und dem Angleichen und Ergänzen von vorhandenem Wissen sind dann wiederum neue Entwicklungen möglich.

Aber dieser Ablauf ist beim Kleinkind, beim Studenten, beim erfahrenen Wirtschaftler, beim Wissenschaftler, beim Sportler oder Dirigenten gleich: an vorhandenes, echt erlerntes Wissen wird neues Wissen, neue Erfahrungen angeglichen zur Erweiterung und Vertiefung. Wer nie Musik studiert hat, wird ploetzlich keine Oper schreiben. Wer nie Skispringen trainiert hat, wird keine Medaille gewinnen. Wer nie Buchführung erlernt hat, weiß nicht, wie eine Bilanz aussieht. Nicht das Wissen, sondern das erlernte Programm steuert unser Verhalten.

Wenn wir noch genauer hinsehen, werden wir feststellen, daß nicht unser Wille, sondern unsere Programme uns lenken und leiten, uns siegen oder untergehen lassen.
Wir erlernten bisher alles, um so zu werden, wie wir jetzt in diesem Augenblick sind. Wir erlernten die Art und Weise, wie wir sprechen und schreiben, die Art uns zu verhalten und zu arbeiten. Wer also gut mit Menschen umgehen kann, kann es nicht, weil es angeboren ist. Wer erfolgreiche Mitarbeiter führen kann, kann es nur, weil er es erlernt hat. Gehen Sie einmal diese Reihe beliebig nach ihren Stärken und Schwächen durch.
Ein aggressiver Mann ist nicht aggressiv, weil er es will, sondern weil sein erlerntes Programm ihn dazu zwingt. Eine lieblose Frau ist nicht lieblos, weil sie es will, oder weil sie es für richtig hält, sie wird von ihrem Programm gesteuert.
Ein Sprichwort macht dieses innere Geschehen deutlich. »Gewohnheit ist der König über den Verstand.«
Wenn wir uns ändern möchten, oder weiter und höher entwickeln möchten, ist es notwendig, uns selbst zu begreifen, wie wir wurden, was wir sind. Nur wenn wir diesen Mechanismus wirklich verstehen, haben wir eine Chance der Höher- und Weiterentwicklung. So wie es dem Naturprozeß entspricht: Evolution.
Das tägliche Leben mit seinen kleinen und großen Problemen und Aufgaben ist unser Betätigungsfeld. Hier erweist sich, ob wir Probleme machen — oder lösen können. Hier zeigt sich, ob wir anderen Nutzen bringen oder ob wir sie ausnutzen. So lange wir leben, haben wir die Chance der Innovation, der Weiterentwicklung unseres Könnens.
Eine Fähigkeit, die nicht ständig zunimmt, geht täglich einen Schritt zurück. Viele Menschen interessieren sich für das Blühen der Natur, nur leider nicht für das Erblühen ihrer eigenen Persönlichkeit. Dabei sollte das an erster Stelle stehen. Sehr viele Menschen sind viel zu früh mit dem zufrieden, was sie erreichen. Sie haben sich so an sich und ihre Situation gewöhnt, daß ihnen das Vorstellungsvermögen einer stetigen Weiterentwicklung fehlt.
»Lernen ist wie Rudern gegen den Strom«, sagt Benjamin Britten, »sobald man damit aufhört, treibt man zurück.« Aber das merken viele Menschen leider erst viel zu spät.

Die Maxime der Erfolgreichen aber besagt: »Werde der, der Du in Wirklichkeit bist.« Oder wie Goethe es beobachtete: »Kein Mensch will etwas werden, jeder will schon etwas sein.«
Unser Lebensziel sollte sein: »Ich werde genial.« haben einen so großen Respekt vor dem Wort Genialität. Es scheint unser Fassungsvermögen zu übersteigen. Dabei heißt das Wort nur: etwas sehr gut können! Etwas Geniales tun, kann man nicht nur in der Kunst, sondern auch bei den tausend Kleinigkeiten des täglichen Lebens im Umgang mit anderen Menschen. Wenn Genialität so schwer wäre, müßte ein Genie unter Aufbringung höchster Kraft und Energie arbeiten. Aber das Gegenteil ist richtig. Bei einem Genie scheint spielend leicht alles von selbst zu gehen. Noch nie sah ich ein schwitzendes Genie. Ein Genie strahlt und leuchtet voll Erfüllung und Persönlichkeit. Es stöhnt nicht unter seiner Anstrengung und seinem hohen Arbeitsaufwand.
Wir alle kennen die Macht der Gewohnheit und wissen, es gibt gute und schlechte Gewohnheiten. Ein genialer Mensch hat durch Fleiß, Übung und Wiederholung perfekte Programme gespeichert, auf die er sich verlassen kann. Ein unruhiger und unsicherer Mensch dagegen muß bei all dem, was er tut, zunächst seine negativen Programme überwinden. Das kostet Zeit und Lebensenergie.
Gewohnheit heißt die große Lenkerin des Lebens. Daher sollten wir uns täglich bemühen, gute Gewohnheiten einzuprogrammieren. Die Gewohnheit in uns ist eine weise Einrichtung der Natur, um Arbeit und Nachdenken, Willensanstrengung und Zeit zu sparen. Indem unser Handeln harmonisch und automatisch wird, spart uns die Gewohnheit die Kraft

aus ADAC-Motorwelt

von allen neuen Arbeitsvorgängen. Die Gewohnheit spart Nachdenken, indem sie die Kontrolle des Sprechens von den willkürlichen Hirnpartien auf die unwillkürlichen überträgt, z.B. in einer Verhandlung oder beim Reden. Positive Gewohnheiten — also alles, was wir positiv erlernt und uns angeeignet haben — steuern unser gesamtes Verhalten. Sie geben uns die Möglichkeit und Voraussetzung, ein Leben lang erfolgreich zu bleiben. Negative Gewohnheiten verursachen nicht nur permanente Mißerfolge, sondern auch Disharmonien und Krankheiten. Da die Speicherkapazität unseres Unterbewußtseins ausreicht, um 100.000 Jahre alt zu werden, haben wir täglich die Chance, uns zu verbessern und genialer zu werden. Die Lernfähigkeit ist abhängig von unserer geistigen Haltung und nicht von unserem Alter.

Pianisten, Geiger und Artisten zeigen uns z.B., wie präzise der Mensch — der Höchstleistungen erstrebt — sein Unterbewußtsein trainieren kann. Das Fernsehen gibt uns täglich die Möglichkeit, Spitzenleistungen zu studieren, ganz gleich auf welchem Gebiet. Doch die sie erbringen, wirken nicht ermüdet oder erschöpft, sondern mit gesteigertem Selbstbewußtsein und wachsender Lebensfreude.

Gerade die Zeit der Jahreswende ist eine ideale Gelegenheit, persönlich Bilanz zu ziehen, um sich anschließend vorausschauend die Frage zu stellen: »Was sollte ich im nächsten Jahr verbessern, um noch erfolgreicher und gesünder, noch glücklicher zu werden?«

Erarbeiten Sie bitte einen genauen Trainingsplan für jeden Monat. Natürlich dürfen Sie ihn, wenn es Umstände erfordern, verbessern oder umgestalten. Bevor Sie mit dem Training Ihres Unterbewußtseins beginnen, sollten Sie wissen, was Sie wirklich erreichen, was Sie verbessern möchten. Sei es eine bessere Aussprache oder eine klangvollere Stimme, ein besseres Namensgedächtnis oder freies Auftreten. Auch eine verfeinerte Planungstechnik, eine bessere Haltung oder eine größere Belastbarkeit sind gute Gewohnheiten, die trainiert werden können.

Was wir in der täglichen Existenzbehauptung — also auch 1986 — brauchen, ist der Erfolgscharakter. Sie wissen, Erfolg ist eine Frage unseres Charakters. Menschen, die mit Menschen umgehen können, die Menschen glücklich machen können, haben diese Fähigkeit nicht ererbt, sondern erworben. Also könnte der positive Umgang mit anderen auch ein interessantes Trainingsgebiet für 1986 sein?!

Aber verzetteln Sie sich beim Training nicht, denn wer alles will, wird nie besser werden! Denken Sie bei Ihrem Vorhaben stets an ein Zitat von Shakespeare: »Übung kann fast das Gepräge der Natur verändern, sie zähmt den Teufel oder stößt ihn aus, wunderbarer Macht.»

Er hat einen grünen Daumen, sagt man von einem Menschen, bei dem die Pflanzen erblühen. Er hat eine glückliche Hand, sagt man von den Menschen, bei denen alles gelingt, was sie anfassen. Das sollte Ihr Ziel sein: der fachliche grüne Daumen und die glückliche Hand mit allem, was Sie beginnen. Trainieren Sie Ihr Unterbewußtsein, um diesem Ideal immer näher zu kommen.

**»Würden die Menschen danach streben,
sich selbst zu vervollkommnen,
statt die ganze Welt zu retten.
Würden sie versuchen,
selbst innerlich frei zu werden,
statt die ganze Menschheit zu
befreien — wieviel hätten sie getan
zur wahrhaften Befreiung
der ganzen Menschheit.«**

(aus dem alten China)

Jedes Talent entfaltet sich nur durch Betätigung

Das Gesetz von Ursache und Wirkung verstehen immer weniger Menschen. Die Klagen über Krankheit, Depression und mangelnde Anerkennung wachsen. Dabei werden die effektiven Gegenmittel und Grundvoraussetzungen:
Betätigung nach seinen Fähigkeiten, mit daraus wachsendem Erfolg und Beachtung oft vergessen.
Theoretische Risikoaufbauten verhindern das Wesentliche:
das Tun.

Beachtung bringt Verstärkung. Sie alle kennen und berücksichtigen dieses wichtige Grundgesetz der Lebensentfaltung bei Ihrem täglichen Handeln. Alles lebt, wächst und entfaltet sich aus der Beachtung. Jeder Mensch benötigt Anerkennung, Aufmerksamkeit, Liebe und Beachtung. Und wie wir wissen, betrifft das nicht nur die Menschen, sondern Tiere und Pflanzen ebenso. Täglich ringen wir um Beachtung; denn wir benötigen sie wie das Sonnenlicht zum Leben.

Es gibt zwei Wege, um beachtet zu werden. Der positive — und der negative Weg. Auf dem positiven Weg sind die Stationen: Leistung — Nutzen und Erfolg. Auf dem negativen Weg. Aggressionen — Krankheit oder Kriminalität.

Findet ein Mensch nicht die positive Anerkennung, die er benötigt, betritt er automatisch den negativen Weg. Denn negative Beachtung ist dem Menschen immer noch wichtiger, als gar keine Beachtung. Kein Mensch kann und will nur eine Null sein.

Aber auch um positive Beachtung zu erreichen, gibt es zwei Wege. Den äußeren und den inneren Weg. Untersuchen wir einmal gemeinsam diese beiden Wege. Wir beachten Menschen mit einer guten Stimme, mit gutem Auftreten und taktvollen Umgangsformen, ja, sogar mit einer guten Handschrift. Wir bemerken andere, weil sie schöne Haare, ausdrucksvolle Augen oder eine ebenmäßige Figur besitzen. All diese Dinge sollten wir sehr positiv sehen und nicht als oberflächliche Betrachtungsweise abtun.

Darüber hinaus aber beachten wir besonders stark Menschen, die etwas leisten oder großen Nutzen bringen. Das trifft auf alle Gebiete zu. Es sind besondere menschliche Leistungen im Sport, in der Musik, in der Medizin, in der Forschung, in der Kunst und auch der Religion, die uns faszinieren.

Der Weg zur positiven Beachtung, Anerkennung und Liebe ist nicht der leichteste, aber ein stetiger und dauerhafter. Deshalb müssen wir uns immer wieder einmal die kritische Frage stellen, welchen Weg wir eigentlich gehen. Ist es ein gerader, ein überschaubarer, ein dunkler oder gar ein Irrweg?

Unser Lebenserfolg ist das Spiegelbild unseres Denkens. Bei Rilke fand ich einen Gedanken, den unsere Philosophie besonders gut verdeutlicht. »Wenn Dein Alltag arm erscheint, klage ihn nicht an, klage Dich an, daß Du nicht stark genug bist, seine Reich-

tümer zu rufen. Für den Schaffenden gibt es keine Armut und keinen armen oder gleichgültigen Ort.«
Wir sollten mit Freude leben und dieses Leben genießen. Aus diesem Grunde ist das Ziel aller unserer Seminare die Freiheit.
Freiheit vom Negativen, Freiheit von Angst, Freiheit von Sorgen, Freiheit von Krankheit, Freiheit von Armut.
Geld zum Beispiel ist geprägte Freiheit. Diese Feststellung machte Dostojewski. Wenn ich in unseren Seminaren über Geld und soziale Sicherheit spreche, gibt es regelmäßig Gegenstimmen. »Dieser Materialismus«, ist dann zu hören — »uns geht es primär um geistige Erfahrungen und um psychologische Erkenntnisse sowie um humane Werte.«
Schon der Franziskanermönch Franz von Assisi erkannte im 13. Jh., daß erst ein gewisser Grad Wohlstand dem Menschen ermöglicht, ein anständiges Leben zu führen. Ein Leben ohne Neid und ohne tägliche Finanz- und Überlebenssorgen.
Ich bin der festen Überzeugung, daß, wer nicht über Geld spricht und wie man es verdienen kann, die Armut vermehrt. Würden Eltern ihre Kinder lehren, zu arbeiten, zu handeln und zu verdienen, bräuchten nicht so viele zum Sozialamt zu gehen.
Beobachten und lernen wir von der Natur, wie eine Katze ihren Jungen zeigt, wie man Mäuse fängt. Würde das die Katze nicht tun, müßte die Nachkommenschaft verhungern und die Art würde aussterben. Denken Sie selbst diesen Gedanken konsequent weiter. Dabei führen Begriffe wie 'unverschuldete Armut' — 'wirtschaftlich schlechte Zeiten' usw. nicht zur Lösung.
Wie oft werde ich gefragt: »Man hat mir von heute auf morgen gekündigt. Was soll ich jetzt machen?« Am liebsten würde ich dann zurückfragen: »Was haben Sie in den letzten Jahren gemacht, damit Ihnen nie gekündigt werden kann?« Für jemanden, der viel besser ist als alle anderen, tut man alles, damit er bleibt.
Denn nur die besonders Tüchtigen und Zähen können in einer schwierigen Situation den Karren wieder flott machen. Aber leider vernachlässigen viele ihre Erfolgsfähigkeit. Man glaubt seinen beruflichen Höhepunkt erreicht zu haben und verlagert sein Interesse auf andere Bereiche. Klagt dann aber das böse Schicksal an, wenn sich diese Verhaltensweise im Beruf rächt. Vor kurzem schrieb mir eine Dame: Ihr Magazin DER ERFOLGREICHE WEG ist wirklich gut. Ich muß es jedoch leider abbestellen, da mein Geld nicht mehr ausreicht.
Auch hierzu ein paar Anmerkungen. Wer für seinen Erfolg heute kein Geld mehr hat, wird morgen noch ärmer sein. Und zwar finanziell und seelisch; denn wir alle leben vom Erfolg und von der Beachtung. Wir leben in Deutschland, in einem der reichsten Länder der Welt. Wer hier nicht seinen Platz, seine Aufgabe, seinen Lohn und seine Beachtung findet, würde in einem anderen, sehr viel ärmeren Land untergehen. Führungskräfte des Unilever Konzerns berichteten mir von einer Tagung in London, an der alle führenden Kollegen aus der ganzen Welt teilnahmen. »Wir trafen Führungskräfte aus Ländern mit mehr als fünfzig Prozent Arbeitslosigkeit, und selbst die sind nicht mutlos und haben den Glauben an das Machbare nicht verloren. Wie labil sind wir doch mittlerweile, daß wir bei leichterer wirtschaftlicher Instabilität alle erkältet und verschreckt sind.«
Wenn es dem Menschen zu gut geht, wird er bequem und fängt an, sich mehr zu beklagen als zu handeln. Armut heißt arm-an-Mut sein. Wir brauchen Mut, Mut zum Wagen, Mut zum Risiko. Das setzt natürlich Selbstbewußtsein und Handlungswillen voraus. Jeder Mensch ist etwas Besonderes — etwas Einmaliges. Jeder trägt in sich einen schöpferischen Funken, der ihn zum Genie befähigt. Aber wir tun nicht sehr viel, um das Geniale in uns zu befreien. Es genügt nicht, gute Anlagen zu besitzen, sondern man muß sie gut anwenden und ausbauen.
Sie haben das nachfolgende Zitat schon einige Male von mir gehört: »Es gibt drei Möglichkeiten zu leben: betteln, stehlen oder etwas leisten.«
Etwas leisten heißt, Nutzen für sich und andere zu bringen. Je größer der Nutzen, um so größer wird der Erfolg, die Beachtung, die soziale Sicherheit und das Echo sein.
Je mehr sie für sich tun und an ihrer Weiterentwicklung arbeiten, um so mehr können sie später für andere tun und für andere etwas sein.
Christian Morgenstern sagte einmal: »Das Ich ist die Spitze eines Kegels, dessen Boden das All ist.« Sie kennen aus anderen Berichten und Seminaren unsere Zeichnung vom Aufbau unserer Persönlichkeit — das Dreieck.

Sprechhemmungen und Redeängste

Hannelore Knöpfler

Die Redeangst ist eine heimliche Seuche. Jeder hat sie und jeder glaubt, daß er der einzige wäre, der sie hat. Deshalb versucht sie jeder zu verbergen und zu unterdrücken, um sich nicht vor anderen mit dieser »Krankheit« lächerlich zu machen.

Bei einer großangelegten Untersuchung aller repräsentativen Berufsschichten kam heraus, daß 90 Prozent aller Befragten mit Redeangst zu kämpfen haben. Auch die, die täglich im Beruf reden und überzeugen müssen.

Woher kommt das, was kann man dagegen tun?
Wir haben die Angst als Gefühlsreaktion, um anders zu reagieren, als bisher. Angst soll entweder zur Flucht oder zum Angriff führen, um es von unseren Urahnen einmal so abzuleiten. Stand unser Ur-Vorfahr plötzlich vor einem Hasen, sollte er schnell zum Angriff übergehen, um die Existenz seiner Familie zu sichern. Bei einem großen Bär dagegen sollte ihm die Angst die schnelle Flucht ermöglichen. Genauso ist es mit Reden:

Entweder Sie drücken sich wirkungsvoll vor jeder Rede — und werden dadurch nie zu einem Redner und Überzeuger — oder Sie gehen in den Angriff über und bekämpfen diese Angst wirkungsvoll. Attacke ist noch immer das beste Gegenmittel zur Angst.

Als Sie das erstemal hinter einem Steuerrad saßen und den Verkehr durch die Windschutzscheibe sahen, hatten Sie unsägliche Angst. Das gleiche passierte, als Sie als Kind auf das Fahrrad — oder auf ein Pferd gesetzt wurden. Auch wenn Sie mit Skiern oben auf einem Berg stehen und herunterschauen, haben Sie erst einmal Angst. Die Angst bezieht sich darauf, daß Sie ein Neuland betreten sollen und nicht wissen, wie es ausgeht. Sie haben Angst vor dem Versagen, daß etwas passieren könnte, was Sie nicht kalkulieren können, und das spüren Sie an folgenden Reaktionen. Die gleichen Reaktionen haben Sie übrigens auch, wenn Sie eine Rede halten sollen:

* Das Herz schlägt höher, dadurch wird der Atem kürzer und das Gehirn scheint wie blockiert.
* Die Blutgefäße in der Haut verengen sich, wodurch der Blutdruck steigt und man im Gesicht bleich wird.
* Da auch die Blutgefäße im Bauch sich verengen, bekommt man das übliche flaue Gefühl in der Magengegend.
* Die Schweißdrüsen werden zu höchster Aktivität angeregt — der »Kalte Schweiß« bricht aus.
* Die Verengung der Blutgefäße kann im Gehirn zu Kopfdruck und Kopfschmerz oder Schwindelgefühl führen.
* Die Atemwege trocknen aus, man muß sich räuspern und man hat einen Kloß im Hals.
* Die Fingerspitzen zittern.

Wer diese Reaktionen kennt, braucht **keine Angst mehr vor ihnen zu haben.**
Vielmehr kann er sich auf diese Reaktionen verlassen, da er ja weiß, daß sie in bestimmten Situationen auftreten. Das gibt ihm Sicherheit, denn er weiß, nach einer kurzen Anfangsphase sind diese Symptome verschwunden.
Man bezeichnet diese Reaktionen auch als Lampenfieber — jeder Schauspieler, obwohl er seit vierzig Jahren auf der Bühne steht, wird Ihnen bestätigen, daß er vor jedem neuen Auftritt Lampenfieber hat.

Rhetorik ist die Lehre von der Wirkung des Menschen

Nur ein Mensch, der seine Ausstrahlung kennt, weiß sie wirkungsvoll einzusetzen und zu verstärken. Deshalb müssen die einzelnen Redeschritte geübt werden, wie Sie Autofahren üben mußten. Erst wenn alle Techniken — ohne nachzudenken — beherrschen, können Sie sich auf die Wirkung des Gesagten konzentrieren.
Sie erfahren in diesem Buch sämtliche Techniken, wie Sie eine Rede aufbauen und überzeugend abschließen. Bedenken Sie jedoch immer wieder, daß für einen Redner — ob er vor einer oder hundert Personen spricht — die drei wichtigsten Punkte sind:

Auftreten — Augenkontakt — Stimme.

Ihr Auftreten wird in den ersten sieben Sekunden von den Zuhörern registriert. Treten Sie ängstlich auf — werden Sie Angst übermitteln. Treten Sie mutig auf — werden Sie Mut übermitteln. Treten Sie freundlich auf — werden Sie Freundlichkeit übermitteln. Treten Sie sympathisch auf — werden Sie Sympathie übermitteln. Sammeln Sie sich vorher kurz und haben Sie die feste Überzeugung von sich

selbst, daß Ihnen diese Rede / dieser Auftritt hervorragend gelingen wird. »Ich werde überzeugen« — sollte Ihre Suggestion sein — bevor Sie auf eine Klingel drücken oder eine Türklinke herunterdrücken oder ein Rednerpult betreten.
»Nichts wird mich aus der Ruhe bringen, denn ich weiß, daß das, was ich sagen will, gut und richtig ist.« Sagen Sie sich diesen Satz ggf. mehrmals vorher und Ihr Auftreten wird überzeugend sein. Sammeln Sie sich dann kurz, bevor Sie mit Ihrem überzeugenden Augenkontakt Ihr Gegenüber ansehen, oder bei einer größeren Zuhörermenge einen davon intensiv ansehen. Nicht alle — nur einen. Dann lächeln Sie diese Person an, bevor Sie Ihre wirkungsvoll trainierte Stimme einsetzen. Sprechen Sie bewußt langsam und betont am Anfang, das überwindet Ihr eigenes Lampenfieber am ehesten. Da Sie den ersten Satz Ihrer Rede auswendig gelernt haben, können Sie ihn mit einen festen Augenkontakt zu Ihrem Publikum ruhig sprechen, bzw. Ihre Begrüßung oder die einleitende Frage oder Feststellung bei einem Zwiegespräch. Der Anfangssatz eröffnet immer — oder er verschließt — wenn er falsch gestellt ist. Bereiten Sie sich deshalb auf Ihren ersten Satz genauso vor, wie auf Ihren letzten Satz.

In diesem Buch ist auch viel gesagt über Körpersprache und persönliches Erscheinungsbild. Bereiten Sie sich in Ihrer Kleidung, Ihren Accessoires und Ihren Arbeitsunterlagen auf ein Gespräch vor. Tragen Sie grundsätzlich Kleidung, die Sie vergessen können, d. h. an der Sie nicht pausenlos herumzupfen müssen. Die Kleidung ist dem Gesprächspartner oder der Zuhörerschaft und dem Thema angepaßt, ebenso wie alle anderen Dinge, die zu Ihrem äußeren Erscheinungsbild gehören.

Stellen Sie sich auch ebenfalls durch Ihr Thema und Ihre Fragen auf Ihr Gegenüber ein. Seien Sie Ihr eigener Regisseur. Planen Sie, wann der andere lächeln oder lachen soll. Planen Sie, ob es eine besinnliche oder eine gelockerte Stimmung ist. Planen Sie, ob Sie zum Handeln auffordern wollen oder schlichten und beruhigen möchten. Reden ist vorbereitendes Handeln. Um so besser Sie sich vorbereiten, um so schneller wird Ihre Angst verfliegen. Und zum Schluß zwei weitere Tips zum Überwinden der Redeangst:

1. Sprechen Sie zu anderen so häufig wie möglich, egal vor welchem Kreis. Reden muß geübt sein.
2. Lernen Sie die Vorraussetzungen für erfolgreiches Reden in einem Rhetorik-Seminar.
3. Bevor Sie zu reden beginnen, holen Sie tief Luft, halten die Luft an, indem Sie langsam bis vier zählen. Dann atmen Sie aus und nun beginnen Sie...
   wirkungsvoll und überzeugend zu sprechen.

Wer viel fragt, bekommt viel Antwort
Wer richtig fragt — bekommt die richtige Antwort

Fragetechniken

Es kommt auf die richtige Fragetechnik und die Fragearten an, damit man die richtige Antwort bekommt. Ein gutes Gespräch — und ein gutes Gespräch ist immer ein Beeinflussungsgespräch — besteht nicht aus einer einseitig vorgetragenen Meinung, sondern immer aus einem Zwiegespräch zwischen Frage und Antwort. Fragen sind Impulse für eine Aktivierung. Sie dienen dem Aufspüren, dem Lenken und dem Leiten von Meinungen. Sie sind schließlich das Suggestiv-Instrument, das zur Entscheidung führt.

Werfen Sie einem Kind einen Ball zu — dann wird es ihn auffangen. Genauso ist es mit den Fragen: Werfen Sie Ihrem Gesprächspartner eine Frage zu, wird er Sie beantworten und Ihnen den Ball zurückwerfen.

Durch dieses Frage-Antwortspiel kommt es zu einer Zusammenarbeit und zu einem Informationsaustausch. Die Art der Antwort bestimmen Sie als Fragender jedoch selbst durch die Art Ihrer Fragen. Lernen Sie deshalb die Fragetechniken; denn Sie entscheiden darüber, was sie im Leben alles erfahren werden und erreichen können.

1. Informations-Fragen

Wer informatorische Fragen stellt, benötigt Wissen, Erfahrungen und Einzelheiten von dem anderen. Es geht ihm um Informationen, die er zusammenfügt, um sich einen Überblick zu verschaffen.

Informationsfragen sind immer offene Fragen. Das heißt, man fragt nach einer Sache — oder nach einem Sachverhalt, die der andere informierend erklärt.

2. Kontroll-Fragen

Kontroll-Fragen sind bei jedem Gespräch wichtig, um zu erfahren, ob der andere noch zuhört oder ob er einen versteht und ob er bis hierher noch positiv gestimmt ist. Die einfachsten Fragen sind:

»Was meinen Sie dazu?« oder

»Sind Sie nicht auch meiner Meinung?« oder

»Finden Sie nicht auch, daß es sich um eine gute Sache handelt?«

An der Reaktion merken Sie, ob Ihnen Ihr Gesprächspartner folgt. Wenn Sie merken, daß hier bereits eine Abwehr oder ein Unverständnis vorhanden ist, gehen Sie in Ihrem Gespräch wieder einige Schritte zurück.

3. Orientierungs-Fragen

Orientierungs-Fragen stellt man auch, um festzustellen, was der andere bisher von der eigenen vorgebrachten Meinung und Absicht hält. Einfache Fragen dieser Art sind:

»Haben Sie noch eine Frage hierzu?« oder

»Wie ist Ihre Meinung zu diesem Punkt?« oder

»Welche Erfahrungen haben Sie hierbei gemacht?« oder

»Habe ich mich in diesem Punkt klar ausgedrückt und haben Sie verstanden, was wir damit bezwecken wollen?«

Natürlich müssen Sie als Fragender nach diesen Orientierungs-Fragen schweigen und den anderen zu Worte kommen lassen. Lassen Sie ihm Zeit. Er muß sich konzentrieren, muß seine Gedanken ordnen und muß selbst ja erst einmal zu einer Meinung kommen. Aber stellen Sie unbedingt Fragen solcher Art, bevor Sie ein schwieriges Gerät oder eine komplizierte Serviceleistung lang und breit erklären und der andere schon nach dem fünften Satz von Ihnen geistig abgeschaltet hat. An der Antwort nach einer solchen Orientierungs-Frage merken Sie deutlich, was der andere verstanden hat und welche Bereitschaft er Ihnen und Ihren Argumenten entgegenbringt.

4. Ja-Fragen

Bejahungsfragen stellt man, damit man auf einen gleichen Level kommt. Wenn Ihr Gegenüber Ihnen fünfmal zugestimmt hat, wird er Ihnen bei der entscheidenen sechsten Frage kein Nein entgegenschleudern. Die Engländer sind uns in dieser Hinsicht etliches voraus. Sie beginnen grundsätzlich jedes Gespräch mit dem Austausch über das Wetter. Ist man sich erst einmal in diesem Punkt einig, kann man es auch leichter in allem folgenden sein. Man sollte in jedes Gespräch Ja-Fragen einstreuen; denn es muß immer wieder das Verbindende betont werden und nicht das Trennende.

Die »Ja-Frage-«Form wurde übrigens von Sokrates, dem großen Philosophen geprägt. Seien Sie also bei all Ihren Gesprächen ebenfalls ein kleiner Sokrates und fragen Sie in etwa:

- »Ich bin sicher, daß Sie hier zustimmen.« oder
- »Sie wollen doch sicher auch...« oder
- »Sie werden mit mir doch der Meinung,...« oder

- »Sicher sind Sie doch auch darüber glücklich,
- daß...«

5. Öffnende Fragen

Öffnende Fragen sollen — wie ihr Name sagt — den Gesprächspartner öffnen. Es müssen also auch offene Fragen sein, auf die er nicht nur mit Ja oder Nein antworten kann.

Beispiele sind:
- »Wie sind Sie bisher mit dieser Maschine zufrieden?«
- »Wieviele Jahre arbeiten Sie jetzt damit?«
- »Welchen Nutzen würden Sie von einer neuen Maschine erwarten?«
- »Welches sind Ihre Ziele?«

6. Gegenfragen

Obwohl es eigentlich unhöflich ist, eine Frage mit einer Gegenfrage zu beantworten, ist es jedoch gleichzeitig ein geschicktes psychologisches Verkaufsinstrument, um den anderen mit seinen Argumenten zu überzeugen.

Beispiel: Kunde: »Was kostet dieses Gerät?«

Verkäufer: »Das kommt ganz darauf an, für welche Version sie sich entscheiden. Die Version A hat den Vorteil, daß Sie... Die Version B hat die zwei Vorteile, daß Sie... Mit dem Zusatzgerät können Sie außerdem folgenden Zusatznutzen erzielen... Welches Gerät nun glauben Sie also, wäre für Sie am geeignetesten?«

Kunde: »Ja, für mich käme dann schon die Maschine mit dem Zusatzgerät infrage. Was kostet mich das dann?«

Verkäufer: »Könnten Sie sich vorstellen, Ihre Kaufentscheidung noch bis 31. Dezember dieses Jahres zu fällen, dann würden Sie nämlich noch den diesjährigen Preis von uns erhalten, da wir ab Januar erhöhen werden? Außerdem hätten Sie dann die steuerlichen Abschreibungen noch für dieses Jahr mit 30 %. Ist das nicht interessant für Sie?«

Kunde: »Das könnte schon für mich interessant sein, aber ich müßte wissen, was dieses Gerät kostet?«

Verkäufer: »Bevor ich Ihnen diese Frage deutlich beantworten kann, würde ich gerne wissen, ob Sie für das Gerät auch einen Servicevertrag abschließen würden, da dieser sich natürlich kostensenkend auswirkt — und Sie die absolute Sicherheit haben —, stets ein gewartetes Gerät zu haben und jederzeit unsere Serviceabteilung bei Fragen anrufen zu können.«

Sie merken bereits, daß Sie mit richtig gestellten Fragen zu einer weiteren Einengung des Gespräches kommen und den anderen immer mehr zu dem Punkt führen, wo er endgültig ja sagt, weil er es vorher ja schon stufenweise getan hat.

7. Alternativ-Fragen

Alternativ-Fragen bieten dem Gegenüber mehrere Möglichkeiten und Wege an. Die Zahl der gestellten Alternativen darf aber höchsten drei sein. Alternativ-Fragen sollen zu schnellen Entscheidungen führen. Das Wörtchen »oder« ist dabei meistens der Hauptbestandteil:

»Welcher Besprechungstermin würde Ihnen am besten passen: Montag um 12.30 Uhr **oder** Mittwoch um 14.00 Uhr **oder** Dienstag um 16.15 Uhr?«

»Welche Farbe würde Ihnen am besten gefallen, gelb **oder** rot **oder** grün?«

»Wann soll ich Sie zu diesem Punkt erneut anrufen, im März **oder** Mai **oder** im Juni nächsten Jahres?«

8. Gleichpolige Fragen

Diese sind weiter nichts, als daß man die Frage eines Partners zum Zeichen des Verständnisses wiederholt und dann erst beantwortet. Die Wirkung ist zweierlei:

Gibt man dem Fragenden das Gefühl, seine Frage wirklich richtig verstanden zu haben — und man selbst hat die Möglichkeit, die Antwort etwas besser zu überlegen.

9. Bestätigende Fragen

Mit der Bemerkung »Das ist eine sehr gute Frage« geben Sie Ihrem Gegenüber das Gefühl, überlegt zu fragen und dem Gespräch sehr gut zu folgen. Eine andere Möglichkeit ist: »Es freut mich, daß Sie mir diese Frage stellen.« Oder
»Daß Sie mir diese Frage stellen, beweist mir, daß Sie...«
Als guter Rhetoriker sollten Sie die bestätigenden Fragen immer wieder einwerfen, denn nichts **bestätigt** Ihren Gesprächspartner mehr, als er sich selbst.

10. Dirigierende Fragen

Der Dirigent eines Orchesters gibt einem Musiker oder einem Teil des Orchesters Einsätze oder Unterstreichungen oder Hervorhebungen. Er schwächt ab oder reißt hoch. Genauso sollten Sie als Frager die Richtung des Gespräches in der Hand behalten und in die Richtung lenken, in die Sie es wollen. Lassen Sie sich nicht von dem anderen die Richtung aufzwängen. Plötzlich ist die Zeit um — und Sie sind noch immer am Anfang des Gespräches, statt bei der entscheidenen Abschluß-Frage.

11. Provozierende Fragen

Provozieren heißt Herausfordern. Wer provozierende Fragen stellt, muß sich der Herausforderung bewußt sein. Mitunter ist Sie aber notwendig, um wirklich herauszufinden, ob der andere nur umgekehrt provozieren will — oder einen Sachverhalt nicht richtig dargestellt hat.
Beispiele:
»Glauben Sie wirklich, daß Sie mit Ihrer Maschine noch in den nächsten drei Jahren konkurrenzfähig sind?«
»Sind Sie sicher, daß Sie zu diesem Preis noch lange den Artikel XY einkaufen können?«

12. Eröffnungs-Fragen für Verhandlungen und Reden

Eine geschickte Frage zum Anfang ist immer ein dynamischer Start. Partner und Publikum werden sofort aufmerksam und nehmen eine positive Erwartungshaltung ein. Beispiele:
»Wenn ich Ihnen die Lösung zu einem täglichen betrieblichen Problem nennen könnte, hätten Sie dann sieben Minuten Zeit für mich?« oder
»In Ihrem Betrieb entstehen täglich viele Fehlzeiten durch... Darf ich Ihnen eine Lösung dazu vorschlagen?« oder
»Sie arbeiten sehr hart, um Ihren Lebensunterhalt zu verdienen — und um zusätzlich im Alter ein Sicherheitspolster zu haben. Wenn ich Ihnen zwei Wege zeige, die aus Ihrem Geld mehr Geld machen, ohne daß es an Sicherheit verliert, wären Sie daran interessiert?«

13. Abschluß-Fragen

Abschluß-Fragen haben das Ziel, bewußt und unbewußt ein Gespräch abzuschließen. Am besten gehen ein paar Ja-Fragen voran, die Sie mit einem freundlichen Lächeln begleiten sollten und möglichst dabei von sich aus zustimmend mit dem Kopf nicken. Beispiele:
»Konnte ich Sie überzeugen, welche Vorteile diese Maschine für Ihr Unternehmen bringt?«
»Haben Sie sich überzeugt, wie einfach das Gerät zu bedienen ist?«
»Haben Sie als Fachmann bemerkt, wie gut dieses Gerät Ihren räumlichen Verhältnissen angepaßt ist?«
Und nun leiten Sie ohne Übergang zur Abschluß-Frage über:
»Welcher Aufstellungstermin wäre für Sie der geeignete, der 15. November oder der 15. Dezember?«
»Dürfen wir Sie durch eine kleinere Erstbestellung von unserer Qualität überzeugen, oder möchten Sie gleich Ihre erforderliche Papiermenge bestellen?«
»Welches Kostüm darf ich Ihnen einpacken, das grüne oder das gemusterte?«
Bereiten Sie sich auf jedes wichtige Gespräch vor. Wenn Sie viel erfahren müssen, schreiben Sie sich die wichtigsten Fragen in der Reihenfolge auf, damit Sie nachher den Sachverhalt kennen. Wenn Sie etwas verkaufen wollen, legen Sie sich im voraus genau fest:
— Wie werde ich das Gespräch eröffnen?
— Wie werde ich argumentieren?
— Welche Einwände sind zu erwarten?
— Wie werde ich sie widerlegen?
— Mit welchen besonderen Schwierigkeiten ist zu rechnen?
— Welche Abschlußargumente benötige ich?

Reden löst Handlungen aus

— Hannelore Knöpfler —

Reden ist vorbereitendes Handeln. Reden soll uns helfen, unsere eigenen Ziele zu erreichen bzw. die Ziele von anderen zu erkennen und sie zu fördern. Nur ein Mensch, der seine eigenen Ziele formulieren kann, kann sie auch erreichen. Ein Mensch, der über sich und seine Ziele sprechen kann, kann auch über alles andere sprechen. Deshalb beginnt eine wirkungsvolle Persönlichkeit immer damit, sich selbst zu erkennen und seine eigenen Ziele und Pläne in Worte zu fassen. Wer einen Monolog — das Gespräch mit sich selbst — nicht beherrscht, wird nie einen Dialog richtig beherrschen. Das ganze Weltall wird von dem Prinzip anziehender und abstoßender Energien gelenkt. Wenn Sie durch Ihr Sprechen Handeln auslösen wollen, müssen Sie das Prinzip der anziehenden Kraft kennen und verstärken. Wer anziehend und überzeugend sprechen will, muß es trainieren. Das geschieht am besten, indem man einen Text wirkungsvoll zu sprechen lernt und diesen an jedem Tag viermal wiederholt. Dabei lernt man die richtige Betonung, man lernt das Sprachtempo, man lernt den Atem richtig einzusetzen — und wenn man die Übung vor dem Spiegel durchführt, lernt man gleichzeitig den richtigen Augenkontakt und die entsprechende Körperhaltung. Dies alles zusammen macht die Suggestivkraft Ihrer Worte aus.

»Wir leben in einer Welt der Ideen. Aber wir müssen nur die herausziehen, die uns zum Meister machen.«
— Plato —

Wer durch Sprache überzeugen will, muß Meister im Reden sein. Deshalb sollte er die Anregungen und Techniken und Tips dieses Buches als Lehrsätze betrachten und sie üben. Das theoretische Wissen nützt zum Überzeugen gar nichts. Wissen ist nur dann Macht, wenn wir unser Wissen gebrauchen können. Wirkung kommt immer aus dem Training und aus der Disziplin. Ein Sportler wird nicht deshalb zum Meister, weil er täglich etwas anderes tut, sondern weil er jahrelang den gleichen Sport diszipliniert trainiert. Bei einem Pianisten ist es nicht anders, er beherrscht nicht das gesamte Repertoire klassischer Musik, sondern sucht sich fünf Stücke heraus, die er dann virtuos meisterlich beherrscht. Der Schlußsatz jeder Rede und jedes Vortrages muß deshalb immer eine zum Handeln auffordernde positive Formulierung sein. Redekunst ist Beeinflussungskunst. Beeinflussen heißt: hineinfließen lassen. Sie können jedoch nur etwas hineinfließen lassen, wenn Sie die Kunst der Öffnung beherrschen. Je mehr Sie schweigen, um so weiter öffnet sich der andere. Das ist die Magie der Pausen, die Sie bei jedem Gespräch, Zwiegespräch oder großen Vortrag einfließen lassen sollten. Der Zuhörer muß verarbeiten, was Sie vorgedacht und vorgetragen haben. Dazu braucht er Zeit. Geben Sie ihm diese durch Ihre Pausen und er wird Ihnen gedanklich besser folgen können. Erst dann kann das Handeln einsetzen.

Sprache löst Handlungen aus: Durch Erzwingungen, wie Befehle oder Verordnungen. Dazu brauchen Sie jedoch kein Rhetorikmeister zu werden.

Sprache steuert das Handeln: Durch klare Regieanweisungen zum Beispiel. Dazu müssen Sie sich verständlich und klar ausdrücken können und logische Ablauffolgen vorher durchdenken können. Die meisten Fehler werden dadurch gemacht, daß sich der Anweisende unklar ausdrückt.

Sprache erleichtert das Handeln: Wer die zu erreichenden Ziele deutlich machen kann und bildhaft formulieren kann für sich und die anderen; wird das dazu notwendige Handeln für alle Beteiligten sehr viel leichter und angenehmer machen.

Sprache begleitet das Handeln: Eine Tätigkeit, die in ihrem Verlauf als gut anerkannt wird, wird von den Ausübenden leichter fortgesetzt. Sachlich und ermunternd vorgetragene Korrekturen können helfen, den Weg gradliniger zu finden.

Sprache ersetzt das Handeln: Nicht alle Taten sind notwendig, um Erfahrungen zu machen. Wenn schlechte Verläufe ersichtlich sind, genügt es, dies verbal deutlich zu machen, um Handeln zu verhindern.
Das Telefon ist das typische Ersatzwerkzeug für nutzloses Handeln. Besser mit jemanden über einen Sachverhalt gesprochen, als gleich aktiv zu werden und mittendrin zu merken, daß man in eine falsche Richtung läuft.

Sprache ist das Handeln: »Am Anfang war das Wort«, lesen wir im Faust. Jede Idee, jede Tat, jede Entwicklung mußte in Worte gefaßt werden, um manifest zu werden. Das geschriebene Wort wird zur eigenen Überzeugung — das gesprochene Wort führt zur Fremdüberzeugung.

Es genügt nicht, gute Gedanken und Ideen zu haben, man muß auch fähig sein, sie auszusprechen und andere davon zu überzeugen. Dann ist Sprache vorbereitendes Handeln.

Der Teufel steckt in der Vielseitigkeit. Lernen wir, uns auf wenig Wesentliches zu beschränken und darin zum Meister zu werden.

»Der Mensch ist eine Summe von Möglichkeiten«, schrieb einmal der Kölner Soziologe Rene König. Wir besitzen also mehr Fähigkeiten, als wir nutzen können. Das heißt: wir leiden nicht an Überschätzung, sondern viel stärker an Unterschätzung. Wenn wir wirklich unser Leben glücklich, gesund und erfolgreich gestalten wollen, müssen wir bereit sein, Konsequenzen zu ziehen. Eine positive Lebensführung beginnt mit der Erkenntnis einer bewußten Lebensgestaltung. Ein Blick in unser Tagebuch oder in den Terminkalender zeigt uns am deutlichsten, was wir aus unseren Tagen — Wochen und Monaten, ja was wir aus unserem Leben machen.
Der überdurchschnittlich große Erfolg beginnt in dem Augenblick, wo wir bewußt — und zwar ganz bewußt — einige Dinge aus unserem Tagesverlauf streichen, damit wir für andere Dinge Zeit gewinnen. Das ist ein schwieriger, aber notwendiger Versuch, aus der eingeschliffenen Routine der Vergangenheit herauszukommen. Aber es geht, wenn wir nur wollen. Unser Ziel sollte es sein, unser Wissen und Können zu vertiefen. Als Abschied zu nehmen von der Oberflächlickeit.
Wir müssen nicht alles wissen — wir müssen nicht alles können.
Wären wir auf allen Ebenen vollkommen, was bliebe für unsere Mitmenschen übrig? Wir brauchen den Mut zur Lücke. Haben wir sie gefunden, gewinnen wir auf diesem anderen Gebiet besonderes Wissen und Können. Das bringt uns die angestrebte Autorität und Anerkennung. Unser Selbstbewußtsein wächst — unsere Gesundheit stabilisiert sich.

Nur der Mensch hat die Kraft, bewußt zu denken und zu analysieren. Fleiß allein ist noch keine Garantie für Erfolg und Glück. Auch Ameisen sind fleißig, aber sie haben keine Möglichkeit, über ihre Erfolgsaussichten nachzudenken. Wir aber können uns ganz bewußt die Frage stellen: 'Was sollte ich von meinen Tätigkeiten ganz streichen oder anderen übertragen?'
Führungskräfte der Wirtschaft werden z.B. danach beurteilt, ob sie die Fähigkeit zur Delegation anwenden.
Wir gelangen nur dann zum überdurchschnittlichen Erfolg und damit auch zum überdurchschnittlichen Glück, wenn wir einige unserer Fähigkeiten steigern. Im Leben kommt es nicht darauf an, wieviel Talente ein Mensch besitzt, sondern ob und welche er entfaltet hat.
Entfaltung ohne Betätigung ist nicht möglich. Nicht bei uns, nicht bei unseren Kindern, auch nicht bei unseren Mitarbeitern. Nun wird Ihnen unsere Überschrift immer klarer: 'Jede Wiederholung ist eine Vertiefung'. Sie erkennen, wie wichtig es ist, die Gesetze der Natur zu erkennen und sich nach ihnen zu richten. Alles was lebt, untersteht dem Gesetz des Wachstums. Wir sprechen von der Wachstums-Energie oder von der Evolutionskraft, die im Universum wirkt.
Nur dumme, wirklich dumme Menschen glauben, durch Wiederholung würde eine Sache langweilig.
»Wer Großes will, muß sich zusammenraffen«, war der Rat Goethes. Und in der Bibel lesen wir: »In der Beschränkung erst, zeigt sich der Meister«. (Beschränkung hier definiert als Gegenteil der Vielseitigkeit)
Sicher haben auch Sie schon an sich selbst erlebt, daß Arbeiten, die anfangs fast undurchführbar waren, durch häufige Wiederholungen leichter wurden. Etwas nur einmal oder selten tun, ist Zeit- und Energieverschwendung.

In sieben Punkten habe ich die positive Wirkung der Wiederholung zusammengefaßt.

1. **Erst durch Wiederholung wird Wissen verdaut und damit zum praktischen Handeln.**
2. **Das persönliche Können nimmt zu. Mit der gleichen Energie werden immer größere Mengen der gleichen Arbeit bewältigt.**
3. **Die einzelnen Abläufe werden immer besser synchronisiert.**

4. Das Niveau unserer Leistung verbessert sich qualitativ. Wir werden sicherer und zuverlässiger.
5. Jede Wiederholung setzt Energien frei, die sich als Gedankenblitze äußern. Es entwickelt sich Kreativität.
6. Das Fingerspitzengefühl entwickelt sich. Das Unterbewußtsein arbeitet immer präziser. Das Anpassungsvermögen wächst.
7. Der Mensch entwickelt eine hohe Beherrschung seiner Fähigkeiten. Sicherheit und Überzeugungskraft wachsen.

Durch die Wiederholung verdichten sich Vorgänge, Überlegungen und Handlungen. Es entwickelt sich im Unterbewußtsein das schöpferische Neudenken. Viele glauben, daß mangelnde Kreativität eine Charakterveranlagung sei. Dabei ist sie im Grunde nur Verzettelung und Oberflächlichkeit.
Was auf sportlichem und künstlerischem Gebiet möglich ist, ist auch auf den beruflichen Sektor zu übertragen.
Wenn wir unser Alltagsleben überdenken, bemerken wir, daß wir unendlich viel wissen, aber nicht danach handeln. Genauso ist es mit dem Wissen unserer Seminare. Viele, allzu Viele glauben, daß sich durch das einmalige Zuhören alles Positive zwangsläufig ergäbe. Wissen ist wenig, erst das Können macht zum König. Darum gilt auch für unsere Seminare: Einmal ist keinmal!
Denn das Wissen unserer verschiedenen Seminare muß sich zu Antrieben in Ihrem Unterbewußtsein verdichten, erst dadurch werden wir unbewußt positiv gesteuert. Genauso ist es auch mit unseren Übungen. Es ist nicht nur wichtig, daß Sie die Programmierungs- und Meditationstechniken kennen, sie müssen von Ihnen regelmäßig praktiziert werden.

Jede Wiederholung bringt Vertiefung!
Nur wer ständig wiederholt, löscht negative Prägungen im Unterbewußtsein aus.
Nur wer ständig wiederholt, lernt Probleme zu lösen. Er wird automatisch und leicht seine großen Ziele erreichen und über sich selbst hinauswachsen. Das Lesen einer Speisekarte genügt auch nicht, um satt zu werden. Aus diesem Grunde sollten Sie ständig und regelmäßig positive Wachstumsreize setzen. Erst dann können Sie ganz und gar dem Gesetz der Natur vertrauen, das für Sie arbeitet.
Es war ein großer Fehler vieler westlicher Wissenschaftler, den Verstand überzubewerten, mit der Folge, daß das Unterbewußtsein 'unterbewertet' wurde. Viele Erziehungswissenschaftler glauben noch heute, daß der Mensch durch Drill, durch Automationstraining und durch Wiederholung gehemmt und engstirnig wird. Genau das Gegenteil ist richtig.
Erst durch die automatische Beherrschung der Grundvorgänge wird Energie frei, um über sich hinauszuwachsen.
Durch ständige Wiederholung werden Widerstände abgebaut, wird vorher Unvorstellbares vorstellbar. Unmögliches wird möglich und Unglaubliches wird selbstverständlich.

Zu einer ständigen Wiederholung sollte auch das Lesen der 'Grundgesetze zur Lebensentfaltung' werden.
In nur 14 Punkten sind alle Gesetze zusammengefaßt, die ein erfülltes Leben ausmachen. Sie bestimmen — richtig erkannt — den Ablauf des Tages, die Erkennung der richtigen Lebensaufgabe und die Erreichung Ihrer Ziele.
Heben Sie diese Seite extra auf und verankern Sie langsam Punkt für Punkt in Ihrem Unterbewußtsein.

von Hannelore Knöpfler

Um erfolgreich im Leben und erfolgreich im Beruf zu sein, gehören gar nicht so viele Dinge dazu. Aber die wenigen gilt es, konsequent auszubauen und anzuwenden.
Zwei sehr wesentliche sind das Sprachvermögen, also die Breite des Sprachschatzes, und die andere ist die Kunst der Rhetorik. Also die Fähigkeit, die Sprache gezielt und wirkungsvoll und überzeugend einzusetzen. Die Stufe des Wissens bestimmt den Platz des einzelnen in der Welt. Auf welcher Pyramidenstufe stehen Sie, und wo wollen Sie noch hin?

Zu Beginn des Lebens wird jeder Mensch unwissend geboren — aber seine Anlagen sind bereits vorhanden. Alle seine Talente und Fähigkeiten entwickeln sich im Laufe der Jahre — oder auch nicht, wenn sie nicht entdeckt werden. Manche werden nie sichtbar, da der Mensch sich konträr durch die Umwelteinflüsse entwickeln muß. Sie alle kennen Banker, Juristen, Steuerberater o. ä. die eigentlich Musiker, Maler oder Innenarchitekt werden wollten.
Stellen Sie sich die menschliche Gesellschaft in Form einer Pyramide vor. Auf der unteren Stufe sind die Analphabeten, die nie eine Chance haben werden, sich weiter zu entwickeln. Auf jeder darüberliegenden Stufe ist mehr Wissen und mehr Qualifikation vorhanden und damit mehr Erfolg und Karriere-

Chancen. Die Spitze der Pyramide bilden die grandiosen Köpfe, die über viel Wissen und damit über viel Weitblick verfügen und dieses einsetzen, um Unternehmen oder Unternehmungen zu regieren.
Wir selbst haben es in der Hand, auf welcher Pyramidenstufe wir stehen und wohin wir uns entwickeln wollen. Wir können — von unseren Anlagen her — ganz sicher zu den oberen fünf Pyramidenstufen emporsteigen. Wenn wir dort einmal angekommen sind, müssen wir zwar unseren Platz halten, werden aber kaum diese Stellung je wieder verlieren. Tatsache ist jedoch, daß die dort oben Angelangten sehr tätige und aktive Menschen bis ins hohe Alter sind. Sie besitzen eine Dynamik, wie die meisten jungen Menschen nicht.
Der Unterschied zwischen denen, die auf den unteren Rängen bleiben und denen, die in die oberen Hemisphären klettern, ist allein in ihrer Vorstellung zum Leben und ihrem Anspruch zum Leben begründet. Die Einstellung zu sich selbst und zu seinen Zielen, die Erwartungshaltung und die Vorstellung, was man dem Leben abringen will, entscheidet über den eigenen Status innerhalb dieser Pyramide. Um so höher man auf der Pyramide klettert, um so enger werden die Felder, sprich: um so weniger Menschen gibt es dort.
Eine Möglichkeit, auf dieser Pyramidenleiter weiter nach oben zu steigen, ist unser Wissen. Je mehr wir wissen, um so höher können wir klettern. Aber wir müssen die Leiter Stufe um Stufe gehen. Überspringen kann unangenehme Folgen haben. Wer das kleine Einmaleins nicht beherrscht, wird nie ein Rechenkünstler werden. Nur, wo ist der Ansatz für unser Wissen? Alles wissen kann niemand. Unser Wissen vermehrfacht sich heute so schnell, daß keiner mehr Schritt halten kann. Gehen Sie einmal in eine Bibliothek und wählen Sie einen Band aus, einen von mehreren Tausend. Wieviel wollen Sie davon schaffen in Ihrem Leben? Zum Glück brauchen Sie das auch nicht, daß kann man sehr viel einfacher haben, sehr viel reduzierter.
Beginnen Sie zuerst einmal mit dem Studium Ihrer eigenen Sprache, und setzen Sie dies dann mit dem Studium Ihres wirklichen Interessengebietes fort. Die Beherrschung dieser beiden Bereiche ist eine stabile Leiter hin zur Spitze der Pyramide.
Zunächst die Sprache, in unserem Falle Deutsch. Nur wenige Menschen haben überhaupt eine konkrete Vorstellung von ihrer Muttersprache. Sie wissen gar nicht, warum sie so sprechen. Sie wissen gar nicht, wie unsere Sprache aufgebaut ist und nach welchen Regeln die Grammatik funktioniert. Sie kennen nicht den mindesten und den maximalen Wortschatz — und haben deshalb keine Vorstellung über ihren eigenen. Sprache setzt sich zusammen aus dem Sprachwillen, der ist identisch mit dem Arbeitswillen an der Sprache, und zum anderen aus der Sprachfähigkeit. Sprachwille und Sprachfähigkeit ergänzen sich zusammen zur Sprach-Intensität.

Die Sprach-Intensität ist entscheidend für Ihre Erfolgsstufe — und damit Ihre Einkommensstufe im Leben

Sie können sich nach der neuesten Mode kleiden, ein ansehnliches Auto fahren, in bester Gegend wohnen, sympathisch und angenehm aussehen. In dem Moment, wo Sie zu sprechen beginnen, dokumentieren Sie die soziale Stufe, auf der Sie wirklich stehen.
In dem Schauspiel 'Pygmalion' von George Bernhard Shaw und der späteren Musical-Fassung 'My Fair Lady' wird dies am besten dokumentiert. Die Sprache macht den Menschen, die Herkunft macht es nicht.
In einer Universität wurden Studenten die Stimmen von verschiedenen Menschen über Tonband vorgespielt, und sie sollten danach beurteilen, auf welcher Stufe dieser Mensch anzusiedeln ist. Das Ergebnis

war frappierend: je größer der Wortschatz und je klarer und überzeugender die Aussprache, je qualifizierter war die Position des Betreffenden. Die Studenten konnten dabei nur nach Wortschatz, Syntax und Melos beurteilen. Alle die, die die wenigsten Punkte erhielten, standen auch auf der niedrigsten Einkommensstufe. Worte können Wunder wirken. Ein Test an 350.000 Menschen aller sozialen Schichten zeigte, daß die Erklärung eines Wortes multipliziert mal der Anzahl der erkannten Worte ein ganz klares Polaritäten-Profil über Intelligenz, soziale Rangstufe und Einkommensstufe ausmacht.

Worte können Wunder wirken

Ein Test an über 350.000 Personen aus allen Schichten der Bevölkerung zeigte, daß mehr, als jedes andere meßbare Merkmal, die Kenntnis der Bedeutung eines Wortes wie der angewandten Wörter den Grad der sozialen Klasse widerspiegelt.
Ein anderer Test sah folgendermaßen aus: In 39 Fabriken wurden die Direktoren und die leitenden Angestellten einem Sprachtest unterzogen. Die Ergebnisse zeigten, daß jede der getesteten Personen im starken Maße Führungsqualitäten besaß. Aber es gab enorme Unterschiede in ihrem Sprachschatz. Erste Direktoren und Abteilungs-Direktoren erzielten durchschnittlich 236 von 272 erreichbaren Punkten. Prokuristen erzielten 168 Punkte, Abteilungsleiter 140, Werkmeister 114, Vorarbeiter 86 Punkte. In fast allen Fällen entsprach die Höhe des Einkommens mit der Punktzahl, also dem Wortschatz überein. Je nach der beruflichen Qualifikation.
Ein Vertreter von etwa 50 Jahren, der nur etwa 5 % des deutschen gebräuchlichen Wortschatzes benutzte, erarbeitete sich einen Wortschatz von 45 %. Das ist fast das Höchste, was wir erreichen können, und dieser Mann ist jetzt leitender Direktor eines Industrie-Unternehmens von Weltrang. Eine ermutigende Tatsache, die wir uns stets vor Augen führen sollten. Der Lernprozeß vollzieht sich auf eine Weise, indem wir durch die Hinzufügung eines neuen Wortes zu unserem Sprachschatz weitere wie von selbst hinzugelernt. Das gleiche erleben wir mit einem Grundgedanken aus dem sich zahllos neue Gedanken entwickeln, deren Komplexität wir in unseren Gedankenschatz integrieren. Wir nennen diesen Vorgang die Wort- bzw. Gedankenassoziation. Bewußt zehn neue Wörter zu lernen bedeutet, daß wir neunzig weitere hinzufügen können, ohne daß wir diese lernen müßten. Sie sehen hieran, daß die Sprach-Intensität der eigenen Sprache der Schlüssel zum Erlernen und Vertiefen weiterer Dinge ist.
Millionen von Menschen sind buchstäblich im Verlaufe ihres Lebens an ihrem Vorwärtskommen gehindert, weil sie sich niemals die Zeit genommen haben, ihre eigene Sprache wirklich zu erlernen. Wir müssen deshalb zugeben, daß stets die Menschen die größte Erfolgsaussicht hatten, die gute Schulen besuchen konnten und damit zu den Gebildeten zählten. Man kann sie bereits als junge Menschen daran erkennen, wie sie sprechen.

Die Sprache bestimmt mehr als anderes den Stand unseres Wissens

Alles in den großen umfassenden Wissensgebieten hat seinen Namen, ist benannt. Diese Namen, diese Wörter bilden einen Teil unserer Sprache, je mehr Wörter wir kennen und beherrschen, um so größer ist unser Wissen. Sie können wirklich glauben, daß das Wissen eines Menschen und seine Sprache stets zusammengehören, und es ist ausgeschlossen, daß das eine das andere übertrifft.
Und gleich möchte ich auf die Allgemeinbildung zu sprechen kommen. Aber zuvor erlauben Sie mir noch, Ihnen dringend ans Herz zu legen, sich Bücher zu kaufen, die Ihren Wortschatz vergrößern. Es gibt eine Reihe sehr guter Werke. Sie werden feststellen, daß diese Bücher eine wertvolle Ergänzung Ihrer Bibliothek sind. Sie werden zusätzlich eine große Hilfe für Ihre berufliche Entwicklung sein. Das Studium der deutschen Sprache, ebenso wie das Erlernen neuer Wörter heißt gleichzeitig, die Elemente einer Sprache zu erlernen, ihre Bedeutung und auf welche Weise sie zu Sätzen zusammengefügt wird. Lesen Sie auch die deutschen Klassiker: von Goethe bis Thomas Mann. Dabei erfahren Sie den Reichtum und die Kraft unserer Sprache.
Bitte denken Sie jetzt einen Augenblick nach und stufen Sie Ihre Sprach-Intensität selbst ein. Ihr jetziges Wissen bildet den Ausgangspunkt. Wo werden Sie sich einstufen? Werden Sie sich die Note 'ausgezeichnet', 'gut' oder 'befriedigend' geben oder gar nur 'ausreichend'?

Wenn Sie sich selbst als 'ausgezeichnet' einstufen sollten, gehören Sie der Spitze von einem Prozent der Bevölkerung an. Wenn Sie sich mit 'gut' benoten, gehören Sie bereits zu den oberen fünf Prozent. Sollte es nur 'befriedigend' sein, so besorgen Sie sich bitte ein gutes Buch über die deutsche Sprache in Ihrer Buchhandlung, zur Verbesserung Ihres Wortschatzes. Wenn Sie Ihre Kenntnisse nur als 'ausreichend' bewerten sollten, so rate ich Ihnen, an einem Kurs (Volkshochschule/Fernkurs) teilzunehmen, um sich intensiv mit der deutschen Sprache zu befassen. Es gibt eine Reihe ausgezeichneter Kurse.

Institut Enkelmann, 6240 Königstein, Altkönigstr. 38 c

Versuchen Sie es doch mal mit Begeisterung

Wie belastbar sind Sie?

Viele erfolgreiche Unternehmer arbeiten hart am Tag, doch wenn sie abends nach Hause kommen, kann eine Fliege an der Wand sie schon aus der Fassung bringen.
Wie belastbar sind wir?
Wie teilen wir unsere Kräfte ein?
Um in dem permanenten Spannungsfeld zu leben, ist es wichtig, in uns einen festen Kern zu besitzen, der uns hilft, mit der Belastung unseres Alltags und den Schwierigkeiten des Lebens fertig zu werden.
Ein Seminar, ein Vortrag kann die Fertigkeit wieder herstellen, doch auch nach einem noch so erfolgreichen Seminar sieht die Welt nicht anders aus als sie ist. Was sich verändern kann, ist die Einstellung oder die Strategie, wie wir mit dem Leben fertig werden. Doch ein noch so gutes Seminar kann nicht das Glück auf Erden vermitteln.
Wir haben immer wieder neu zu kämpfen, uns immer wieder mit Schwierigkeiten auseinanderzusetzen. Und kaum haben wir ein Problem gelöst, wartet das nächste schon an der Ecke auf uns. Darum sollte unser Ziel sein, gerade in belastenden Situationen uns selbst, unser eigenes Ich, unsere eigenen Persönlichkeiten nicht zu verleugnen, sondern zu festigen. Es ist nicht unsere Aufgabe, Probleme anderer zu lösen, sondern unsere eigenen zu erkennen und zu lösen. Ich frage oft Teilnehmer in unseren Seminaren: »Was haben Sie für Probleme?«, und sie sagen: »Ich habe überhaupt keine Probleme«. Dann frage ich mich, was macht der Mann eigentlich den ganzen Tag?
Die Problemlösung beginnt damit, daß man sich zunächst einmal zu seinen Problemen bekennt. Ein Mensch, der seine Probleme leugnet, wird niemals die Kraft, die Fähigkeit, die Stärke und die Intelligenz entwickeln, um seine Probleme lösen zu können.
Hier fängt es an mit der Selbsterkenntnis: Wo stehe ich und welche Probleme habe ich zu lösen?
Wir haben viele Untersuchungen von depressiven Personen. Wir wissen, daß das Heer der Depressiven nicht geringer wird. Und aus diesen Untersuchungen wollte man herausfinden, ob Depressive wirklich ein schwereres Schicksal hatten als glückliche Menschen. Ob sie wirlich nun einen Grund hatten, depressiv, traurig und pessimistisch zu sein. Und diese Untersuchungen haben ergeben, daß Depressive keineswegs unter härteren Schicksalsschlägen zu leiden hatten, sondern daß sie nur negativ auf das Schicksal reagierten. Im Gegenteil, so zeigte die Untersuchung, daß glückliche Menschen oft mit viel größeren Problemen und Schicksalsschlägen fertig wurden und sogar daran gewachsen sind. Ein Mensch kann an seiner Aufgabe wachsen, und darum sollte man auch bei jungen Menschen nicht die Arbeit verteufeln, sondern die Arbeit gibt uns erst die Chance zur Selbstverwirklichung.
Wenn Sie einem Kind jedes Spielzeug nehmen würden, was würde aus dem Kind? Ein unfähiges Leben. Und was würde passieren, wenn Sie einem Menschen seine Aufgaben, seine Schwierigkeiten nehmen würden? Er würde degenerieren.
Konrad Lorenz hat in München zwei Fischreiherkolonien gebaut. Die eine Fischreiherkolonie lebt im Wohlstand, die andere Kolonie muß jeden Tag um ihre Existenz, um ihr Futter kämpfen. In der Fischreiherkolonie, die im Wohlstand lebt, werden die Eier aus dem Nest weggeworfen, da herrschen Streit, Zank und Ehebruch. Alles Dinge, wie wir sie auch kennen; aber in der Gruppe, die jeden Morgen hinausfliegen muß, die die Welt und den nächsten Tag wieder erobern muß, treten alle diese Delikte nicht auf.
Wir stellen uns oft die Frage: Ist der Mensch nicht schon an der Grenze seiner Belastbarkeit? Robert

Junk, der bekannte Futurologe, meint, herausgefordert durch die Probleme unserer Zeit, beginnt der Mensch erst jetzt, sich voll zu entfalten. Wir sind also keineswegs am Ende der Entwicklung, sondern — gemessen an den vielfältigen Möglichkeiten — steht der Mensch erst am Anfang. Aber nutzt er die Möglichkeiten?
Wenn wir uns die Weltraumforschung ansehen, die Eroberung des Mondes, wieviel Kreativität und wieviel Planung war darin notwendig?
Ich gehöre vielleicht zu den wenigen, die glauben, daß gerade unsere moderne Industriegesellschaft dem Menschen eine Chance zur Entfaltung seiner persönlichen Selbstverwirklichung gibt und daß es keine Selbstverwirklichung im luftleeren Raum gibt.

Der Mensch wird erst etwas durch die Sache, die er zu seiner Sache macht.

Nehmen Sie Albert Schweitzer — sein Lambarene —: Wer ist Albert Schweitzer? Nehmen Sie Louis Armstrong — seine Trompete —: Wer ist Louis Armstrong? Nehmen Sie Robert Koch — seinen Tuberkelbazillus —: Wer ist Robert Koch?
Probleme und Aufgaben erst geben uns die Chance, zur Emanzipation zu gelangen.
Stellen Sie sich einmal vor, wir lebten in einer Welt ohne Probleme, wofür brauchten wir dann überhaupt noch Menschen? Es wäre die beste Möglichkeit, sich wegzurationalisieren. Im Grunde leben wir im Augenblick, wenn wir die gesamte Geschichte des Universums betrachten, in einer atemberaubenden Sekunde. Wir erleben in der Geschichte des Universums den vierten großen Sprung. Der erste Sprung war die Schöpfung oder der Urknall. Der zweite große Sprung in der Geschichte der Evolution war das Leben im Wasser und der dritte große Sprung wurde das Leben auf der Erde als die Lurche — die Fische — das Wasser verließen. Und wir haben jetzt den vierten großen Sprung: zum erstenmal das Leben des Menschen im All, im Kosmos. Wir stehen am Anfang einer vollkommen neuen Epoche, der wir uns zu stellen haben.
Ein Mensch, der arbeitet in dem Bewußtsein, daß das, was er tut, sinnlos ist, muß zum Minderwertigkeitskomplex kommen. Aber ein Mensch, der in dem Bewußtsein tätig ist: Das was ich tue, ist notwendig, ist sinnvoll, ist wertvoll, der kommt ohne jeden Psychologen zum Selbstwertgefühl und bekommt die Kraft, auch mit Schwierigkeiten fertig zu werden.
Dagegen ist Faulheit der sicherste Weg zur Unfähigkeit. Wenn Sie eine Kuh nicht jeden Tag ganz ausmelken, dann gibt sie jeden Tag etwas weniger Milch. Wenn der Mensch seine Kräfte und Fähigkeiten, die er besitzt, nicht jeden Tag wieder aktiviert, dann wird er jeden Tag etwas unfähiger, mit der Umwelt fertig zu werden und sich in dieser Welt zu behaupten. Ich bin vor kurzem angefeindet worden, als ich bei einer Veranstaltung gesagt habe, die Eltern sollten eigentlich das Ziel haben, ihren Kindern beizubringen, wie man Geld verdient. Denn dann werden diese Kinder zeitlebens nicht beim Sozialamt landen. Aber man hat eine vollkommen falsche Einstellung zu den natürlichen Gütern dieser Welt.

Richtige Mitarbeiterführung heißt Mitarbeiter und sich erfolgreich zu machen.

Die wichtigste Voraussetzung für eine Führungskraft ist die Fähigkeit, andere Menschen zu beeinflussen. Die Fähigkeit, zu lenken, zu leiten, zu führen und zu motivieren. Ein Auto kann man nur dann richtig fahren, eine Maschine nur dann richtig beherrschen — im positiven Sinne —, wenn man sich auskennt. In der Regel kennen wir uns mit unseren Maschinen oft gründlicher aus als mit unseren Mitarbeitern. Menschenführung setzt darum Menschenkenntnis voraus. Es setzt voraus, die Fähigkeit und das Bewußtsein: »Ich will führen«. Durch das Dritte Reich ist das Bewußtsein, Menschen zu führen, sehr negativ eingesetzt worden. Viele junge Menschen, wenn sie das Wort 'führen' hören, denken deshalb gleich an Manipulation. Dwight D. Eisenhower hat einmal gesagt: »Menschenführen heißt, einen Menschen zu veranlassen, das zu tun, was man will — weil er selbst es will.« Also nicht gegen die Interessen des Menschen, sondern im Einklang mit der Natur des Menschen. Wirkliche Menschenführung, wirkliche Mitarbeiterführung sollte heute heißen: Seine Mitarbeiter erfolgreicher zu machen, nicht seine Mitarbeiter zu dominieren oder noch schlimmer, seine Mitarbeiter auszunutzen. Ein Mitarbeiter, der sehr erfolgreich ist, fühlt sich bestätigt, blüht auf, weil er seine

Erfolgserlebnisse hat. Aber ein Mitarbeiter, der nicht erfolgreich ist, fühlt sich ausgenutzt, der demotiviert sich selbst und wird vielleicht zu einem Nörgler oder Querulanten.

Wer motiviert den Motivator?

Nur eine Flamme, die brennt, kann auch andere entzünden. Dazu gehören immer drei Dinge: Der Motivator, das Motiv und die Mitarbeiter, also die zu Motivierenden. Aber ohne großes Ziel gibt es keine Motivation. Um Menschen zu begeistern, müssen sie erst einmal selbst ein Mensch sein, der an sich und seine Ziele glaubt. Erst dann können Sie diesen Glauben auch in anderen erzeugen. Sie können große Schwierigkeiten und Probleme haben; solange Sie an sich, an Ihren Unternehmen und an Ihre Zukunft glauben, kann Ihnen im Grunde nichts passieren.

Schnappschuß vom Kongreß der Erfolgreichen

19 Punkte über die Macht der Begeisterung:

1. **Begeisterung gibt Glauben und Überzeugung zu erkennen.**
2. **Begeisterung regt die Menschen zum Handeln an.**
3. **Begeisterung hilft Ihnen, Ihre Ziele zu erreichen.**
4. **Begeisterung verwandelt das Negative.**
5. **Begeisterung macht Sie anziehend.**
6. **Hören Sie mit Begeisterung zu.**
7. **Begeisterung nimmt einem Befehl die Härte.**
8. **Begeisterung ist der Schlüssel, der Ihnen Tür und Tor öffnet.**
9. **Begeisterung heißt, Menschen beeinflussen ohne zu dominieren.**
10. **Begeisterung zeigt, daß Sie Farbe bekennen.**
11. **Begeisterungsfähigkeit ist der Laserstrahl, der positive Argumente zum Leuchten bringt.**
12. **Durch Begeisterung können Sie die Gedanken und Gefühle anderer in die Richtung lenken, die Ihnen angenehm ist.**
13. **Begeisterung erweckt Begeisterung und Zuversicht.**
14. **Begeisterung zieht die Menschen an.**
15. **Begeisterung läßt keine Langeweile aufkommen.**
16. **Begeisterung ist ein Mittel, andere soweit zu bringen, daß sie Ihnen helfen wollen.**
17. **Ein begeisterter Mensch zieht keine Vergleiche.**
18. **Begeisterung verleiht Ihnen Glanz.**
19. **Begeisterung ist ein Zeichen, daß Sie kein Schattendasein führen.**

Wer Menschen begeistern kann, kann auf Zwang verzichten.

Motivieren heißt begeistern!

Immer geht es um den Menschen. Beim Aufbau eines Unternehmens, bei Erweiterung oder Konkurs — immer sind Menschen, Mitarbeiter, am Auf- und Abbau unseres Tuns beteiligt. Mitarbeiter-Motivation heißt eine der Hauptaufgaben jeder Führungspersönlichkeit.
Motivieren also heißt begeistern. Motivation ist die Kunst, das Leistungsniveau der Mitarbeiter anzukurbeln. Wir alle müssen täglich erkennen, daß viele Mitarbeiter unter dem Niveau ihres Könnens und ihrer Leistungsfähigkeit bleiben.

Jahrtausendelang interessierte sich der Mensch hauptsächlich für seine Umwelt. Es ist erstaunlich, daß man erst ab ca. 1900 begann, sich mit sich selbst zu beschäftigen. Sigmund Freud kümmerte sich zuerst wissenschaftlich um die menschliche Innenwelt. Er hatte zahlreiche Nachfolger. Uns kommt es aber darauf an, ein praktikables System zu entwickeln, das im täglichen Leben anzuwenden ist.
Wie überall in jeder Gemeinschaft, so gibt es auch in einem Betrieb positive und negative Strömungen, also anziehende und abstoßende Kräfte. Für diejenigen, die an der Front stehen, gilt es, das Positive, das Aufbauende zu aktivieren.

Alles, was der Mensch tut, wird von seinem Gehirn gesteuert. Hier beginnt bereits das erste Problem. Wenn Sie einen neuen Fotoapparat bekommen, dann studieren Sie die technischen Einzelheiten genau, um das Gerät optimal bedienen zu können. Wer aber weiß schon, wie er sein Gehirn einzustellen hat, damit es Höchstleistungen vollbringen kann?
Wir wissen heute, daß der Mensch ein perfekt arbeitendes kybernetisches System ist, in dem aber fast alle Vorgänge unbewußt ablaufen. So auch die Vorgänge der Leistungssteigerung oder Leistungsminderung. Wenn wir uns zum Beispiel einen Grippevirus einfangen, aktiviert der Körper im gleichen Moment Abwehrkräfte, die uns gar nicht bewußt werden. So ein kybernetisches System funktioniert aber nicht nur im organischen Bereich, sondern auch im zwischenmenschlichen. So reagieren Ihr Partner, Ihr Mitarbeiter oder Ihre Kinder auf ganz bestimmte Ereignisse völlig unbewußt. Es ist wichtig zu erkennen, daß das menschliche Verhalten, von dem ja die Leistungsfähigkeit abhängt, nicht das Produkt einer bewußten Willenseinstellung ist, sondern die Reaktion unbewußter Vorgänge. Unser Gehirn nimmt ununterbrochen Signale und Informationen auf und reagiert automatisch, also unbewußt. Und das tagaus, tagein, ja sogar nachts im Schlaf.
Das muß man wissen, wenn man versuchen will, seine Mitarbeiter noch wirkungsvoller als bisher bewußt zu steuern.

Das Wort »unbewußt« kam bis jetzt häufig vor. Das Unbewußte oder das Unterbewußte wird in Lexika wenig aufklärend definiert. Was ist eigentlich unser Unterbewußtsein, von dem wir so stark abhängen? Was spielt sich wirklich im Innern des Menschen ab? Der große deutsche Psychologe Oscar Schellbach hat einen genialen Vergleich gefunden. Er bezeichnete das Unterbewußtsein als eine Werkstatt. Zu einer Werkstatt gehören nicht nur Maschinen, sondern auch Mitarbeiter. Der modernste Computer hat 50.000 Gedächtnisspeicher. Das menschliche Gehirn — unsere 2 1/2 Pfund Masse zwischen den Ohren — hat 50 Billionen Gedächtnisspeicher. Unser Gehirn hat also 200.000 mal mehr Gedächtnisspeicher als der beste Computer der Welt.

Jetzt kommt es darauf an, diesen wunderbaren Computer in unserem eigenen Kopf und in dem unserer Mitarbeiter zu steuern. Vielleicht haben Sie schon einmal ein elektrisches Klavier gesehen? In so einem Instrument befindet sich im Inneren eine Walze mit vielen hundert kleinen Nägelchen, die beim Spielen ablaufen und als Impulsgeber bestimmte Töne und Saiten zum Klingen bringen. So ungefähr können Sie sich auch die Arbeitsweise in unserem Unterbewußtsein vorstellen. Unendlich viele Schablonen oder Walzen laufen in uns ab. Unser Verhalten — und das unserer Mitarbeiter — wird also gesteuert durch die in uns laufenden Programme.

Sicherlich haben auch Sie sich schon oft gefragt, wie es kommt, daß ein Mitarbeiter immer die gleichen Fehler macht und wie man ihn dazu bringen kann, diesen Fehler in Zukunft nicht mehr zu begehen. Fehler werden fast nie willentlich gemacht, sondern es laufen einfach falsche Programme in den Gehirnen ab.
Wenn wir also erkennen, daß der Mensch gesteuert wird von den Schablonen seines Unterbewußtseins, dann hat es keinen Zweck, mit einem Mitarbeiter, der etwas falsch gemacht hat, zu schimpfen. Denn durch das Hinweisen auf seine Fehler verändert man

nicht seine Verhaltensmuster. Im Gegenteil. Zu starke Kritik kann dazu führen, daß das Verhalten noch verstärkt wird.

11. Denkgesetz:

Beachtung bringt Verstärkung.
Nichtbeachtung bringt Befreiung.

Das gilt selbstverständlich auch für negative Antriebe (Fehler) und negative Beachtung (Kritik und Geschimpfe). Ein Verhalten, das stark beachtet wird — und Tadel ist eine scharfe »Beachtung« — wird also **verstärkt.** Wenn Sie also wirklich bei Ihren Mitarbeitern etwas verändern wollen, dann besteht die einzige tiefenpsychologische Möglichkeit darin, sein Programm zu verändern.
Mitarbeiter führen, motivieren und beeinflussen müßte darum im streng wissenschaftlichen Sinne die Fähigkeit beinhalten, einen Menschen umzuprogrammieren. Gelingt es Ihnen nämlich, sein Fehlprogramm zu korrigieren, dann **will** er in Zukunft nicht mehr etwas richtig machen, sondern er **muß** es aufgrund seines neuen Reizreaktionssystems.
Ein Hamburger z.B.: stößt er das St weil er will oder weil er muß? Weil er muß! Er will nicht, er kann sich auch mal einige Minuten zusammenreißen, aber dann muß er wieder. Er wird also gesteuert von den Impulsen seines Unterbewußtseins. So ist es auch mit Erröten oder Stottern. Je mehr sich solche Personen anstrengen, **nicht** rot zu werden oder **nicht** zu stottern, um so stärker wird der Impuls. Auch bei einem Geiger oder Orgelspieler läuft automatisch so ein unbewußtes Programm ab. Der Volksmund bezeichnet dies teffend als die Macht der Gewohnheit. Der Mensch ist ein Gewohnheitstier. So leben auch in unseren Mitarbeitern positive und natürlich auch negative Gewohnheiten.
Kritik also ist das schlechteste Mittel, um einen Menschen neu- oder umzuprogrammieren. Kritik treibt die Kritisierten immer in die Defensive. Es muß Ihnen bei positiver Menschenführung gelingen, den Mitarbeiter von innen her umzuprogrammieren und ihn daher von innen heraus zu veranlassen, sich richtig zu verhalten.
Sicherlich haben Sie sich auch schon einmal gefragt, warum die Menschen so unterschiedlich sind. Warum ist der eine glücklich und der andere unglücklich, warum ist einer erfolgreich und ein anderer ein Versager? Die Gehirne aller Menschen sind vom Aufbau her gleich. Der Unterschied liegt allein im Inhalt, eben darin, was ein Mensch vom ersten Tag seines Lebens bis heute in sich an Informationen aufgenommen hat.
Der »Kleine Prinz« von Saint-Exupéry, eins der schönsten Märchenbücher über die Kunst, Menschen zu führen, sagt in einer Szene, in der er den König eines anderen Sterns begrüßt: »Bist du hier der König?« »Jawohl, ich bin hier der König«. »Wenn du König bist, dann kannst du doch befehlen . . .!« »Ja, als König kann ich befehlen«. »Wenn du befehlen kannst, lieber König, dann müssen doch alle deinem Befehl gehorchen?« »Ja, das stimmt. Alle unterliegen meinem Befehl«. »Ja«, sagte der kleine Prinz, »ich sehe für mein Leben gern Sonnenaufgänge. Befiel doch jetzt der Sonne einmal aufzugehen«. Daraufhin sagte der König: »Das befehle ich der Sonne erst wieder morgen früh um 5.17Uhr«.

Erfolgreich mit Menschen umgehen — per Telefon

von Peter Döring

Am 7. März 1876 erhielt Graham Bell ein Patent für das Telefon. Inzwischen bestehen allein in unserem Land nahezu 25 Millionen Telefonanschlüsse, und es werden jährlich weit über 16 Milliarden Orts- und Ferngespräche geführt. Daher ist anzunehmen, daß Sie auch schon mal telefoniert haben. Aber Spaß beiseite. Sie greifen zum Telefon, zögern, legen wieder auf. »Nein«, sagen Sie, »da muß ich schon persönlich vorsprechen«, oder »Ist doch besser, ich schreibe ein paar Zeilen«, oder Sie entschließen sich sogar, die ganze Angelegenheit besser zu vergessen.
In **diesem** Fall haben Sie im Umgang mit **diesem** Menschen am Telefon Schwierigkeiten.

Telefonieren will gelernt sein

Warum sind Sie am Telefon unsicher — natürlich nicht immer — aber manchmal?
Warum fühlen Sie sich in irgendeiner anderen Situation unsicher, zum Beispiel beim Skilaufen oder Schwimmen? Da sind wir schon wieder bei unserer längst erworbenen Erkenntnis, daß wir nichts können, was wir nicht vorher gelernt haben.
Vielleicht protestieren Sie jetzt und sagen 'Aber das gilt doch nicht für etwas so Simples wie das Telefonieren!'
Vorsicht! Vielleicht noch simpler in Ihren Augen ist Atmen oder Sprechen. Wer aber richtig atmen und wirkungsvoll sprechen will, der muß es ebenfalls vorher lernen!
Genauso wie das Telefonieren.

Warum Unsicherheit oder Lampenfieber?

'Sprache ist Macht'. Was das Telefon aber von Ihrer Sprache — wie machtvoll sie auch immer sei — überträgt, ist eine auf 4.000 Hertz reduzierte 'Sprache'. Ihr Gesprächspartner kann Sie nicht sehen, Sie ihn auch nicht. Wenn Menschen miteinander sprechen — sich also begegnen — machen Sie sich immer, manchmal bewußt, aber meist unbewußt, vom Gegenüber ein Bild. Dieses Bild nennen wir 'Den ersten Eindruck'.
Sie können sich durchaus sehen lassen mit Ihrem 'ersten Eindruck', aber leider sieht Ihr Gesprächspartner Sie nicht. Sie sind für ihn unsichtbar. 'Verlust an sichtbarem guten Eindruck', das ist der erste große Nachteil, den wir beim Telefonieren in Kauf nehmen, besser wettmachen müssen. Hinzu kommt der fehlende Augenkontakt. Er fällt gleich doppelt ins Gewicht. 'Augenkontakt' ist eines der besten Mittel, den Gesprächspartner zu beeinflussen, zu führen und 'im Griff' zu halten.
Darauf müssen Sie verzichten. Aber: Ihrem Gesprächspartner geht es ebenso. Auch er kann sich während des Telefonats mit Ihnen nicht über den Augenkontakt orientieren. Kontakt ist jedoch die Voraussetzung für ein erfolgreiches Gespräch.
Für den Kontakt zur Umwelt, also auch zu den Menschen, stehen uns Sinne zur Verfügung: Gehör, Geschmack, Geruch, Gefühl und das Gesicht.
Wenn Sie einen Menschen beeinflussen wollen, werden Sie ihm vielleicht etwas zeigen wollen, auf jeden Fall werden Gesten Ihr Gespräch begleiten.
Auf all das müssen Sie beim Telefonieren verzichten. Sie können nur das Gehör ansprechen, und das auch nur mit Ihrer durch das Telefon nachteilig verfärbten Stimme. Aber es kommt noch schlimmeres hinzu: Sie können nicht sehen, in welcher Situation der Andere ist. Womöglich stört Ihr Anruf ihn. 'Stören', das ist wahrscheinlich das Allerletzte, was Sie tun wollen. Aber ob Sie es nun wollen oder nicht: Sie stören.

Kein Wunder, daß sogar erfahrenen, selbstbewußten, im persönlichen Gespräch durchaus erfolgreichen Menschen der Griff zum Telefon in schwierigen Situationen regelrecht Angst einflößt. Sie verspüren plötzlich ein unangenehmes Lampenfieber vor dem Apparat — und lassen es daher bleiben.
Aber damit ist das Problem nicht gelöst; es ist nur vertagt und muß — anstatt ohne großen Aufwand am Telefon — auf meist viel umständlichere, zeitraubende Weise erneut angegangen und gelöst werden.
Gerade das aber gilt es zu vermeiden. Telefonieren bedeutet durchaus nicht nur, sich mit Nachteilen abfinden zu müssen. Das Telefon bietet uns in erster

Linie großartige Möglichkeiten und Vorteile. Sie gilt es zu erkennen und wirklich gekonnt zu nützen.

Möglichkeiten und Vorteile des Telefonierens

Aus Polen hörten wir die Nachricht, daß dort nach einer Nachrichtensperre wieder telefoniert werden kann. Diese Nachricht macht uns den Wert und die Bedeutung des Telefons bewußt. Wir dürfen telefonieren, mit jedem für uns telefonisch erreichbaren Menschen rund um die Welt. Keiner hört ungebeten zu. Das heißt, wir können einen Gruß, Mitteilungen, Vorschläge, Gedanken praktisch ohne Zeitverzug allen freien Menschen auf allen Kontinenten und in allen Erdteilen der Welt persönlich übermitteln. Machthaber von Kriegsrecht sperren und zensieren das Telefongespräch, nicht weil Sie Angst vor dem Telefon haben. Nein, sie fürchten, daß sich Menschen über das Telefon verständigen und Vereinbarungen treffen könnten.
Daß Menschen übers Telefon andere womöglich beeinflussen könnten.
Genau das ist aber Ihr persönlicher Vorteil.
Sie leben in einer freien Welt. Sie können andere Menschen am Telefon überzeugen und mit ihnen am Telefon erfolgreich umgehen — vorausgesetzt, daß Sie es 'können'.

Nützen Sie Ihre Chancen

Jeder Verkäufer, der es verdient, Verkäufer zu sein, wird Ihnen die Vorteile der 'Verkaufsarbeit am Telefon' nennen. Prüfen Sie bitte, ob das nicht auch Ihre wären:

— Vergebliche Wege vermeiden
— Wartezeiten vermeiden
— Keinen Parkplatz suchen müssen
— Verkehrsproblemen ausweichen
— Mehr Verhandlungszeit gewinnen
— Häufigere Kontakte herstellen
— Auf die Zeit des Gesprächspartners Rücksicht nehmen
— Schnell Termine, Auskunft und Antwort erhalten
— Schranken, Hindernisse, Hürden überwinden
— Vorgänge beschleunigen und nachfassen.

Sind das nicht alles Vorteile, die auch für Sie gelten? Und ließen sich nicht noch viele mehr aufzählen? Gewiß, Sie sind kein Verkäufer und leben nicht von häufigen, guten und erfolgreichen Kundenkontakten. Aber Sie brauchen Termine beim Zahnarzt, bei der Fußpflege und dem Friseur. Sollten Sie nicht auch öfter einmal den Klassenlehrer anrufen? Oder sind Sie sich ganz sicher, daß der telefonische Kontakt zur Schule unwichtig ist. Daß Ihre Kinder 'auch so' dort ihren Weg machen?
Wie steht es um Handwerker? Brauchen Sie dann und wann einen Service für Ihr 'motorisiertes' Zuhause? Und dann wären da noch Karten zu bestellen für das 'längst ausverkaufte' Theater, das Ballett, die Oper, das Konzert.
Wie macht man das?
Wie kann ich per Telefon jemanden einladen, der 'keine Zeit hat', der aber 'einfach kommen muß', und wie kann ich umgekehrt eine Einladung absagen, ohne ins Fettnäpfchen zu treten?
Wie kann ich Gesprächspartner-Informationen einholen zum Beispiel über den Umgang, den meine Kinder haben?
Wie berechtigte oder unberechtigte Reklamationen telefonisch erledigen?
Wie spreche ich mit Behörden — zum Beispiel der Verkehrspolizei — am Telefon?

Wie und mit wem telefonieren Sie?

Gestatten Sie mir bitte ein ganz offenes Wort. Natürlich ist Ihnen das alles nicht neu. Schließlich haben Sie ja, wie eingangs festgestellt, 'schon mal telefo-

niert'. Oder tun es sogar zu oft? Aber es gibt auch viele Menschen, die Klavierspielen können, ohne jemals konzertreif zu werden. Es gibt viele Profis auf dem Fußballfeld, aber nur wenige Asse.
Für Sie lohnt es sich, am Telefon ein Profi-As zu sein.
Sie telefonieren sicher sehr viel!
Sie telefonieren bestimmt mit sehr vielen Menschen!
Unter diesen Menschen ist natürlich auch Ihr Partner?
Telefonieren Sie mit den Menschen, die Ihre Freunde sind? Telefonieren Sie mit Ihren 'stillen Förderern', die Ihnen aus dem Hintergrund helfen, Ihre Ziele zu erreichen?
Sie telefonieren natürlich auch mit Ihren Kindern und überhaupt allen Menschen um Sie herum, die Sie motivieren und begeistern wollen. Wenigstens dann und wann. Bei all dem nützt Ihnen das Telefon. Vorausgesetzt, Sie können telefonieren.

Telefonplausch — oder Telefongespräch?

Die Post hat begonnen, den 8-Minuten-Takt einzuführen, und schon schenkt man sich die AMTTSU (8-Minuten-Telefon-Takt-Sand-Uhr) als stillen Mahner gegen Dauerplausch am Telefon.
Ein genüßlicher Tratsch am Telefon kann herrlich sein. (Notfalls kann man ja die AMTTSU einfach wieder umdrehen.) Für den Plausch brauchen Sie sich nicht vorzubereiten. Keine Regeln müssen beachtet werden, keine bestimmte Reihenfolge ist einzuhalten. Man redet — hört zu — redet usw.
Aber wenn Sie ein Telefongespräch führen und wenn Sie mit diesem Gespräch auch ein Ziel erreichen wollen, ist es meist besser, nicht einfach drauflos zu reden.

Erst denken — dann telefonieren

Nehmen wir einmal an, Ihren gebuchten Sommerurlaub müssen Sie schon einen Tag vor Schulferien-Beginn antreten. Natürlich wollen Sie Ihre Tochter Nadine mitnehmen. Nun ist Nadine zwar reizend anzusehen, doch bedauerlicherweise zeigen ihre Schulnoten in letzter Zeit deutlich fallende Tendenz. Die Klassenlehrerin wollte Sie deswegen ohnehin schon sprechen. Aber leider sind Sie dazu bisher nicht gekommen. Jetzt wollen Sie die Lehrerin sprechen — am Telefon. Sie wollen erreichen, daß Nadine den letzten Schultag vor Ferienbeginn . . . .
Na, Sie wissen schon. Bereiten Sie sich auf solch ein Telefongespräch vor?
Zweckmäßig wäre das schon, nicht wahr? Stellen Sie sich doch vor dem Griff zum Telefon ein paar Fragen.
Hier sind sie:

Wann erreiche ich den anderen Teilnehmer am besten?

Wann störe ich am wenigsten? Gibt es Zeiten, an denen er nicht angerufen werden will? Wann hat der andere Hochbetrieb in seiner Firma/Umgebung? Wann ist Mittagspause? Ist der andere ein Frühaufsteher oder eine Nachteule?
Man macht sich den liebsten Menschen zum Feind, wenn man ihn morgens um 7.30 Uhr aus dem Bett holt.
Gibt es umgekehrt Zeiten, zu denen ich ihn kaum oder gar nicht störe? Welche Zeiten sind das?

Warum will ich jemanden anrufen?

Ich schlage Ihnen vor, ganz groß auf einen Zettel zu schreiben, welches Ihr Anliegen, Ihr Thema ist.
Hier bietet Ihnen das Telefon gegenüber dem Gespräch von Angesicht zu Angesicht sogar einen Vorteil:
Ihr Gesprächspartner sieht nicht, daß Sie Ihr Anliegen als Stichwort aufgeschrieben haben und sich für Ihr Gespräch so eine Art 'roten Faden' notieren.
Nützen Sie diese Selbsthilfe! Sie behalten so das Gespräch in der Hand.

Wann will ich anrufen?

So gut wie immer stören wir einen anderen mit unserem telefonisch vorgebrachten Anliegen. An das Gestörtwerden durchs Telefon hat sich zwar jeder weitgehend gewöhnt — genauso, wie wir uns alle an Verkehrsstaus und Warten vor roten Ampeln gewöhnt haben. Und genauso, wie Ihr Gesprächspartner trotz Ampeln Auto fährt, nimmt er auch dann den Hörer ab, wenn Ihr Anruf ihn stört. Deshalb kommen wir mit unserem Anliegen besser an, wenn wir uns fragen:

Wen wollen Sie erreichen?

In unserem Beispiel ist es die Klassenlehrerin. Und wenn Sie nicht erreichbar ist, wen dann? Sie brauchen eine Ersatzperson. Denken Sie vorher darüber nach, wer das sein könnte oder ob Sie eine Nachricht, Rückrufwunsch etc. hinterlassen wollen.

Was wollen Sie erreichen?

Notieren Sie Ihr Gesprächsziel.
Ihr Gesprächsziel ist Ihr Maximumziel. Und wenn Sie es nicht erreichen? Dann brauchen Sie ein Minimumziel. Wenn Sie erkennen, daß Sie Ihr Gesprächsziel nicht erreichen, ist es zu spät, darüber nachzudenken, was Sie zumindest — komme was wolle — erreichen wollen. Die Folge: Sie erreichen gar nichts.
Also: Vorher überlegen, was will ich unter allen Umständen erreichen? Schreiben Sie auf:

Maximumziel
Minimumziel

Sich das nur in Gedanken vorzustellen, genügt nicht. Sie müssen Ihre Ziele aufschreiben und sie beim Telefonieren vor sich liegen haben. Sichtbar!

Welche Einwände werden kommen?

Wenn Sie über diese Frage vorher nachdenken, werden Sie zu drei Ergebnissen kommen, nämlich:

1. Es handelt sich nur um wenige Einwände.
2. Die Einwände bereiten Ihnen keinerlei Schwierigkeiten, wenn Sie vorher und in aller Ruhe überlegen, wie Sie reagieren werden.
3. Den einen oder anderen Einwand, mit dem Sie fest rechnen müssen, können Sie zu Ihrem eigenen Vorteil selbst erwähnen.

Am Telefon nimmt man Einwände zur Kenntnis und geht nicht weiter darauf ein. Im übrigen führt man das Gespräch konsequent zum Ziel.
Einwandsbeispiel zu dem Telefonat mit der Lehrerin: »Ja, wenn Nadine gute Noten hätte, . . .« Sie: »Gewiß, gerade deswegen werden wir Nadine im Urlaub deutlich klarmachen, wie nützlich Wissen ist, und wieviel Spaß es machen kann, das ganze Leben lang zu lernen. Da lohnt es sich doch, diesen einen Tag . . .«

Welche Unterlagen benötigen Sie?

Auf jeden Fall werden Sie zum Schreibblock auf fester, genügend großer Unterlage nicht einen, sondern zwei Schreiber brauchen. Bedenken Sie das: Wie lange fahren Sie schon Auto ohne Reifenpanne? Trotzdem fahren Sie nie ohne mitgeführtes Reserverad. Wollen Sie wirklich ärgerliche Pannen beim Telefonieren riskieren, nur weil der einzige verfügbare Kugelschreiber streikt? Ein 'Reserveschreiber' sollte immer zur Hand sein. Oder wie empfinden Sie Ihre Telefonpartner, wenn das Gespräch wegen hektischer Suche nach Papier und Stift unterbrochen wird?
Oft — oder meistens — werden Sie Ihren Terminkalender benötigen. Brauchen Sie sonstige Unterlagen? Liegen sie griffbereit vor Ihnen? Schriftwechsel, eine Karteikarte, eine Rechnung etc.?
Braucht Ihr Gesprächspartner bestimmte Unterlagen? Wenn ja, sagen Sie es ihm gleich zu Anfang Ihres Gespräches.

Welche Argumente stehen Ihnen zur Verfügung — welche werden Sie verwenden?

Am besten schreiben Sie zwei oder drei Ihrer ausgewählten Argumente auf.
Wenden Sie die Argumentationsformel an. Sie lautet:

A + V + N + M + ?.

Auf deutsch: Argument + Vorteil + Nutzen + Motivansprache + einbeziehende Frage.
Angewendet auf unser Ferien-Beispiel:
Argument: »Wir können den Urlaub wie geplant durchführen und Nadine dabeihaben«.
Vorteil: »In unbeeinträchtigter Urlaubsstimmung wird Nadine offen sein für positiv beeinflussende Gespräche«.
Nutzen: »Unter dieser günstigen Voraussetzung wird es uns gelingen, in ihr den Spaß am Lernen neu zu wecken«.

Motivansprache: »Neuer Spaß am Lernen ist doch genau das, was Sie und wir erreichen wollen«.
Einbeziehende Frage: »Was halten Sie davon?«
Üben Sie mit dieser Formel. Ihre Gespräche werden kürzer, harmonischer und erfolgreicher werden.

Mit Menschen am Telefon umgehen — ist das eine einfache Sache?

Was ist wohl schwieriger, ein Auto zu fahren, eine Schreibmaschine zu bedienen, ein Flugzeug zu führen oder mit Menschen umzugehen?
Natürlich mit Menschen umzugehen. Menschen sind das Komplizierteste, was es auf dieser Welt gibt. Wenn man mit ihnen auskommen will, muß man bestimmte Regeln einhalten. Das gilt selbstverständlich und ganz besonders für das gezielte Telefongespräch.
Hier die Regeln:

Wesentlich sein

Wenn Sie am Telefon von Ihrem Gesprächspartner etwas wollen, dann sprechen Sie bitte in kurzen Sätzen. Vermeiden Sie Schachtelsätze. Der nette Plausch ist hier nicht angebracht. Sprechen Sie direkt, zur Sache, ohne Geschwafel. Vermeiden Sie auch unnötige Wiederholungen und zu lange Pausen. Notieren Sie sich eine Gesprächsdisposition, so eine Art roten Faden für Ihr Gespräch.

Kommen Sie 'gut an' und steuern Sie gemeinsam auf Ihr Ziel

Es ist so einfach, gut anzukommen. Dazu brauchen Sie Ihr Thema nur so zu formulieren, daß es als 'gemeinsames Anliegen' aufgefaßt wird. Sprechen Sie möglichst nicht von ICH, WIR, UNSER, MEIN.
Sprechen Sie in SIE-Einstellung, sehen Sie die Welt mit den Augen des anderen. Und fragen Sie so viel wie möglich. Mit Ihren Fragen steuern Sie das Gespräch zu Ihrem Ziel. — Mit Behauptungen dagegen entfernen Sie sich von Ihrem Ziel.
Natürlich klären Sie gleich zu Beginn — falls nötig — die Zuständigkeit und sprechen den Partner wiederholt mit seinem richtigen Namen an!
Der Partner muß spüren, daß Sie ihn achten und respektieren, was er sagt, auch wenn er Ihnen nicht gleich voll zustimmt. Fragen, gut zuhören und verstärken, was der Partner sagt, also wertvolle, positive Äußerungen des anderen wiederholen, das scheint mir sehr wichtig zu sein.

Vergessen Sie das Danken nicht!

Manchen Menschen kommt das Danken so gut wie nie über die Lippen. Sie sind geradezu Danke-Stoffel. Andere sind wahre Meister im Sich-Bedanken. Selbstverständlich ist es nicht damit getan, bei jeder nur denkbaren Gelegenheit ein seelenloses Dankeschön zu artikulieren. Sagen Sie Danke, wenn Ihr Gewissen oder Ihr Herz Danke sagt. Und sagen Sie es dann auch mit Ihrem Gewissen und Ihrem Herz. Sie werden tausendfältigen Dank selbst erhalten.

Kommunikationsmittel Nummer eins ist heute für uns alle das Telefon. Versuchen Sie sich vorzustellen, eine Woche 'ohne' auskommen zu müssen. Auf welche schnellen Terminvereinbarungen, Abstimmungsgespräche, Verkaufsverhandlungen, zwischenmenschlichen Kontakte, Bestellungen, An- und Abmeldungen und Rückfragen Sie verzichten müßten.
Wie oft haben Sie schon verzweifelt eine funktionierende Telefonzelle unterwegs gesucht oder die notwendigen Groschen, um rechtzeitig jemanden zu erreichen?
Wie gedankenlos gehen wir jedoch oft mit dem Telefon bzw. dem Anzurufenden um, wenn wir nur den Arm auszustrecken brauchen.
Dabei wollen Sie fast immer mit einem Telefonat etwas erreichen: Sie wollen jemanden überzeugen oder für sich gewinnen.

Ist Telefonieren eine Kunst?

Nur maximal 10 Prozent der Weltbevölkerung hat die Chance, regelmäßig per Telefon zu kommunizieren. Wir gehören dazu, sind also Privilegierte. Verhalten wir uns am Telefon entsprechend? Jedes Jahr werden 1,1 Millionen neue Telefon-Apparate aufgestellt, das sind 6.000 pro Tag. 12 Milliarden Mark gibt die Post dafür pro Jahr aus. Das sind 20 Prozent aller Investitionen der deutschen Industrie. Post und Wirtschaft bereiten sich auf die totale Telefonkommunikation vor. Und Sie?

Warum ist Telefonieren schwieriger, als das Gespräch von Angesicht zu Angesicht?

Die Vorteile des Telefonierens liegen auf der Hand: Zeit — Geld und Energie werden in erheblicher Menge gespart. Aber dafür gibt es auch ein paar Hürden — die man kennen und dann traumwandlerisch beherrschen sollte:

1. **Die Rückkoppelung fehlt.**
Sie können nicht sehen, nicht registrieren und nicht beobachten, wie sich Ihr Telefonpartner verhält.

2. **Nur ein Bruchteil Ihrer** vollen, überzeugenden **Stimme kommt** beim anderen gepreßt **an**. Und damit nur ein Bruchteil Ihrer sonstigen Wirkung.

3. Sie haben einen erheblichen Verlust Ihres guten und vollständigen Eindrucks. **Der andere kann sich von Ihnen kein** — oder nur unvollständiges **Bild machen**. Und Sie können nicht visualisieren, was Sie ihm mitteilen wollen.

4. **Wir stören den anderen** mit unserem Anruf. Nur in seltenen Situationen sitzt jemand da und wartet sehnsüchtig auf Ihr Klingeln.

5. **Wir sehen nicht die Situation unseres Gesprächspartners**.
Ist er gerade total überlastet, grundsätzlich verärgert oder flirtet er mit einer Besucherin?
Wir müssen so tun, als gäbe es eine Umgebung — die jeden Menschen stark beeinflußt — nicht.

Wie sieht der organisierte Telefonplatz aus?

+ ein möglichst freier Tisch
+ in angenehmer, schöner Umgebung, in der man sich wohlfühlt
+ abgeschirmt gegen Lärm und Störungen
+ luftig, hell und mit angemessener Raumtemperatur
+ bequemer Stuhl —
+ von dem Sie mit der linken Hand das Telefon leicht und ohne Körperartistik erreichen können. Bei Linkshändern muß natürlich die umgekehrte Hand sofort schreibbereit sein.

Was brauchen Sie als Hilfs- und Organisationsmittel?

+ Ihren Leporello-Terminkalender
+ zwei Stifte (falls einer versagt)
+ Block/Papier
+ alle Unterlagen, die Sie zu einem Gespräch benötigen könnten.

Was will ich erreichen?

Unser Maximalziel — weshalb wir ein Gespräch führen — und unser Minimalziel — was wir mindestens

erreichen wollen — müssen vor uns aufgeschrieben stehen.
Dann können wir nicht abgelenkt werden und haben permanent im Auge, worum es geht.
Also, Maximalziel:
den gewünschten Termin / das Auftrags-o.k. beim Nachfassen / die Aufforderung, ein Angebot zu schicken, etc.

Als Minimalziel könnten Sie sich setzen:
zu erfahren, wann der andere erreichbar und gesprächsbereit ist / die Vorab-Nachricht an die Mitarbeiterin weitergeben / einen Rückruf vereinbaren etc.

Wen will ich erreichen?

Kenne ich den kompletten Namen meines Gesprächspartners? Es kann fünf Müllers bei einer Firma geben, aber sicher nur einen Alfons Müller.
Wissen Sie bei ausländischen Namen, wie sie sich richtig aussprechen? Fragen Sie Ihren Gesprächspartner ganz offen danach. Das ist viel besser, als ihn permanent falsch — oder gar nicht anzusprechen.
Kenne ich den Namen der Sekretärin, um sie sofort namentlich anzusprechen?
Clevere Telefonfüchse schreiben sofort jeden Namen aufs Papier, dem sie am Telefon begegnen. Auch, wenn der andere nicht der gewünschte Gesprächspartner ist, wird er sich um die Weitervermittlung um so intensiver bemühen, wenn Sie ihn namentlich darum bitten können.

Wie wird sich mein Telefonpartner verhalten?

+ Er wird es als angenehm empfinden, wenn ich ihn gleich zu Beginn aufforderte, sich die seinerseits benötigten Unterlagen zu holen. Natürlich nicht bei Erstkontakten.
+ Sie helfen sich und ihm, wenn Sie gleich zu Anfang den Grund nennen, warum Sie anrufen. Denken Sie immer daran, daß Sie ihn gerade bei einer anderen Arbeit sehr stören. So hat er die Chance, sich schneller auf Sie einzustellen und kann Ihnen aufmerksamer folgen.
+ Sie haben einen interessierten Partner, wenn Sie auch gleich sagen, wie lange das Gespräch in etwa dauern wird.
  Also vorerst die Frage stellen, ob Sie gerade stören, wenn Sie ein längeres Gespräch führen wollen. Ansonsten Mitteilung, wie »Ich habe drei kurze Fragen an Sie« oder »Könnten Sie mir genau zwei Minuten Zeit widmen?«
+ Sie können keine überzeugende Einwandsbehandlung am Telefon führen, wie bei einem Verhandlungs- oder Verkaufsgespräch. Gehen Sie deshalb — ohne Umwege — auf Ihr Ziel zu.
+ Bringen Sie die wichtigsten Einwände selbst, dann können Sie sich entsprechend mit Gegenargumenten vorher präparieren und kommen schneller zum Ziel.
+ Mit einem Stichwort-Script — als roten Faden — behalten Sie das Gespräch fest im Griff.

Ihre Stimmung und Ihre Stimme

+ Auch beim Telefonieren sollten ruhige, heitere Gelassenheit Ihre positive Grundeinstellung symbolisieren.
+ Seien Sie absolut zuversichtlich; denn Sie wollen dem anderen einen Nutzen bringen.
+ Deshalb haben Sie auch keinen Anlaß zu Entschuldigungen.
+ Ihre Stimme ist freundlich, höflich, aber selbstbewußt und suggestiv.

Vermeiden Sie Stacheldraht-Wörter

— Meiden Sie Übertreibungen und Superlative
— Häufen Sie keine Fach- und Fremdwörterberge in das Ohr des anderen.
— ICH
— WIR
— UNSER
— MEIN

sind für Ihren Partner Alarm- oder Stacheldraht-Wörter. Sie wollen doch etwas von dem anderen, also sprechen Sie von

+ IHNEN
+ SIE
+ UNSER GEMEINSAMER

Kein Mensch hört gerne, wenn jemand viel über sich oder von sich spricht. Dagegen hat sein eigener, vertrauter Name noch immer einen angenehmen Klang für Ihren Gesprächspartner.

+ Sprechen Sie ein gutes, verständliches Deutsch
+ in klaren, kurzen Sätzen
+ ohne unnütze Wiederholungen.

Terminvereinbarungen am Telefon

Bei einer gewünschten Terminvereinbarung ist die Reihenfolge, also der Ablauf des Gespräches absolut zwingend. Sonst bekommen Sie keinen Besuchstermin.

+ Sie nennen Ihren Namen und wiederholen ihn mit dem Vornamen und Ihrer Funktion.
  Also:
  Meine Name ist Döring.
  Peter Döring.
  Ich bin Verkaufstrainer und
+ melde mich auf **Ihre** Anzeige.
+ **Sie suchen** mit **Ihrer** Anzeige . . .
+ und nun sollten einige Sätze folgen, die der andere bestätigen kann. Sie wissen, wer mehrfach 'JA' gesagt hat, sagt nicht abrupt 'NEIN'. Außerdem müssen Sie erst einmal eine positive JA-Atmosphäre schaffen.
+ Tragen Sie Ihr gemeinsames Anliegen vor und
+ den allgemeinen Nutzen für den anderen.
+ Bereiten Sie Ihren Terminwunsch vor, indem Sie ihm anbieten, ihm etwas zeigen zu wollen.
— Auf den Einwand 'Schicken Sie mir Ihre Unterlagen', gehen Sie nicht ein, sondern erwidern, daß Sie ihm Unterlagen bringen, um sie sich gemeinsam anzuschauen.
+ Nennen Sie für Ihren gewünschten Termin eine präzise, kurzbemessene Zeit, also 13 oder 17 Minuten.
+ Dann schlagen Sie mit etwas lauer Stimme einen entfernteren Termin vor, den Sie nicht unbedingt anpeilen, also unpräzise »Paßt es gegen Ende nächster Woche« oder:
+ begeisternd sprechen: Dienstag um 11.50 Uhr.
  Bei solch konkreter Angabe schaut der andere automatisch in seinem Kalender nach.
  Paßt es ihm — wiederholen Sie Termin, Datum und benötigte Zeit, um Verwechslungen auszuschalten.
  Paßt es ihm nicht — schieben Sie sofort einen anderen konkreten Termin nach.
  Die Alternativen und die gesamte Gesprächsführung bleibt dabei voll in Ihrer Hand. Bis Sie den gewünschten Termin vereinbart haben.

Etwas anbieten, verkaufen wollen, am Telefon

Worauf Sie achten sollten:

— Geben Sie dem anderen nicht zu verstehen, daß er einen Riesenschaden erleidet, wenn er 'Ihr Produkt' nicht will.
— oder, daß er unmöglich ohne 'Ihr Angebot' weiterhin existieren kann
— daß er ein Trottel ist, wenn er den Nutzen nicht sofort sieht
— und zeigen Sie auch nicht, daß Sie sauer sind, weil er nicht will.

+ Geben Sie ihm dafür deutlich das Gefühl, daß Sie sich intensiv mit seinem Problem und seiner Tätigkeit beschäftigt haben.
+ behalten Sie Ihr Ziel / Ihren Abschluß immer deutlich im Auge
— und bestätigen Sie den anderen in seiner Funktion. Um so leichter haben Sie es.

Persönlichkeit ist die Summe dessen was wir können

Telefonieren zu können ist keine schwarze Magie, sondern Übung. Trainieren Sie jede dieser Gesprächsarten bewußt. Sie wissen jetzt, wo die Fußangeln liegen und womit Sie Punkte sammeln können.

GRIECHEN — RÖMER und die Rhetorik

von H. Knoepfler

Das Ideal von Gutsein und Schönsein

In der antiken Erziehung und Bildung war Rhetorik eines der Hauptfächer. Schon im griechischen Altertum hatte der Adel zwei Bildungsziele: Kriegstüchtigkeit und Wohlberedtheit. Daran ist zu erkennen, daß man die rhetorischen Künste zum Ideal des »Gutseins« und »Schönseins« zählte.
Im Lande der Griechen waren die Rhetoren nicht nur geachtete Leute, sondern hochgebildete Persönlichkeiten, Akademiker und Vorbilder, vor denen sich das Volk beugte.
Alle jungen Männer aus gutem Hause wurden rhetorisch-schulisch ausgebildet, und es gehörte zum guten Ton, daß man einen Rhetoriker als Privatlehrer engagierte.

Die Grundformen des geistigen Lebens

Die griechischen Bildungsideale durchdrangen alle Mittelmeerkulturen, auch die des Römerreiches. Auf manchen Gebieten ist das Griechentum so vorbildlich geworden, daß man auch heute noch die Ergebnisse griechischen Denkens nicht umgehen kann. Das gilt insbesondere für die Philosophie, Pädagogik, Psychologie und Rhetorik. Es sind die Grundformen des geistigen Lebens, die das Abendland der Antike verdankt.
Die geistige wie auch politischen Grundformen der heutigen Demokratie erleben wir in der Erziehung und Bildung in der athenischen Demokratie. 509-404 v. Christi Geburt.
Man strebte danach, ein immer umfangreicheres Wissen zu erlangen und eine formale Schulung in rhetorischer Fertigkeit. Intellektuelle Bildung sollte jetzt das bieten, was man nicht als Anlage mitbekommen und nicht durch Tradition und Übung zu Wachstum und zur Entfaltung gebracht hatte.

Sokrates — der große Rhetoriker

Immer mehr neue Lehrer dieser Bildung nannten sich Sophisten. Ihr Führer war Protagoras. Er lehrte nicht nur das Wort zu gebrauchen, sondern auch Allgemeinbildung, Besonnenheit, Grammatik und freie Redekunst. Das Diskutieren und die logische Gedankenführung für den raffinierten Redekampf waren der Kernpunkt. Alles war aber auf gewisse politische Ziele abgestellt, auch darauf, Macht über die Masse zu gewinnen.
Der erste in der Reihe dieser großen Denker ist Sokrates. Er widmete sein Leben den objektiven Wahrheiten und sittlichen Formen. Dabei verurteilt er viele bisherige Lehren als »Scheinwissen«. Er war nicht nur Philosoph, sondern auch Rhetoriker, Jugend- und Volkserzieher, bis er schließlich für seine Überzeugung in den Tod ging.

Plato war einer der treuesten Schüler von Sokrates. Er führte seine Denkarbeit weiter. Er wurde als Philosoph einer der größten Erzieher aller Zeiten.
Aristoteles (384 - 322) war der letzte der großen, griechischen Denker, der Gründer der Logik. Er überschaute das ganze Wissen seiner Zeit. In Athen war er Schüler Platos. Später wurde er der Erzieher

Alexanders des Großen. Auch er gründete eine Schule, das »Gymnasium des Apollon Lykeios« (daher der Name Lyzeum).
Aristoteles hat für das Geistesleben, Erziehungs- und Bildungswesen ein — bis heute gültiges Logiksystem aufgestellt.

Zu den 7 Künsten gehört die Rhetorik

Die Zeit vom Untergang der griechischen Selbständigkeit bis zum Beginn der römischen Kaiserzeit nennt man den Hellenismus. Akademien und Schulen der Peripathiker, Stoiker und Epikuräer gaben den Geist und die Lehren ihrer Gründer weiter und bildeten sie fort. Die 7 »freien Künste« wurden für die Allgemeinheit entwickelt. Es waren: Grammatik, Rhetorik, Dialektik, Geometrie, Arithmetik, Astronomie und Musik.
Auch Rom konnte sich der eindringenden griechischen Bildung nicht erwehren.
Doch übte der Römer die Redekunst nicht um der ästhetischen Wirkung willen, sondern um seine politischen Gegner zu besiegen und um im Rechtsstreit zu gewinnen.

Anleitung zur Beredsamkeit

Cicero war in der griechischen Redekunst fast besser bewandert als in der später entwickelten lateinischen. Cicero (106 - 43 v.Chr.), der große Redner und Schriftsteller, galt in seiner Zeit als einer der Größten in der Redekunst in Theorie und Praxis. Cäsar lobte ihn oft. Seine Schriften waren Jahrhunderte lang ein Haupt-Bildungsmittel. Er ist ohne Frage durch sein Werk ein Kulturvermittler zwischen zwei Welten geworden und hat der Nachwelt, die das Griechische kaum noch beherrschte, aber Latein verstand, viele Gedanken griechischer Philosophen übermittelt.

Noch drei Männer sind zu nennen, die auf das Erziehungs- und Bildungswesen der römischen Kaiserzeit entscheidend eingewirkt haben: Quintilian, Seneca und Plutarch. Marcus Fabius Quintilianus (117 - 42) war der gefeiertste Lehrer der Rhetorik in der römischen Kaiserzeit und galt mit seiner 12 Bücher umfassenden »Anleitung zur Beredsamkeit« bis zu unserer Zeit als Autorität nicht nur in der Redekunst, sondern auch in der Pädagogik.

Ein Redner bleibt ein Schüler ein Leben lang

Der Unterschied von Rhetorik I und Rhetorik II

von Uschy Mikhail-Krönert

Fünf Monate sind seit der Teilnahme am Rhetorik-II-Seminar vergangen.

Was mir am Beginn des Seminars auffiel, war der feste Standpunkt der Teilnehmer, der starke Augenkontakt und die deutliche Nennung des Namens; denn 'nomen est omen'. Welch ein Unterschied zum ersten Tag des Rhetorik-I-Treffens. Wir hatten gelernt, an uns gearbeitet.

Beim ersten Vortrag dachte ich an das Seminar 'Der erfolgreiche Weg'. Welch ein Unterschied auch dazu. Jetzt war das Herzklopfen besser besiegbar, wir hatten die Atemtechnik bereits erlernt und ebenso im Rhetorik-I den Aufbau einer Rede. Doch jetzt eine Stegreifrede zu halten über Themen wie: «Der Punkt. Das Flugzeug. Kosmetik. Der Kugelschreiber. Leasing, Minirock«, waren neue Hürden. Es gab nur noch eine kurze Denkpause vom Platz bis zum Pult — um drei Minuten zu sprechen (nur drei Minuten). Doch auch hier:

Welch ein Unterschied vom ersten bis zum letzten Tag des Seminars. Nun hatten wir neues Werkzeug erhalten, gebrauchten es und konnten das letzte Thema 'Die Macht des Lächelns' gelöster angehen. Wann auch immer ich in der Zwischenzeit das Erlernte anwandte, war Erfolg der Lohn. Haben wir Ziele, wollen über etwas sprechen, etwas erreichen, so machen wir Bestandsaufnahme. Wir fragen nach der Vergangenheit und der Gegenwart und würzen mit unseren Zukunftswünschen. Was will ich erreichen mit meiner Rede, steht dabei im Vordergrund. Nun setzen wir dem Rezept noch die Krone auf, mit der Macht des Lächelns.

Ja, gewußt WIE ist eben alles.

Ein 'Rhetorik-III-Seminar 1986' wäre mein Zukunftswunsch, denn auch diesen Satz nahmen wir mit nach Hause: Ein Redner bleibt ein Schüler, ein Leben lang!

Rhetorik-Seminar in Königstein

Magie und Macht der Sprache

Die Sprache trägt unsere Gedanken, beflügelt unsere Gefühle, durchdringt unser Leben.
Es sind Wörter, die politische Sprengkraft haben, Wörter, die trösten können bei Not, Einsamkeit und Schmerz. Wörter, die Liebe verkünden und damit Menschen engelgleich schweben lassen. Wörter, die wie Waffen töten oder vergiften können. Wörter — endlos aneinandergereiht — wie in amtlichen Bekanntmachungen, die langweilen und Unverständnis schaffen, wo sie eigentlich das Gegenteil erreichen wollen.

Was wissen wir über die Entstehung der Sprache, über ihr Funktionieren und ihre Funktion?

Die Herkunft der Sprache liegt ebenso im Dunkel wie die Art des Talents, das uns zum Sprechen befähigt. Selbst bei Wörtern aus allerjüngster Zeit wie *okay* wissen wir nicht, woher sie kommen.
Die Wortsprache ist nur ein Teil des Signalsystems, in dem wir leben und mit dem wir bewußt und unbewußt operieren. In der Nordhälfte Europas und Amerikas ist die Gebärde zwar zurückgedrängt, auch dort aber wird in der Not und in der Leidenschaft das Wort von der Geste überwältigt.
Das Erfinden neuer Wörter — die Wortschöpfung — ist seit Jahrtausenden eine Rarität. Die Sprache entwickelt sich durch Wortbildung: auf dem uralten Vorrat an Stammwörtern, durch Sinnübertragungen, durch Bedeutungsverschiebungen und durch die Hereinnahme von Fremdwörtern.
Die Sprache ist in ständigem Wandel, ein stets gefährdeter Kompromiß zwischen Schöpfung, Bewahrung, Verkrustung und Verfall. Alte Bedeutungen tauchen unter den Wörtern weg, neue Varianten schwimmen unbemerkt heran. Nur von den toten Sprachen ist eine vollständige und direkte Bestandsaufnahme möglich.
Die Sprache ist weder aus Logik geboren, noch durch Logik gekennzeichnet. Sie verfährt nicht nur willkürlich, sondern oft widersinnig. Viele Wörter bedeuten zugleich ihr eigenes Gegenteil. Die meisten Wörter jedoch leiden unter einer verwirrenden Bedeutungsfülle.
Das Wort ist seinem Wesen nach eine Übertreibung. Je extremer der Zustand, desto leichter ist es, das passende Wort für ihn zu finden. Nichts ist mit Wörtern schwerer zu beschreiben als ein unauffällig gekleideter Durchschnittsmensch von Mittelgröße, der mit ausdrucksarmer Miene in normalem Schritt, bei zwanzig Grad unter milchigem Himmel durch die Bahnhofstraße geht.
Die Schrift hat die Sprache vom Sprechen getrennt und das Sprechen degradiert. Ist die Sprache das Gedächtnis der Menschheit, so ist die Schrift die Garantie, daß dieses Gedächtnis keine Lücken hat und nie erlahmt. Unsere Lautschrift ist zwar praktisch, aber gleichzeitig dürftig und anfechtbar. Der Buchdruck hat das geschriebene Wort zur Massenware gemacht, das Radio auch noch das gesprochene. Funk, Buch und Zeitung haben die große Mehrzahl der Menschen in eine passive Rolle abgedrängt.

UNSER TÄGLICH BROT
aus »Kritische Graphik« von A.Paul Weber

Was also stellen wir mit der Sprache — was stellt die Sprache mit uns an?

Sprache ist machtbesessener Zauberer, wütender Aggressor, heimlicher Verführer, großer Tröster, stark hinkender Kurier, schrulliger Ordner der Welt. Die Sprache vollbringt grandiose Leistungen, nur eben überwiegend nicht dort, wo sie vermutet werden: in der Information. Für jede Art von Mitteilung, gleichgültig, ob über das Wetter, die politische Lage oder die Einsichten der Tiefenpsychologie, sind die Wörter ein Notbehelf — wir haben nichts Besseres. Nichts anderes als 'jenes ungeheure Gebälk und Bretterwerk der Begriffe, an dem wir uns durchs Leben hangeln.' (Nietzsche)

Von der ungebrochenen Magie der Wörter

Wahrscheinlich hat annähernd die Hälfte aller Wörter, die auf Erden je gesprochen, geschrien und gestammelt worden sind, dem Zweck gedient, Gott, die hilfreichen oder zürnenden Götter, die Dämonen, die Geister, den Teufel anzuflehen, zu beschwören oder zu beschwichtigen. Wie sollte der Frühmensch all das unheimliche in seiner Welt: Geburt und Tod, Blüte und Verfall, Blitzschlag, Erdbeben und Sonnenfinsternis, Leben und Sterben erklären und ertragen?
Da die Menschen meinten, die Sprache von ihren Göttern zu haben, konnte man mit ihnen reden, Bitten an sie richten, versuchen, sie gnädig zu stimmen und das Schreckliche auf Erden zu lindern. So gewaltig ist noch heute die Mehrheit der Betenden auf Erden, daß gemessen am Gebrauch, den der Mensch von den Wörtern macht, die Sprache in die Gebete und in den Rest zerfällt. Den nächst größten Anteil hat das profane Geschwätz, das nahezu informationsfreie Geplapper in Treppenhäusern, Betriebskantinen und populären Fernsehsendungen.

Wörter als Fahnenträger der Gewalt

Im Befehl zeigt sich die Gewalt des Wortes nackt. Nächst dem Beten hat sich das Gebieten am tiefsten in die Sprache eingekerbt. Das Sollen, Müssen und Nichtdürfen, die Erlasse, Gesetze, Verfügungen und Direktiven absorbieren einen großen Teil der Sprache und färben ab auf den Rest und die Art und Weise der Aussprache. Fast jeder ist ein kleiner Imperator im täglichen Umgang mit dem Imperativ: So komm doch endlich! Laß mich in Ruhe! Halten Sie den Mund! Ich wünsche nicht, daß Du dahin gehst! Das Wort ist ein Aggressor. Willig transportiert es Befehle und Drohungen. Beim Einsatz der Wortwaffen dienen Sieger wie Besiegten zudem Wörter als Begleitmusik in der Form von Hohn und Fluch.

Wörter wie Butter und Öl — Wörter wie Arsen — die Verführung

Die Verführung ist die schlimmere Form der Aggression: Sie wirkt tiefer als Drohung und Befehl und dabei verletzt sie nicht. Die Verführung will statt Erbitterung, Angst und Rachedurst nur Einigkeit. Die Unterwerfung soll in netter Form erfolgen — sie soll nicht als Last, ja im Idealfall soll sie überhaupt nicht empfunden werden. Neben Werbung und Propaganda heute, fand Verführung in weit schlimmerem Ausmaß bei den Griechen auf den Plätzen von Athen und Rom, später im britischen Unterhaus oder bei der französischen Nationalversammlung statt.
Und doch kam die Propaganda erst im 20. Jahrhundert zur vollen Entfaltung ihrer unheimlichen Kraft: durch die Massenmedien und einige Genies der Massensuggestion. Zwei von ihnen, Hitler und Goebbels, beriefen sich dabei ausdrücklich auf die Erfahrungen und Methoden der Katholischen Kirche. Ihre anderen bewunderten Vorbilder waren die psychologische Kriegsführung der Alliierten im Ersten Weltkrieg und die Praxis des Marxismus.

Sprache ist Macht

Die Wörter drücken Herrschaftsverhältnisse aus, konservieren sie und können sie verwandeln. Die Marxisten in Ost und West wissen das und handeln danach: in der DDR wird die Sprache gestanzt und entleert, um die Macht der SED zu festigen. Uns bleibt der Trost, daß niemand die Macht zu haben scheint, die Wahrheit völlig zu verbergen. Mit der Sprache, die er spricht, enthüllt er eine Wahrheit über sich selbst.

Die geheimste Verführung — Werbung

Die Verführung durch die Werbung ist in zwei wesentlichen Punkten von harmloserer Art: Es ist absolut ungefährlich, sich ihr zu entziehen, und da der Werbung in den meisten Staaten die direkte Aggression verboten ist, flüchtet sie sich ins Alberne, Erbauliche und Bombastische. Sie zeichnet damit für viel Geld eine Karrikatur der Alltagssprache, die dieselben Eigenschaften und den gleichen Willen zur Verführung enthält, nur in geringerem Grade.

Eine Kunst, die keiner richtig kann: definieren

Wörter zu definieren, ist als Versuch stets nützlich und andererseits im strengen Sinn nicht möglich. Die simpelsten Begriffe haben keine scharfen Grenzen, viele komplizierte verwandeln sich unterm Definieren rasch in Rauch. Das vermindert die Tauglichkeit der Alltagssprache, schafft jedoch gleichzeitig die Voraussetzung, daß wir mit dem ererbten Wortschatz immer neuen Lebensverhältnissen gerecht werden können. Mit 'Gorilla' bezeichnet man in der Umgangssprache den Affen und den Leibwächter, von 'Ochsen und Rindvieh' ganz zu schweigen. Ein 'lauter' Ton steht neben 'lauter' Lügen, ein Fußgänger wird ebenso 'angefahren' wie der Untergebene, jedoch ohne Auto. Eine 'gute' Stunde ist weder gut noch schlecht, sondern lediglich länger als 60 Minuten. Ein 'Schiffsmast' sieht meist anders aus als eine 'Schweinemast'. Diese 'Mutter' braucht das Kind, die andere 'Mutter' paßt zur Schraube. Das Wort 'Welt' hat elf Hauptbedeutungen, für 'Logos' gibt es sage und schreibe achtundvierzig Übersetzungen. 'Meine Konditorei' kann mich als Eigentümer bezeichnen oder als regelmäßigen Käufer. 'Ich wünsche mir', ist ein Wunsch — 'Ich wünsche, daß Du gehst' dagegen ein Befehl.

Wörter so zu verstehen, wie der Sprecher sie gemeint hat, setzt einen Mindestvorrat an gemeinsamer Erfahrung voraus. Große Unterschiede von Alter oder Umwelt stören dieses Postulat. Doch Menschen sind wie Wörter. 'Erst im Individuum erhält die Sprache ihre letzte Bestimmtheit', sagt Humboldt. 'Keiner denkt bei dem Wort gerade und genau das, was der andere denkt. Und die noch so kleine Verschiedenheit zittert, ein Kreis im Wasser, durch die ganze Sprache fort. Alles Verstehen ist daher immer zugleich ein Nicht-Verstehen'. Wie viele Worte werden täglich gesagt und geschrieben, die mehr verwirren als aufklären.

Sind wir fürs Zeitalter der Information gerüstet?

Das Mißtrauen gegen die Sprache wächst, mit ihm freilich die Hochachtung — vor der unausdenklichen Kompliziertheit des Instruments, vor den zehnta· send Generationen, die es geformt haben, vor der Menge an Geist, Erfahrung, Phantasie, die in ihm gebändigt ist, vor der Kraft des Weitergebens und Bewahrens.

Die Hauptanforderung unserer Zukunft liegt nicht mehr im Produzieren, sondern im Informieren. Immer größere Teile der Menschheit vereinigen sich immer häufiger zu einer Funkgemeinschaft des Bescheidwissens. Immer stärker hängen die Politik, die Wissenschaft und auch die Produktion davon ab, daß aus einer unabsehbaren Fülle von Informationen auf dem kürzesten Weg die richtigen abgerufen werden. Immer mehr wird der Computer mit seiner unbegrenzten Speicherkraft zum schlagenden Herzen der Technik, der Wirtschaft und der Bürokratie.

Informiertsein ist alles.

Das einzige universale, wenn auch ächzende Vehikel des Informierens ist die Sprache der Wörter. Selbst Computer speien Wörter aus und werden von Leuten programmiert, die ihre Aufträge ebenso den Wörtern entnehmen wie ihre Weltanschauung.

Also ist ein kundiger Umgang mit den Wörtern so wichtig, wie er nie zuvor in der Geschichte war.

Die Gesetze der Suggestion

Wer die Geschichte des Menschen kennt, weiß, daß es oft viele hundert Jahre gedauert hat, bis sich neue Erkenntnisse durchsetzen konnten. Wir erkennen daran, daß es nicht nur auf die Richtigkeit einer Idee ankommt, sondern auf die vorherrschende Meinung und die Festigkeit der Vorurteile. Wenn wir diese Erkenntnis auf unser Leben übertragen, bedeutet das, qualifiziert, begabt oder genial zu sein genügt allein nicht, um sich zu behaupten oder sich durchzusetzen. Gerade der Qualifizierte, der Begabte steht täglich vor der Frage, was er tun oder lassen muß, um zum Erfolg zu kommen?

Wenn wir unsere Yin-Yang Figur betrachten, erkennen wir auf der einen Seite die Kräfte der Beharrung und auf der anderen Seite die Kräfte des Wachstums. Wenn wir die Kräfte der Wachstumsenergie nicht ganz gezielt für uns nutzen, wird der Erfolg unseres Lebens ausbleiben. Viele Menschen sind enttäuscht und verbittert, weil es für sie unbegreiflich ist, daß sich andere mit geringerer Qualifikation durchsetzen und größeren Erfolg in ihrem Leben haben als sie selbst.

Erfolgreiche Menschen haben Suggestivkraft

Bei einem Blick ins Geschichtsbuch können wir feststellen, daß alle Menschen die 'Geschichte gemacht haben', Persönlichkeiten mit einer starken Suggestivkraft waren. Menschen dagegen, die ihre Ziele und Ideen nicht durchzusetzen in der Lage waren, fehlte die Überzeugungskraft und die Fähigkeit der Motivation für ihre Pläne und Ideen.

Viele Menschen versagen nur deshalb im Lebenskampf, weil es ihnen an Suggestivkraft fehlt. Diese Menschen sind rege, sind fleißig, doch der gewünschte Erfolg bleibt ihnen versagt.

Sich durchzusetzen, sich zu behaupten, ist daher das Grundproblem aller wertvollen Menschen. Was nutzen einem Menschen seine wertvollsten Gefühle, wenn er den Partner nicht für sich gewinnen kann. Was nutzt einer Mutter alle Liebe, wenn sie das Kind nicht führen, nicht erziehen kann. Was nutzt einem Lehrer alles Wissen, wenn er nicht imstande ist, die Kinder zu fesseln. Was nutzen einem Verkäufer die besten Waren, wenn er nicht in der Lage ist, seine Kunden zu überzeugen. Was nützt einem Chef das ganze Unternehmen, wenn er die Menschen, für die er verantwortlich ist, nicht sicher führen kann.

Was nutzen einem Bundeskanzler die besten Konzepte für eine sichere Zukunft, wenn er die Menschen nicht von deren Richtigkeit überzeugen kann. Sie werden erkennen, daß das Studium der Gesetze der Suggestion und der Beeinflussung nicht nur das fesselndste sondern auch zugleich das Nützlichste ist, was Sie sich vorstellen können.

Gandhi suggerierte FREIHEIT

Was passiert bei der Fremd-Suggestion?

Bevor wir uns tiefer mit den Gesetzen der Suggestion beschäftigen, wollen wir eine Begriffsdefinition vornehmen: Im Lexikon steht unter Suggestion: Beeinflussung eines Menschen durch einen anderen, mit dem Ziel, bestimmte Entscheidungen oder Urteile hervorzurufen. Voraussetzung sind Vertrauen und ein Gemeinschaftserlebnis. Durch Suggestion lassen sich viele physische und körperliche Vorgänge eingreifend beeinflussen. Die Suggestion ist zweifellos die älteste Form seelischer Krankenbehandlung. Mit den Methoden der Suggestion arbeitet die Werbung, wenn sie Kaufentschlüsse hervorrufen will. Als Massensuggestion bezeichnet man die politische Propaganda.

Was passiert bei der Auto-Suggestion?

Autosuggestion ist Selbstbeeinflussung mit dem Ziel, seinen Willen und seine Kräfte zu stärken.

»Alles liegt in mir, sowohl der Heilige als auch der Verbrecher«, zeigt Goethe die ungeheure Spannbreite der Suggestion auf. Die Suggestion ist der direkte Weg zu tieferen Schichten der menschlichen Persönlichkeit. Sie kann das Positive, wie auch das Negative hervorrufen. Wenn im Menschen alles angelegt ist, dann ist die Kenntnis und die Methode der Befreiung der positiven Anlagen für uns alle von größter Wichtigkeit. Aus unserem Seminar DER ERFOLGREICHE WEG kennen Sie meine Feststellung: Es gibt im Grunde nur zwei Probleme

1. mit uns und
2. mit anderen richtig umzugehen.

1. Gesetz der Suggestion:

Ein König muß aussehen wie ein König

Dieser Satz klingt so selbstverständlich, daß wir zu schnell darüber hinweggehen. Wenn wir im Alltag siegen wollen, müssen wir dieses Gesetz in aller Konsequenz erkennen und anwenden. Ein König muß aussehen wie ein König. Vielleicht erkennen Sie die Bedeutung dieses Gedankens erst, wenn ich ihn umformuliere. Ein Bettler muß aussehen wie ein Bettler. Wenn ein Bettler nicht aussieht wie ein Bettler, wird er vergeblich betteln. Ein Juwelier muß aussehen wie ein Juwelier, ein Gärtner muß aussehen wie ein Gärtner und ein erfolgreicher Vertreter muß aussehen wie ein erfolgreicher Vertreter. Und ein Löwe muß aussehen wie ein Löwe, sonst könnte man ihn nicht erkennen und vor ihm Angst haben. Ein König muß aber nicht nur aussehen wie ein König, sondern er muß sich auch verhalten wie ein König.

Je länger Sie selbst über dieses erste Gesetz der Suggestion nachdenken, um so mehr werden Sie seine magische Bedeutung erkennen. »Wie Du kommst gegangen, so wirst Du auch empfangen.« Kritische Leser werden hier jetzt vielleicht befürchten, diese Methode führe zur totalen Anpassung. Wir sollten diesen Gedanken nicht gleich verwerfen, uns aber zunächst einmal die Frage stellen, was uns wichtiger ist: Meine Eitelkeit, meine Trotzreaktion oder meine Ziele? Sollten Sie zu den Menschen gehören, die Ihre Ziele, also ihre Lebensaufgabe lieben, dann werden Sie sich auch so verhalten, um sie zu erreichen.

Erfolgreich sein, heißt Probleme lösen.

Ein Arzt, der erfolgreich sein will, hat sich an den Problemen und Krankheiten des Patienten zu orientieren. Ein Vertreter, der seine Waren verkaufen möchte, muß die Interessen der Kunden kennen und berücksichtigen. Eine Frau, die als Ehefrau Erfolg haben möchte, muß sich an den Wünschen des Partners orientieren. Nicht man selbst ist der Mittelpunkt, um den sich die Welt dreht, sondern man muß sich schon mitdrehen. Verstößt man gegen dieses Gesetz, kommt der Mißerfolg mit aller Konsequenz.

Ein erfolgreicher Mensch muß Kraft, Zuversicht und Charisma ausstrahlen.

Es ist die Ausstrahlung, die jemanden anziehend und sympathisch macht. Deshalb ist sie für das persönliche Weiterkommen, für die Kontakte, die man benötigt, äußerst wichtig. Kraft und Zuversicht, die man ausstrahlt, wirken auf die tieferen Schichten der menschlichen Seele, in der Zuneigung oder Abneigung entstehen. Anziehende und abstoßende Kräfte bestimmen das Verhalten jedes Menschen und in jeder Situation. Faszination ist die stärkste Form der Anziehungskraft, und sie ist abhängig von der Vitalkraft des Menschen. Läßt seine Vitalität nach, so erlischt auch seine Ausstrahlung.

In unseren Rhetorik-Seminaren muß jeder Teilnehmer ein Referat ausarbeiten, mit dem Thema 'Die Macht der Ausstrahlung'. Sicher sind auch Sie schon Menschen begegnet mit einer faszinierenden Ausstrahlung. Unser Papst ist die bekannteste, lebende Persönlichkeit, die all die Dinge besitzt, die wir zusammenfassen in dem Begriff des Charismas. Als Charisma bezeichnet man die Fähigkeit, die Aufmerksamkeit auf sich zu lenken und festzuhalten und damit Erfolg zu haben. Das Wort Charisma wird von der griechischen Göttin Charis = Anmut abgeleitet. Charisma — die außerordentliche Gabe, die einem zuteil wird — war bei den Griechen eine Gnade der Götter. Charis verkörperte das, was wir als Nächstenliebe bezeichnen.

Heute verwendet man das Wort Charisma hauptsächlich dann, wenn man von Menschen spricht, die es verstehen, andere zu beeindrucken. Es ist ein sehr bestimmter Charme, der in einigen steckt und den sie unmittelbar auf ihre Umgebung übertragen können. Menschen mit Charisma erzeugen überall, wo sie auftreten, eine optimistische Stimmung.

2. Gesetz der Suggestion:

Wenn Sie in einem Glockenstuhl eine Glocke anschlagen und sie damit zum Schwingen bringen, schwingen die anderen Glocken im gleichen Ton mit.

Ich kann nur das in anderen wach rufen, was tief in meinem eigenen Inneren schwingt. Das Gesetz der Resonanz sagt, »von mir allein hängt alles ab, nicht von den Anderen.« Der Schlüssel zur Umwelt liegt in mir.
Es ist ein wunderbarer Augenblick im Leben eines Menschen, wenn er wirklich tief im Innersten begreift, daß sich nichts ändert, außer er ändert sich selbst. Sie werden sehr bald bemerken, um so ruhiger, gelassener und konzentrierter ein Mensch ist, um so mehr kann seine Seele, sein Inneres schwingen und strahlen. Bei einem verkrampften oder gehemmten Menschen dringt nichts von innen nach außen, es findet keine positive Übertragung statt.
Vielleicht erkennen Sie darin die große Bedeutung unseres 'Alpha-Trainings'. Ruhe und Entspannung haben nichts mit Schlaf zu tun, sondern mit Befreiung. Unser Inneres beginnt zu leben, unser Unterbewußtsein kommt in Ordnung und es entsteht Harmonie und Liebe zu sich selbst und zu anderen. Liebe und Harmonie, die alles überstrahlt.
Durch Übung und durch Wiederholung erreichen wir den Alphazustand immer leichter. Erst nur im Training — in der Entspannungsübung —, aber das ist nur die Vorstufe. Später beherrschen wir es in allen wichtigen Lebenssituationen, vor einem wichtigen Gespräch, vor einer Rede, in Streß-Situationen, ja, zu jeder Zeit strahlen Sie eine heitere Gelassenheit aus. Sie können weich, überzeugend und voller Charme lächeln. Bei einem gestreßten Menschen dagegen sind die Gesichtsmuskeln verkrampft, und die Stimme klingt kalt und hoch, da er auch innerlich kalt ist und seine Verärgerung nicht unterdrücken kann. Wie will solch ein Mensch andere erwärmen und auftauen? Wissen ist wenig, Können ist König. Je dunkler eine Stimme klingt, um so tiefer kommt sie auch aus der Tiefe, dem Inneren des Menschen. Sie kann daher auch um so tiefer in andere Menschen eindringen. Die hohe Stimme kommt aus dem Kopf, aus dem Intellekt oder aus der Angst und erreicht deshalb auch nur den Intellekt beim anderen.
Sie erkennen vielleicht jetzt die tieferen Gründe, warum ich mit Ihnen immer wieder das psychogene Atemtraining praktiziere. Besonders die Vokale »O« und »U« bringen tiefere Schichten im Menschen zum Schwingen. Indische Yogis üben daher ihr ganzes Leben das Mantra »Om« oder »Om-mani-padmehum«, um so mit den Schwingungen des Universums in Harmonie mitzuschwingen.

3. Gesetz der Suggestion:

Je reiner der Ton, um so reiner das Echo.

Wollen wir uns kontinuierlich entfalten, benötigen wir eine günstige Umwelt. Wir können nicht durch Abwarten von einmaligen Gelegenheiten zu Erfolg gelangen, sondern wir müssen selbst günstige Bedingungen schaffen. Man kann die Menschen seiner Umwelt in drei Gruppen aufteilen.

1. Die Gegner, die es immer geben wird.
2. die Neutralen
3. die überzeugten Freunde.

Die ersten zwei Gruppen sollten wir sofort wieder vergessen, sie gar nicht weiter beachten. Wichtig allein ist die dritte Gruppe, die der überzeugten Freunde. Bei ihnen liegt der Anfang. Nicht nur eine Glocke, sondern mehrere Glocken beginnen im gleichen Ton zu schwingen. Es gibt kaum eine gute Idee, die man in dieser Form nicht verbreiten kann. Wenn Sie das Gesetz der Resonanz anwenden, sollten Sie jedoch auch bedenken, daß Sie als Sender stets über sehr viel mehr Kraft und Energie verfügen müssen, um immer wieder mit unermüdlicher Geduld Ihre Ideen und Konzepte zum Klingen und Weiterschwingen zu bringen.
Wenn Karajan ein Konzert dirigiert, stimmt er zunächst das gesamte Orchester ein. Erst wenn die Reinheit des Grundakkords stimmt, dann beginnt er mit dem Stück. Auch wir sollten uns immer wieder einstimmen, um eine reine harmonische Grundausstrahlung zu bekommen und zu erhalten. Wer seine eigene positive Ausstrahlung verliert, verliert die Kraft der suggestiven Beeinflussung.

Martin Luther King (1929 - 1968) suggerierte GLEICHBERECHTIGUNG

Goethe (1749 - 1832) suggerierte LEBENSWEISHEIT

Nur wer die Bedeutung der Suggestion im täglichen Leben erkannt hat, wird ihr die notwendige Aufmerksamkeit schenken, um Unglück in Glück, Krankheit in Gesundheit und Zufall in eine Chance zu verwandeln.
Die ersten drei Gesetze der Suggestion — dargestellt im letzten Heft — lauten:

1. Ein König muß aussehen wie ein König.
2. Wenn Sie in einem Glockenstuhl eine Glocke anschlagen und sie damit zum Schwingen bringen, schwingen die anderen Glocken im gleichen Ton mit.
3. Je reiner der Ton, um so reiner das Echo.

Vor einigen Wochen schilderte mir ein Besucher seine beruflichen Probleme. Seine Aufgabe besteht darin, Menschen zu beraten. 'Ich gebe', so sagte er, 'die besten Ratschläge, doch meine Ratschläge werden mehr oder weniger in den Wind geschlagen. Was soll ich tun?'
'Steigern Sie ihre Suggestivkraft', riet ich ihm. An seinem erstaunten Ausdruck konnte ich bemerken, daß er alles außer dieser Antwort erwartet hatte; denn über seine Suggestivkraft hatte er noch nie nachgedacht.

4. Gesetz der Suggestion:

Der Name ist Suggestion.

Haben Sie sich schon einen Namen gemacht? Wieviel Vertrauen, wieviel Können, wieviel Prestige strahlt Ihr Name auf andere aus? Ein Mensch, der sich noch keinen Namen gemacht hat, mag ein guter und wertvoller Mensch sein, aber in den Augen seiner Mitmenschen ist er ein Nichts und daher wirkungslos. Sowohl zu seinem eigenen Nachteil und oft genug auch zum Nachteil seiner Mitmenschen.
Die Welt vertraut dem Namen. Welch eine positive Suggestion geht zum Beispiel von dem Autonamen »Mercedes« aus. Dieser Name strahlt Vertrauen und Qualität aus und gibt tausenden von Mitarbeitern dieser Firma Wohlstand und soziale Sicherheit. Denken Sie an die Wirkung des Namens Hermann Josef Abs. Die Suggestivwirkung dieses Namens hat die magische Kraft, tausende von Türen zu öffnen.
Sie treffen auf einer Party fremde Menschen. Man stellt sich Ihnen vor. Die meisten genannten Namen können Sie unmöglich verstehen. Je leiser — und undeutlicher — ein Mensch seinen Namen sagt, um so größer ist sein Minderwertigkeitskomplex. Menschen, die ihren Namen nicht mögen, mögen sich selbst nicht. Da jeder Mensch im Mittelpunkt seiner Welt, seiner Erlebnisse und seines Handelns steht, ist sein Name der wichtigste Besitz. Wir mögen im Leben viel verlieren oder gewinnen — unser Name bleibt uns. Sicher besitzen Sie den Mut, Ihren Namen immer klar und verständlich auszusprechen,

und sicher ist es ebenso leicht für Ihre Mitmenschen möglich, auch Ihre klare Unterschrift zu entziffern, denn Sie wollen sich ja nicht verstecken. Ganz im Gegenteil, Sie wollen ja Ihre Stärken zeigen.
Neunzig Prozent unserer Mitmenschen versündigen sich täglich gegen dieses Gesetz der Suggestion am Telefon. Sicher sind Sie auch hier ein besonderer Mensch, der seinen eigenen Namen klar, deutlich und verständlich aussprechen kann.
Erfolgreich sind wir im Leben immer dann, wenn wir uns selbst und die anderen richtig behandeln. Das wichtigste Wort ist der Name. Auf kein Wort reagiert der Mensch so sensibel, wie auf seinen Namen. Diese Erkenntnis ist darum auch so wichtig für den Umgang mit Menschen. Denn was für uns gilt, gilt immer auch für unsere Mitmenschen. Die Basis unseres Erfolges ist Sympathie, Harmonie und Vertrauen. Die Fähigkeit, eine sympathische, harmonische und vertrauensvolle Atmosphäre zu schaffen, beginnt mit der Anrede des Partners.
Außerordentlich wichtig ist daher Ihr Namensgedächtnis. Beachten Sie einmal über längere Zeit, wie Sie mit Ihren Mitmenschen sprechen. Benutzen Sie das Sie, das Du, das Wir oder den Namen. Es ist eine Todsünde der Überzeugungskunst, wenn man den Namen eines Menschen, dem man schon einmal begegnet ist, vergessen hat. Für jeden ist es schmerzlich zu merken, wenn der eigene Name entfallen ist. Man begreift dann sofort unbewußt, daß das Interesse an der eigenen Person nicht allzu groß sein kann. Ein gutes Namensgedächtnis ist wichtig, man kann es durch Konzentrationsübungen trainieren. Durch das korrekte Aussprechen des Namens erreichen wir jeden Menschen in seinem innersten Kern. Darum benutzen Sie die Namen Ihrer Mitmenschen mit Achtung. Ein guter Name ist das beste und krisenfesteste Kapital.

5. Gesetz der Suggestion:

Der isolierte Mensch gelangt niemals zum Erfolg.

Wenn Sie zwei Menschen miteinander vergleichen, so ist in der Regel der Kontaktfähigere auch der Erfolgreichere. Daran erkennen Sie deutlich, daß die fachliche Qualifikation nur die eine Seite eines erfüllten Lebens ist. Zuviele Menschen plagen sich dagegen ein Leben lang in einer Hölle von Minderwertigkeitskomplexen.
Wenn ein Mensch Zahnweh verspürt, geht er zum Zahnarzt. Wenn ein Mensch von Minderwertigkeitskomplexen geplagt wird, zieht er sich entweder in sich selbst zurück oder flieht in die Arroganz und Überheblichkeit. Beides hat, wie wir im täglichen Umgang mit Menschen beobachten können, Kontaktschwäche oder Kontaktstörungen als Ursache.
Fast jeder Mensch wird zugeben, daß auch er schon in einigen Situationen schüchtern reagiert hat. In der Regel leidet der Schüchterne unter den körperlichen Symptomen seiner Angst z.B. Erröten oder Erblassen, starkes Herzklopfen, Schweißausbrüche, trockener Mund, Stottern, Durchfall, Harndrang oder Magenbeschwerden. Obwohl andere diese Symptome kaum wahrnehmen, fürchtet sich der Schüchterne sehr davor. Eine falsche Eitelkeit verstärkt seine Komplexe noch mehr; denn er konzentriert sich nicht auf seine Mitmenschen, sondern stets und immer wieder auf sich selbst.
Die mangelnde Fähigkeit, Beziehungen zu anderen aufzunehmen oder sich in Situationen zu behaupten, deutet darauf hin, daß der Schüchterne starke Selbstzweifel und geringe Selbstachtung hat. Er neigt zu Mißtrauen und Pessimismus, zu einer Unterschätzung der eigenen Person und Überschätzung anderer. Er hat große Schwierigkeiten, andere Menschen anzusprechen und sich um Kontakte zu bemühen. Das Anknüpfen von neuen Beziehungen ist für viele Menschen beschwerlich. Der Schüchterne entzieht sich dieser Schwierigkeit am liebsten ganz und gar. Aus der Angst heraus, abgewiesen zu werden, bleibt er lieber allein. Auch fürchtet er, sich lächerlich zu machen, wenn er sein Anliegen vorbringt. Die Angst, aus sich herauszugehen, ist so groß, daß er regelrecht Hindernisse errichtet oder ein so abweisendes oder verschlossenes Gesicht macht, daß es keiner wagt, ihn anzusprechen. So versteckt er sich, obwohl er nichts sehnlicher wünscht, als Mitmenschlichkeit.
C.G. Jung, der Human-Psychologe, spricht in diesem Zusammenhang von der introvertierten Persönlichkeit. Alfred Adler — der Individual-Psychologe — spricht davon, daß Schüchternheit und Zaghaftigkeit immer zusammengehören. Der Schüchterne ist für ihn ein Mensch, der am meisten durch seine zögernde und zaudernde Haltung auffällt. Er möchte sich am liebsten von allem distanzieren und die Verant-

wortung für alle Aufgaben abwälzen. Der Minderwertigkeitskomplex ist oftmals ein Vorwand, um ganz bestimmte Anforderungen nicht auszuführen. Wir sollten erkennen, wer schon als Kind Schüchternheit entwickelt, lernt die Welt nicht kennen. Er mischt sich nicht ein. Macht diese oder jene Erfahrung nicht und Enttäuschungen bleiben ihm trotzdem nicht erspart.
Wie kontaktfähig sind Sie? Wenn Sie mit dem Zug fahren, suchen Sie dann ein Abteil, in dem Sie alleine sitzen können? Gehen Sie in einem Restaurant an einen unbesetzten Tisch oder an einen Tisch mit Sitzen an der Wand? Das ist nicht das Verhalten einer positiven, kontaktfähigen Persönlichkeit. Aber zum Glück gibt es noch die Ausnahme-Menschen. Ganz gleich, wo sie auftreten, wirken sie anregend, sie begeistern sofort und ohne es zu wollen, stehen sie im Mittelpunkt.
Stärken auch Sie Ihre Kontaktfähigkeit. Überlegen Sie, wem Sie in den nächsten zwei Monaten eine Freude bereiten möchten? Sicher werden Ihnen viele Möglichkeiten und Menschen einfallen. Da die meisten Menschen jedoch keine Gedankenleser sind, sollten Sie aus sich herausgehen und deutlich machen, daß es sich immer wieder lohnt, den Kontakt mit ihnen zu halten. Machen Sie es anderen leicht, indem Sie ihnen entgegengehen. Seien Sie eine rühmliche Ausnahme, im Kontaktemachen, Kontakteaufbauen und Kontaktehalten. Menschen sind das Wichtigste auf dieser Welt.

Michelangelo (1475 - 1564)
suggerierte KUNST
Er prägte die gesamte europäische Kunstentwicklung und entwarf noch mit 85 Jahren geniale Werke

Leibniz (1646 - 1716)
suggerierte AUFKLÄRUNG
Auf seinen Erkenntnissen basiert die heutige Computertechnik. Er gilt als der vielseitigste Denker, Forscher, Gelehrte und Lehrer des Jahrhunderts der Aufklärung.

25 Kontakt-Tips

Der erste Schritt ist meistens der schwierigste. Sie sollten ihn deshalb dem anderen abnehmen, wenn Sie einen neuen Kontakt schließen wollen. Gehen Sie dem anderen entgegen. Warten Sie nicht ab, bis er es tut. Sie gewinnen zugleich mehr Selbstbewußtsein — und das hilft sowohl Ihnen selbst, wie Ihrem neuen Partner. Üben Sie sich deshalb als Schrittmacher:
Nehmen Sie sich ab heute vor, jeden Monat zehn Menschen kennenzulernen. Nutzen Sie dafür jede Gelegenheit, im Bus, im Betrieb, in Ihrer Nachbarschaft. Bereiten Sie sich einmal gründlich darauf vor und lernen Sie aus jedem neuen Kontakt, wie Sie es noch besser machen können. Lesen Sie zuerst gründlich diese Kontakt-Tips:

- **Ernsthaft gute Freunde suchen.**
- **Offen Interesse zeigen.**
- **Anderen entgegenkommen.**
- **Lächeln, bevor Sie sprechen.**
- **Andere nach Interessen fragen.**
- **Interessen der anderen erwidern.**
- **Sich selbst zuerst vorstellen.**

- **Den anderen Fragen stellen.**
- **Selbst wenig reden.**
- **Jede Frage beantworten.**
- **Hemmungen anderer überwinden.**
- **Herzlichkeit zeigen.**
- **Ruhig und gelassen sein.**
- **Tolerant und optimistisch sein.**
- **Aufrichtig und offen sein.**
- **Melodiös, verständlich sprechen.**
- **Andere interessiert ansehen.**
- **Verständnis zeigen.**
- **Gut zuhören.**
- **Behalten, was Sie erfahren.**
- **Sicher und entspannt auftreten.**
- **Besonders selbstkritisch sein.**
- **Vorschläge machen.**
- **Sich in die Lage anderer versetzen.**
- **Ansichten äußerst rücksichtsvoll vertreten.**

6. Gesetz der Suggestion:

Je größer die Konzentrationskraft, desto faszinierender ist Ihre Anziehungskraft. Sie müssen Ihre Mitmenschen faszinieren, Sie müssen Ihre Aufmerksamkeit erzielen und erhalten.

Sie werden schon oft selbst bemerkt haben, daß auch hier das Gesetz der Entsprechung gilt. Je konzentrierter Sie sind, um so aufmerksamer hört man Ihnen auch zu. Je nervöser Sie sind, um so schneller entgleitet Ihnen der Gesprächspartner.
Sie kennen Veranstaltungen, wo ein Redner sprechen wollte und die Zuhörer sprachen weiter. Aber sicher haben Sie ebensooft erlebt, daß man bei bestimmten Rednern buchstäblich eine Stecknadel fallen hören kann und alle wie gebannt zuhören. Das Geheimnis ist die absolute Konzentration.
Aufmerksamkeit erhalten Sie nicht durch schnelleres und lauteres Sprechen oder durch mehr Informationen. Im Gegenteil: dadurch entlassen Sie eher noch mehr Zuhörer aus Ihrem Bann. Das langsame Sprechen — das Sprechen mit wirkungsvollen Pausen — zieht die Aufmerksamkeit wieder auf Sie. Wirkungsvoll argumentieren, ob im Zwiegespräch oder in kleinen Gruppen, können Sie jedoch nur, wenn Sie vollkommen ruhig und vollkommen konzentriert sind. Prestigeverlust — wie mangelnde Aufmerksamkeit — erfährt man selten durch falsche Entscheidungen, aber stets durch Unruhe, durch Hektik und Nervosität.
Sie kennen aus meinen Seminaren den Satz: »Hektik macht verdächtig«.
Haben Sie doch einmal den Mut und zeichnen Sie eines Ihrer Gespräche oder ein Telefonat mit dem Kassettenrecorder auf. Nicht um andere, sondern um sich selbst zu kontrollieren. Vielleicht weckt eine solche positive Kontrolle in Ihnen den Wunsch, sich zu verbessern.

7. Gesetz der Suggestion:

Je ruhiger eine Person ist, desto mehr richtet sie ihre Energie auf das, was sie sagt. Denken ist ein bioelektrischer Prozeß.

Mit dieser wissenschaftlich abgesicherten Erkenntnis verstehen wir heute leichter als früher den Satz: »Gedanken sind Kräfte.«
Durch die Kraft der Konzentration können wir unsere Gedanken besehen. Wir können sie mit Kraft aufladen, und erst dadurch können sie ihre volle Wirkung erzielen.

8. Gesetz der Suggestion:

Durch den bewußten Einsatz unserer Augen steigert sich die Suggestivkraft unserer Worte um 25 %.

Unsere Augen sind Fenster nach innen und nach außen. Wie faszinierend Augen sein können, berichten alle, die einmal von den Augen der Mona Lisa gefesselt wurden. So, wie der Körper des ganzen Menschen Ruhe oder Unruhe ausstrahlen kann, so geschieht diese Ausstrahlung besonders intensiv durch unsere Augen. Unruhige Augen weisen auf einen unruhigen Sinn. Je unruhiger ein Mensch in seinem Inneren, um so unruhiger ist auch sein Blick. Der Blick verdeutlicht, daß er nichts festhalten kann.

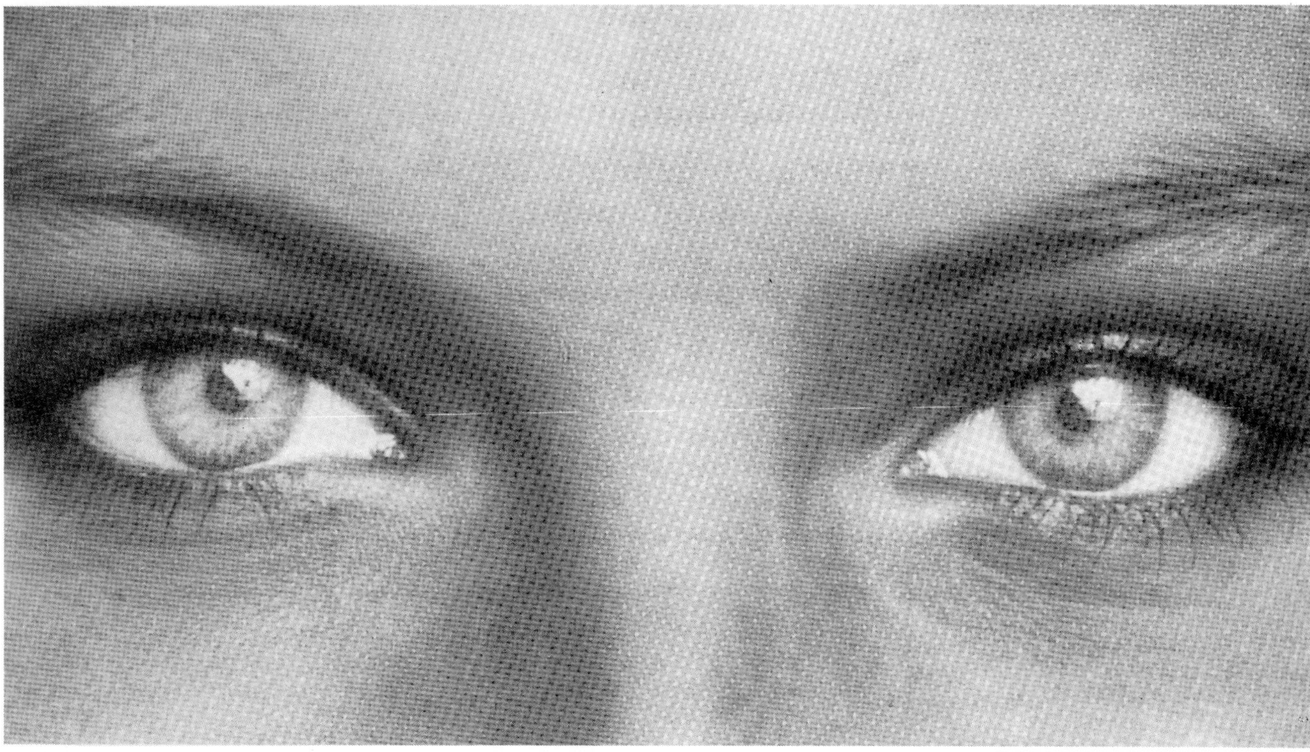

Ebenso ist es mit dem Blick. Er hält nichts fest, er fixiert nichts Bestimmtes. Wenn unruhige Augen auf einen unruhigen Sinn deuten, so deutet ein ruhiger Blick auf ruhige und feste Gedanken, die sich dem Gegenüber sofort mitteilen.

Ich möchte Sie deshalb zu einem vierwöchigen Augen- und Konzentrationstraining einladen. Was sollten Sie tun?

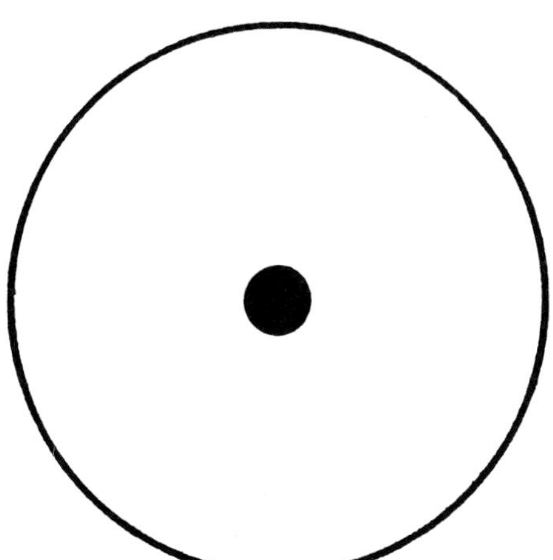

Je größer die Konzentrationskraft, desto faszinierender Ihre Anziehungskraft

1. **Sie malen einen Kreis um einen Punkt und fixieren diesen Punkt so lange, bis Ihre Augen tränen oder die Lider zucken wollen. Jetzt schließen Sie bewußt die Augen zwanzig Sekunden, damit sich die Augenmuskeln bei geschlossenen Augen entspannen und kräftigen können. Besonders wichtig bei dieser Übung ist, daß Sie den Punkt mit einem freundlichen, liebevollen Blick fixieren.**

Diese Übung setzen Sie so lange fort, bis Sie mindestens drei Minuten — ohne zu blinzeln — den Punkt freundlich fixieren können. Wenden Sie diesen erlernten Blick — der keineswegs provozierend oder aggressiv wirken darf — nicht sofort bei Ihren Bekannten an. Üben Sie erst in der Natur, in der Familie, bis Sie selbst mit der Blickintensität und dem Blickausdruck zufrieden sind.

Wenn Sie in ein Gesicht schauen, sollten Sie sich zuerst bewußtmachen, wohin Sie Ihren Blick konzentrieren wollen. Am besten ist der Punkt zwischen den Augenbrauen, der Punkt, an dem man das dritte Auge vermutet.

Dazu wieder eine Übung.

2. Malen Sie sich einen Punkt auf Ihre Stirn zwischen den Augenbrauen und setzen Sie sich dann in aller Ruhe vor einen Spiegel. Nun fixieren Sie wieder mit einem freundlichen, liebevollen Blick den Punkt auf Ihrer Stirn. Wieder so lange, bis Ihre Augenlider zucken wollen. Dann schließen Sie bewußt die Augen mit folgenden Gedanken:

   Meine Augen schließen sich und meine Augen entspannen. Mein Blick wird immer ruhiger, immer weicher, immer freundlicher und zugleich immer konzentrierter. Mein kraftvoller Blick ist stets voll Vertrauen und Liebe. Niemals ist mein Blick aggressiv, unfreundlich oder ablehnend.

3. Um Ihren Blick und Ihre Konzentrationskraft vollends in den Griff zu bekommen, trainieren Sie nun weitere vierzehn Tage folgendes:
   Immer, wenn Sie ein großes Foto oder ein Portrait sehen, blicken Sie der abgebildeten Person auf den trainierten, fixierten Punkt zwischen den Augen. Durch Ihr ständiges Training wird Ihr Blick immer natürlicher, er wirkt nicht gewollt und nicht zwingend, sondern Ihre natürliche, vertrauenerweckende Ausstrahlung wächst. Es darf weder etwas hartes, noch etwas bedrohliches von Ihren Augen ausgehen. Sie sind weder Dompteur, noch wollen Sie jemanden vergewaltigen. Weder mit Gedanken oder Worten oder Blicken. Sie achten und glauben an das Gute im Menschen und sollten es deshalb zum Ausdruck bringen.
   Erst nach dem Training aller drei Übungen sollten Sie zum Führen oder Motivieren die so gewonnene Fähigkeit einsetzen. Bedenken Sie: durch den Einsatz Ihrer Augen wächst Ihre Suggestivkraft um 25 %.

Wer spricht, ist aktiv und ist immer der seelisch Stärkere. Wer zuhört, ist passiv und aufnahmefähig. Die Schlußfolgerung daraus ist: Wenn Sie sprechen, blicken Sie die angesprochene Person an, um Ihren Worten mehr Ausdruckskraft zu verleihen. Wenn Ihr Partner spricht, ist er der Stärkere. Jetzt sollten Sie es auf keinen Fall zu einem Zweikampf der Augen kommen lassen. Das erzeugt Aggressionen, die wir auf jeden Fall vermeiden wollen. Wenn der Partner spricht, senken wir den Blick um ca. zehn Zentimeter und konzentrieren uns auf seinen Mund. Wir hängen an seinen Lippen und suggerieren ihm unbewußt: Ich höre zwar genau zu, aber beeinflussen lasse ich mich nicht.

Das verstärkt Ihre persönliche Autorität. Augen prägen ein Gesicht. Achten Sie auf die Augen — auf den Ausdruck — auf den Farbwechsel — auf den Blick — auf den Ausdruck: bei anderen und bei sich selbst.

Mit den Augen werden Suggestionen ebenso vermittelt wie mit Worten. Doch Menschen schließen sich nur dann für Suggestionen auf, wenn sie aus dem innigsten Gefühl einer allgemeinen Menschenliebe gegeben werden. Ein Mensch, der spürt, daß man an ihn glaubt, öffnet sich. Ein Mensch aber, der spürt, daß man ihn innerlich ablehnt, verschließt sich. Die Suggestion sollte kein Mittel zur Manipulation sein, sondern ein Weg zur Entfaltung und der Befreiung. Wenn wir mit Goethe davon ausgehen, daß alles im Menschen angelegt ist, sowohl der Verbrecher, als auch der Heilige, kann uns die Suggestion am besten helfen, Hemmungen und Komplexe zu überwinden. Aber nicht nur das; mit der Suggestion aktivieren Sie Ihre Kraft-, Gesundheits- und Begabungsreserven ung gestalten dadurch Ihr Leben leichter und freier. Viel zuwenig setzen wir die wunderbaren Möglichkeiten der Suggestion ein, um unsere Intelligenz oder den Willen zu aktivieren und zu festigen.

Der berühmte russische Komponist Serge Rachmaninow (1873 - 1943) wurde 1899 nach England eingeladen. Im Zustand schwerer Depression — Depression ist eine Gemütskrankheit, die von Traurigkeit bis zu Selbstmordabsichten reicht — trat er seine Reise an. Er hatte versprochen, für die Philharmonie in London ein Klavierkonzert zu schreiben. Aber statt zu komponieren, starrte er stundenlang melancholisch auf sein Klavier. Keine Idee stieg in ihm auf, nichts — als Traurigkeit — klang in ihm. Er verfiel fortschreitender Lethargie, die seine Freunde beunruhigte. Durch Zufall erfuhr er von einem Londoner Hypnosearzt. Im Frühjahr 1900 besuchte ihn Rachmaninow und ließ sich entspannen und hypnotisieren. Der Arzt suggerierte ihm:

»Sie werden mit dem Komponieren Ihres Konzertes beginnen!

Die Arbeit wird Ihnen sehr leicht fallen!

Das Werk wird exzellent werden!
Gehen Sie nach Hause und beginnen Sie mit der Arbeit.«
Rachmaninow empfing eine neue Programmierung und neue Gedanken und schrieb sein unsterbliches Klavierkonzert Nr. 2 in c-Moll, das in die Musikgeschichte eingegangen ist.

9. Gesetz der Suggestion:

Zu seinem Vorteil läßt sich jeder gerne beeinflussen

Genauso, wie sich jeder gerne zu seinem Vorteil beeinflussen läßt, wehrt er sich, wenn es zu seinem Nachteil ist. Deshalb sollten wir uns bei schwierigen, festgefahrenen Gesprächspunkten immer fragen, ob wir die Vorteile für unsere Partner noch deutlich sehen und berücksichtigen. Jeder Mensch hat ein Gespür, hat einen Instinkt, der ihn warnt, wenn sich etwas zu seinem Nachteil anbahnt. Und das ist gut so. Er sperrt das Tor zu seinem Unterbewußtsein fest zu. Denken wir darum bei einem Gespräch, bei Verhandlungen, auch in Verkaufsgesprächen immer und zuerst an die Wünsche und Ziele des anderen. Sie werden feststellen, daß sich so gemeinsame Ziele mühelos und reibungslos erreichen lassen. Viele Verkäufer scheitern deshalb, weil sie bei Verkaufsgesprächen vorrangig an ihre Provision denken — als an den Vorteil für den Kunden.

Körpersprache von H. Knoepfler

**»Wir verwenden Zeit und Energie,
um neben unserer Muttersprache noch weitere Sprachen zu lernen.
Körpersprache ist mit der Zeit zu einer Fremdsprache geworden.
Fremdsprachen müssen nicht gelernt werden,
aber wir kommen weiter, wenn wir sie beherrschen.
Wir vermindern die Gefahr von Mißverständnissen.
Es ist mir unverständlich, warum wir nie Zeit haben,
unsere Primärsprache, nämlich die Sprache unseres Körpers,
zu verbessern.«
Samy Molcho**

Bedeutung: Ich weiß nicht, wie man die Sache in den Griff bekommt!

Bedeutung: Ich mache Ihnen ein offenes Angebot!

Eine höfliche Ablehnung: Die offene Hand und der frei dargebotene Halsflügel sind Vertrauenssignale

Eine barsche Ablehnung: Die Hand hackt dominant von oben nach unten, Kopf und Oberkörper weichen abwehrend aus

Ihre Augen verraten Ihre Gefühle — zu jeder Zeit

Der Ausdruck der Augen kommt zustande durch die Bewegung der Muskeln um die Augenpartie, durch die Augen selbst, durch die Intensität des Blickes, durch den Vitalitätsgrad im Glanz des Auges, durch die Größe der Pupillen und durch die lockere oder steife Haltung der Nackenmuskeln.

Die Wahrnehmung eines anderen Menschen geschieht immer nur durch direkten Blickkontakt, aber Dauer und Intensität des Blickes geben das Signal, ob ein Territorialkampf stattfinden wird oder unter Verzicht auf diese Auseinandersetzung eine Beziehung zueinander entstehen soll.

Für die Dauer des direkten Anblickens gibt es ziemlich feste Regeln, doch sind sie in jedem Kulturkreis anders. In der westlichen Zivilisation währt der Ritualblick zwischen zwei und vier Sekunden bei Leuten, die sich nicht kennen. Im vertrauten Umgang je nach Situation kürzer oder erheblich länger. Dabei tauschen Mann und Frau bei sympathischen Empfindungen den Blick sehr viel länger aus, als das unter Männern der Fall ist. Im Mittelmeerraum und den arabischen Ländern dagegen hält der Blickkontakt sehr viel länger unter Männern an. Asiaten wiederum schauen sich nur kurz in die Augen, wandern dann mit dem Blick zwischen Augen und Halshöhe hin und her, um sich der Rückkoppelung zu versichern. Afrikaner schauen während des Gespräches oft überhaupt weg und nehmen erst zum Schluß wieder Augenkontakt auf, um die Reaktion einzuschätzen.

Wenn jemand uns überzeugen will und sich seiner Argumente unsicher ist, versucht er meist, uns mit den Augen zu fixieren und läßt dabei keine Sekunde aus. Er will uns zwingen, uns auf ihn zu konzentrieren. Tatsächlich erzielt er damit eine ganz andere Reaktion. Nach fünf Minuten hören wir nämlich nicht mehr darauf, was er sagt, sondern sind vollauf damit beschäftigt, der Herausforderung dieses Blickes zu begegnen. Wir stellen uns dem Kampf. Dabei sollte man auch bei intensivem Gespräch dem Partner immer die Möglichkeit lassen, wegzusehen, dabei die Information zu verarbeiten und die eigenen Gedanken zu ordnen. Dann führt er seinen Blick von sich aus — und bereit zu neuer Aufnahme — zu uns zurück.

Ein kurzer Blickkontakt ist — egal wo man sich begegnet — unverzichtbar. Weitere sind jedoch nicht nötig, sie würden eher als irritierend oder zudringlich empfunden werden. Also schaut man unglaublich interessiert auf den Etagenanzeiger des Aufzugs, auf die eigenen Fingernägel oder Reklametafeln, im Zug aus dem Fenster, auf der Straße in Schaufenster, um dem ersten 'Ritualblick' keine weiteren folgen lassen zu müssen.

Wenn dieses Blickritual aber nicht eingehalten wird, fühlt sich der andere übergangen und gekränkt, als hätten wir gesagt: Du bist Luft für mich!

Der Mann, der sich beim Frühstück mit der Zeitung beschäftigt und auf die Frage seiner Frau antwortet, ohne die Augen zu heben, kriegt bestimmt Ärger mit ihr. Er hat ihr den Ritualblick verweigert, der genetisch programmiert ist, und deshalb fühlt sich die Frau zu Recht in ihrem Existenzanspruch ignoriert.

Wenn wir die Augen schmaler zusammenziehen, signalisiert das ein Verlangen nach Information und zwar nach Vertiefung und Detaillierung. Man konzentriert sich so auf einen Punkt. Reißt der Blickkontakt bei einem Gespräch für längere Zeit ab, so ist Gefahr im Verzug. Die Informationsabgabe wird einseitig, der andere hat bereits die Flucht — mit den Augen — angetreten. Wenn der Partner ein Auge zukneift oder damit zwinkert, signalisiert er Mißtrauen oder Ungläubigkeit. Zwinkert man zurück, bestätigt man das Einverständnis. Die Augen gehen zur Seite, wenn man eine Stellungnahme umgehen will. Man vermeidet die Konfrontation, indem man Kopf und Augen aus der direkten Sehlinie wendet. Der Blick nach oben sucht immer Hilfe oder Beistand von höherer Instanz.

Der Blick zum Boden und auf die Fußspitzen ist Leuten zu eigen, die aus ihren früheren Erfahrungen leben und neue scheuen. Sie denken konventionell und werden immer vom sicheren Boden aus argumentieren. Der niedergeschlagene Blick ist Demuts- und Unterwerfungszeichen. Wenn ihr Partner in einem Gespräch die Augen kurz schließt und mit dem Kopf nickt, ist es eine deutliche Information für Sie, daß er genug hat und nicht mehr akzeptieren will.

Die Hände sind das sensibelste Werkzeug und die ausdrucksvollsten Glieder des Menschen

Was das menschliche Hirn sich ausdachte und vor-

stellte, mußten die Hände in die Tat umsetzen und realisieren; was sie erfuhren und vermochten, eröffnete dem Hirn neue Möglichkeiten zur Gestaltung des Lebens. Ein so unglaublich sensibles Tastinstrument — wie es unsere Hände sind — konnte bis heute von Wissenschaft und Technik durch kein vergleichbares Universalinstrument nachgebaut werden. An den Fingerkuppen eines Erwachsenen sind 3000 bis 4000 Nervenenden konzentriert, die noch ein Haar, ein Staubpartikel, den Unterschied von Fell und Bürste, von Samt und Seide, von Kunststoff und Naturfaser fühlen können.

Mit den Armen vergrößern wir die Gesten unserer Hände. Ein Mensch, der seine Hände lahmlegt, ist eine sehr eintönige Erscheinung, denn »es ist gänzlich unmöglich, irgendeine engagierte Information von sich zu geben, ohne daß die Hände in irgendeiner Weise mitspielen«. Mit den Händen werden auf der Tastatur eines Klaviers oder den Saiten einer Geige in einer Sekunde zwölf aufeinander folgende Töne angeschlagen und diese Abfolge durch Dynamik, Rhythmus und Gefühle noch akzentuiert. Mit den Händen greifen, tasten, halten, streicheln, stoßen, schieben, drehen, schlagen, hacken und tragen wir. Wir greifen nach der Welt, um sie uns begreiflich zu machen. Die Hand ist eines der wichtigsten Instrumente aktiver Kommunikation zwischen uns und der Außenwelt. Das perspektivische Sehen erlaubt uns eine Schätzung von Größe und Entfernung, doch genaue Informationen und reale Größenverhältnisse erhalten wir erst, wenn die Dinge in unserer Reichweite sind, wir sie berühren können. Beim aktiven Schutz wird die Hand durch Ballung zur Angriffswaffe und erreicht über den Hebel des Armes den Gegner; sie mag auch packen oder auf andere Art schlagen. Bei defensivem Schutz versuchen die Arme, den Körper zu decken und bleiben ihm nahe. Die Ellbogen stützt jemand drohend und sichtbar auf die Hüften, der von einer bestimmten Seite einen Angriff erwartet und Besitz andeuten will. Wer die Arme vor der Brust verschränkt, sperrt seine eigene Aktivität aus. Denn von der Brust, wissen wir, gehen die Aktivitätsströme aus und setzen die Arme in Gang. Wer die Arme verschränkt, sagt dem anderen: Jetzt bist Du an der Reihe. Gleiche Position nehmen auch Zuhörer gerne ein, und daß ist ein sehr positives Zeichen für den Redner. Sie nehmen mit Kopf und Sinnen auf und erhöhen ihre Konzentrationsfähigkeit, indem sie ihre eigene Aktivität sperren.

Nach rückwärts gezogene Arme deuten auf einen Rückzug vom eigenen Handeln hin, den Wunsch selber nichts zu tun. Wer ruckartig die Arme nach oben reißt und dazu die Finger spreizt, schreckt zurück und will irgendetwas nicht anrühren, fallen lassen, von sich weisen, weil der Reiz gar zu scharf ist. Es handelt sich im wirklichen wie im übertragenen Sinne um ein zu heißes Eisen, oder eine ekelhafte Sache. Die offene Hand zeigt uns ihre Innenfläche und schenkt Vertrauen und die Bereitschaft, friedlich und wohlgesonnen zu handeln. Denken Sie daran, wie Sie einem Hund begegnen und ihm signalisieren wollen, daß er so friedlich mit Ihnen umgehen möge, wie Sie mit ihm. Der Handrücken nach oben dagegen wendet sich gegen die andere Person und signalisiert Dominanz. Der Chef, der seiner Sekretärin oder einem Mitarbeiter mit gestrecktem Zeigefinger oder spitzen Fingern, den Handrücken zum Gegenüber, auf einen Tippfehler, eine übersehene Aktennotiz oder einen unbefriedigt erledigten Vorgang aufmerksam macht, schließt jeden Einwand und jede Verteidigung aus.

Tiere markieren ihr Territorium durch Geruchssignale — der Mensch mit Gegenständen

Im Flugzeug, Zug oder Restaurant belegen wir mit Tasche links und Zeitung rechts unser Gebiet. Bittet ein Nachkommender höflich um Freigabe, erhält er zuerst einen intensiven Blick: Siehst Du nicht meine Markierung?! Doch wenn er besteht, und das Gebiet geräumt werden muß, wird der Eindringling demonstrativ durch Nichtwürdigung von Blicken bestraft. Im Hotelzimmer räumen wir zuerst unsere Sachen aus und markieren alle Zimmer-Plätze als unser Territorium. In Familien ist das Problem größer, weil man sich das gleiche Territorium teilen muß. Kinder verstreuen ihre Spielsachen in der ganzen Wohnung — am liebsten im Wohnzimmer, wo sie nicht hingehören. Sie hinterlassen ihre Signale, und die Mutter räumt sie wieder fort und trägt sie ins Kinderzimmer zurück, wo sie hingehören. Das verärgert die Kleinkinder wie später die Heranwachsenden. Man mag nicht, daß ein anderer die territorialen Rechte und Markierungen verletzt. Auf fremdem oder neutralem Territorium teilen wir die Gebietsansprüche halb und halb. Ein Tisch im Caféhaus gehört zur Hälfte mir, die andere dem Gegenüber. Wenn ich etwas ablege, achte ich darauf, daß ich diese Grenze nicht überschreite. Jedes Eindringen in das Territorium des anderen wirkt wie eine Herausforderung. Das ist am Konferenztisch nicht anders als beim Vorstellungsgespräch. In dem Augenblick, da man einem anderen territoriale Rechte wegnimmt, fühlt sich jeder Mensch irritiert. In der Öffentlichkeit und am Arbeitsplatz sind wir häufig gezwungen, unseren Territoriumsanspruch einzuschränken und enge räumliche Verhältnisse in Kauf zu nehmen. Das verursacht Streß und Stauungen, die immer wieder zu aggressiven Ausbrüchen führen. In den einst gepriesenen Großraumbüros ist man wieder dazu übergegangen, Trennwände zwischen den einzelnen Arbeitsplätzen oder Gruppen aufzustellen und hat dadurch das Arbeitsklima und die Leistung verbessert. Der Raum eines jeden ist wieder markiert, sein Territorium abgegrenzt gegen andere.

Es ist für uns selbstverständlich, daß wir das Territorium einer übergeordneten Person respektieren müssen, sei es durch Türanklopfen oder warten, bis der andere den Blick hebt. Aber wie ist das umgekehrt? Respektiert der Vorgesetzte auch das Territorium seiner Sekretärin oder dringt er ohne Ankündigung ein, weil er sie schließlich bezahlt, und sie von ihm abhängig ist? Wenn er es tut, wird er in ihr keine sehr freudige Mitarbeiterin haben; denn auch sie beansprucht ihre territorialen Rechte. Er kann sich auch bemerkbar machen durch ein Räuspern oder deutliche Schritte, durch ein Zögern beim Öffnen der Tür oder irgendein Signal der Ankündigung, damit sich die Mitarbeiterin auf das Eintreten vorbereiten kann. Wirft er die mitgebrachte Arbeit mitten auf den Tisch, ist das wie ein Einbruch, der Aggression erzeugt. Richtig dagegen ist es, die Unterlagen auf einen seitlichen Platz ordentlich abzulegen.

Durch die Art, wie uns jemand beim Zutritt in sein Territorium begegnet, signalisiert er sofort, in welchem Maße er uns akzeptiert. Schießt der andere hinter seinem Schreibtisch mit einem 'Ja, bitte?' gestört hoch, fühlt man sich sofort abgeblitzt. Will der Besuchte, der 'Territorialherr', dieses Unbehagen vermeiden und seinen Besucher freundlich begegnen, so erhebt er sich zumindest oder kommt dem Gast sogar entgegen. Wie weit er ihm entgegenkommt, ist wiederum ein klares Signal. Steht er nur zwischen Tisch und Sessel auf, so bleibt er offiziell. Verläßt er diesen Schutz und tritt neben seinen Schreibtisch, so gibt er sich schon etwas persönlicher. Geht er auf den Besucher bis zur Zimmermitte zu, so ist er zu einem partnerschaftlichen Gespräch auf gleicher Ebene bereit. Ist der Gast ihm lieb oder übergeordnet, eilt er ihm mit Sicherheit zur Tür entgegen. Man empfängt den bedeutsamen Besucher an der Grenze.

Besitz, Territorium, Eigentum sind jedoch auch andere Begriffe, wie z.B. die Zeit. Wenn einer unsere knappe Zeit mit Klatsch und Tratsch vertrödelt, empfinden wir nicht nur, daß wir den letzten Nerv geraubt bekommen, sondern auch, daß der andere uns die Zeit stiehlt. Er nimmt uns territoriale Rechte und beansprucht einen Zeitraum, der ihm nicht zusteht. Ebenso reagieren Menschen ungeduldig und aggressiv, wenn einer ohne Legitimation in ihr Wissensgebiet, in ihr Berufsgebiet eindringt. Um solche Konflikte zu vermeiden, gibt es territoriale Markierungen: Berufsbezeichnungen, Meisterbriefe, Akademische Titel und hierarchische Attribute.

Es sind die kleinen, sehr feinen Körpersignale, die unsere Mitmenschen für uns öffnen oder gegen uns abrupt verschließen. Je sorgfältiger wir auf unsere und andere Signale achten und sie deuten, um so deutlicher wird unsere Kommunikation sein. Nicht nur mit Worten.

Empfehlenswert:
Literaturhinweis, Samy Molcho, Körpersprache, Mosaikverlag. DM 38,—

Die Körpersprache ist immer eindeutig

»Der Körper ist der Handschuh der Seele, seine Sprache das Wort des Herzens. Wenn wir offene Sinne und ein waches Auge für die Signale und Kommentare unserer Körpersprache haben, können viele Gespräche und Begegnungen leichter und erfolgreicher verlaufen. Die Kenntnis der Körpersprache öffnet direkte Wege zueinander und einen freieren Umgang miteinander.«

Samy Molcho

Der Autor — Samy Molcho — 1936 in Tel Aviv geboren — ist ein bekannter Pantomime und Regisseur. Neben seinen vielen Auftritten ist er Professor an der Hochschule für Musik und Darstellende Kunst am Max-Reinhardt-Seminar in Wien.

Besprechung des Bestsellers von Hannelore Knoepfler

Das Anliegen des Buches ist es, eine Tür für das Verständnis untereinander und sich selbst zu öffnen.

Unsere Körpersprache ist deutlicher als die der Worte. »Man hat seinen Körper nicht so unter Kontrolle wie die Zunge« heißt ein Sprichwort. Unser Körper reagiert immer auch spontan und kann sich nicht so verstellen, wie wir das mit unseren Worten tun.

Wenn ein Jugendlicher eine wegwerfende Handbewegung macht und dabei kurz die Schultern hochzieht, wird das von seinen Altersgenossen ganz locker als Ankündigung eines Einwandes verstanden. Die Mutter oder der Lehrer aber sehen darin eine verächtliche oder aggressive Geste und gehen in die Luft. So wird die Fehldeutung einer Körperhaltung zum Konflikt. So wie sich bereits Säuglinge nach der Körper-Umgangssprache der Mutter richten, entwickeln Jugendliche einen eigenen Code der Körpersprache, um darin auch ihren Widerstand gegen geltende Normen und Regeln auszudrücken. Man sieht das deutlich an ihrer 'lässigen' Umgangsweise und Umgangssprache untereinander.

Ändere Deine Einstellung zu den Menschen, und die Menschen ändern ihre Einstellung zu Dir

Der Mensch ist ein Komplex von Wünschen und Widersprüchen. Das gilt auch für die Sprache seines Körpers. Man darf nicht einzelne Teile interpretieren, denn nur der gesamte Körper gibt uns ein Bild. Es kann Ihnen ein Mensch mit offener Haltung und freiem Blick begegnen, doch seine Hand erwidert den Druck nicht, er bleibt passiv. Dann begegnet er Ihnen zwar aufmerksam, doch er legt Wert auf Abstand und wird sich nicht eigentlich 'anrühren' lassen. Es passiert ebenfalls, daß wir jemanden aggressiv nennen oder eingebildet. Von anderen erfahren wir, daß dieser Mensch jedoch Humor und Zärtlichkeit zeigen kann und vertrauensvoll ist. Dann sollte man sich fragen, ob es nicht an einem selbst liegt? Vielleicht sende ich Reize aus, die ihn aggressiv machen?
Also gibt es Signale und Verhaltensweisen an Ihnen, die Ihre Umwelt anders erlebt, als Sie es meinen. Wir müssen mithin lernen, in einer Weise miteinander umzugehen, die beiden Seiten Zufriedenheit und Selbstgefühl bestätigt.

Wahrnehmen bedeutet zuerst, Körpersignale und Verhalten zu erkennen. Kommunizieren heißt, sie richtig zu interpretieren und verständlich zu beantworten. Dazu braucht man das Herz — den Körper und den Kopf.

Unser Körper ist ein fantastisch funktionierendes Informationssystem. Nachrichten werden abgegeben und im gleichen Maße empfangen. Sie gelangen durch unsere Sinne ins Zentralnervensystem, wo sie registriert, geordnet und gespeichert werden. Das Resultat dieser Eindrücke und Wahrnehmungen ist unser Erleben. Je öfter sich ein Erlebnis wiederholt, desto fester prägt es sich ein. Die erste große Liebe, ein überwältigender Theaterabend, ein Herzanfall, die Treppe unseres Hauses — alles prägt sich ein und prägt unser künftiges Verhalten. Schreienden Babys auf einer Säuglingsstation überspielte man wiederholt den menschlichen Herzschlag. Babys, die seelische Probleme oder Orientierungslosigkeit hatten, hörten schnell auf zu weinen, lagen physische Probleme, Hunger, nasse Windeln, Schmerzen vor, schrien sie weiter. Den beruhigenden Rhythmus des Herzens hat das Kind bereits während der Schwangerschaft 'wahrgenommen'. Genauso behält der Mensch als Ausdrucksform geschmacklichen Wohlbefindens das Schmatzen, Lecken und mit der Zunge um die Mundpartien fahren.

Bei jedem starken Reiz, der uns empfindlich trifft, ziehen sich die Muskeln zusammen. Empfangen wir milde Reize, die uns angenehm stimulieren, so verlängern sich die Muskeln.

Diese beiden Reaktionen Schließen und Öffnen sind die Bausteine unserer Körpersprache. Wenn jemand ganz locker ist, reagiert er auf den kleinsten elektrischen Schock — genauso leicht und genau nimmt er alle Informationen auf, weshalb Sie beim Kassettenhören erst in den Alpha-Zustand versetzt werden müssen. Sobald Sie aber verkrampft sind, haben Sie einen Selbstschutz vor Reizüberflutung eingebaut. Jetzt muß die Impulsstärke größer werden, um gegen Ihre Blockaden anzukommen. Genauso 'verschlossen' reagieren Sie dann auf zwischenmenschliche Kommunikationen.
Eine ebenso naheliegende Verhaltensweise ist die Flucht, wenn etwas geschieht, was einem unangenehm ist oder gefährlich werden könnte. Bei Tieren wie bei Menschen. Schon die Assoziation, daß die Spritze des Arztes schmerzen könnte, läßt die Muskeln lange vorher zusammenziehen. Auf dieser Ebene der Körpersignale reagieren und agieren die Menschen über alle Sozialschichten und Kulturkreise hinweg ähnlich. Ein taubstummes, blindes Kind aus Äthiopien reagiert auf den Biß in eine Zitrone wie Ihr gesundes Kind. Hier handelt es sich um biologische Reaktionen, die im genetischen Programm verankert sind.

Die Natürlichkeit einer Person ist der Ausdruck ihrer Identität und ihrer Individualität

Jede Gestalt und jedes Individuum identifizieren wir nach Kategorien der Form und der Farbe, des Geruches und Klanges, der Art und Intensität der Bewegung etc. Die Kombination und die Akzente dieser Kategorien werden als typische Eigenschaften eben dieses Individuums registriert. Jeder Mensch hat seine elementaren Eigenschaften durch die genetische Information erhalten: Physiognomie und Gestalt, Temperament und Intensitätsbegabung. Sie unterscheiden ihn von allen anderen Menschen, und er kann sie nicht verlieren. Kein Mensch kann sich selbst verlieren, sondern muß sich zu sich selbst bekennen. Verlieren kann der Mensch Orientierung und Ziel, Lebensinhalt und Sinn des Lebens in Frage stellen. Aber sich selbst, seine Identität kann er weder verlieren noch in Frage stellen. Ändern allerdings kann er sich; denn der größere Teil unserer individuellen Eigenschaften ist nicht angeboren, sondern erworben.

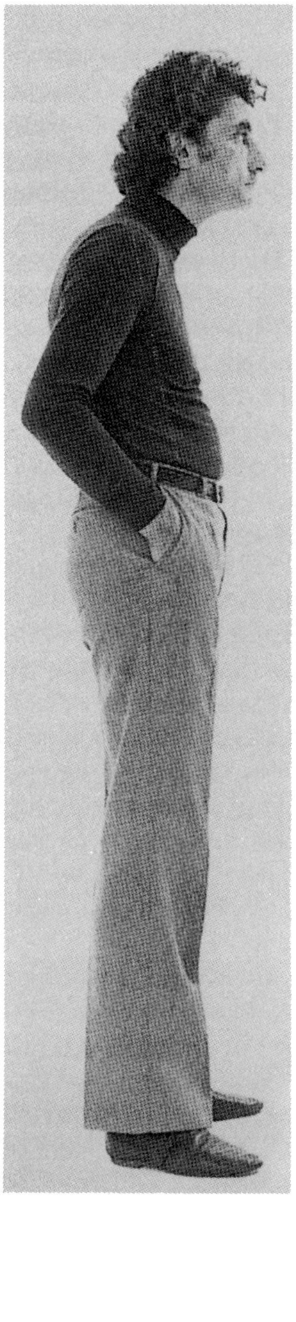

Ein Kopfmensch. Der vorgeschobene Kopf behauptet: Ich kann alles besser erklären! Brust und Hände sind zurückgehalten und signalisieren: Machen soll das freilich ein anderer!

Zum Glück kann man die angewöhnten Formen nicht über Nacht verändern, denn die Wirkung wäre für uns selbst ziemlich verheerend.

Wenn ich zu dem Schluß komme, daß diese Wirkung auf andere nicht meinen Absichten oder Vorstellungen entspricht, so suche ich, sie zu korrigieren — verbal oder durch die Sprache meines Körpers. Doch das darf nicht zu abrupt geschehen, denn wir bemessen Menschen danach, ob ihr Verhalten unseren gewohnten Erwartungen adäquat oder inadäquat ist.

In der Regel verändern wir unser Verhalten allmählich durch neue Einsichten, die uns zuwachsen, durch Überzeugungen und Anschauungen, zu denen wir uns bekennen, oder durch Menschen, mit denen wir zusammenleben oder die wir bewundern. Ihr Verhalten färbt auf uns ab, sagt man, sie sind uns Vor-bild. Auch diese Veränderung wirkt auf andere Menschen, denen wir seltener begegnen, zunächst fremd und verlangt von ihnen eine neue Stellungnahme, denn der Istwert stimmt nicht mehr mit ihrem Sollwert überein. Das irritiert natürlich, stört, und führt leicht zu der ärgerlichen Beschwerde: Aber du warst doch immer so! — als ob ein Mensch auch immer so bleiben müsse. Doch Menschen ändern sich. Durch Schicksalsschläge oder Kriegserlebnisse, durch Karrieresprünge oder Knasterfahrungen — wir alle kennen solche Beispiele, die eine Physiognomie und das ganze Verhalten verwandeln können. Sie verändern sich mit dem Altern und durch die Erfahrungen des Alltags eigentlich unablässig. Es ist an uns, darauf ständig gefaßt zu sein, es zu akzeptieren, unser Bild zu korrigieren und eine neue Kommunikation aufzubauen.

Warum reagieren Menschen aggressiv?

Wir müssen uns selbst immer wieder die Frage stellen: Ist mir bewußt, daß ich dauernd Signale gebe, die auf andere wirken? Wenn ich das außer acht lasse oder leugne, baue ich mir eine hermetisch geschlossene Welt, eine subjektive Weltsicht, und nehme mich selbst aus dem Spiel heraus. Richtig müßte

ich fragen: Wer sendet bei den Wechselbeziehungen zwischen mir und meiner Umwelt den Reiz und wer antwortet mit einem Reflex? Ist das Feedback, das ich erhalte, Antwort auf einen von mir ausgestrahlten Reiz — oder reagiere ich wirklich als erster auf einen Reiz, beginnt die Rückkopplung erst mit mir?
Er kommt mir aggressiv — aber vielleicht ist gar nicht er der aggressive Anstifter, sondern ich habe Reize ausgeschickt, die ihn erst so reagieren lassen? Er kam eigentlich mit einer ganz freundlichen Bitte — doch ich saß gerade in Gedanken und schickte einen Blick zum Fenster, war abwesend und hob die Nase oder spielte mit dem Autoschlüssel, den er vor sich auf den Tisch gelegt hatte. Da wurde aus der Bitte eine Forderung. Zu einer Kommunikation gehören immer zwei, und sie entsteht aus Reiz und Antwort. Nicht selten zwingen wir den anderen durch unser Verhalten in eine Rolle, die er so nicht beabsichtigt hatte. Wir schaffen eine Situation, und ihm bleibt nichts anderes, als auf unsere Reize zu antworten und sich nach unseren Spielregeln zu richten.

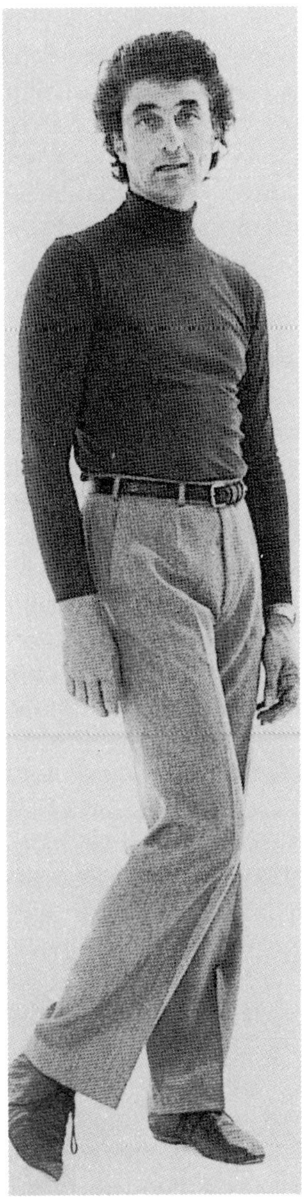

Das angezogene Spielbein wirkt »weiblich«

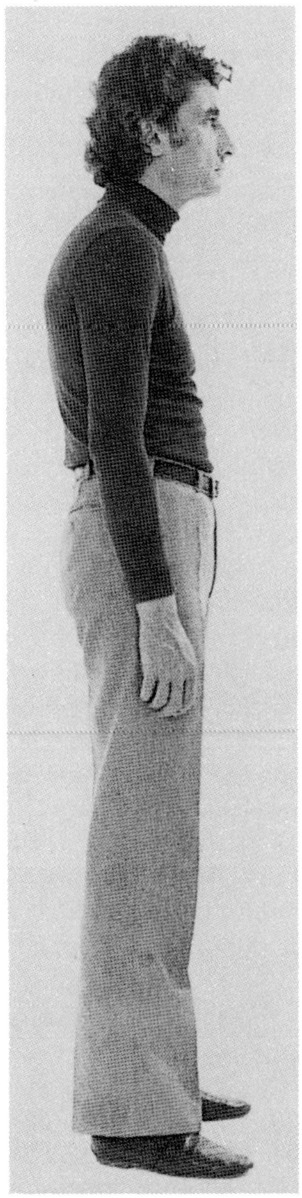

Die eingesunkene Brust ist Ausdruck der Inaktivität

Erziehung ist der Versuch, die Reaktionen von Menschen zu planen, damit wir mit dieser Gruppe von Menschen planen können

Den größeren Teil der Mimik, Gebärden und Gesten, mit denen wir uns gegenüber anderen ausdrücken, haben wir uns durch Nachahmung oder Erziehung angewöhnt. Sie dienen dazu, unsere Gefühle darzustellen, und sind, bei aller Subjektivität und Individualität, ein allgemein verbindlicher Code. Das heißt aber auch umgekehrt, daß diese uns angewöhnte Bewegungsweise unsere Gefühle mitbedingt.
Erziehung ist die grundlegende Einführung in soziales Verhalten. Sie hat ihre eigenen Methoden in der Familie, dann in der sozialen Gruppe, der Kulturgruppe, der Nation, dem Kulturkreis. So vergrößert sich konzentrisch der Kreis der Menschen, für die jeweils gleiche Identifikationsformen gelten. Diese Möglichkeit gemeinsamer Identifikation ist unabdingbar, weil eine Gruppe nur existieren kann, wenn die Reaktionen all ihrer Mitglieder absehbar sind. Ohne Ordnung und Planung kann sich ein Gruppenleben nicht entwickeln. Eine elementare Ordnung ist durch die Natur und unseren genetischen Code vorgegeben. Eine Gesellschaft muß nun dafür sorgen, daß ihre Mitglieder auf bestimmte Reize auch mit gleichen Antworten reagieren. Wenn man weiß, die Leute werden in diesem Falle so und in jenem anders reagieren, dann kann man mit ihnen planen und für sie Pläne machen, denen sie wahrscheinlich folgen werden.

Planung ist die Vorgabe eines gewünschten Verhaltens. Um die Erfolgswahrscheinlichkeit zu erhöhen, muß man das Risiko von Abweichungen verkleinern. Die einfachste Lösung ist, unkontrollierte Spontanität und Emotionen zu blockieren. Dazu braucht man nur die Bewegungsäußerungen zu beherrschen und unter Kontrolle zu stellen. Um das gewünschte Verhalten zu stimulieren, bedient man sich der Mittel Belohnung und Strafe. Lob, Liebe und öffentliche Anerkennung begleiten ein Verhalten, das dem Wohle der Gesellschaft dient — dem Plan. Mit Liebesentzug, Mißachtung und abgestuften Strafmaßnahmen wird ein Verhalten bedroht und verfolgt, das die gemeinsamen Ziele der Gruppe oder Gesellschaft stört.

Je höher und komplexer die Formen einer Gesellschaft entwickelt sind, desto größer wird der Zwang zur Planung. Wir können leicht feststellen, daß hochindustrialisierte Länder — ebenso wie Staaten mit strikt zentralistischen oder diktatorischen Herrschaftsstrukturen! — die strengsten Erziehungssysteme haben. Es ist der Grad der Organisationsnotwendigkeit, der auf die Rigorosität der Erziehungsformen zurückwirkt.

Kind ist, wer die Wünsche der Eltern befolgt, und Lob und Liebe sind der Lohn. Ein Kind, das den eigenen Wünschen folgt, ist ein böses Kind, und Ärger und Liebesentzug sind die Strafe. Ein braver Mann und guter Bürger ist, wer dem zentralen politischen Plan ohne Widerspruch folgt; als schlechter Bürger verdächtig, wer Opposition betreibt und Änderungen verlangt. Wer den Spielraum nutzt, ein beweglicher Geist, gilt rasch als unruhiger Geist, als Unruhestifter gar. Wer unauffällig in den gesteckten Bahnen bleibt, auf den wartet am Ende die Verdienstmedaille für ziviles Verhalten. Ist es ein Wunder, daß unsere gesamte Erziehung auf ein armes Bewegungsrepertoire zielt?

Je einfacher das Bewegungsvokabular ist, desto besser eignet es sich zur Manipulation; je reicher das Bewegungsvokabular, desto komplizierter die Kontrolle. Die zur gesellschaftlichen Kommunikation notwendige Ergänzung des Körperausdrucks entwickeln wir in der Sprache. Da sie eine sehr einfache und eindeutige Verständigung ermöglicht, gilt ihr in der Erziehung auch das Hauptinteresse, und das Körpervokabular bleibt arm. Das bietet noch einen zweiten Vorteil: Die verbale Sprache ist ein abgemachter Code und in ihren Inhalten schon Träger des Planes. Der Körper reagiert spontan, die Sprache unterliegt der Norm und ist selbst ein Kontrollinstrument.

Ein paar Beispiele für soziale Normierung: Ein Mann hätte allen Grund, eine üble Beleidigung spontan mit einer Ohrfeige zu beantworten — natürlicher Reflex. Aber die Person ist eine Frau — Hemmschwelle, bedingter Reflex. In einer Dorfkneipe unterhält sich eine Männerrunde mit lautstarken Zoten, ein Priester betritt den Raum — verlegenes Schweigen, bedingter Reflex. Oder ein Beispiel für die bewußte Nutzung des bedingten Reflexes: Wofür sollte all der Drill und das schematische Exerzieren in Armeen und Kasernenhöfen dienen, wenn nicht dazu, die Leute im Ernstfall gegen ihre natürlichen (Flucht-)Reflexe mit den bedingten Reflexen automatischer Handlungsabläufe reagieren zu lassen — ob sie nun in Linie ins Feuer marschieren oder mit sturen Handgriffen ihre Geschütze »bedienen«.

Selbstbewußtsein

Erziehung vollzieht sich auf zwei Wegen: Durch gestische und verbale Anweisungen zum einen und zum anderen über den Reiz, das Verhalten anderer nachzuahmen. Durch Nachahmung nehmen Kinder gewisse Bewegungsweisen der Familie, Jugendliche und Erwachsene bestimmte Umgangsformen ihrer Umgebung an.

Damit gleicht sich der Mensch dem Reichtum oder der Armut der emotionellen Erfahrungsmöglichkeiten seiner unmittelbaren Umwelt an. Er übernimmt deren Züge — oder er widersteht, behauptet seine Eigenart. Dafür zwei Beispiele.

Für eine Familie ist charakteristisch, daß alle mit heruntergefallener, eingesunkener Brust herumlaufen und die Miene der Gesichter sich kaum bewegt. In dieser Familie, das ist sicher, wird nicht viel direkt und spontan erlebt und besprochen. Die Emotionen werden zurückgehalten, damit keine Reize erzeugt werden und keine Konfrontationen entstehen — und alle fühlen sich dabei ganz wohl — denn alle bewegen sich in der gleichen Weise.

In der gleichen Familie kann aber ein Kind leben, das sich nach eigenem Rhythmus völlig frei bewegt. Eine konfliktfreie Beziehung kann zwischen ihm und den anderen nicht entstehen. Es konfrontiert die Familie mit großen Bewegungen, großen Emotionen, großen Erlebnissen, an die sie alle nicht gewöhnt sind. Sie werden sich wohler fühlen, wenn dieses Kind gerade nicht in der Runde ist, zugleich aber Sehnsucht empfinden nach seiner Provokation — ein legitimer Zwiespalt der Gefühle.

Was den Anpassungsdruck in dieser Familie bestimmt, gilt auch für das Erziehungsverhalten in der geplanten Gesellschaft. Man will die Menschen dazu bringen, weniger zu erleben, sich mit kleinem Vokabular zu bescheiden, funktionell zu reagieren, Emotionen zu unterdrücken, die individuellen Möglichkeiten nicht auszuloten. Verlangt sind rationelles Denken und funktionelles Handeln als positive Grundwerte. Emotionalität ist anrüchig, gilt als Schwäche und erweckt Angst. Emotionen aber bilden unsere stärksten Motivationen und unser deutlichstes Verständigungsmittel. Wenn mir jemand seine Emotionen erzählt oder ausdrückt, so kann ich ihn besser verstehen, und er fühlt sich von mir in seinem Selbstwert wahrgenommen. Ein Beispiel:

Eine Besprechung schleppt sich mühsam und ergebnislos dahin, eigentlich sind alle frustiert. Da platzt ein Mitarbeiter mit einem spontanen Kommentar und einem überraschend einfachen Vorschlag heraus. Was passiert? Er wird von der verschreckten Runde prompt zurechtgewiesen, das sei aber höchst emotional! Keiner hat nachgedacht, ob an dem Einwurf etwas dran war; er war einfach emotional und darum unangebracht. Das Ergebnis: Eine Möglichkeit ist vertan und ein Mitarbeiter verprellt. Wenn der Chef ihn dann mit einem Arbeitsauftrag entläßt, werden sich bald vor ihm unlösbare Probleme auftürmen. Er fühlt sich überarbeitet, müde, geht um sechs nach Hause. Und spielt drei Stunden Tennis. Wir müssen mit unseren Emotionen nicht nur leben — wir sollten sie auch zeigen und mit ihnen offen umzugehen lernen. Wir können uns ihnen überlassen, dann ist Unbeherrschtheit die Folge; wir können sie unterdrücken, dann explodieren sie am Ende mit unkontrollierter Wucht. Beides kommt häufig genug vor. Doch wenn wir unser selbst bewußt die eigenen Emotionen wahrnehmen und die der anderen aufnehmen und einander zugestehen, werden wir zu besserer Balance und Harmonie finden. Im Herzen reagieren wir emotionell, Entscheidungen treffen wir mit dem Kopf. Und wie oft sagt der Kopf nein, wenn unser Herz begehrt. Zu oft, scheint es, weil wir der Überzeugung unserer Emotionen nicht trauen und zu wenig von der Art Selbstbewußtsein besitzen, die unserem Kopf den Umgang mit ihnen erlaubt.

Empfehlenswert:
Literaturhinweis, Samy Molcho, Körpersprache, Mosaikverlag, DM 38,—

Rhetorik ist kein Ersatz für ein Lebensziel, sondern das wirksamste Handwerkszeug dazu

Rhetorik ist die Fähigkeit, unsere Stärken zu erkennen, statt unsere Schwächen zu vertuschen. Ein Redner ist ein Mensch, der andere an die Hand nehmen kann und von Erlebnis zu Erlebnis führt. Nicht mit Macht, nicht mit Befehlen und nicht mit Dominanz, sondern mit Motivation, mit Verständnis und Liebe.

Wer Menschen begeistern kann, kann auf jeglichen Zwang verzichten. Die besten Beispiele dafür sind ein Don Juan und ein Gewaltverbrecher. Beide wollen dasselbe, doch die Wege sind unterschiedlich, und wo bei dem einen der Gegenpart Freude und Spannung empfindet, empfindet er bei dem anderen Zwang, Haß und Ablehnung. Durch die Kunst der Rhetorik lernen wir, nicht immer hart einzugreifen, sondern die selbstregulierenden Wege laufen zu lassen. Statt Kraft steht Verständnis, und zwar das Verständnis für andere Menschen.

Dreizehn Teilnehmer trafen sich im April, um weiter zu lernen; denn ein Redner bleibt ein lebenslanger Schüler, und da man laut Goethe 'nur von einem Menschen lernt, den man liebt', traf man sich im Institut Enkelmann. Alle Teilnehmer hatten bereits das Rhetorik-Seminar I mitgemacht und sich seitdem so häufig wie möglich im Reden geübt, sei es im beruflichen Alltag — es waren Verkäufer und Berater dabei — oder bei privaten Anlässen. Daß jeder bereits seine Erfahrung gemacht hatte, zeigte sich in den vielen gekonnten Reden, die an diesem Wochenende gehalten wurden. Es zeigte sich aber auch, daß jeder noch eine Reihe von kleinen Fehlern macht und Angewohnheiten hat, die durch ein leichtes Einwirken und Erkennen korrigiert werden konnten.

Natürlich mußte sich erst einmal jeder selbst vorstellen, mit seinen Schwerpunkten, seinen bisher gelösten Aufgaben und seinen Zielen. Die Körpersprache wurde ebenso trainiert wie Stimme und Ausdruckskraft.

Nach der einfachen Dreiergliederung:

Wie hat man das Problem in der Vergangenheit gelöst?

Wie sieht es in der Gegenwart aus?

Was sollte in der Zukunft geschehen?

lernten alle Teilnehmer Stegreif-Reden zu jedem x-beliebigen Thema zu halten.

Da das Ziel jeder Rede jedoch ist, das Handeln zu beeinflussen, wurde die 4-W-Formel trainiert:

1. **Was will ich erreichen?**
2. **Wie muß ich argumentieren?**
3. **Welche Einwendung habe ich zu erwarten?**
4. **Wie kann ich sie widerlegen?**

Nach diesem System mußten dann alle Teilnehmer Banken — Kaufhäuser — oder Flugreisen verkaufen.

Eine sehr charmante Aufgabe und gleichzeitig bestes Training für die Redner selbst war das Thema 'Die Macht des Lächelns'. Lesen Sie nachstehend ein paar Auszüge dieser Vorträge.

Die Macht des Lächelns

Hans-Joachim Zehner

Sie bewegen 73 Muskeln, wenn Sie lächeln, und Sie bewegen nichts, wenn Sie ernsthaft sind

»Wir Menschen können auf viele Art und Weise miteinander kommunizieren. Wir haben einen Geist, wir haben einen Körper, wir haben eine Seele. Wenn wir mit dem Geist kommunizieren, dann haben wir als Brücke das Wort. Wenn wir mit dem Körper kommunizieren, haben wir als Brücke die Berührung, und wenn wir mit der Seele kommunizieren, dann haben wir den Blick und das Lächeln. Der Säugling lächelt schon in der Wiege und der Greis noch auf dem Sterbebett, wenn er ein erfülltes Leben geführt hat. Nur wir in der Mitte dieses Lebens, geplagt von Streß, Automation, Zwang, Sorgen, Nöte, Arbeitslosigkeit, wir haben das Lächeln verlernt und glauben, wenn wir ein ernstes Gesicht machen, daß wir bedeutungsvoll sind. Deswegen sollten wir uns erinnern, daß das Lächeln eines der kostbarsten Dinge ist, die wir in unserem Leben ohne Geld verschenken können. Wir sollten es täglich und stündlich mithineinnehmen in die Zeit, die vor uns liegt. Ein Lächeln ist ein Funkeln der Seele. Denken wir öfter daran.«

Friedrich W. Stöwe

Mehr als 1000 Worte

»Haben Sie schon einmal beobachtet, wie schön ein lächelndes Gesicht ist? Bewußt beobachtet? Es drückt Entspannung aus und ist positiver Brückenschlag. Es zieht die Umwelt in seinen Bann und wandelt Negatives in Positives. Ein Lächeln erreicht oft mehr als tausend Worte. Lächeln hat Strahlkraft, die verzaubert.«

Wolfgang Müller

Lächeln ist die Verhandlungskunst der Japaner

»Meine Damen und Herren, ich freue mich, zu Ihnen über das Thema 'Die Macht des Lächelns' zu sprechen. Sie kennen bestimmt das Sprichwort »Wie man in den Wald hineinruft, so schallt es auch heraus«. Ich glaube, man kann auch sehr gut abwandeln; »wie man jemanden anlächelt, so kommt es zurück«. Und in der Regel bekommt man ein Lächeln zurück. Wieso sagt man eigentlich, daß jemand Charme, Ausstrahlung, Charisma hat? Mit Sicherheit ist einer der Gründe, daß einem jemand freundlich begegnet und lächelt. Oder haben Sie schon jemanden kennengelernt, der angeblich über Charme und Ausstrahlung verfügt und dabei nie lächelt? Ich nicht!
Eines der Erfolgs-Geheimnisse der Japaner liegt in ihrem unentwegten Lächeln bei ihren Verhandlungsführungen. Lassen Sie uns alle ab sofort Japaner sein.«

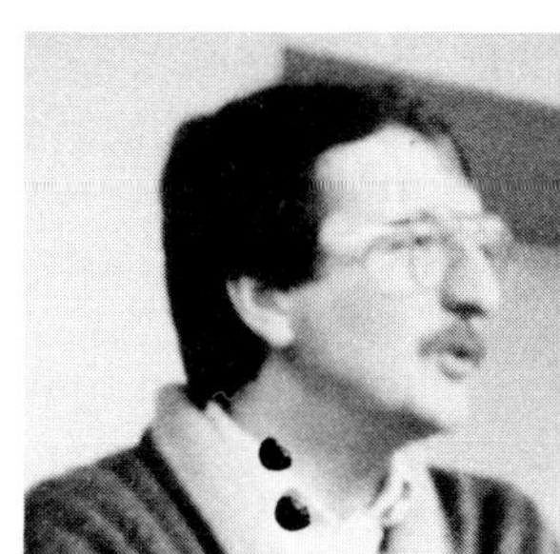

O. H. Lomba

Die Macht des Lächelns ist stärker als das Gesetz

»Stellen Sie sich einmal vor, Sie sind Polizist und haben dafür zu sorgen, daß der Verkehr fließt und Ordnung in Ihrem Gebiet herrscht. Plötzlich werden Sie durch ein Auto gestört, welches falsch ge-

parkt ist. Pflichtbewußt stellen Sie einen Strafzettel aus, und Sie sind gerade dabei, ihn an die Scheibe des Autos zu heften. Da kommt eine charmante Dame und sagt lächelnd: »Ich wollte gerade wegfahren, Dankeschön.«
Haben Sie noch die Kraft, den Zettel zu kleben? Ich glaube es nicht!«

Nikolaus Enkelmann

Lächeln, die sanfte Macht

»Warum wollen wir uns immer so brutal, so hart durchsetzen. Wo doch der sanfte Weg, der leichtere Weg ist. Denken Sie an das Lächeln der Mona Lisa. Sie lächelt immer noch. Warum machen wir immer so ein hartes Gesicht? Ist der Tag wirklich so schwer oder fehlt es uns am Mut, uns zu befreien. Ein Lächeln kann erlösen. Setzen Sie die Erlösung von allen Problemen doch öfter ein.«

Uschy Mikhail-Krönert

Würden Sie uns Ihr Lächeln schenken?

»Wir hatten — in der Firma, in der ich arbeitete — einmal einen Chef, der gab uns einen großen, weisen Rat mit auf den Weg. Und zwar sagte er, daß wir uns bei der Telefonpräsentation — beim Verkauf über das Telefon — immer einen Spiegel vor uns aufstellen sollten. Wir befolgten diesen Rat, und es gab ein großes Erfolgserlebnis. Denn wer schaut schon gern in sein eigenes mürrisches Gesicht, und so lächelten, lächelten und lächelten wir, und dieses Lächeln zeigte sich und erklärte sich in unseren Stimmen. Wir veränderten unser Wesen, wir veränderten unsere Stimme. Über den Erfolg brauche ich Ihnen kaum noch zu berichten. Statt Kunden-Neins und Verärgerungen gab es für die Damen Komplimente, Komplimente und Komplimente. Können Sie sich vorstellen, wie neugierig diese Herren auf uns waren? Auf diese lächelnden Stimmen.
Lache und die Welt lacht mit Dir, weine und Du bist allein.«

Martin Morawek

Babys manipulieren ihre Umwelt mit Lächeln

»Jeder reagiert von uns auf ein Lächeln, und Lächeln übt eine positive Macht aus, der man sich nicht entziehen kann. Ein Beispiel dafür: vor kurzem wurde ich Vater einer Tochter. Was macht so ein Kind nach der Geburt. Es schreit zuerst fürchterlich, dann schläft es, wacht auf und schreit wieder. Das alles in einer Art und Weise, daß man gestört wird. Das Baby hat Durst oder will trockengelegt werden oder fühlt sich einsam und will auf den Arm genommen werden. Das sind alles Dinge, die Arbeit machen und stören, aber ich kann Ihnen sagen, wenn Sie das wenige Stunden alte Kind im Arm halten und es die Augen öffnet und Sie anlächelt, dann spüren Sie die Macht des Lächelns. Mit diesem Lächeln entschädigt das wenige Stunden alte Neugeborene nicht nur seine Eltern. Mit dem Lächeln üben sie, ohne sprechen zu können, eine Macht aus, der man sich nicht entziehen kann. Automatisch werden sie zum Mittelpunkt, und man tut alles für die Kleinen, man erahnt ihre Wünsche und wird tätig. Bei Erwachsenen ist es ebenso. Um so verwunderlicher, wie wenig gelächelt wird.«

Peter Schubert

Lächeln erzeugt positive Energie

»Wir alle glauben, Lächeln sei vielleicht etwas völlig

normales, etwas selbstverständliches. Wenn wir uns mal die alten Familienfotos ansehen, da sieht man meistens ernste, regungslose Gesichter. Ja, vielleicht hatten unsere Urgroßväter und -mütter nichts zu Lachen in dieser Zeit. Dabei sollten wir uns einmal vorstellen, was für ein schäbiger Prozeß in uns vorgeht, wenn wir traurig sind. Was für eine negative Energie wir produzieren, die sprichwörtlich bis in unsere Eingeweide geht. Und im Gegensatz, wenn wir lächeln, wenn wir positive Energie erzeugen und ausstrahlen was in uns vorgeht. Als ich meiner Frau vor vielen, vielen Jahren einen Heiratsantrag machte, drehte ich mich, wand mich, ich formulierte, ich suchte — und alle vorgenommenen Worte waren einfach weg. Aber meine Frau lächelte nur. Und das Ergebnis: zwei Kinder, über vierzig Tiere und einen glücklichen, kraftstrotzenden Mann. Wer sich die Liebe seiner Frau erhalten will, soll ihr ab und zu etwas anderes schenken als nur Vertrauen — besser ist ein Lächeln.«

Hannelore Knöpfler

Lächeln ist der kürzeste Weg zwischen zwei Menschen

»Sie wollen nach einem Weg fragen und lächeln. Was passiert:
Der Andere wird Ihnen sicherlich helfen.
Sie kommen in ein Geschäft, und die Verkäuferin lächelt Sie an. Was passiert: Sie fühlen sich sofort angenommen und kaufen.
Ihr Kunde lächelt stolz, wenn Sie seinen Firmenaufbau und seine Firmenführung bewundern. Ihre Kinder lachen vergnügt, wenn Sie am Abend nach Hause kommen, und Ihre Frau lächelt glücklich, wenn Sie das Essen loben.
Lächeln ist der kürzeste Weg zwischen zwei Menschen, seien es Freunde, Fremde, Geschäftspartner oder Kinder. Wir alle wissen von dem Zauber eines Lächelns, das uns trifft, sei es ein verhaltenes, verstohlenes, ein zärtliches, ein liebevolles oder ein verständnisvolles Lächeln.
Lächeln löst: es löst Verspannungen in Gesichtern, löst die Gedanken und die Zunge.
Lächeln verschönt: oder haben Sie je ein häßlich-lächelndes Gesicht gesehen, sei es das einer Achtzigjährigen oder eines acht Tage alten Babies.
Wir lächeln, wenn ein Fotoapparat auf uns gerichtet ist, weil wir wissen, daß wir lächelnd vorteilhafter, freier und glücklicher aussehen.«
Gibt es eigentlich eine Situation, wo Sie nicht besser lächeln würden?«

Erich Kutscher

Lächeln hilft auch in der Politik

»In einer früheren Zeit, wo noch Kundschafter von fernen Ländern erzählten, haben sie sicher auch die Wesensmerkmale der fernen Bevölkerung zitiert. Über kriegerisches Verhalten, über Aufbauendes, über Religiöses ebenso wie über die Menschen, die immer nur lächeln. Wie mag diese Vorstellungskraft auf die Zuhörer gewirkt haben, die in unserem kalten Germanien auch wohl schon zu jener Zeit nicht allzuviel zu lachen hatten? Die Läufe der Geschichte lassen jedoch zweifeln, daß die Macht des Lächelns permanent angewandt wurde. Manche Verhandlungen, wie der Wiener Kongreß — wo man tanzte und lachte —, hätten friedlichere Ergebnisse gezeigt. Deshalb wünsche und empfehle ich den Großen in Ost und West, sich auf dieses einfachste Kommunikationsmittel wieder zu besinnen. Denn Lächeln ist der schönste Weg, um dem anderen die Zähne zu zeigen.«

Ernst August Zander

Lächeln überwältigt

»Haben wir nicht schon alle einmal erlebt, wenn man morgens von seinem Partner angelacht wird, welche Kraft man durch dieses Lachen für den ganzen Tag gewinnt. Wieviel leichter wird dieser Tag für einen, als wenn man morgens mürrisch und griesgrämig aufsteht und niemanden in die Augen sehen will. Wie viel sympathischer wirkt auch eine Rede und wie viel leichter hat es der Redner, wenn er lächelt. So kann er sein Publikum auch viel besser für seine Argumente öffnen. Gehen wir also zum Lachen oder zum Lächeln nicht in den Keller. Lachen ist gesund, verhindert die Faltenbildung und spiegelt die Ausgeglichenheit wieder. Lächeln wir künftig mehr, damit unsere Umwelt und wir es künftig leichter haben.«

Günther Wehmeier

Wer nicht lächeln kann, sollte besser Gast werden

»Wer nicht täglich fünf- bis sechsmal über sich selbst lächeln kann, der ist — so glaube ich — blockiert. Es gibt Tage, da spüren wir schon morgens vor dem Spiegel, daß uns nicht zum Lächeln zu Mute ist. Aber wenn wir es nur schaffen, über diesen Zustand zu lächeln, dann haben wir schon sehr sehr viel erreicht. Wir motivieren uns, weil wir merken, wie angenehm lächeln ist. Auf Lächeln reagiert der Geist positiv. Wir bekommen Intuitionen, werden kreativ und angeregt. »Wer nicht lächeln kann, sollte seinen Laden geschlossen halten«, besagt ein sehr wahres Sprichwort der Chinesen. Denn wie gerne kaufen wir bei einer netten, lächelnden Verkäuferin, und wie ärgerlich wird das Geldausgeben bei muffigen Gesichtern.« Nicht Härte schmilzt das Eis, sondern Wärme.

Der positive Umgang mit Menschen und seine Folgen

von Jürgen Preuss

Der positive Umgang mit Menschen sagt eigentlich alles, aber manchem wird er nicht konkret genug sein.
Fragen wir uns deshalb erst einmal, welche Menschen damit gemeint sind: Der Ehepartner, die Kinder, die Nachbarn, die Kollegen, ja sind nicht alle Menschen damit gemeint? Und wenn wir über alle Menschen reden, dann reden wir doch auch über uns selbst? Also wir selbst sind auch damit gemeint. Deshalb müßte der Titel richtigerweise lauten: »Der positive Umgang mit sich und anderen.« Denn wer mit sich selbst nicht richtig — nicht positiv umgehen kann, kann es ganz bestimmt nicht mit anderen. Wer sich morgens beim Aufstehen schon nicht ausstehen kann, dem wird es kaum möglich sein, seiner Frau, seinen Kindern oder seinen Kollegen ein Lächeln zu schenken. Nun lassen Sie uns den Titel noch mehr konkretisieren:
»Was erwarten wir durch den positiven Umgang mit Menschen? Welchen Sinn hat es? Welchen Zweck hat es? Gewinnen wir vielleicht etwas für uns oder miteinander?«
Hier können wir doch eindeutig zu dem Schluß kommen, wir gewinnen Lebensfreude. Viel mehr Lebensfreude. Und wer mehr Lebensfreude hat, dem wird auch vieles leichter von der Hand gehen, für den wird vieles einfacher sein, er wird die Probleme einfacher lösen, er wird einfach belastbarer sein. Und deshalb sollte das Thema heißen: »Gesteigerte Lebensfreude durch den positiven Umgang mit sich und anderen!«
Beginnen wir beim Anfang aller zwischenmenschlichen Beziehung, bei der Eltern-Kind-Beziehung. Alice Miller hat ein hervorragendes Buch geschrieben: »Am Anfang war Erziehung«. Und ich möchte daraus mit einem negativen Beispiel beginnen, um dann positive Konsequenzen zu ziehen: »Was dem Kind in den ersten Lebensjahren passiert, schlägt unweigerlich auf die ganze Gesellschaft zurück. Psychosen, Drogensucht, Kriminalität sind ein verschlüsselter Ausdruck der frühesten Erfahrung.« Anhand von einigen extremen Beispielen, u.a. Jürgen Bartsch — dem Kindesmörder, Adolf Hitler und Christiane F. — dem Mädchen vom Bahnhof Zoo — wird dargestellt, welch verheerende Konsequenzen eine schlechte, schlimme Erziehung haben kann. Und in einem weiteren Buch von Alice Miller, »Drama des begabten Kindes«, geht es um die Anpassung der Wünsche an die Eltern. Es entsteht Angst vor Strafe und vor dem eigenen Gewissen. Wir sind uns wohl alle darüber im klaren, daß der schlimmste und größte Feind des Menschen die Angst und das schlechte Gewissen ist. Aber die meisten von uns werden wahrscheinlich solche Sprüche gehört haben: Das darfst Du nicht — Das kannst Du nicht — Dazu bist Du zu klein — Das sind Kinkerlitzchen — Das ist unwichtig, Aussagen, die alles andere als motivierend, nein, sogar demotivierend sind.
Aber jetzt das positive Beispiel. Ich zitiere aus dem Buch »Körpersprache« von Sammy Molcho. Sammy Molcho, ein bekannter Pantomime und ein Meister in der Körpersprache, hat eine Widmung in dieses Buch hineingeschrieben, die faszinierend ist und alles ausdrückt, was im positiven Umgang mit andern Menschen zu sagen ist: »An meine Eltern, die mich erzogen und mir eine freie Entfaltung ermöglicht haben. Die ihren Willen nicht zu dem meinen gemacht haben, die mich gelehrt haben, ein freier, für sich selbst verantwortlicher Mensch zu sein. Und an meine Frau, deren Liebe mir nie eine Fessel ist und die mir ermöglicht, wahre Gefühle zu zweit — frei vom eigenen Ego — zu erleben.«
Fazit, jeder Mensch sollte Achtung und Respekt und Toleranz und Interesse und Ermutigung anderen entgegenbringen, ob es sich um unsere Kinder, unsere Eltern, unsere Ehepartner, unsere Freunde, unsere Nachbarn oder unsere Geschäftspartner handelt. Nicht Aggression, Desinteresse, Arroganz bis hin zur Unterdrückung oder Erpressung. Das klingt sehr dramatisch, ist es aber oft, manchmal in sehr subtiler Weise.
Daraus ergeben sich fünf Empfehlungen, bzw. Regeln:

1. Ich achte und respektiere jeden Menschen, auch mich selbst.
2. Ich toleriere seine Individualität und seine Einmaligkeit; denn jeder von uns ist einmalig.
3. Ich interessiere mich für seine Wünsche und seine Bedürfnisse.
4. Ich ermutige ihn, fördere ihn in seiner Entfaltung, statt ihn zu hemmen.
5. Ich strebe eine offene, angstfreie Kommunikation an.

Wenn wir diese fünf Punkte in die Praxis umsetzen, wird sich sicherlich eine hervorragende Kommunikation ergeben. Man muß im Zwischenmenschlichen nur immer versuchen, sich in der Mitte zu treffen. Das Problem der heutigen Zeit ist, daß der eine den anderen versucht, in die Ecke zu drängen. Deshalb ist ein guter Kompromiß immer die Basis für ein gutes zwischenmenschliches Verhältnis.

Damit sind wir schon bei einem anderen Experten des positiven Umgangs mit Menschen. Thomas E. Harris: I am okay, you are okay. — Ich bin in Ordnung, Du bist in Ordnung. Wenn ich sage, ich bin nicht in Ordnung, fühle ich mich minderwertig. Und wenn ich sage, Du bist nicht in Ordnung, dann bin ich überheblich. Beides kann nicht zu einem positiven Umgang mit Menschen führen. Die meisten von Ihnen sind berufstätig, und im Geschäftsleben funktioniert die Zusammenarbeit nur durch gegenseitige Achtung und gegenseitigen Erfolg. Und das gilt für jede Tätigkeit und für jeden Mitarbeiter. Bedauerlicherweise ist die heutige Wertskala, wie sie eigentlich nicht sein sollte. Derjenige, der die höhere Position hat, der den besseren Titel hat, wird auch in der Gesellschaft am besten bewertet, — unabhängig von seiner fachlichen und menschlichen Kompetenz.

Ich behaupte, wenn der Bote einer Firma gut oder nicht gut ist, dann hat das negative oder positive Konsequenzen bis zum Geschäftsführer. Und wenn die Telefonzentrale falsch reagiert, kann der schönste Verkaufserfolg zunichte gemacht werden. Die Kette reißt immer an der schwächsten Stelle.

Ich möchte noch etwas zitieren, aus dem Buch von Erich Fromm: »Haben und Sein«. Darin spricht er über viele faszinierende Themen, unter anderem über Autorität und Kompetenz. Man liest hier zusammengefaßt über den menschlichen Umgang »Autorität, die im Sein gründet, basiert nicht auf der Fähigkeit, bestimmte gesellschaftliche Funktionen zu erfüllen, sondern gleichermaßen auf der Persönlichkeit eines Menschen, der ein hohes Maß an Selbstverwirklichung und Integration erreicht hat. Ein solcher Mensch strahlt Autorität aus, ohne drohen, bestechen oder Befehle erteilen zu müssen. Es handelt sich einfach um ein hochentwickeltes Individuum, das durch das, was es ist oder sagt, demonstriert, was der Mensch sein kann.«

Die großen Menschen des Lebens waren solche Autoritäten, und in geringerer Vollkommenheit sind sie unter Menschen aller Bildungsschichten und der verschiedensten Kulturen zu finden. Das Problem der Erziehung dreht sich um diese Frage. Wären die Eltern selbst entwickelter und ruhten sie in ihrer eigenen Mitte, gäbe es kaum den Streit über Autorität oder Laisser-faire-Erziehung. Das Kind reagiert sehr willig auf diese Sein-Autorität, da es sie braucht. Es rebelliert dagegen, von Leuten gezwungen oder vernachlässigt zu werden, die erkennen lassen, daß sie selbst nicht geleistet haben, was sie vom heranwachsenden Kind verlangen. Das gilt sicher auch für Unternehmensführer und für Chefs aller Art.

Die Naturgesetze handeln auch im Sinne einer gesteigerten Lebensfreude, durch den richtigen oder positiven Umgang mit sich oder anderen. Wenn Sie im Wald spazierengehen, beobachten Sie doch einmal die Wipfel der Bäume. Dort erkennen wir sehr schnell, daß sich die Bäume ergänzen, daß sie in die Lücke wachsen, daß sie zum Licht streben, daß sie sich nicht verdrängen und daß das automatisch zu einer besseren Entfaltung des einzelnen Baumes und des Waldes in seiner Gesamtheit führt; denn er wird dichter und kompakter. So können sich die Bäume als Gemeinschaft den Naturgewalten viel besser widersetzen, und das heißt für uns das Gleiche:

Um so mehr wir uns gegenseitig respektieren und unterstützen, je weniger wir uns gegenseitig behindern, desto größer ist nicht nur unsere Lebensfreude, sondern auch unsere Überlebenschance.

Ihre Stimme — die hörbare Visitenkarte

Die Gefahr bei vielen Verkaufsschulungen und Rhetorikkursen ist, daß man versucht, Retusche und Schminke überzulegen. Worte sind Schall und Rauch — wenn dahinter nicht eine echte Persönlichkeit steht. Eine wirkliche Persönlichkeit kann auf Dialektik verzichten. Sie braucht keine Tricks, denn diese bleiben an der Oberfläche, dringen gar nicht bis zum Kern der Persönlichkeit vor. Dauernde Höchstleistungen — keine Einzelerfolge — sind immer nur als Gesamtleistung der Gesamtpersönlichkeit möglich.
Die Kunst, Menschen zu überzeugen und für sich zu gewinnen, hängt weitestgehend von Ihrer Stimme ab. Bitte, erstellen Sie wieder schriftlich eine umfangreiche Liste zum Thema:

Wie kann man sprechen?

Man kann z.B. laut oder leise, zornig oder liebenswürdig, beruhigend oder nervenaufreibend reden. Bitte, sammeln Sie wieder viele Beispiele, Sie werden erstaunt sein, wie umfangreich die Liste wird.
Suggestive Sprache und freundlicher Augenkontakt sind die wirksamsten Mittel der Überzeugungskunst. Ihre Stimme ist so persönlich und unverwechselbar wie Ihr Fingerabdruck oder Ihre Nase. Aus Tonfall und Stimmlage kann ein Zuhörer viel erfahren. Ansagerinnen, Telefonseelsorger, Sänger, Redner, Verkäufer verdanken einen großen Teil ihres Erfolges dem sympathischen Eindruck, den ihre Stimme hinterläßt. Es bedarf keiner Diskussion um festzustellen, daß man statt einer schrillen, hohen, kreischenden Stimme lieber eine angenehm dunkle, warme, volltönende hört. Je dunkler eine Stimme ist, desto anziehender und vertrauenerweckender ist sie. Das gilt auch für die Damen.
Ein Kassettenrecorder — und jetzt kommen wir zur Praxis — zeigt Ihnen unbestechlich, WIE sie sprechen. Er beweist Ihnen, ob Sie Endsilben verschlucken, zu schnell und zu hoch sprechen, zu scharf betonen oder zu monoton leiern. Im stillen Kämmerlein machen Sie einmal folgende Sprechproben: Lesen Sie Zeitungsartikel mit vielen Fremdwörtern, Gedichte, Erzählungen, Witze, Reklamesprüche, einen Geschäftsbrief, einen Privatbrief. Sie werden über die vielen Mängel Ihrer Aussprache und die Tonlage Ihrer Stimme staunen.
Der schwierigste Test kommt aber noch:
Stellen Sie Ihr Tonbandgerät an, wenn Sie mit Ihrem Chef sprechen, mit Ihren Geschäftsfreunden, Kollegen, Mitarbeitern, Eltern, Kindern, Vereinskameraden, Ihrem Partner und Ihrer Schwiegermutter — Sie werden staunen. Diese Kassetten hören Sie sich an, wenn Sie Zeit haben, ganz allein und entspannt sind. Sie werden bemerken, wie Ihre Stimme auf Ihre Mitmenschen wirkt. Vielleicht wird Ihnen jetzt klar, wieviel Aggression, Schärfe, Unfreundlichkeit oder aber Mangel an Konsequenz und Überzeugungsvermögen Ihre Worte enthalten.
Noch ein Tip: Ihr Telefon! Neben Ihren Apparat installieren Sie Ihren Recorder und schalten ihn auf »Aufnahme«, sobald Ihr Telefon klingelt. Sie hören später nur das, was Ihre Telefonpartner von Ihnen zu hören bekommen haben. Sie hören endlich einmal, wie oft Sie andere unterbrechen, wieviel Unsinn Sie vielleicht sagen, wieviel »ähm«, »jaja«, »soso« und viele andere Modewörter Sie benutzen. Hoffentlich bekommen Sie einen Schreck! Denn nur dann setzt endlich Ihre Selbstkritik ein, und Sie entschließen sich, an Ihrer Stimme zu arbeiten. Unser Entfaltungsprogramm, das sich über mehrere Wochen hinzieht, verhilft Ihnen zu einer kultivierten Sprache und suggestiver Stimmkraft. Fangen Sie heute an!

Unsere Sprache zeigt Kultur

Je hastiger Sie atmen, um so mehr versprechen Sie sich. Atem, Entspannungs- und Suggestionstechnik sind eine wirkungsvolle Hilfe.
Üben Sie auch mit einer der nachfolgenden Programmierungen (Suggestionen).
Wählen Sie aber bitte nur eine aus und üben Sie diese mindestens einen Monat lang. Diese Programmierung muß **täglich** viermal hintereinander so laut, so deutlich, so artikuliert und so überzeugend wie nur irgend möglich gesprochen werden.
Sie stellen sich mitten in einen Raum, den Sie mit Ihrer Stimme auszufüllen versuchen. Beim ersten Mal zeichnen Sie diese gesprochenen Worte auf eine Kassette auf, die Sie dann, nach 28 Tagen täglichen Trainings, mit einer neuen Kassettenaufnahme vergleichen! Der Unterschied wird Sie überzeugen!
Nur die Praxis zählt! Niemand kann im voraus sagen, wo die Grenzen seiner Kräfte, Fähigkeiten und Möglichkeiten liegen. Nur Vorurteile sind Grenzen, aber diese sind unüberwindliche Mauern.
Das Rezitieren der Programmierung verbessert Ihre Sprechtechnik gewaltig.

**Von einem Menschen fühlen wir uns angezogen, während wir einen anderen instinktiv ablehnen.
In der Regel wissen wir nicht warum. Eine Analyse macht uns bewußt:
Wir beurteilen einen Menschen nach seinem Auftreten, seinem Augenkontakt und nicht zuletzt nach seiner Stimme.**

**Aus dem Volksmund wissen wir, wie wichtig zur Beurteilung eines Menschen seine Stimme ist.
'Ich kann Dich nicht mehr hören'
'Es läuft mir kalt den Rücken herunter'
'Erst der Ton macht die Musik'
Sprichwörter, die uns deutlich machen, daß unsere Umwelt uns nach unserer Stimme und unseren Worten beurteilt.**

Wie wichtig zur Beurteilung eines Menschen seine Stimme ist, bemerken wir am deutlichsten am Telefon.
Auch bei der Beobachtung von Haustieren merken wir, daß Tiere unterschiedlich auf Befehle reagieren. Geben zwei Personen den gleichen Befehl, wird der eine befolgt, die Forderung der zweiten Person läßt das Tier gleichgültig.
Sie erkennen daran, daß nicht das Wort allein das Verständliche oder Zwingende unserer Sprache ist. Erst durch die Schwingungen des Tons, beginnt das Wort zu leben, wird die Seele des Wortes geweckt. Daher sprechen wir von der Beseelung des Wortes. Unsere Stimme ist die Leitschiene, auf der unsere Gedanken das Bewußtsein und Unterbewußtsein unserer Mitmenschen erreichen. Deshalb ist die Stimme als Erfolgsfaktor unser Thema.

Der Mensch wirkt durch das Wort

Jeder seelisch gesunde Mensch möchte erfolgreich sein. Er kennt den Satz »Wissen ist Macht« und studiert alles mögliche, ohne zu bedenken, daß Wissen auch totes Kapital sein kann.
Wir sollten uns deshalb die Frage stellen:
Welches Wissen verleiht Macht?
Wenn Sie, lieber Leser, eine Ihrer Fähigkeiten verdreifachen könnten — welche würden Sie wählen? Das ist keine leichte, aber für unser Leben eine äußerst wichtige Frage. Da das ganze Leben ein Prozeß gegenseitiger Beeinflussung ist, sollte in Ihrem Wunsch, die Fähigkeit zu beeinflussen, zu lenken, zu leiten und zu motivieren zum Ausdruck kommen. Das ganze Leben ist ein Prozeß gegenseitiger Beeinflussung — auch Ehefragen und Erziehungsfragen sind Beeinflussungsfragen. Betrachten Sie einmal die Lebens- und Entscheidungsvorgänge unter diesem Aspekt.

»Spreche, damit ich Dich sehe«, dieser Gedanke Sokrates macht deutlich, worauf es ankommt.

Besonders scharf hat Nietzsche diese Vorgänge beobachtet.
»Das Verständliche«, sagt er »an der Sprache ist nicht das Wort selber, sondern Ton, Stärke, Modulation und Tempo, mit dem eine Reihe von Worten gesprochen wird. Kurz, die Musik hinter den Worten, die Leidenschaft hinter dieser Musik, die Person hinter dieser Leidenschaft, alles also, was nicht geschrieben werden kann.«
Goethe hat sich ebenfalls sehr intensiv mit der Kraft des gesprochenen Wortes auseinandergesetzt. Immer wieder fasziniert uns seine Passage im Faust.
'Geschrieben steht: Im Anfang war das Wort.
Hier stock ich schon, wer hilft mir weiter fort?
Ich kann das Wort so hoch unmöglich schätzen, ich muß es anders übersetzen. Wenn ich vom Geiste recht erleuchtet bin, geschrieben steht:

im Anfang war der Sinn.
Bedenke wohl die erste Zeile, daß deine Feder sich nicht übereile. Ist es der Sinn, der alles wirkt und schafft?
Es sollte steh'n, im Anfang war die Kraft.
Doch auch, indem ich dieses niederschreibe, schon warnt mich was, daß ich dabei nicht bleibe. Mir hilft der Geist, auf einmal seh ich Rat und schreib getrost: Im Anfang war die Tat.'

Ein kleines Experiment wird diese Erkenntnis noch vertiefen. Lassen Sie einmal ein Gedicht von fünf verschiedenen Personen sprechen. Wenn Sie aufmerksam zuhören, werden Sie fünfmal etwas anderes wahrnehmen — und das, obwohl der Text, die Information fünfmal die gleichen waren.
Worte sind Schall und Rauch, wenn hinter den Worten nicht eine Persönlichkeit steht.

Unsere Stimme, unsere Sprache ist der Ausdruck unserer Persönlichkeit. Hier liegt der wahre Grund, warum viele Menschen — trotz guter Argumente — nicht überzeugen können. Warum ist das so?

Sprechen ist ein unbewußt ablaufender Vorgang. Die Stimme des Menschen kommt aus seinem Inneren und offenbart darum auch sein Innerstes.
Deutlich wird diese Erkenntnis am Telefon. Wir sehen den anderen Menschen nicht, wir hören nur seine Stimme und erkennen sofort seine Stimmung. Aus der Klangfarbe der Stimme können Sie die Persönlichkeit eines Menschen noch besser erkennen, als aus seiner Handschrift.

Sollten Sie skeptisch sein, ist das eine gute Ausgangssituation, um ein Gespräch mit einem Blinden zu führen. Sie werden erstaunt sein, was ein Blinder aus den Stimmen seiner Mitmenschen heraushört.
Die Stimme, so stellten wir fest, kommt aus dem Inneren des Menschen und offenbart darum sein Innerstes. Wer den Ton, in dem ein Mensch spricht, für etwas Äußerliches hält, irrt sich. Der Ton ist mit der inneren Beschaffenheit des Individuums aufs engste verknüpft.
Eine innere Unordnung gibt sich deutlich durch die Disharmonie der Stimme zu erkennen. Aus diesem Grund hat der vorsichtige Mensch eine vorsichtige Stimme, der Ängstliche hat die Angst auch in seiner Stimme. Der Aggressive hat eine aggressive Stimme — Der Humorvolle hat eine humorige Stimme — Der Verliebte hat eine verliebte Stimme — Der Mutige hat eine mutige Stimme — Der Kraftvoll-Vitale hat eine kräftige Stimme — Der Ruhige hat eine ruhige Stimme.
Die Stimme bringt es an den Tag.
Jetzt wird Ihnen bewußt, wie wichtig Ihre Stimme als Erfolgsfaktor ist.
Die Psychotherapie hat viele Systeme entwickelt, um die Persönlichkeit des Menschen zu entfalten. Einer der erfolgreichsten Wege ist der Weg über die Stimme.

Ein Mensch, der an seiner Stimme arbeitet, arbeitet am Kern seiner Persönlichkeit. Ein Mensch, der seine Stimme verändert, verändert die Struktur seines Charakters.

Der Weg hat den zusätzlichen Vorteil, daß man seine Fortschritte objektiv kontrollieren kann.

Wirkliche Bildung und Persönlichkeit geht von Innen aus. Harmonie wirkt von innen nach außen, und die Harmonisierung der Töne wirkt auf das Innere zurück. Inneres und Äußeres stehen in einer Wechselwirkung. Deshalb kann eine Erziehung des Geistes nicht ohne die Erziehung der Sprache funktionieren.

»Kann denn die Menschen niemand lehren, wie man spricht? Die Sprache macht den Menschen, die Herkunft tut es nicht.«

Und zu seiner Mutter gewandt, sagt Professor Higgins in 'Pygmalion' von Bernhard Shaw: »Das ist das atemberaubendste Experiment, was ich jemals durchgeführt habe.«

Einem Menschen seine häßliche Sprache nehmen und ihm eine neue Sprache schenken, heißt »ihm eine neue Persönlichkeit geben«.

Durch die Möglichkeiten des klingenden Wortes entsteht die Magie der Sprache.

Ein erfolgreiches Beispiel für die Entfaltung der Stimme in der Geschichte ist der Grieche Demostenes, der in seiner Jugend stark stotterte. Durch Übungen überwandt er seine Schwächen und wurde zu einem der größten Redner des Altertums. Sein Redetraining bestand darin, daß er einen Kieselstein in den Mund nahm und mit lauter Stimme das Meer anschrie. Er nahm den Kieselstein in den Mund und lief hinaus zu den Bergen und rezitierte dabei Gedichte. Sein Erfolg kann uns auch heute noch ermutigen.

Wir können auf den Kieselstein verzichten. Vorerst praktizieren wir auch keine Sprechübungen sondern »Schwingungsübungen«. Wir erzeugen Schwingungen, die uns befreien und uns kräftigen.

Die nachfolgenden Übungen habe ich seit vielen Jahren in meinem Institut mit vielen tausend Menschen zu ihrem Vorteil praktiziert.

Ich hoffe, daß Sie diese nicht nur lesen, sondern sie üben, um sich selbst zu beweisen, was in Ihnen steckt.

Sie beginnen mit den fünf Vokalen. Aber nicht in der Reihenfolge, wie wir sie in der Schule gelernt haben, sondern in der weit besseren Reihenfolge »i-e-a-o-u«.

Diese Schwingungsübungen wirken nicht nur auf die Stimme positiv, nicht nur auf den Charakter sondern auch auf die Gesundheit und Vitalität des Körpers. Letzteres ist besonders wichtig, denn ein erfolgreicher Mensch sollte auch über eine starke Gesundheit verfügen.

Zur Praxis: Sie atmen ruhig und langsam aus. Dann sehr langsam und ruhig riechend ein. Jetzt erst kommt der dynamische Teil. Kraftvoll, harmonisch schwingend erklingt das iiiiiii..... Den Ton lange halten, bis sie ganz ausgeatmet haben. Dann ganz langsam und ruhig wieder einatmen und schwingend und klingend das eeeee.....usw.

Die Vorteile dieser Übung:

- Sie trainieren den langsamen und ruhigen tiefen Atem.
- Ihre Gedanken kommen zur Ruhe. Sie trainieren Ihre Konzentrationsfähigkeit.
- Ihre Stimme wird frei, Ihre Sprache wird fest und Sie bekommen sie fest in den Griff.

Gleichzeitig harmonisieren Sie die verschiedenen Regelkreise in sich. Mit dem harmonisch schwingenden Vokal »i« beeinflussen Sie das Gehirn. Mit dem Vokal »e« den Hals und die Schilddrüse. Mit dem Vokal »a« den oberen Brustraum. Mit dem Vokal »o« das Herz und mit dem Vokal »u« den Unterleib.

Für den wissenschaftlich denkenden Menschen noch folgende Anmerkungen:

Der Vokal »i«, der höchste unserer Töne — hat eine Schwingungsfrequenz von ca. 4.000 Hz, und der

Vokal »u« hat eine Schwingungsfrequenz von ca. 500 Herz.
Wir entspannen und entkrampfen also mit den fünf Vokalen systematisch den ganzen Körper von oben nach unten.
Als zweite Übung empfehle ich Ihnen die Vokale i-e-a-o-u mit einer kleinen Zwischenpause erklingen und erschwingen zu lassen. Also jeden Vokal nach einer kurzen Pause erneut anzusetzen.

i—e—a—o—u

Beide Übungen sollten Sie mindestens zwanzigmal einzeln üben.

Die zweite Übung trainiert den Tonansatz und erhöht die Resonanzfähigkeit der Stimme, so daß Sie auch in großen Räumen leicht sprechen können und überall verstanden werden.

Die Stimme ist ein Medium, das immer lebendiger und interessanter wird, je mehr wir es trainieren und benutzen. Der Ton, die Schwingungen unserer Stimmbänder, durchdringt unser Tiefstes und schafft darum in unserem Innern neue Lebenskraft.
Die Schaffensfreude wächst. Die Klangfarbe verrät, ob ein Mensch Musik in sich hat.
Die Tonbildung hängt eng mit der Spannung und der Konzentration aller inneren und äußeren Kräfte zusammen. Bei einer Begegnung mit einer fremden Person ist es daher sofort möglich, die Persönlichkeit am Klang der Stimme zu erkennen. Jede Verkrampfung, jede Hast, aber auch Güte und innere Ruhe sind genau herauszuhören.
Wieviele Menschen erschrecken, wenn sie zum erstenmal ihrer Stimme auf dem Tonband begegnen. Sie bemerken nicht selten Wesenszüge, die sie nie an sich selbst bemerkt haben.

Die dritte Übung ist besonders wichtig. Jetzt trainieren wir das »Zungen-R«.

Diese Übung hat zwei Wirkungsbereiche:

1. Wir sprechen durch eine deutliche Artikulation des Mundes. Die Stimme kommt aus dem Hals in den Mund und dadurch können wir Stunden sprechen, ohne heiser zu werden und ohne trinken zu müssen.
2. Das »Zungen-R« verleiht Ihrer Stimme Kraft, Energie und Durchsetzungsvermögen. Sie Suggestivkraft ihrer Stimme wächst.

Die suggestive Kraft der Stimme ist immer der Klangfarbe zuzuordnen. Die Klangfarbe ist der Träger des seelischen Geschehens. Die Klangfarbe ermöglicht die großen Wirkungen auf den Hörer. Wird sie richtig eingesetzt, können Töne heilen, Angst nehmen und entspannen.

Worin besteht nun die Kraft des Wortes?
Sie besteht nicht in der Lautstärke, sondern in der Intensität des Gefühls. Wenn der Atem unruhig ist, so ist auch das Denkzentrum unstet. Und umgekehrt; wird der Atem beruhigt, beruhigt sich auch der Gedankenfluß.
Die Gedanken werden nicht nur ruhiger, sondern auch tiefer. Der durchatmete Körper wird ein schwingendes Instrument für jeden Laut, jeden Ton und jedes Wort.
Wenn Sie unsere Übungen in einem entspannten Zustand ausführen, werden Sie als erstes bemerken, daß sich Ihre Entspannung schnell vertieft.
Der innere und äußere Mensch beginnt harmonisch zu schwingen.
Tiefere Schichten des Bewußtseins öffnen sich.
Eine wunderbare innere Kraft wird Sie durchströmen. Sie werden nicht nur während der Übungen ruhig und gelassen, sondern auch ihre Autorität wächst. Prestigeverlust durch Nervosität gehört der Vergangenheit an.

Streß schwächt die Faszinationskraft des Menschen. Je größer seine Konzentrationskraft, desto faszinierender ist seine Anziehungskraft

Im Zustand der Ruhe, der Konzentration öffnet sich das Tor zum Unterbewußtsein. Ein oft beobachteter Reflex tritt ein. Je konzentrierter und gelassener Sie sind, um so gelassener werden Ihre Gesprächspartner. Und je aufmerksamer Sie sind, um so stärker können Sie andere positiv beeinflussen. Die anderen schwingen und empfinden wie wir.
»Das Gefühl ist es«, sagt Bernhard Shaw, »das den Menschen zum Denken anregt —
und nicht das Denken, das ihn zum Fühlen anregt.«
Das Ziel aller Stimm- und Schwingungsübungen ist

die Entfaltung und Befreiung der Persönlichkeit. Darum sollten Sie diese Übungen nur im Zustand großer Ruhe und Konzentration durchführen bzw. um Ruhe und Konzentration erneut zu erlangen. Legen Sie viel Kraft und Energie in Ihre Stimme hinein. Die ideale Klangfarbe sollte dunkel und harmonisch sein.
Vor vielen Jahren fand ich ein Gedicht, daß das gesamte esoterische Wissen meiner Übungen zusammenfaßt:
»Viele Künste kann der Teufel, aber singen kann er nicht; denn Gesang gibt ein Bewegen von der Seele zu dem Licht.«
Sicher kennen Sie die alte Volksweisheit: »Wo man singt, da laß dich ruhig nieder, böse Menschen haben keine Lieder.«
Durch viele konzentriert durchgeführte Übungen wird es Ihnen gelingen, Ihr ganzes Innere zum Schwingen zu bringen.
Jetzt beginnt Ihre Persönlichkeit zu strahlen und unbewußt von innen induktiv zu überzeugen.

Unsere Stimme, unsere Sprache, ist der Ausdruck unserer Persönlichkeit. Hier liegt der wahre Grund, warum viele Menschen — trotz guter Argumente — nicht überzeugen können. Warum ist das so?

Stellen Sie sich zwei Klaviere in einem Raum vor. Schlagen sie auf dem einen Klavier den Ton »a« an, schwingt dieser Ton im anderen Klavier mit.
Daran erkennen wir, daß wir in anderen nur das zum Mitklingen und -schwingen bringen können, was in uns selbst schon schwingt. Hier liegt das wahre Geheimnis der Macht des Vorbilds.

Nur der Kraftvolle — in sich selbst gefestigte Mensch — hat die Fähigkeit entwickelt, Probleme nicht nur zu erkennen, sondern sie zu lösen.

Entwickeln Sie durch unser Training Ihre Fähigkeiten und Kräfte. Überwinden Sie Ihre Schwächen und Unsicherheiten. Eine kraftvolle Persönlichkeit besitzt eine kraftvolle begeisternde und mitreißende Stimme.

Da unsere Übungen a k t i v harmonisch ausgeführt werden, aktivieren Sie automatisch das Extrovertierte, das Schöpferische, das Kreative und das gestalterische Potential des Menschen.
Die gestalterischen Fähigkeiten liegen bei vielen Menschen brach. Beim Autogenen Training oder der Transzendentalen Meditation wird in der Regel das Introvertierte noch verstärkt.
Was wir zur Lösung der großen Menschheitsprobleme benötigen, sind Personen, die innerlich stark gefestigt sind. Un die auch die Fähigkeit aktiviert haben, aus sich herauszukommen, um die Zukunft bewußt zu gestalten.
Mit unserer letzten Übung gehen wir noch einen Schritt weiter.
Um Ihrer Stimme und Ihrer Persönlichkeit eine kraftvolle Aussprache zu verleihen, lernen wir zuerst den Auszug aus der Rede des Amerikaners Mc Namara auswendig.
Dann unterstreichen Sie bitte mit verschiedenen Farben, was Sie laut und was Sie betont sprechen wollen. Zeichnen Sie auch die Pausen ein; denn durch Pausen erzielen Sie eine starke suggestive Wirkung.
Nach dieser gedanklichen Vorarbeit stellen Sie sich bitte mitten in einen Raum und tragen Sie diese Redefassung sich selbst — zuerst sehr langsam — vor.
Nach einigen Tagen hat sich Inhalt und Form tief im Unterbewußtsein eingeprägt.
Jetzt gehen Sie bitte noch einen Schritt weiter und stellen sich vor einen großen Spiegel, in dem Sie sich ganz sehen können, und jetzt beginnt das Training von neuem.
Vor dem Spiegel zu üben ist wirkungsvoller, als mit der Videoanlage. Innerhalb kürzester Zeit — zwei Tage bis drei Wochen — verändern sich Ihr Blick, Ihr Gesichtsausdruck, Ihre Haltung, Ihre Gestik und die suggestive Kraft Ihrer Stimme.

Nicht Wissen, nur Übung macht den Meister.

Folgende Vorteile haben Sie durch diese letzte Übung:

- Sie aktivieren Ihre Nerven und Willenskraft
- Sie verbessern Ihre Konzentrationsfähigkeit und aktivieren das Gedächtnis.
- Sie verbessern Ihre Aussprache
- Sie entwickeln die Suggestivkräfte im Menschen.

Lassen Sie mich diesen Bericht über die Kraft des Wortes mit drei Zitaten abschließen:

1. Auch deine Zunge kann Balsam oder Gift sein.
2. Was dein Wort zu bedeuten hat, erfährst du durch den Widerhall, den es erweckt.
   (Maria von Ebner-Eschenbach)
3. Die Zunge hat keine Knochen, kann aber Knochen brechen.
   (Bulgarisches Sprichwort)

Mc Namara:
»Gott ist Demokrat; er hat den Intellekt ungefähr gleichmäßig über die ganze Welt verteilt. Aber er erwartet natürlich, daß wir diese Quelle, die der Himmel uns geschenkt hat, in wirksamer Weise ausschöpfen. Das ist das Problem des Managements.
Das Management ist schließlich die schöpferischste aller Künste. Es ist die Kunst der Künste; denn es ist die Kunst, Talente richtig einzusetzen.
Worin liegt die eigentliche Rolle des Managements?
Im intelligenten Reagieren auf Veränderungen.
Durch das Management kann man alle Veränderungen im menschlichen Bereich rationell lenken und auf die gesamte Gesellschaft verteilen.

Mangelnde Organisation, mangelndes Management in einer Gesellschaft bedeuten nicht Respekt vor der Freiheit, sondern lediglich, daß man andere Kräfte als die Vernunft die Wirklichkeit formen läßt.

Seien diese Kräfte nun Gefühl, Haß, Aggression, Ignoranz, Passivität — immer sind sie etwas anderes als Vernunft.
Wenn die Kraft, die die menschliche Aktivität bestimmt, nicht die Vernunft ist, bleibt der Mensch unter dem Niveau seiner eigenen Möglichkeiten.«

Ist Aggression ein Zeichen von Selbstbewußtsein?

Wir alle möchten Sieger sein in unserem Leben und tendieren daher zu der Ansicht, wer siegen will, muß kämpfen

Das Leben ist für viele Menschen ein Kampf; denn nur so kann man nach ihrer Ansicht siegen. Wir wollen die Richtigkeit dieser Aussage heute einmal genauer untersuchen und uns fragen: kämpfen — gegen wen? Und was geschieht z.B. mit dem Besiegten? Wie reagiert er? Vielleicht können wir versuchen, das gesamte Thema von einer höheren Warte aus zu betrachten.
Leben heißt sich entfalten und wachsen. Ist dieser Prozeß ein Kampf? Kämpft die Natur mit dem Frühling und dem Winter?
Wir alle möchten uns behaupten, möchten uns durchsetzen und möchten den Lebenskampf gewinnen. So betrachtet, müßte das ganze Leben ein einziger Kampfplatz sein. Kämpfen klingt so frisch, doch führt der Kampf allein zu nichts.
Die Geschichte hat uns gelehrt, Kriege lösen keine Probleme, es entstehen neue dadurch.
Es gibt Menschen, die fühlen sich erst richtig wohl, wenn sie kämpfen können, und erleben ihr aggressives Verhalten als Stärke. Es ist richtig, Aggression setzt Energie voraus, aber verwendet der Aggressive die Energie zum kämpfen oder um ein Ziel zu erreichen?
Viele von Ihnen kennen unseren Grundgedanken: »Die Welt ist nicht vollkommen, und der Mensch ist nicht vollkommen.«
Aus diesen zwei Minuspunkten entsteht die Problematik unserer Existenz. Die wichtigste Frage ist, gelingt es dem Aggressiven mit aller seiner entwickelten Energie, die Aufgaben bzw. Probleme schneller und besser zu lösen?
In einem Lexikon fand ich unter dem Stichwort AGGRESSION die Definition: »Das psychologische Phänomen Aggression ist ein gereiztes, herausforderndes Verhalten eines Menschen mit der Tendenz, den anderen zu schädigen. Es entsteht oft durch dauernde Enttäuschung und Frustration, also durch Belastungen im Alltagsleben. Im täglichen Leben, im Straßenverkehr, bei der Kindererziehung, im Erwerbsleben führt aggressives Verhalten zu großen Belastungen der Partner und häufig zum unsachlich ausgetragenen Konflikt.«
Die Aggression begegnet uns täglich in vielen Schattierungen. Sie zeigt sich z.B. als Ehrgeiz, als Eitelkeit, als Eifersucht, als Neid, als Geiz, als Haß, Überheblichkeit, Arroganz, Zorn oder als Recht des Stärkeren.

Je nach ihrer Lebenssituation setzen viele Menschen die verschiedenen Strategien an, um sich durchzusetzen.
Gewinnt der Aggressive seinen Kampf nicht — trotz seiner vielen eingesetzten Energien —, richtet sich diese Aggression gegen ihn selbst. Und wir diagnostizieren bei ihm: Magenkrämpfe, Darmerkrankungen, Gallenleiden und nicht zuletzt Herzerkrankungen, die typischen Managererkrankungen. Viele Wissenschaftler und Forscher haben die verschiedensten Aspekte der Aggression untersucht. Sigmund Freud, Conrad Lorenz und auch Erich Fromm haben eine große Abhandlung über die menschliche Destruktivität geschrieben. Über die Auswirkungen der Aggression sind sich fast alle Forscher einig; der große Streitpunkt bleibt aber der Ursprung dieser negativen Gefühlswallungen.
Beim Menschen müssen wir völlig verschiedene Arten von Aggressionen unterscheiden. Die erste — die er mit allen Tieren gemein hat —, die gutartige Aggression, dient dem Überleben des Individuums. Die andere Art, die bösartige Aggression, das heißt, die Destruktivität und Grausamkeit, ist nicht erblich bedingt, sie ist nicht erlernt. In der Vergangenheit konnten wir oft beobachten, daß die Theorie von der angeborenen Aggressivität leicht zur Ideologie werden kann. Wenn wir einmal einen aggressiven Menschen gründlich analysieren, erkennen wir oft in seinem Charakter Ansätze der Angst, Furcht, Unsicherheit, Pessimismus sowie Minderwertigkeitskomplexe. Diese Schattenseiten seines Wesens übersteigert der aggressive Mensch, weil er glaubt, dadurch andere einschüchtern zu können, um seine Ziele zu erreichen. Er investiert viel Energie und schießt damit oft über das Ziel hinaus. Insgeheim lebt er immer in der Angst, nicht geliebt zu werden; er will jedem durch seine Aktionen beweisen, wer er ist und was er ist. Er muß, so glaubt er, sich immer rechtfertigen, sich stets beweisen. Und es kämpft der Aggressive in den verschiedensten Lebenssituationen und selbst dort, wo es völlig sinnlos ist und ihm persönlich schadet.
In der Regel setzt er sich über alles hinweg. Er versucht sich durchzusetzen, ohne Rücksicht auf Verluste oder er trifft auf einen anderen Aggressiven und der Krieg beginnt, die Fetzen fliegen. So kommt es auch in der Ehe oft zu einem lebenslangen Kampf, bei dem jeder Partner den anderen für die Kränkungen zu strafen versucht, die sich im Lauf der Zeit anhäufen.
Es ist gut zu wissen, daß hinter der Aggression die verschiedensten Formen von Kontaktschwäche stehen. Darum entwickelt sich der Aggressive nicht zum Mitmenschen, sondern zum Gegenmenschen. Er ist nicht darauf vorbereitet, die Aufgaben des Lebens befriedigend und konstruktiv zu lösen. Er errichtet Trennwände zwischen Ich und Du oder zwischen Ich und Wir. Kämpferische Charakterzüge aller Art sind Reaktionen auf die Lebensangst, die aus einer disharmonischen Grundorientierung wächst. Wer wirklich etwas kann oder weiß, hat es nicht nötig, fortwährend Beifall zu erhaschen. Würde man die Gehirnströme eines aggressiven Menschen messen, würden wir feststellen, daß er dauernd im Betazustand — und sein Adrenalinspiegel entsprechend hoch ist.
Da wir die Menschen so akzeptieren müssen, wie sie sind, stellt sich die Frage, wie geht man mit einem aggressiven Menschen um, wie behandelt man ihn, damit er nicht dauernd mit uns Kriege führt.
Über folgende Fragen sollten Sie einmal länger als eine Minute nachdenken. Können auch Aggressionen durch schlechtes Verhalten provoziert werden? Da wir immer wieder auf aggressive Menschen stoßen, wäre es am besten, sich ein gutes Verhaltensmuster zu schaffen, auf das man sich verlassen kann. Überlegen Sie bitte einmal, welche Methode Sie bisher entwickelt und angewandt haben, um Aggressionen zu entschärfen und in Harmonie zu verwandeln?
Zunächst einmal besteht für uns nicht der geringste Grund, uns einschüchtern zu lassen oder uns selbst in den Betazustand zu begeben. Gerade im Angesicht eines Aggressiven heißt es, ruhig, gelassen und mutig zu bleiben. Folgendes Verhalten wird sich immer wieder bewähren:

1. Behalten Sie Ihre heitere Gelassenheit
2. Hören Sie sichtbar zu
3. Stimmen Sie bedingt zu
4. Fragen Sie
5. Finden Sie Gemeinsamkeiten

Zu 1. Behalten Sie Ihre heitere Gelassenheit. Da Sie in Alpha bleiben, lassen Sie sich auch nicht von negativen Stimmungen anstecken. Es entsteht ein weicher Puffer.

Zu 2. Hören Sie sichtbar zu. Ihr Augenkontakt ist wichtig. Schauen Sie aber nicht zu sehr in die Augen, sondern konzentrieren Sie sich stärker auf den Mund des Gesprächspartners.

Zu 3. Stimmen Sie bedingt zu. Die bedingte Zustimmung ist kein absolutes Rechtgeben, sondern ist eher ein Verständnis für die Gründe des anderen.

Zu 4. Fragen Sie. Wer fragt, führt das Gespräch. Fragen ist ein Zeichen innerer Stärke und Interesse. Je mehr Sie fragen und den Partner sprechen lassen, um so eher verpuffen seine Aggressionen.

Zu 5. Finden Sie Gemeinsamkeiten. Ist die Atmosphäre wieder entspannt, findet man in der Regel genügend Punkte, die man gemeinsam erreichen will und kann.

Erfolgreich sind wir nur, wenn wir gelernt haben, positiv zu reagieren.
Kann man aber auf Angriffe positiv reagieren? Die meisten Aggressionen und Widerstände werden ja nur dadurch stark, daß wir gegen sie anrennen! Warum also kämpfen, wenn es auch anders geht?
Wir kämpfen nicht, wir bringen Nutzen. Und wer anderen Nutzen bringt, kann sich ohne Aggressionen durchsetzen.
Wir haben bisher über andere gesprochen, doch wie sieht es mit unserem Verhalten aus? Für Sigmund Freud bedeutet Selbsterkenntnis, daß der Mensch sich dessen bewußt wird, was unbewußt ist. Wir wissen, daß der Charakter eines Menschen auch davon abhängt, was ihn frustriert und mit welcher Intensität er auf Frustration reagiert. Wie setzen wir uns durch? Sind wir selbstbewußt genug, um eigene Schwächen zu erkennen, haben wir den Wunsch vielleicht, daraus Stärke zu machen? Im Grunde wissen wir es doch genau, wenn wir aggressiv handeln, zwingen wir die anderen in der Regel, genau so aggressiv zu reagieren. Wir sollten lernen, üben und trainieren, uns weich durchzusetzen. Natürlich leben wir zwischen Yin und Yang und zwischen Krieg und Frieden in dieser Welt. Darum ist es täglich erneut wichtig, seine eigene Mitte zu finden. Erich Fromm formulierte dies so treffend: »Es gibt nur einen Weg zur Einheit, der gelingen kann, ohne den Menschen zu verkrüppeln. Dieser Versuch wurde im ersten Jahrtausend vor Christus in allen hochentwickelten Gesellschaften unternommen, in China, in Indien, in Ägypten, in Palästina und Griechenland. Die großen Religionen, die dem Boden dieser Kulturen entsprungen sind, lehrten, daß der Mensch die Einheit nicht durch das tragische Bemühen erringen kann, seine innere Zerspaltenheit durch die Ausschaltung der Vernunft aufzuheben, sondern allein dadurch, daß er seine Vernunft und seine Liebe voll entwickelt.«

Moderne Technik unterstützt das wirkungsvolle Training

Beim NEIN fängt erst die Verhandlung an

Betrachten Sie das NEIN eines Verhandlungspartners nie als endgültige Stellungnahme. Häufig ist ein NEIN nur ein Ersatz für das Wort »Warum?«

Einwände bei jeder Art von Verhandlung sind selbstverständlich. Einwände sind Fragen oder Forderungen. Einwände sind Wissenslücken des anderen. Ob Sie Ihrem Kunden eine neue Maschine verkaufen wollen, einem bisher Fremden eine Lebensversicherung, Ihrer Frau den Kauf eines neuen Wagens — der Gesprächspartner wehrt sich erst einmal. Ohne Einwände und Widerstände bräuchte es überhaupt keine Verhandlungen zu geben. Einwände sind Mittel Ihres Partners, um Verhandlungserfolge zu erzielen; deshalb müssen sie durch Fragen analysiert werden. Durch gute Verhandlungs-Vorbereitung und geschickte Verhandlungs-Führung machen Sie aus Einwänden Zustimmung. Agieren ist bei Verhandlungen besser als reagieren.

1. Jeder Mensch, jeder Verhandlungspartner hat jemanden über sich, dem er Ihren Vorschlag weiterverkaufen muß. **Liefern Sie Ihrem Partner** dazu Argumente, Beispiele, Checklists, **Überzeugungshilfen** und gute Begriffe.
2. **Wählen Sie nie den Weg des geringsten Widerstandes.** Versprechen Sie nichts Unmögliches oder was Sie/Ihre Firma nicht einhalten kann. Wahrheit und Klarheit überzeugen, kein Bauernfang.
3. **Nennen Sie Ihre eigenen Bedingungen** fest, überzeugend und klar begreifbar.
4. Lernen Sie es, **unerfüllbare Forderungen abzulehnen,** ohne zu verletzen, ohne hochmütig zu erscheinen, ohne zu kränken. Verweisen Sie dabei auf eine dritte Partei, auf Ihre Firma, Ihren Vorgesetzten, Ihre anderen Kunden etc. Nennen Sie Ihre Verpflichtungen dieser Partei gegenüber. Begründen Sie, weshalb Sie den Forderungen des Verhandlungspartners nicht nachkommen können.
5. **Glauben Sie nicht jeden Ablehnungsgrund,** der Ihnen genannt wird. Manche Gründe hören sich nur gut an, sie lassen sich leicht äußern und klingen plausibel. Fragen Sie nach dem wirklichen Grund: »Gibt es außerdem noch einen anderen Grund ...?«
6. **Nennen Sie nicht sofort die negativen Punkte.** Nennen Sie erst die positiven Seiten dazu. Erst danach stellen Sie die negativen Faktoren und Nachteile gegenüber.
7. Erkennen Sie überlegt, was die **wirklichen Gründe** für sein Zögern sind.
8. **Bereiten Sie sich** auf die Schwierigkeiten, die Ihr Verhandlungs-Partner im Zusammenhang mit Ihrem Vorschlag sieht, **gründlich vor.**
9. Nehmen Sie Einwände **gelöst entgegen.**
10. Hören Sie sorgfältig zu, **ohne den anderen zu unterbrechen.** Wiederholen Sie seinen Einwand.
11. **Stimmen Sie ihm zu,** daß es richtig ist, auf diesen Punkt zu kommen.
12. **Stellen Sie eine Gegenfrage,** um genau herauszufinden, was Ihr Partner im einzelnen gemeint hat. Dadurch gewinnen Sie außerdem Zeit für die überlegte Antwort.
13. Gehen Sie **nicht** in die direkte Konfrontation durch die **»Ja-aber-Methode«.**
    Das ist eine Kampfansage, das direkte Parieren eines Schlages.
14. Die Judomethode der Argumentation hingegen ist die **»Ja-und-Methode«!**
    Sie lenkt die negative Kraft des Einwandes in die Richtung, die für Ihre Argumentation wichtig ist.
15. **Ja, und ...**
    a) das ist für Sie ein wichtiger Punkt
    b) das sollte wirklich gelöst werden
    c) das ist notwendig
    d) das ist der Nutzen, den Sie anstreben
    e) diese Schwierigkeit wollen Sie vermeiden
    f) dieses Problem wollen Sie gelöst haben
    g) diese Voraussetzung sollte geschaffen werden
16. **Fragen Sie Ihren Gesprächspartner nach Beantwortung aller Ja-Punkte direkt, ob er mit Ihrem Vorschlag einverstanden ist** und ob Sie sich jetzt darauf einigen können.
17. **Haben Sie keine Furcht, große Erfolge zu erringen.** Geben Sie sich nicht mit Kleinkram, kleineren Lösungen oder Teilerfolgen zufrieden.
18. Wenn Sie in einer Verhandlung Angebote unterbreiten, deren Bedingungen jeweils abhängig sind von einer bestimmten Gegenleistung, dann

schreiben Sie diese Angebote klar und verständlich auf.
Präsentieren Sie Ihre Bedingungen nicht nur mündlich!
Es muß für jeden Verhandlungspartner sofort abzulesen sein, welche Gegenleistung die Leistung A verlangt und welche Gegenleistung die Leistung B.

19. Verlassen Sie sich bei Verhandlungen nicht auf Ihr Gedächtnis, **machen Sie sich Notizen.**
20. **Einigen Sie sich über die Ergebnisse** und legen Sie diese sofort schriftlich fest.
21. Notieren Sie sich jede Zusage, die Sie machen und jedes Versprechen, das Sie abgeben. **Erfüllen Sie jede Zusage prompt.**
22. **Behandeln Sie heikle Punkte am Schluß,** wenn auf allen anderen Gebieten bereits Übereinstimmung erzielt worden ist und keiner die Verhandlung mehr scheitern lassen möchte.
23. Fragen Sie Ihren Verhandlungs-Partner zum Schluß direkt:
    a) welche Punkte sind noch offen?
    b) was stört Sie noch?
    c) was befürchten Sie noch?
    d) sind Sie unter folgenden Voraussetzungen einverstanden?

    Bitten Sie direkt um die Zustimmung.
24. **Nennen Sie** die für ihn **wichtigen Vorteile** noch einmal.
25. **Wiederholen Sie die positiven Bemerkungen,** die er selbst gemacht hat.
26. **Setzen Sie gezielt Ihre Reserven ein.** Bieten Sie ein Zugeständnis an, das ihn außerordentlich positiv stimmt und zur Entscheidung bringt.

Das ist die Kunst der Verhandlungen und des Friedensschlusses.

Das Nein zerstört —
Das Nein ist der Ausschalter
Das Ja ist der Einschalter
Das Ja baut auf

DAS NEIN

- **So haben wir das früher nie gemacht**
- **Das geht nicht**
- **Meine Finanzlage erlaubt mir das nicht**
- **Das haben wir alles schon x-mal versucht**
- **Dazu bin ich heute noch nicht in der Lage**
- **Alles graue Theorie**
- **Darüber sollten wir ein andermal reden**
- **Man weiß doch, daß sich das nicht machen läßt**
- **Warten wir erst einmal die Entwicklung, Messe, Bestätigung etc. ab**
- **Bei mir geht das einfach nicht**
- **Alles Quatsch**
- **Klingt ja ganz gut, aber ich glaube nicht, daß es wirkt**
- **Das wächst mir über den Kopf**
- **Später**
- **Leider zu spät**
- **Das bringt doch nichts**
- **Meine Mitarbeiter werden nicht mitmachen**
- **Warum etwas Neues — der Umsatz steigt doch**
- **Technisch undurchführbar**
- **Damit sollte sich ein Ausschuß beschäftigen**
- **Mein Betrieb ist für so etwas viel zu klein**

Wie wird man zur Persönlichkeit?

Menschenkenntnis führt zur Selbsterkenntnis. Selbsterkenntnis führt zur Menschlichkeit.

Wer möchte nicht von anderen anerkannt, bewundert und gefragt werden? Wer möchte nicht gern bei anderen beliebt sein? Wer möchte nicht, daß man ihn spontan als zuständige Kompetenz denkt?
Jeder Mensch möchte eine solche Persönlichkeit sein, für die der andere Achtung und Zuneigung empfindet?
Warum gelingt es aber so wenigen?
Eine einflußreiche Persönlichkeit wird man nicht über den Willen und auch nicht über noch so großen Macht- oder Geldeinfluß. Der Weg zur Persönlichkeit führt nur über die Bewußtseinserweiterung und den kontrollierten Umgang mit sich und anderen.
Einflußreiche Personen haben deshalb Einfluß, weil andere ihnen vertrauen. Niemand vertraut jedoch einem Menschen, der ihm Schaden zufügt, ihn ausnutzt oder schlecht über ihn redet. Also sucht eine einflußreiche Persönlichkeit immer nach positiven Eigenschaften in anderen Menschen und bestätigt diese.
'Eigenschaften und Fähigkeiten die wir an anderen bemerken, davon tragen wir den Stempel in uns selbst. Indem wir andere rühmen, loben wir uns selbst', erkannte Goethe.
Das 15. Denkgesetz ist der Kernsatz zur Entfaltung der Persönlichkeit: 'Beachtung bringt Verstärkung — Nichtbeachtung bringt Befreiung'. Indem ich meine eigenen Fähigkeiten und Stärken beachte und ausbaue, entfalte ich mich zu meiner Bestimmung und persönlichen Größe. Indem ich die Fähigkeiten und Stärken anderer beachte und bestärke, verhelfe ich anderen zur Persönlichkeit oder zur Befreiung ihrer Persönlichkeit.

Keiner wird groß, der andere verachtet

Wir leben in einer Welt der Beweise, der Verordnungen und des Rechtbehaltens. Zu keiner Zeit gab es so viel Rechtsstreitigkeiten und überlastete Anwälte und Gerichte wie jetzt. Dabei ist es den wenigsten klar, daß ein Beweis — und sei er noch so klein — so etwas wie eine Vergewaltigung ist. Der Partner soll gezwungen werden, dem Beweis-Akrobaten — ob in der Firma — in der Familie — in der Politik oder am Biertisch — vorbehaltlos zuzustimmen. Tut er das nicht, wird er beschimpft, für dumm gehalten und verachtet.
Von den meisten Beweisen kann der Partner die Unsinnigkeit mangels Kompetenz oder mangels Wissen nicht widerlegen oder ist zu höflich, um ein neues, schweres Geschütz aufzufahren.
Kurz und gut: Durch Beweise und Anordnungen können wir unsere Partner vorzüglich vor den Kopf stoßen und gegen uns einnehmen, statt sie zu öffnen und gemeinsam den richtigen Weg zu finden.
Die Steigerungsform für den falschen Umgang mit Menschen ist die Verachtung durch:
Gestik: zum Beispiel dem Mitarbeiter keinen Sitzplatz anbieten, durch
Worte: Scharfe Anweisungen oder Zynismus, ohne Namensanrede mit jemandem sprechen und vergessen, 'Bitte' und 'Danke' zu sagen oder durch
Inhalte: »Wie oft habe ich Ihnen schon gesagt . . .«

Die 5 Stufen der positiven Beeinflussung

Jedes Gespräch, jeder Kontakt mit anderen Menschen muß ein Ziel haben, um es wirkungsvoll zu führen.

* Das Gespräch mit dem Mitarbeiter hat das Ziel, ihn für eine neue, zusätzliche Aufgabe zu interessieren, statt sie anzuordnen.
* Das Gespräch mit dem Vorgesetzten hat das Ziel, ihn zu überzeugen, daß die Absatz-Stagnation durch eine durchdachte Strategie zu verändern wäre, statt resignierend mit den Schultern zu zucken.
* Das Gespräch mit der Tochter hat das Ziel, den Widerstand gegen den Lehrer zu lösen, statt ihr Bockigkeit auch gegen die Eltern vorzuwerfen.
* Das kurze Gespräch mit dem Nachbarn hat das Ziel, ihm das persönliche Wohlwollen zu bestätigen.
* Das Gespräch mit dem Lebenspartner hat das Ziel, ihn über den eigenen Berufs- und Aufga-

benkreis zu informieren und zu interessieren, statt ihm klarzumachen, daß er davon ohnehin keine Ahnung hätte.

Als deutlich lesbare Tafel — wie ein sogenannter 'Neger' bei Filmaufnahmen — sollte bei jedem Gespräch imaginär vor Ihnen stehen. 'Was will ich mit diesem Gespräch erreichen?'
Wenn Sie das nicht tun, schwätzen Sie viel, verrennen sich sogar in eine Nebenrichtung, aber sagen wenig.
Persönlichkeiten führen jedes Gespräch, jedes Telefonat, jede Rede kontrolliert nach den 5 Stufen der Beeinflussung:

1. Den Gesprächspartner aufschließen durch Sympathievermittlung.
2. Den Gesprächspartner interessieren durch Vorteile und Angebote.
3. Den Gesprächspartner überzeugen durch Argumente und Begründungen.
4. Den Gesprächspartner beeinflussen durch Motivation.
5. Den Gesprächspartner gewinnen durch Glaubwürdigkeit.

Auch an diesem Stufen-Aufbau erkennen Sie das 15. Denkgesetz: 'Beachtung bringt Verstärkung'. Beachten Sie diese 5 Stufen künftig bei jedem Gespräch, und Sie werden selbst mehr Beachtung, mehr Informationen, bessere Resultate, mehr Anerkennung und damit mehr Erfolg finden. Und damit sind Sie auf dem Wege zu einer einflußreichen Persönlichkeit schon die wichtigsten Stufen gegangen.

Persönlichkeiten überzeugen durch:

— Charisma statt durch Härte

**— durch Interesse
statt durch Ablehnung**

**— durch Liebe
statt durch Dominanz**

Zitate

Inge Fritzsche

Es ist schön, den Augen dessen zu begegnen, dem man soeben etwas geschenkt hat.

La Bruyère

Das ist eines der unzähligen Zitate, welches Inge Fritzsche in ihre große Zitaten-Sammlung aufgenommen hat. Und wer ihr — und diesem reichen Zitatenschatz begegnet — fühlt sich ebenfalls beschenkt. Einerseits durch die warmherzige Ausstrahlung und ihre echte Anteilnahme am Anderen — und andererseits durch das große Wissen — nicht nur um schöne Zitate.
Wir alle bewundern Rhetoriker, die zu jeder Zeit den richtigen Spruch parat haben, um so in Gleichnissen gekonnt das auszudrücken, wozu andere zwanzig Sätze brauchen.
Literaturforscher bestätigen, daß wieder ein Trend zu Fabeln, Allegorien, Märchen, Gleichnissen und Spruchsammlungen vorhanden ist. Das ist nicht verwunderlich in einer Zeit, die an Deutlichkeit im Nachrichtenstil nichts mehr übrigläßt. Wir verlernen mit dieser computerhaften, gradlinigen Logik und Sachlichkeit im Ausdruck unsere Fähigkeit zum Abstrahieren. Was wir sagen, ist nüchtern klar oder beinhaltet zuviele abgegriffene Worte. Wir verstehen es immer weniger, Wahrheiten, Gefühle und Ansichten in einer Form auszudrücken, über die der andere einen Moment nachdenken muß. Und vor allem — auch seinen Standpunkt verbal deutlich zu machen, ohne brutal zu wirken, harte Worte verwenden zu müssen oder jemals sein Lächeln aufgeben zu müssen.
'Denn das Lächeln ist der kürzeste Weg zwischen zwei Menschen' — ob es Fremde sind, die sich begegnen, oder Kollegen, die sich gerade über ein Problem auseinandersetzen.
Damit Sie auch — am besten auf Karteikarten — Zitate und Sprüche sammeln können, wird Inge Fritzsche aus Bremerhaven Ihnen pro Ausgabe einen Teil Ihrer Sammlung — ein Stichwort, ein Motto — präsentieren.
Natürlich lesen wir über das ausgesuchte Anfangsthema 'Schenken' in der Adventszeit besonders gern.

Was ist ein Zitat?

Eine wörtlich angeführte Belegstelle aus einem Buch oder Schriftstück, meist durch Anführungszeichen hervorgehoben.
Man verwendet den Begriff jedoch auch für ein 'geflügeltes Wort'.

Schenken ist ein Brückenschlag über den Abgrund deiner Einsamkeit.

Saint-Exupery

Die Seele nährt sich von dem, an dem sie sich freut.

Aurelius Augustinus

Das Schönste ist doch, dem Mitmenschen alles so leicht wie möglich zu machen. Teile von Deinem geistigen Wesen denen, die mit Dir auf dem Wege sind, soviel mit, wie Du kannst, und nimm als etwas Kostbares hin, was Dir von ihnen zurückkommt.

Albert Schweitzer

Und was ich Dir auch schenke, wie wenig das doch ist. Wenn ich dagegen denke, was Du mir immer bist.

Die Liebe allein versteht das Geheimnis, andere zu beschenken und dabei selbst reich zu werden.

Clemens von Brentano

Was ein Mensch an Gütigkeit in die Welt hinausgibt, arbeitet an den Herzen und an dem Denken der Menschen.

Albert Schweitzer

Die Liebe ist ein freies Geschenk, das durch nichts, als einzig nur durch Liebe erkauft werden kann.

Boccaccio

Die eigentlichen Geschenke des Lebens werden zumeist in der Stille überreicht: Freundschaft und Liebe, Geburt und Tod, Freude und Schmerz, Blumen und Sonnenaufgänge und das Schweigen als eine tiefe Dimension des Verstehens.

Margot Bickel

Unmöglich

Die Jugend von heute liebt den Luxus, hat schlechte Manieren und verachtet die Autorität. Sie widersprechen ihren Eltern, legen die Beine übereinander und tyrannisieren ihre Lehrer.

Sokrates

Eine Lüge ist bereits dreimal um die Erde gelaufen, bevor sich die Wahrheit die Schuhe anzieht.

Mark Twain

Der Mensch kennt alle Dinge der Erde, aber den Menschen kennt er nicht.

Jeremias Gotthelf

Narren haben merkwürdige Eigenschaften, die Fehler anderer zu entdecken und die eigenen zu vergessen.

Cicero

Ordnung um der Ordnung willen beschneidet des Menschen Kraft, der nämlich, die Welt umzuformen. Das Leben schafft Ordnung, aber Ordnung bringt kein Leben hervor.

Saint-Exupery

Das kleine Pfefferkorn sieh für gering nicht an, versuch es nur und sieh, wie scharf es beißen kann.

Friedrich Rückert

Querulanten sind Bürokraten, die es nicht geschafft haben.

Hans Kasper

Es ist ganz leicht, sich das Rauchen abzugewöhnen; ich habe es schon hundertmal versucht.

Mark Twain

Hüte, hüte den Fuß und Hände, eh sie berühren das ärmste Ding. Denn Du zertrittst eine häßliche Raupe, aber tötest den Schmetterling.

Theodor Storm

Wenn ein Tor endlich weiß, was er will, ist der Markt vorbei.

Spanisches Sprichwort

Zu viel und zu wenig Vertrauen sind Nachbarskinder.

Wilhelm Busch

Widerwärtigkeiten sind Pillen, die man schlucken muß und nicht kauen.

Lichtenberg

Auf der großen Zeitenuhr steht ein einziges Wort 'Jetzt'. Auf der Straße Nachundnach erreicht man das Haus »Niemals«.

Cervantes

Fachleute sind immer böse, wenn einem Laien etwas einfällt, was ihnen nicht eingefallen ist.

John Steinbeck

Unmöglich ist nur im Wörterbuch für Toren zu finden.

Napoleon

Glück

Glück ist, wenn das Herz in uns wie ein Wasserfall braust.

Juul

Glück liegt in der Geschwindigkeit des Fühlens und Denkens.

Nietzsche

Glück ist Talent für das Schicksal.

Novalis

Glück besteht in der Vielfalt der Bewußtseinsinhalte.

Samuel Johnson

Gefühltes Glück: Religion
Geformtes Glück: Kunst
Gedachtes Glück: Philosophie

Lohberger

Ob ich viel habe oder wenig, immer bin ich glücklich, ob ich viel habe oder wenig, immer habe ich alles, das ganze Leben.

aus 'Porgy and Bess'

Glück ist, was jeder sich als Glück gedacht.

Halm

Mein Glück liegt im Vergrößern des Glücks anderer. Ich brauche das Glück aller, um selbst glücklich zu sein.

André Gide

Das Glück ist die Gesundheit der Seele.

Lohberger

Das höchste Glück ist die Befreiung von der Furcht.

Rathenau

Wer wirklich gütig ist, kann nie unglücklich sein;
wer wirklich weise ist, kann nie verwirrt werden;
wer wirklich tapfer ist, fürchtet sich nie.

Konfuzius

Glück ist das Wissen darum, daß Du nicht notwendigerweise Glück brauchst.

Saroyan

Das Glück ist ein Mosaikbild, das aus lauter unscheinbaren kleinen Freuden zusammengesetzt ist.

Spitzer

Glück ist Selbstgenügsamkeit

Aristoteles

Glück ist ein Buckel, der schwer zu tragen ist.

Russisches Sprichwort

Selig ist der Mensch, der mit sich selbst in Frieden lebt. Es gibt auf Erden kein größeres Glück.

Matthias Claudius

Das höchste Glück des denkenden Menschen ist, das Erforschliche erforscht zu machen und das Unerforschliche zu verehren.

Goethe

Man muß sich an den Gedanken des Glückes, wie der Gesundheit hängen mit allen Fasern des Seins, Woche um Woche, Monat um Monat, Jahr um Jahr. Dem eigenen Bild »frei von jedem Übel« entgegenträumen, bis dieser Traum zur freien Idee, zur zweiten Natur geworden ist und unbewußt weiterwirkt.

Prentice Mulford

Sich glücklich fühlen können, auch ohne Glück — das ist Glück.

Ebner-Eschenbach

Alles was die Seele durcheinanderrüttelt ist Glück.

Schnitzler

Glück ist gute Gesundheit und schlechtes Gedächtnis.

Albert Schweitzer

Glück ist, in schöpferischer Arbeit sich verströmen, im Einklang mit der inneren Veranlagung leben.

Zenta Maurina

Im Leben regiert das Glück, nicht die Weisheit.

nach Cicero

Nicht in der Masse, nur in sich selbst kann man das Glück finden. Diese Worte stammen von Hermann Hesse und weisen uns den Weg zum Glück, der nicht durch äußere Einflüsse zu erreichen ist.
Ein Kardinal sagte vor langer Zeit einmal: »Es gibt niemand, den das Glück nicht einmal in seinem Leben besucht. Aber wenn es bemerkt, daß man nicht bereit ist, es zu empfangen, geht es zur Türe herein und zum Fenster wieder hinaus.«
Öffnen wir doch dem Glück die Türen und füllen damit unsere Stunden.

Nachdenkliches

Es sind meist die kleinen Sinnsprüche aus dem täglichen Ablauf, die uns mehr sagen, als die großen Balladen und Verse. Sicher, weil wir mehr im Alltäglichen verfangen sind, als uns in der Rolle der großen Helden zu sehen.

Allzuviel führt nie zum Ziel.

Im Innersten unseres Wesens liegt das Geheimnis echten Genesens!

Einkehr belebt, beschwingt, bejaht; der Geist ermuntert dich zur Tat!

Glück erwarten stimmt traurig. Glück erstreben ist weise.

Argwohn und Härte verzerren das Ich; schon ehe sie richten, richten sie sich!

Planlosigkeit zahlt nie sich aus, setz' jedem Tun ein Ziel voraus.

Karriere, ohne Ehre — ein Fallen ins Leere ...

Im Lebensbuch gelöscht: verweht. —
Lebendig bleibt, was du gesät.

Die Zeit durch Eile nur gewonnen, gleicht der verlor'nen, die zerronnen!

Versuche nichts zu erzwingen — tust du es dennoch, wird es mißlingen.

Ordnung schaffe erst im eig'nen Haus. — Widerstand löst Widerstände aus.

Verberge niemals dein wahres Gesicht; denk' daran, du könntest vor dem Spiegel stehen und dich als — Maske wiedersehen!

Den Frieden such' nicht nur im Geld, mehrt es auch dein Pläsier; den Frieden such' nicht in der Welt, den Frieden such' bei dir!

Charakterlich bleibt unerzogen, wer innerlich nicht ausgewogen!

Worte, welche dich erfreuen, lies sie nur; denn sie zerstreuen. Worte, die den WEG dir zeigen, diese mache dir zu eigen!

Lesen um die Zeit zu vertreiben, laß bleiben. Lesen um zu erleben, sollst du erstreben.

Laß Groll nicht zur Lawine werden, es muß der Seele Ruh' gefährden. Im Grollen gibt es kein Gedeihen, es fehlen Liebe und Verzeihen!

Verzeihen, vergeben bereichern das Leben, erleichtern die Bürde — nimm diese Hürde!

Ehrgeiz genügt nicht allein, um Persönlichkeit zu sein!

Wer zu den eig'nen Schwächen sich bekennt, wird täglich neu geboren!

Beim Tadeln, bitte, denk daran, fang' nicht bei deinem Nächsten an!

Wenn aus dem Auge keine Seele spricht, bleibt leere Fassade das schönste Gesicht.

Vor fünf Jahren habe ich angefangen, mich für die »Weisheiten des Altertums« zu interessieren. Meister wie — Seneca, Platon, Sokrates, Pythagoras oder Demostenes, um nur einige zu nennen, verehre ich besonders.
Zitate beschränken sich ganz konzentriert auf den Sinn — den Kern einer Sache —; das ist auch ein Grund für mich, warum ich sie so gerne lese — und darüber nachdenke . . .
Ich glaube, Zitate sind auch immer das Resultat von teilweise sehr langwierigen Erfahrungen und Denkprozessen.
Meiner Meinung nach hat alles, was man tut, einen Sinn, deshalb würde ich jedem raten, allseits nach diesem Sinn zu suchen und ihn in einem kurzen »Zitat« für sich selbst festzuhalten!
Es ist nicht nur »großen Meistern« vorbehalten, gute Gedanken und Einsichten aufs Papier zu bringen,

sondern jeder von uns hat die Möglichkeit dazu. Oft habe ich ganze Tage in Büchereien zugebracht — auf der Suche nach weisen Schriften —. Es hat sich immer gelohnt, für mich und für andere . . . Warum sollten wir an den Erfahrungen und Erkenntnissen dieser großen »Geister« vorbeigehen?

Alles was man tut, hat einen Sinn.

Das Unglück ist eine stehengebliebene Uhr, die am hellen Tag plötzlich auf Mitternacht zeigt. Prüfen wir uns nur, ob wir es nicht selbst gewesen, die vergessen hatten, sie aufzuziehen!

Mittelmäßige Geister verurteilen gewöhnlich alles, was über ihren Horizont geht.

Die Wahrheit ist oft zu einfach, um Glauben zu finden.

Einer neuen Wahrheit ist nichts schädlicher als ein alter Irrtum.

Wenn die Liebe den Willen unterstützt, was machte es für Mühe, Berge abzutragen?

Höfliche Worte machen die Zähne nicht stumpf.

Wer sich an Andere hält, dem wankt die Welt — wer auf sich selber ruht, der steht gut.

Die kleinen Bäche machen schließlich die großen Ströme aus.

Ändern und Bessern ist zweierlei.

Der Entschluß, den Schmerz zu tragen, hebt den Schmerz am besten auf.

Die Kräfte wachsen mit den Anforderungen.

Wer Wind sät, wird Sturm ernten.

Man muß das Unglück mit Händen und Füßen und nicht mit dem Maul angreifen.

Oft zeigen erst Mißerfolge den Weg zum Erfolg.

Es gibt mehr Leute, die kapitulieren, als solche, die scheitern.

Man sollte einen Menschen nicht bemitleiden; besser ist es, ihm zu helfen.

Arbeit, die man gerne tut, ist halb getan.

Das Leben besteht nicht aus vergangenen Tagen, sondern aus Tagen, an die man sich erinnert.

Die drei Wahrheiten

Es gibt drei Wahrheiten, die absolut sind und niemals verloren gehen können — die aber in Schweigen versinken können, wenn sie nicht angesprochen werden.

Die erste Wahrheit:

Die Seele des Menschen ist unsterblich; und ihre Zukunft ist die eines Wesens, dessen Wachstum und Herzlichkeit keine Grenzen hat.

Die zweite Wahrheit:

Das Ur-Prinzip, welches das Leben gibt, wohnt in uns und außer uns. Es ist unvergänglich und ewig wirkend. Es kann nicht mit den Sinnen wahrgenommen werden, aber jeder Mensch erkennt es, der die Erkenntnis sucht.

Die dritte Wahrheit:

Jeder bestimmt sein Geschick, sein Glück oder Elend. Er selbst ist der Richter seines Lebens und gibt sich Lohn und Strafe.

Diese Wahrheiten sind so groß wie das Leben selbst und doch so einfach wie der schlichteste Menschengeist.

Jeder Tag wird Dir gereicht, um glücklich zu sein.

Goethe

Lebe so mit den Menschen, als sähe es Gott. Rede so mit Gott, als hörten es die Menschen.

Seneca

Nichts verschönert und verjüngt mehr, als das intensive Leben, Freude und Glück um sich her zu verbreiten, anstatt Kummer und Schmerz.

Emerson

Theorie ist, wenn man alles weiß und nichts funktioniert; Praxis ist, wenn alles funktioniert und niemand weiß warum.

Ordnung ist die Lust der Vernunft, aber Unordnung ist die Wonne der Phantasie.

Paul Claudell

Ich bin dein und du bist mein. Das ist die Ehe.

Luther

Gott kocht die Seinen, und wenn er es gut mit ihnen meint, so legt er noch den Deckel darauf, so daß sie recht im Gebrodel drinstehen.

Luther

Die Träumer und die Wünschenden halten den feineren Stoff des Lebens in ihren Händen.

Kaffka

Es gibt nur eine wahre Religion, aber es kann vielerlei Arten des Glaubens geben.

Imanuel Kant

Der Geist ist die Atmosphäre der Seele.

Joubert

Unwissenheit ist die Nacht des Geistes, doch eine Nacht ohne Mond und Sterne.

Konfuzius

Jeden Abend lege ich mich glücklich nieder, wenn ich meinen Nächsten auf keine Weise geschadet habe.

Jean Cocteau

Über zwei Dinge soll man sich nicht ärgern:
— Über solche, die nicht mehr zu ändern sind,
— über solche, die noch zu ändern sind.

»Regen Sie sich nicht auf«, sagte mein Arzt. »Ich rege mich nicht auf«, erwiderte ich, »die anderen regen mich auf.«

Curt Goetz

Für den Optimisten ist das Leben kein Problem, sondern bereits die Lösung.

Marcel Pagnol

Wer lächelt, statt zu toben, ist immer der Stärkere.

Fernöstl. Weisheit

Das nächste Ziel mit Lust und Freude und aller Kraft zu verfolgen, ist der einzige Weg, das Fernste zu erreichen.

Hebbel

Das Leben und der Tod gleichen verschlossenen Schatullen, von denen eine jede den Schlüssel zum Schloß der anderen enthält.

Chin. Sprichwort

Bevor sich eine Wandlung in der Welt vollziehen kann, muß sie erst in der menschlichen Seele vollzogen werden.

Tolstoi

Ihr werdet die Schwachen nicht stärken, indem ihr die Starken schwächt. Ihr werdet denen, die ihren Lebensunterhalt verdienen müssen, nicht helfen, indem ihr die ruiniert, die sie bezahlen.

Ihr werdet keine Brüderlichkeit schaffen, indem ihr Klassenhaß schürt. Ihr werdet den Armen nicht helfen, indem ihr die Reichen ausmerzt. Ihr werdet mit Sicherheit in Schwierigkeiten kommen, wenn ihr mehr ausgebt, als ihr verdient.

Ihr werdet kein Interesse an den öffentlichen Angelegenheiten und keinen Enthusiasmus wecken, wenn ihr dem Einzelnen seine Initiative und seine Freiheit nehmt. Ihr könnt den Menschen nie auf die Dauer helfen, wenn ihr für sie tut, was sie selber für sich tun sollten und könnten.

Abraham Lincoln

Gedanken sind Kräfte!

Das Glück deines Lebens hängt von der Beschaffenheit deiner Gedanken ab.

Marc Aurel

Ziel des Lebens ist Selbstverwirklichung.
Das eigene Wesen völlig zur Entfaltung zu bringen — das ist unsere Bestimmung.

Oscar Wilde

Das Unterbewußtsein arbeitet während unseres Schlafes weiter und hilft uns, unsere Probleme zu lösen. Das Unterbewußtsein macht sich nicht die Mühe, für jemanden zu arbeiten, der nicht an es glaubt!

Emile Coue

Der Geist entscheidet!
WAS DU DENKST, DAS WIRST DU!

Buddha

Vorstellungskraft ist wichtiger als Wissen!

Albert Einstein

Destiny is not a matter of chance, it is a choice. It is not a thing to be waited for, it is a thing to be achieved.

W.J.Bryan

Why be content with nothing, when there ist nothing you could not be?

Kismet

Das Institut, eine Oase der Ruhe

oder

Das Leben ist zu kurz, um alle Erfahrungen selbst zu machen

Wir alle sind auf dem Wege zum Glück — aber es ist schwer zu definieren, was das persönliche Glück eigentlich ist.
Vielleicht können Sie mir zustimmen, wenn ich zusammenfasse: 'Glück ist der Zustand der Vollkommenheit'.
Um Glück zu erleben, müssen wir zwei Dinge in unserem Leben erlernen:

- Glück zu verursachen
- Glück zu erfahren und es genießen.

Wir können das Glück nur dann verursachen, wenn wir die Grundlagen einer bewußten Lebensführung kennen und berücksichtigen.
Wenn Sie viele Ihrer Mitmenschen beobachten, werden Sie feststellen, daß sie durch ihr Leben wie im Traum gehen. Sie leben zwar — aber nicht im Bewußtsein. Wie im Traum nehmen sie Szenen wahr — sind aber nicht erwacht. Sie lassen sich vom Strom der Zeit treiben.
Bewußte Lebensgestaltung heißt jedoch, daß wir unserer selbst bewußt sind. Daß wir uns selbst mit unseren Fähigkeiten und Schwächen kennen. Daß wir dadurch auch unsere Chancen erkennen und sie nutzen.
Es ist leicht einzusehen, daß ein Mensch, der seine vielfältigen Möglichkeiten nicht kennt, sie auch nicht nutzen kann. Das Leben spielt mit solch einem Menschen.
Bewußte Lebensführung aber bedeutet, seine gesundheitliche, körperliche, seelische, familiäre, berufliche und finanzielle Situation zu kennen und nach seinen Möglichkeiten und Vorstellungen zu planen und zu gestalten.
Wer seinen eigenen Lebensweg bestimmen will, muß nicht nur einen starken Willen besitzen, sondern vor allem über ein großes Maß an Wissen, Erkenntnissen und Erfahrungen — über den Menschen und seine Welt — verfügen.
Viele Menschen — leider zuviele Menschen — scheinen eine große Angst vor dem eigenen Denken und noch mehr, vor dem Lernen zu haben. Leben heißt aber Lernen.
Überwinden wir deshalb die unbewußte Angst davor.
Lernen wir bewußt die »Erkenntnisse«, die wir benötigen, um den Erfolg unseres Lebens und unserer Zukunft verursachen zu können. Damit unser Glück keine Glücksache ist. Denn Glück hat auf die Dauer nur der Tüchtige, und er ist ein Mensch, der sich von den richtigen positiven Impulsen seines Unterbewußtseins steuern läßt.
Was ist nun Lernen: Es ist ein bewußtes und unbewußtes Verankern von Informationen in unserem Gedächtnis.
Eine der wichtigsten Regeln der bewußten Lebensführung heißt, Energien zu sparen, also sich alles, was möglich ist, zu erleichtern. Das soll vor allem auch für die geistige Arbeit gelten.

Prüfen wir einmal die Fülle der Informationen, die unser Gedächtnis im Laufe der Zeit gespeichert hat, so werden wir feststellen, wie groß der Anteil des 'toten Kapitals' ist.

Dabei sind es große Teile von Informationen und Überzeugungen, die sogar unser Glück, unsere Erfolge und unsere Gesundheit verhindern. Es sind die negativen Suggestionen.
Die Konsequenz für unsere positive Lebensführung muß darum sein, sich in Zukunft verstärkt das wunderbare Wissen um die Erfolgsursachen anzueignen.
Zu Beginn unseres positiven Strebens sollten die Grunderkenntnisse stehen:

- **Alles Wissen ist in uns — Lernen ist ein Wiedererinnern der Seele.**
  (Plato)

- **Alles ist schon einmal dagewesen.**
  (Ben Akiba)

Da unser Leben zu kurz ist, um alle Erfahrungen selbst zu machen, sollten wir uns durch Konfuzius beflügeln lassen:

Der Mensch hat drei Wege, um klug zu handeln:
1. Durch Nachdenken — das ist der edelste
2. Durch Nachahmen — das ist der leichteste
3. Durch Erfahrungen — das ist der bitterste

Wenn wir Kinder beobachten, erkennen wir, wie stark der Nachahmungstrieb ist. Permanent übernehmen wir bewußt und unbewußt — auch als Erwachsene — Informationen unserer Umwelt. Bei Benjamin Franklin fand ich folgende Erkenntnis:

Erfahrung ist eine teure Schule, aber Narren wollen nur in dieser — kaum etwas lernen.

Lernen, wirklich etwas fürs Leben lernen, kann man nur von Menschen, die es besser können, als wir. Unser Motto sollte darum in Zukunft heißen:

'Lernen durch das Vorbild'.

Dieser Gedanke ist für viele, die bisher durch eigene Erfolge und Mißerfolge — also durch Erfahrungen gelernt haben, zunächst etwas fremd. Wenn Sie sich aber länger mit dem Vorschlag 'Lernen durch Vorbilder' auseinandersetzen, erkennen Sie die großen Vorteile auch für sich.

Oscar Schellbach sagte schon vor 60 Jahren: 'Vorbilder sind Verkörperungen unseres inneren Selbst. Sie zeigen uns, wie es sein wird, wenn wir am Ziel sind'.

Vorbilder sind Menschen, die vor uns positive Erfahrungen machten, die wir — wenn wir klug sind — übernehmen können, ohne selbst erst die bitteren Erfahrungen machen zu müssen.

Tag für Tag müssen wir uns mit vielen ungelösten Problemen beschäftigen. Aber zu selten stellen wir uns die Frage: 'Wie bekomme ich die Informationen, die mir helfen, meine Aufgaben leichter und schneller zu lösen.'

Lesen ist so wichtig wie essen.

Damit sind wir bei der Frage, was man lesen sollte. Fachbücher wenden sich fast immer direkt an den Intellekt. Es ist deshalb kein Wunder, daß viele Menschen Fachbücher spätestens nach zwanzig Seiten weglegen, weil sie zusätzlich durch Stil und Fachwörter zu unverständlich sind.

Dagegen finden Biographien mit ihrem großen Teil emotionaler Informationen einen schnelleren Weg in unser Inneres. Die Informationen sind mit Erlebnissen verknüpft und verankern sich dadurch leichter in unserem Gehirn. Auch aus dieser Erkenntnis sollten wir für die Zukunft Konsequenzen ziehen.

Friedrich Schiller bemerkt im Wallenstein »Der Mensch ist ein nachahmendes Wesen.« Viele Menschen haben jedoch eine unbegründete Angst vor Vorbildern. Sie möchten keine Abziehbilder, sondern Individuen sein.

Nachahmen und Nacheifern ist aber zweierlei. Sie können ein Vorbild immer nur im Bereich ihrer persönlichen Möglichkeiten nachempfinden.

Zwei Beispiele mögen Ihnen die Möglichkeit verdeutlichen, am Vorbild zu lernen:

In Amerika gibt es eine Stiftung für besonders begabte Nachwuchs-Schriftsteller. Die Schüler dieser Stiftung haben im ersten halben Jahr nur eine wichtige Aufgabe, nämlich ihrem Vorbild in der Literatur nachzueifern. Von früh bis spät müssen sie dessen Texte abschreiben. Und zwar so lange, bis sich seine Art zu schreiben, sein Wahrnehmungsvermögen und sein Stil in ihrem Unterbewußtsein eingeprägt hat. Erst dann dürfen sie eigene Texte verfassen. Dieser — im Grunde harte Weg — spart schließlich viel Zeit, um seinen eigenen Stil zu finden. Einfach, weil man einen anderen Stil total nachempfunden und analysiert hat.

Ein anderes Beispiel:

Nach dem Krieg hieß es oft in Europa: 'Was können die Japaner schon anderes als kopieren. Sie kopieren sogar unsere Leica'. Doch aus diesem Kopieren — in allen Bereichen, vom Autobau bis zum Micro-Chip — ist inzwischen eine eigene kreative Meisterschaft geworden.

Am Beispiel des Malens kann ich den Wachstumsprozeß besonders leicht verdeutlichen. Erst wenn ein junger Schüler einen Meister perfekt kopieren kann, beherrscht er auch die Technik des Meisters, und erst jetzt besteht eine reale Chance, über den Meister hinauszuwachsen.

Wer seinen Meister nicht kopieren kann, kann nicht selbst zum Meister werden.

Für diese Behauptung gibt es aus der Geschichte viele Beispiele.

Bei den wirklich Großen können wir immer wieder lesen: 'Ich wurde von meinem Lehrer und von meinen Vorbildern geprägt'.

Bei Fernsehdiskussionen konnten wir am Beispiel Henry Kissingers diese Erkenntnis besonders deutlich heraushören.

Er kannte die Lebensläufe großer Politiker der Vergangenheit. Und er hatte von ihnen sein Verhandlungsgeschick gelernt. Ein Sprichwort aus Brasilien verdeutlicht seine Lerntechnik:

'Narren lernen, wenn sie lernen, auf eigene Kosten. Kluge lernen auf Kosten anderer.'

Entwickeln Sie ab heute für Ihre Zukunft eine neue Lernstrategie. Lernen Sie von anderen, glücklich, gesund und erfolgreich zu leben. Ihre erste Maxime auf diesem Wege ist die Erkenntnis, daß Sie wirklich etwas lernen können nur von den Menschen, die es besser können als Sie!

Für Ihre persönliche Praxis ist darum unsere erste Frage besonders wichtig.

Was will ich lernen?

Auf welchen Gebieten und in welchen Bereichen möchte ich mein Können steigern.

Mögliche Beispiele wären: harmonisches Eheleben — tüchtige Kinder — vitale Gesundheit. Wichtig ist, erst zu wissen, was Sie lernen wollen. Das anschließende bewußte Denken und Lernen beginnt dann immer mit einem Blatt Papier, oder besser, einem Ordner und einem Kugelschreiber.

Notieren Sie zum Beispiel auf der ersten Seite die Namen von drei Ehepaaren, die seit langem ein harmonisches, gemeinsames Leben führen, und beantworten Sie sich selbst schriftlich die Fragen:

- Wie gehen diese Paare miteinander um?
- Was machen sie besser als wir?
- Was kann ich von ihnen lernen?

Auf die zweite Seite schreiben Sie die Namen von drei Ehepaaren, die tüchtige und begabte Kinder haben, und stellen sich die dazu passenden Fragen.

Auf der dritten Seite sammeln Sie Beispiele von älteren, gesunden und vitalen Menschen.

Auf die vierte Seite kommen die beruflichen Vorbilder. Nach Möglichkeit aus Ihrem speziellen Arbeitsbereich oder Ihrer Branche.

Die Seite fünf ist für Ihre finanziellen Leitbilder gedacht. Sie dürfen nicht fehlen. Denn die finanzielle Sicherheit ist für ein ausgeglichenes Leben eine wichtige Voraussetzung.

Die Seite sechs dient dazu, Ihr Kunst- und Kulturverständnis zu vertiefen. Sammeln Sie auch hier wieder die Namen von Personen, die Ihrem Interesse und Ihrem Geschmack entsprechen.

Bewußtes Leben sollte unser gemeinsames Ziel sein. Dabei ist Lernen aus den Erfolgen und Erfahrungen anderer der leichteste Weg, sich auf seine Zukunft vorzubereiten. Um diese gesamte Thematik zu vertiefen, schreiben Sie einmal spontan auf, wie viele Biographien habe ich schon gelesen? Wie viele Biographien stehen in meinem Bücherregal? Wie viele Biographien haben meine Kinder schon gelesen?

**'Alles ist schon einmal dagewesen'
sagte Ben Akiba,
der jüdische Schriftgelehrte.**

Unsere Zukunft, alle Neuentwicklungen, unser Fortschritt, beruhen auf den Erkenntnissen der Vergangenheit und der Gegenwart. Was könnte ein Mensch, der sich für erfolgreiche Unternehmensführung interessiert, nicht alles von Bosch, Krupp, Getty oder Onassis lernen?

Was könnte ein politisch Interessierter nicht alles aus den Biographien vieler deutscher und internationaler Politiker lernen?

Ein Mensch, der sich für Musik interessiert und sie wirklich erleben will, kann unzählige Informationen von Bach, Tschaikowsky, Wagner oder Strawinsky erfahren.

Die ganze Welt ist ein Meer von Gedanken und Informationen. Wir müssen lernen, davon die anzuziehen, die uns interessieren und weiterentwickeln.

Wie Sie wissen, habe ich oft Sportler trainiert. Auf die Frage, welche Vorbilder sie haben, konnten mir alle spontan mehrere Namen nennen.

Wenn ich in unserem Seminar DER ERFOLGREICHE WEG die gleiche Frage stelle, sind die meisten Teilnehmer irritiert. Sie reagieren verunsichert, weil sie unbewußt fühlen, daß der, der keine Vorbilder hat, auch kein Vorbild sein kann.

In einem Firmenseminar lautete eines meiner Themen: 'Meine positiven Vorgesetzten und ihr Verhalten'.

Kein leichtes Thema. Doch nachdem sich das Unterbewußtsein geöffnet hatte, wurden den meisten viele Erkenntnisse bewußt. Ein Teilnehmer jedoch sagte: 'Verschonen Sie mich bitte mit diesem Thema, denn ich habe nie einen guten Chef gehabt'.

Er wurde verschont. Als ich jedoch später im Unternehmen Nachforschungen anstellte, fand ich heraus, daß dieser Mann für seine Mitarbeiter der negativste Chef war.

So wie der Seemann die Fixsterne braucht, um seinen Kurs zu berechnen, genauso braucht der Mensch Vorbilder, um auf seinem Kurs zu bleiben. Wir haben festgestellt, daß uns Vorbilder zeigen, wie es sein wird, wenn wir am Ziel sind.

Die Speicherkapazität unseres Gehirns ist unerschöpflich. Was wir brauchen ist ein Weg, leicht, schnell und sicher die Erkenntnisse zu gewinnen, die wir benötigen, um ein Leben lang gesund, glücklich und erfolgreich zu werden und zu bleiben. Vorbilder weisen uns den Weg dazu.

»Selbst ein Zwerg sieht weiter als ein Riese, wenn er auf den Schultern eines Riesen steht.«

Pausenraum im Institut

Angelika Weiß

Warum sind wir eigentlich immer so bescheiden?

Eine gehörige Portion Egoismus steht jedem gut, nur man trägt ihn nicht gerne über der Jacke. Doch nur aus einem gesunden Egoismus heraus entsteht die Motivation, sich weiterzubilden. Ich möchte selbstsicherer werden, möchte mich und meine Arbeit noch besser verkaufen, und dadurch mehr verdienen. Erfolg in der Praxis spornt an, denn nur durch Erfolge kann man lernen, und nur durch Lernen kommt man wieder zu neuen Erfolgen.

Inge Deppe

Hemmungen sind die Steine auf dem Weg

Ich möchte lernen, selbständig zu denken und zu handeln und mich nicht bevormunden zu lassen. Selbstsicherheit und ein Gefühl für das, was sinnvoll und wertvoll ist, möchte ich entwickeln.
Meinen Nutzen sehe ich darin, sicherer zu werden im Herausfinden von echten Freunden und von guten Mitarbeitern. Also lernen, besser zu differenzieren.

Dr. Jürgen Marschner

Bin ich Hammer oder Amboß?

Ich will eine einflußreiche Persönlichkeit werden, um der Welt einen Stempel aufzudrücken.
Ich möchte eine einflußreiche Persönlichkeit werden, um zu Macht zu kommen.
Macht über mich selbst und Macht über meine Umwelt.
Berufliches Ziel: Alleiniger Chef zu werden.
Privates Ziel: Nicht mehr allein zu leben, sondern eine Partnerin zu finden, um auch auf diesem Wege glücklich zu sein.

Siegfried Klotz

Jeder an seinem Platz

Wollte tatsächlich jeder von uns die Spitze erklimmen, würde das sicherlich ein fürchterliches Gerangel geben.
Es kann also nur das Ziel sein, an seinem momentanen Platz der Allerbeste zu werden. Daran will ich arbeiten, und danach will ich streben.

Renate Guddat

Positiv gewinnt

Ich möchte eine einflußreiche Persönlichkeit werden, um die Beeinflussung durch andere radikal abzubauen. Denn ich habe erkannt, daß ich die meiste Zeit agiere — die anderen jedoch reagieren.
Ich möchte weiterhin eine einflußreiche Persönlichkeit werden, um finanziell unabhängig zu sein. Wer mich nicht kaufen kann, kann mich auch nicht erpressen. Geld beruhigt ungemein und gibt mir die Möglichkeit, weiter an mir selbst zu arbeiten.
Ich möchte ein einflußreiche Persönlichkeit werden, weil ich auch anderen von Nutzen sein möchte. Einfluß nimmt nur der, der auch etwas zu geben hat. Das macht mich beliebt, und ich bin lieber beliebt als verhaßt.
Wenn ich mich also dazu entschlossen habe, eine einflußreiche Persönlichkeit zu werden, habe ich nicht nur für mich, sondern auch für meine Umwelt eine positive Entscheidung getroffen.

Doris Haupt

Oben sind noch Plätze frei

Möchten Sie für Ihre Freunde, Familie und Kollegen ein langweiliger Partner bleiben?
Nur wer Nutzen bietet, ist gern gesehen, und nur wer eine Persönlichkeit ist, kann seine Umwelt verändern.
Nutzen wir unsere Chancen; denn die Karten werden jeden Tag neu gemischt. Erfolg ist kein Zufall.

Preisverhandlungen erfolgreich führen

Beim Geld hört die Freundschaft auf, heißt es im Volksspruch. Das mag für viele Fälle zutreffen, aber im Geschäftsleben ist der Preis nun mal das A und O. Alles hat seinen Preis, alles hat seinen Wert. Man muß nur verstehen, beides dem Kunden gegenüber gut zu argumentieren, um akzeptiert zu werden. Nur ein schwacher Verkäufer hat Angst, wenn die Wettbewerber niedrigere Preise vorzeigen oder mit ihnen kämpfen. Ein guter Verkäufer weiß, wie er 'seinen Preis' erzielt.

1. **Schaffen Sie in Ihrer Firma ein Team, das Argumente und Instrumente erarbeitet für die Rechtfertigung Ihrer Preise** und die Einschränkung von Preiszugeständnissen.
2. Machen Sie jedem Mitarbeiter klar, daß es **die Pflicht eines Kunden ist,** zu sagen: »Sie sind zu teuer!«
   Nur dadurch kann er erfahren, was ihm geboten wird und ob Ihr Preis wirklich gerechtfertigt ist.
3. Ein Kunde wird um so mehr mit dem Preiseinwand kommen, je stärker er unter Konkurrenzdruck steht. Alle Erleichterungen und Hilfen, die Sie ihm geben, **im Konkurrenzkampf zu bestehen,** erspart Ihnen die Preisdiskussion.
4. Irgend ein Anbieter wird immer **wesentlich billiger** sein als Sie.
5. **Sammeln Sie die Argumente,** mit denen Sie den Preiseinwand bereits wirkungsvoll entschärft haben.
6. **Demonstrieren Sie, was an Ihrer Marktleistung unvergleichlich ist**
   a) zeigen Sie, was bei Ihnen völlig anders ist
   b) zeigen Sie, was an Negativem fehlt
   c) zeigen Sie, was exklusiv positiv ist
   d) zeigen Sie die Welten im Unterschied
   e) stellen Sie das Einzigartige dramatisch heraus,
   f) zeigen Sie, daß Sie beim Gewöhnlichen außergewöhnlich gut sind.
7. **Demonstrieren Sie,** welche **Erfolge** andere Kunden mit Ihren Erzeugnissen erzielen.
8. Demonstrieren Sie, welche positiven **Hauptleistungen** und welche positiven **Nebenleistungen** ein Kunde dadurch hat, daß er bei Ihnen kauft.
9. **Welche Vorteile** bietet Ihre seriöse Preispolitik dem Kunden?
10. Wie **helfen Sie** dem Kunden bei seiner Kostensenkung?
11. Wie helfen Sie ihm dabei, **Ärger** bei sich, seinen Mitarbeitern und seinen Kunden **gar nicht erst entstehen zu lassen?**
12. **Welche Marktanteile haben Sie?** Auf welchen Umsatz verzichtet ein Kunde also, bei dem Sie einen zu geringen Kundenanteil haben?
13. Worin unterscheidet sich Ihre Verkaufs-Organisation von der anderer Anbieter — **was können Sie also mehr bieten?**
14. Worin unterscheidet sich **Ihr Kundendienst** von dem anderer Anbieter?
    a) Wie viele Kundendienst-Mitarbeiter haben Sie?
    b) Verfügen Sie über einen werkseigenen Kundendienst?
    c) Wie ist Ihr Kundendienst geschult?
    d) Wie schnell ist er?
    e) Wie gut ist die Ersatzteilversorgung?
    f) Wie preiswert ist Ihr Kundendienst?
15. **Was entgeht dem Kunden,** wenn er nicht bei Ihnen kauft? Geben Sie ihm darüber eine detaillierte Liste.
16. **Liefern Sie dem Kunden** die **Fragen,** die er sich bei der Kaufentscheidung stellen sollte.
17. Liefern Sie ihm ein **Beurteilungssystem** mit Faktoren für die vergleichende Beurteilung von Erzeugnissen, Dienstleistungen und Lieferanten.
18. Um Preise zu rechtfertigen, ist mehr erforderlich, als das gesprochene Wort!
    a) Speziell werden
    b) Etwas zeigen
    c) Schreiben
    d) Rechnen — immer Taschenrechner dabei
    e) Zeichnen — skizzieren
    f) Kein Preisgespräch, sondern eine **Preisbegründungs-Präsentation**
    g) Konkretes Zahlenmaterial, Fakten — keine allgemeinen Sprüche über Qualität und Service
19. Welche **Dienstleistungen** bekommt ein Kunde, wenn er Ihre Erzeugnisse kauft? Setzen Sie für diese Dienstleistungen genauso intensiv Beschreibungen, Prospekte, Kataloge und andere Werbe- und Verkaufsförderungsmittel ein, wie für die Nutzendarstellung für Ihre Erzeugnisse. Was bieten Sie also auf folgenden Gebieten:
    a) Beratung
    b) Schulung

c) Kundendienst
d) Verkaufsförderung
e) Kooperation
f) Werbung und Vorverkauf
g) Arbeitshilfsmittel

20. Wie sieht **Ihr Leistungspaket** für den Kunden im einzelnen aus?
21. Wie stark helfen Sie **dem Kunden bei seiner Angebotsgestaltung und bei der Erlangung von Aufträgen?**
22. Welche Ergebnisse aus einem **Qualitätsvergleich** zwischen den Erzeugnissen verschiedener Anbieter sollten Sie demonstrieren?
23. Setzen Sie einen Grafiker ein, der alle Ihre Vorteile **bildlich darstellt.**
24. Zeigen Sie, was der Kunde **an Zeit** bei Ihnen **spart.**
25. Was liefern Sie ihm an **Bequemlichkeit** im einzelnen?
26. Welche **Raumersparnisse** bringen Sie zustande?
27. Welche **Arbeit** wird ihm **erspart?**
28. Welche **Sicherheit** liefern Sie ihm?
29. Welche **Fehlerquellen** und Fehlermöglichkeiten werden für ihn **ausgeschaltet?**
30. Welche **Wertschätzung** erringt er, wenn er mit **Ihrem** Erzeugnis arbeitet oder es verkauft?
31. Welche **Marketingunterstützung** liefern Sie ihm?
32. Seien Sie der **Experte** und der zentrale Anlaufhafen für ihn.
33. **Liefern Sie** ihm ständig **Erfahrungen** und fortschrittliche Erkenntnisse.

Zeitgewinnung für Chef und Mitarbeiter

1. Eine **Kontaktaufnahme zum falschen Zeitpunkt** wird zur Störung.
2. Ständige Unterbrechungen Ihrer Arbeit zerlegen Ihnen die verfügbare Zeit in **Minuten-Beträge.**
3. Wichtige Aufgaben können Sie nur in größeren, **zusammenhängenden Zeiteinheiten** bewältigen. Mit 5-Minuten-Beträgen können Sie **nicht schöpferisch arbeiten.**
4. Den einzelnen Mitarbeitern sind **Sprechzeiten** zuzuordnen.
5. Legen Sie **Sperrstunden** fest, in denen alle Führungskräfte — kaum gestört — wichtige Arbeiten erledigen können.
6. Prüfen Sie, wie stark **Sie selber** Ihre Mitarbeiter bei der Arbeit stören.
7. Bedenken Sie dabei, daß Ihre Kontaktaufnahme mit einem Mitarbeiter wegen eines **Punktes** dem anderen die Chance gibt, eine Fülle von Punkten zu behandeln und aufzutischen, und Ihnen damit die ganze Tagesordnung zu zerschlagen.
8. Prüfen Sie, ob manche Kontaktaufnahmen nichts anderes sind als **Ersatzbeschäftigungen,** um wichtigen und unangenehmen Arbeiten zu entfliehen.
9. Sammeln Sie in einer **Vorbereitungskartei** leitkartenmäßig gegliedert nach Mitarbeitern, zu denen man häufig Kontakte hat, die Punkte, die zu besprechen sind. Greifen Sie nicht sofort zum Telefonhörer. Kommen Sie nicht sofort zu einem Gespräch zusammen.
10. Studieren Sie die Verhaltensweisen, mit denen es Unterbrechern gelingt, **Zeit von Ihnen zu erhalten.** Wie gehen diese Mitarbeiter vor?
11. Machen Sie eine Liste derjenigen, die Ihnen Ihre Stunden besonders stark in Minuten-Beträge zerlegen. Eine Liste der Mitarbeiter, die am **häufigsten mit Hilfeschreien** aufmarschieren!
12. Stören einen die Mitarbeiter deshalb so viel, weil man ihnen **mit gutem Beispiel vorangeht?**
13. Kommen Mitarbeiter zu Besprechungen **mangelhaft vorbereitet?** Weigern Sie sich, Gespräche zu führen, zu denen die Mitarbeiter unvorbereitet erscheinen!
    Erzwingen Sie die Vorbereitung.
14. Prüfen Sie kritischer die möglichen **Kommunikationsmittel** zur Kontaktaufnahme:
    a) Telefonat?
    b) kurze, schriftliche Notiz — Schnellantwort?
    c) persönliche Besprechung?
15. Lassen Sie sich durch einen geschulten Telefondienst und durch das Sekretariat **besser abschirmen.**
16. Bedenken Sie, daß bei einer Zunahme der Unterbrechungen das Gesetz **vom abnehmenden Ergebniswillen** wirksam wird. Die Überzeugung, daß sich noch etwas Wichtiges schaffen ließe, nimmt immer mehr ab!
17. Nehmen Sie nur **geplant** Kontakt auf.
18. Führen Sie nur **gründlich vorbereitete** Gespräche.
19. Stellen Sie fest, mit wem Sie selber **routinemäßig** im Laufe des Tages Kontakt aufnehmen, und wer es umgekehrt mit Ihnen tut:
    a) wann?
    b) warum?
    c) ist das der geeignete Zeitpunkt?
20. Fällen Sie mehr **Grundsatzentscheidungen.** Dann brauchen Ihre Mitarbeiter nicht wegen jeder Einzelentscheidung bei Ihnen zu erscheinen.
21. Geben Sie den Mitarbeitern **bessere Anweisungen.** Eliminieren Sie damit Rückfragen.
22. **Welche Informationen** müssen Sie Ihren Mitarbeitern liefern, damit Sie mit bestimmten Geschäftsvorfällen selber fertig werden können?
23. **Welche Befugnisse** müssen Sie Ihren Mitarbeitern geben, damit sie selber Einzelentscheidungen treffen können?
24. Erhöhen Sie das **Beurteilungsvermögen Ihrer Mitarbeiter und ihre Entscheidungsfähigkeit,** indem Sie die Mitarbeiter mit Beurteilungskriterien versorgen. Am besten kann das mit **Checklisten** geschehen. Diese sagen Ihren Mitarbeitern, welche Faktoren zu berücksichtigen sind und wie unterschiedlich wichtig die einzelnen Faktoren aus Ihrer Sicht sind.

Wichtige Erfolgsregeln der Verhandlungs- und Überzeugungstechnik

Jede neue Verhandlung ist anders als alle, die Sie bisher geführt haben. Jeder Gesprächspartner ist einzigartig und erfordert deshalb, daß Sie sich auf die nächste Verhandlung vorbereiten. Schriftlich und gründlich. Dabei gliedern Sie gleichzeitig Ihr Verhandlungskonzept und das Verhandlungsziel; denn zu verhandeln, ohne Ergebnis, sollten sich (leider) nur Tarifpartner leisten. Zusätzlich zu der schriftlichen Verhandlungs-Vorbereitung mit Stichworten sollten Sie eine persönliche Verhandlungs-Checkliste haben, auf die Sie grundsätzlich vorher nochmals einen Blick werfen, um sich auf Ihre Verhandlungstaktik einzustellen. Dazu brauchen Sie nur über 10 — 15 Verhandlungen nachher in Stichworten alle Fürs und Wider und das Ergebnis zu durchleuchten. Dann wissen Sie genau, wo sich etwas verbessern läßt, wo Sie sich künftig bremsen oder mehr Gas geben. In allen Verhandlungen gewinnt immer der, der das Ziel vorher kennt und den Weg dorthin.

1. Halten Sie Verabredungen auf die Minute ein. Geben Sie Ihrem Verhandlungspartner die Sicherheit, daß **Sie zuverlässig** sind.
2. Stellen Sie einen **guten Kontakt zu den Mitarbeitern** Ihres Verhandlungspartners her. Beginnen Sie beim Portier bis zur Chefsekretärin.
3. **Bereiten Sie Ihre Verhandlungseröffnung gründlich vor.**
   Welche Fragen wird Ihnen Ihr Gesprächspartner zu Beginn des Gespräches stellen?
   »Na, was bringen Sie Neues?«
   Antwort: »Drei interessante Informationen und drei Ideen, die vielleicht für Sie gerade in dieser Situation nützlich sind . . .«
4. Versuchen Sie, das Gespräch gegen **Störeinflüsse** abzuschirmen.
5. Sprechen Sie ruhig, souverän, deutlich, **freundlich und nachdrücklich.** Erscheinen Sie nicht nervös, fahrig und gehetzt.
6. **Seien Sie unterhaltsam.** Schaffen Sie eine entspannte Atmosphäre, Ihrem Partner muß es Freude machen, mit Ihnen zu verhandeln. Es muß ein Erlebnis für ihn sein.
   Bringen Sie Humor in das Gespräch, aber unterlassen Sie platte Witze oder Sprüche.
7. **Lächeln Sie** mehr.
8. Verhandeln Sie **nicht zu aufdringlich** aber auch nicht beflissen oder mit hektischem Eifer.
9. Lassen Sie sich von Ihrem Gesprächspartner **nicht reizen** oder aus Ihrem Konzept bringen.
10. **Bringen Sie ihn zum Reden.** Hören Sie aufmerksam und konzentriert zu. Ermutigen Sie jeden Gesprächsteilnehmer, sich intensiv zu äußern. Unterbrechen Sie Ihre Gesprächspartner nicht.
11. **Sprechen Sie nicht nur**, sondern schreiben und zeichnen Sie auch. Setzen Sie visuelle Mittel ein. Übergeben Sie Ihrem Partner etwas. Lassen Sie ihn mithandeln.
12. Sorgen Sie dafür, daß Sie eine vollständige Ausrüstung bei sich haben und daß Ihre **Unterlagen gut geordnet** und auf Anhieb greifbar sind.
13. **Seien Sie konkret.** Nicht abstrakt. Liefern Sie Einzelheiten, Fakten, Zahlen.
14. Achten Sie auf die Begriffe, die Sie verwenden. Benutzen Sie die Fachsprache Ihres Partners eher als Ihre eigene.
    Verärgern Sie Ihre Partner nicht mit Begriffen, die Sie verwenden.
    Vielleicht lösen diese Begriffe bei Ihnen positive Vorstellungen aus. Bei Ihren Gesprächspartnern kann es das Gegenteil sein. Verwenden Sie seine Begriffe und Formulierungen für die Deklarierung Ihrer Vorschläge. **Verwenden Sie seinen Sprachschatz.**
15. **Liefern Sie** auf Fragen Ihrer Gesprächspartner direkt **brauchbare Antworten.**
16. **Verhandeln Sie** eindringlich und **mit Nachdruck.** Versuchen Sie Ihre Gesprächspartner jedoch nicht zu überfahren oder tot zu argumentieren. Verhandeln Sie diszipliniert.
17. **Setzen Sie Pausen ein**, um Ihre Worte einwirken zu lassen. Überfallen Sie den anderen nicht mit einem Wortschwall.

18. Fürchten Sie sich nicht vor der Diskussion **heikler Punkte.** Sie **gehören zu Verhandlungen.**

19. **Arbeiten Sie mehr mit Fragen** als mit Aussagesätzen. Setzen Sie Fragen ein, um gemeinsam mit Ihren Gesprächspartnern —
    a) deren Voraussetzungen zu prüfen
    b) Informationen zu erhalten
    c) neue Beurteilungsfaktoren in das Gespräch zu bringen
    d) das Ankommen der eigenen Aussagen zu prüfen
    e) eine gegenteilige Meinung höflich und ohne Belehrung zu bringen.

20. Lassen Sie sich von Ihrem **Gesprächspartner beraten und helfen.**

21. Achten Sie mit größter Sorgfalt auf die Empfindlichkeit und das **Geltungsbedürfnis** Ihrer Gesprächspartner.

22. **Kommentieren Sie** bestimmte Aussagen und Anregungen Ihrer Partner **positiv.** Nennen Sie Beweise dafür, daß die Anregungen Ihrer Partner beeindruckend sind.

Überzeugen und argumentieren will gelernt sein!

Sechs Beispiele für die tägliche Praxis:

1. dem Referenten möchte ich danken für eine Menge neuer Einsichten . . .
2. unter anderem hat er gesagt . . .
3. dagegen ist aber auch zu halten, daß . . .
4. vergleicht man beide Ansichten, dann . .
5. aus diesem Grunde schlage ich vor . . .

1. gemeinhin sieht man die Sache so . . .
2. aus unserer Erfahrung aber . . .
3. denn erstens . . .
4. außerdem zweitens . . .
5. folglich . . .

1. ich meine, der Vorschlag x ist gefährlich . . .
2. wir müssen überlegen, ob nicht . . .
3. mir scheint der bessere Weg, wenn . . .
4. dann nämlich können wir . . .
5. wir haben zu entscheiden, ob . .

1. Die A-Partei hat folgenden Standpunkt . . .
2. sie begründet ihn mit . . .
3. die B-Partei vertritt den entgegengesetzten Standpunkt . . .
4. sie begründet ihn mit . . .
5. ich kann mich für keinen von beiden entschließen, sondern . .

1. A behauptet . . .
2. B widersprach mit dem Hinweis auf . . .
3. mir scheint, die beiden treffen sich in einem Punkt
4. hier liegt vielleicht die Lösung, denn . . .
5. wir sollten in dieser Richtung weiterdenken . . .

1. wir reden schon eine Weile über . . .
2. bislang drehte sich alles um . . .
3. dabei wurde übersehen, daß . .
4. gerade dies scheint mir aber besonders wichtig, weil . . .
5. ich stelle den Antrag . . .

Werden Sie Überzeugungs-Spezialist

**»Gesagt ist nicht gehört,
gehört ist nicht verstanden,
verstanden ist nicht einverstanden,
einverstanden ist nicht angewendet
angewendet ist noch lange nicht einbehalten«**
Konrad Lorenz

Lieber Leser, treffender kann man Überzeugungs-, oder einfacher gesagt, Kommunikationsprozesse wohl kaum ausdrücken. Wir glauben immer, daß alles, was wir sagen, auch beim anderen ankommt, und zwar richtig ankommt. Wie oft schalten Sie in Gesprächen für Sekunden oder sogar Minuten ab. Wie blockiert sind Sie oft von einzelnen Worten oder Sätzen, so daß Sie das folgende gar nicht mehr wahrnehmen. Das Eintreten einer anderen Person, das Kaffee-Einschenken, das Telefon, alles sind Ablenker, die bewirken können, daß wichtiges am Gesprächspartner — Ihrem wichtigen Verhandlungspartner — völlig vorbeiläuft. Was danach kommt, versteht er gar nicht mehr. Wie oft werden Fragen am Ende eines Gespräches gestellt, die eigentlich die Voraussetzung Ihrer ganzen Argumentation waren. Verhandelt kann nur werden, wenn beide oder alle Beteiligten sich auf dem absolut gleichen Wissensstand befinden. Im letzten Heft lasen Sie von äußerlich wichtigen Merkmalen der Gesprächsführung:
Lächeln, unterhaltsam sein und gut vorbereitet ins Gespräch gehen. Das Wechselspiel von Fragen, Zuhören und Reden wurde ebenso behandelt wie die konkrete — mit Nachdruck geführte — Gesprächsform. Heute geht es um Argumentation, Motive Ihrer Gesprächspartner, Vorteile und Entscheidungsprozesse. Sie können diese Dinge auch 'kalt' lernen, also mit Kollegen oder Mitarbeitern als Übung. Oder Sie verkleinern sich diese Liste und legen Sie neben Ihre Gesprächsunterlagen bei wichtigen Verhandlungen.

1. **Vernachlässigen Sie niemanden,** der an dem Gespräch teilnimmt, **per Ansprache oder per Unterlagen.** Konzentrieren Sie sich nicht nur auf die besonders wichtigen Persönlichkeiten. Oft ist die 2. Linie letztlich entscheidend.
2. Verschaffen Sie sich den Namen von jedem. **Vergessen Sie keinen einzigen Namen** und schreiben Sie ihn sofort auf, um jeden persönlich anzusprechen.
3. Machen Sie Zugeständnisse, die für Ihren **Gesprächspartner prestigemäßig wichtig** sind, das gewünschte Ergebnis inhaltlich jedoch nicht verändern.
4. Versuchen Sie, durch ein **Zugeständnis zu Beginn** Ihre Verhandlungspartner zu von Ihnen gewünschten Gegenleistungen zu veranlassen.
5. Beginnen Sie Ihr Gespräch mit einer Analyse und nicht mit fertigen Vorschlägen. **Stellen Sie Fragen, um die Situation** und die Möglichkeiten **besser zu überblicken.**
   a) Was möchten Sie gerne erreichen?
   b) Was ist das Wichtigste für Sie?
   c) Worauf kommt es Ihnen an?
   d) Was möchten Sie vermeiden?
   e) Was befürchten Sie am meisten?
6. Prüfen Sie im Gespräch, ob das vom Gesprächspartner gebrachte Problem ursächlich ist, oder ob nicht ein ganz anderes Problem existiert oder ob das genannte **Problem nur ein Teilproblem ist.**
7. **Nennen Sie die Ziele,** die Ihr Partner offenbar erreichen möchte, damit er sie bejahen oder verneinen kann.
8. **Nennen Sie** für ihn zusammengefaßt **die Probleme,** die er gerne gelöst haben möchte.
9. **Zeigen Sie die Chancen auf,** die er nutzen könnte.
10. Verweisen Sie auf die **gemeinsamen Interessen** im einzelnen.
11. Passen Sie sich der Reihenfolge an, in der Ihr Gesprächspartner überlegt und entscheidet. Gehen Sie parallel zu seinem gedanklichen Weg vor. **Passen Sie sich also seinem Entscheidungsprozeß an.**
    a) Welche Fragen stellt er sich?
    b) In welcher Reihenfolge?
    c) Wie bedeutsam sind die einzelnen Fragen für ihn?
    d) Welches sind die für ihn wirklich relevanten Faktoren?

e) Mit welchen Bewertungskriterien analysiert er selber einen Vorschlag?
f) Was findet er gut?
g) Was findet er schlecht?

12. Wenn Sie Verkaufsgespräche zu führen haben, **müssen Sie die Entscheidungssysteme kennen,** die auf der Einkaufsseite eingesetzt werden.
a) Wertanalyse
b) Vergleichende Lieferantenbewertung.

13. **Bringen Sie eine Ordnung** und eine sinnvolle Reihenfolge **in Ihre Argumentation:**
a) Problem oder Chance darstellen
b) Ihre Lösung zeigen
c) Den Nutzen Ihrer Lösung zeigen, ausrechnen, beweisen.

Werden Sie Überzeugungs-Spezialist

14. **Sprechen Sie** mit gezielten Argumenten **die Motive an,** von denen sich Ihr Partner leiten läßt.
a) Sein Streben nach Sicherheit — zeigen Sie ihm das Sicherheitsprogramm, das Sie im einzelnen liefern.
b) Sein Streben nach Anerkennung — sagen Sie ihm, wie Sie sich um ihn bemühen werden.
c) Sein Streben nach Bequemlichkeit — zeigen Sie ihm Ihr Bequemlichkeitsprogramm im einzelnen.
d) Sein Streben nach wirtschaftlichem Nutzen — rechnen Sie ihm aus, was er gewinnen kann, welche Kosten er senken oder vermeiden kann, wie sich seine Effizienz erhöhen läßt.

15. Manche Ihrer Argumente können für Ihren Gesprächspartner völlig uninteressant sein. Andere sind von höchster Wichtigkeit. **Argumentieren Sie nicht in die falsche Richtung.** Beobachten Sie seine Reaktionen.

16. **Werden Sie ein Überzeugungsspezialist.** Prüfen Sie immer wieder, wie Sie etwas besser formulieren können:
a) Wie können Sie es spezieller sagen?
b) Einfacher?
c) In der Sprache Ihres Partners?
d) Positiv formuliert?
e) Mit einem Vergleich?
f) Mit einem Beispiel?
g) Mit Erfahrungen Ihres Partners?
h) Mit Urteilen und Erfahrungen anderer Persönlichkeiten, die er besonders schätzt?

17. Präsentieren Sie eine **Liste der Vorteile,** die Ihr Partner gewinnt, wenn er Ihrem Vorschlag zustimmt.

18. **Liefern Sie Beweise** für die Vorteile.

19. Stellen Sie in Zwischenzusammenfassungen heraus, bei wievielen Punkten inzwischen **Übereinstimmung herrscht** und wie wenige Fragen nur noch offen sind.

20. Arbeiten Sie mehr mit Fragen als mit Aussagesätzen. Setzen Sie Fragen ein, um gemeinsam mit Ihren Gesprächspartnern
a) deren Voraussetzungen zu prüfen
b) Informationen zu erhalten
c) neue Beurteilungsfaktoren in das Gespräch zu bringen
d) das Ankommen der eigenen Aussagen zu prüfen
e) eine gegenteilige Meinung höflich und ohne Belehrung zu bringen.

21. Lassen Sie sich von Ihrem **Gesprächspartner beraten und helfen.**

22. Achten Sie mit größter Sorgfalt auf die Empfindlichkeit und das **Geltungsbedürfnis** Ihrer Gesprächspartner.

23. **Kommentieren Sie** bestimmte Aussagen und Anregungen Ihrer Partner **positiv.** Nennen Sie Beweise dafür, daß die Anregungen Ihrer Partner beeindruckend sind.

Die Sekretärin und ihr Chef

Sekretärinnen sind Zentralpunkte in jeder Firma. Chef-Sekretärinnen erst recht. Wenn sie gut ist, entlastet sie nach allen Seiten ihren Chef von allem überflüssigen Ballast — die Mitarbeiter durch klare, zuverlässige Informationen und die anderen Sekretärinnen durch liebenswürdige Zusammenarbeit.
Wenn die Sekretärin schlecht ist, hat sie für ihren Chef ständig hektische, verwirrende, negative Informationen, läßt den Betrieb still stehen, weil der 'Chef keine Entscheidung gefällt hat' und behandelt alle wie eine ungnädige Alleinherrscherin.
Prüfen Sie sich als Sekretärin oder als Chef doch selbst nach der vorliegenden Checkliste kritisch, wie positiv und reibungslos die Zusammenarbeit funktioniert (oder funktionieren könnte).

1. **Bestimmen Sie nicht fahrlässig die Tagesordnung Ihres Chefs . . .**
   - indem Sie sofort bei Betreten des Chefbüros angeben, was alles erledigt werden sollte; er hatte sich vielleicht einen anderen Plan gemacht;
   - indem Sie ihn laufend daran erinnern, was noch alles zu erledigen ist.
2. **Sprunghaftigkeit**
   - Helfen Sie dabei mit, daß sich der Chef auf **eine** Sache konzentrieren kann, und verwirren Sie ihn nicht durch gedankliche Sprunghaftigkeit.
3. **Kontakte**
   - Nehmen Sie nicht wegen jedes einzelnen Vorfalles mit Ihrem Chef Kontakt auf, sondern mit gesammelten Vorgängen in der Reihenfolge der Wichtigkeit.
   - Seien Sie kurz, knapp, präzise.
4. **Vorbereitung auf das Gespräch mit dem Chef**
   - Beschaffen Sie alle notwendigen, übersichtlichen Unterlagen, damit das Gespräch zu einer Entscheidung führen kann.
5. **Verzögeritis**
   - Helfen Sie dabei mit, daß Entscheidungen nicht verzögert werden.
6. **Grundsatzentscheidungen**
   - Machen Sie Vorschläge für Grundsatzentscheidungen, statt immer wiederkehrende Einzelentscheidungen zu bekommen.
7. **Ablenkung**
   - Helfen Sie mit, alles auszuschalten, was bei Ihrem Chef zur Ablenkung und Verzögeritis führt;
   - sichern Sie Ihrem Chef störarme Stundenblocks;
   - erhalten Sie Ihm die Verfügungsgewalt über seine Zeit;
   - verteidigen Sie die Zeit Ihres Chefs noch intensiver.
8. **Ordnung**
   - Schaffen Sie im Büro mustergültige Ordnung, damit der selbst auf Suche gehende Chef alles, was er sucht, auf Anhieb findet.
9. **Überflüssiges**
   - Befreien Sie das Büro von Ballast.
10. **Übersicht und freie Arbeitsflächen**
    - Sorgen Sie dafür, daß im Gesichtskreis des Chefs nur Dinge liegen, die gerade erledigt werden müssen;
    - der entscheidende Erfolgsgrundsatz der Arbeitstechnik: eines nach dem anderen, und währenddessen das andere aus dem Blickfeld.
11. **Wenn der Chef verreist war**
    - und gerade wieder ins Büro zurückkehrt — schirmen Sie ihn für einige Stunden ab;
    - es soll ihm möglich sein, selber für inzwischen angefallene Arbeiten Prioritäten zu bestimmen.
    - es soll ihm möglich sein, selber für inzwischen angefallene Arbeiten Prioritäten zu bestimmen.
12. **Wenn der Chef Aufträge erteilt**
    - Aktiv und konzentriert zuhören
    - Aufträge in der gewünschten Reihenfolge der Erledigung wiederholen, um abzusichern, daß man alles verstanden hat.
13. **Wer wollte etwas vom Chef?**
    - Wer hat angerufen? Wer war da?
    - Damit der Chef vernünftig und schnell rea-

gieren kann, müssen alle Informationen über Besucher oder Anrufer komplett sein:

- wann / wer / Anlaß / Rückruf erbeten — Tel.Nr. / Rückruf erfolgt — Tel.Nr.

14. Telefonnummern

- Wird eine bestimmte Telefonnummer wirklich nur einmal benötigt?
- Im Zweifel sofort notieren, damit man sie auch später zur Hand hat;
- bei neuen Kontakten sofort Adresse und Telefonnummer festhalten;
- der Chef muß diese Informationen auch auf Anhieb selber finden.

15. Akustisches Firmengesicht

- Liebenswürdiges und freundliches Telefonverhalten
- keine Stimme, die nur aus einem Pokerface kommen kann;
- keine abwertende Tonlage;
- höflich, dynamisch und hilfsbereit am Telefon;
- kein Klassenbewußtsein bei der Anrufer-Behandlung;
- Fröhlichkeit in der Stimme;
- man muß das Gefühl haben, daß die Firma noch sehr lange erfolgreich und jugendlich leben wird.

16. Versprochene Rückrufe

- Unbedingt einhalten
- bekannt sein für Zuverlässigkeit;
- dafür sorgen, daß der Chef wirklich zurückruft.

17. Bei starker Belastung

- Eine Sache nach der anderen
- Pause zum Innehalten und Planen
- die Reihenfolge der Wichtigkeit festlegen
- nicht die Nerven verlieren.

18. Korrespondenz

- Makellos — keine Kompromisse
- häufiger im Duden nachschlagen
- falls bei der Zeichensetzung Schwierigkeiten — dieses Thema einmal richtig studieren
- Beachtung von Briefstil und Richtigkeit des Inhalts
- empfangene Briefe genau lesen und alle Punkte beantworten
- präzise Auskünfte — keine vagen Mitteilungen
- prüfen, ob alle Anlagen zusammen sind
- Portobedingungen genau kennen — nicht nach Gefühl frankieren
- Zwischenbescheide geben, wenn der Chef verreist ist
- bei eingehender Korrespondenz Wichtiges mit Leuchtschrift markieren.

19. Aufschreiben

- Sofort
- das Gedächtnis ist immer weniger gut, als man es wünscht
- Ideen des Chefs in einer Ideen-Kartei festhalten

20. Terminüberwachung

- Vom Chef selbst mit anderen vereinbarte Termine schnellstens von ihm nennen lassen.

21. Mehr handeln

- Weniger reden
- keine Verzögeritis
- erledigen Sie es sofort.

22. Die eigene Sprache und das Auftreten

- Gepflegt
- diszipliniert
- freundlich

23. Verschwiegenheit

- Nichts Vertrauliches weitererzählen
- nicht die Führung des innerbetrieblichen Nachrichtenwesens übernehmen
- nicht kreativ an der Klatsch-Produktion und -Distribution mitarbeiten
- nichts Vertrauliches im Büro offen herumliegen lassen.

Top-Verkäufer hypnotisieren ihre Kunden

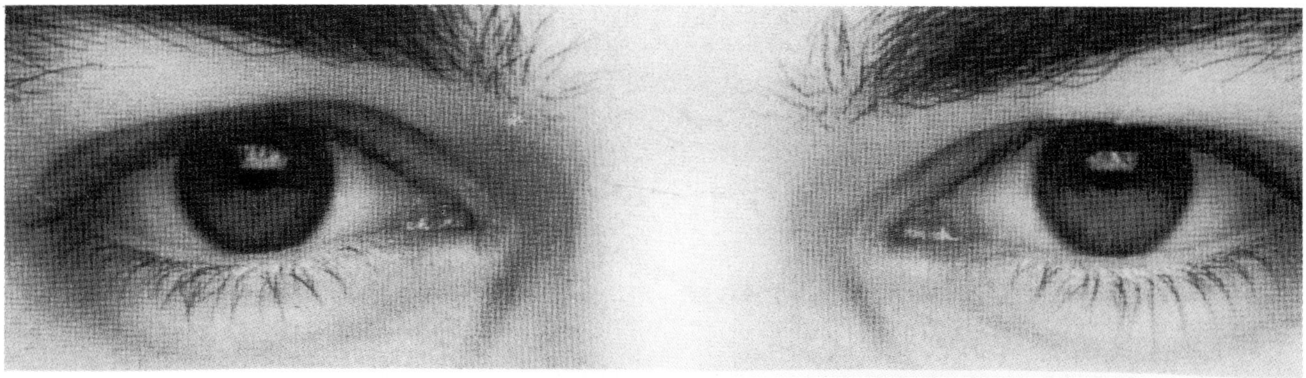

Verkäufer ist eigentlich jeder von uns; denn jeder bemüht sich Meinungen, Interessen, Arbeit und Produkte 'zu verkaufen'. Deshalb sollte eigentlich auch jeder ein 'Top-Verkäufer' sein. Der Chef, der seine Mitarbeiter zu einer zeitaufwendigen Extraarbeit motivieren möchte. Die Gattin, die ihrem Mann 'verkaufen will', daß ein Zweitwagen für sie besser wäre, als ein Herbsturlaub für die Familie. Der freie Journalist, der einen Chefredakteur von seinem Artikel überzeugen muß, wie der Versicherungsvertreter, der die gesetzliche Altersversorgung bei seinem Kunden durch eine Lebensversicherung ablösen möchte. Die 18jährige Tochter, die ihrem Vater 'Autoleihen gegen Rasenmähen' zu versüßen sucht.
Verkauft wird überall — zu jeder Zeit — und auf allen Ebenen.
Dabei überzeugt nur zum Teil das Produkt, der wichtigste Teil ist das Auftreten und die Argumentation.

'Ich bin genauso wie Sie'
'Wir harmonieren'
'Sie können mir ganz vertrauen'
Durch solche Suggestionsformeln stellen die besten Verkäufer zunächst eine Atmosphäre des Vertrauens und der menschlichen Nähe her. Ihre Bemerkungen und ihre emotionale Grundhaltung schaffen die hypnotische Einstimmung. Dabei stellt sich der Verkäufer auf eine Stufe mit dem Kunden. Er versetzt ihn in einen Zustand intensivster Aufmerksamkeit und Sensibilität, wodurch die Empfänglichkeit für Suggestionen steigt. Die einfachste Form der Einstimmung ist die 'beschreibende Einstimmung', bei der der Verkäufer Erfahrungen des Kunden zutreffend beschreibt. 'Der Regen in den letzten Tagen hat einen ganz deprimiert gemacht. Finden Sie nicht auch?'
'Genießen Sie nicht auch einen solch schönen Frühlingstag?'
Durch solche banalen Feststellungen werden Übereinstimmungen hergestellt und eine Verbindung geschaffen. Ein durchschnittlicher Verkäufer neigt dazu, sofort sein Verkaufsgespräch zu beginnen oder den Kunden mit Fragen zu überschütten.

Eine zweite Art hypnotischer Einstimmung ist die 'Einwand-Einstimmung'. Der Kunde bringt einen Einwand vor oder leistet Widerstand. Der gute Verkäufer stimmt ihm zu, wobei er seine Bemerkungen denen des Kunden anpaßt.

Ein Versicherungsverkäufer könnte durchaus zugeben, daß eine Versicherung 'nicht die beste Geldanlage ist' oder ein Autoverkäufer, 'daß es sparsamere Typen als seinen — schnittigen Wagen gibt'.

Die Wand, gegen die der Kunde anrennen wollte, ist plötzlich verschwunden. Nach der Bestätigung führt er den Kunden unmerklich in eine Position, die diesen Einwand negiert oder unterminiert. Der Versicherungsverkäufer, der seinem Interessenten zugesteht, daß »eine Versicherung heutzutage nicht die beste Geldanlage ist«, fährt mit der Bemerkung fort: »Aber sie hat eine Menge Vorteile«. Dann beschreibt er die nützlichen Seiten einer Lebensversicherung. Mittelmäßige Verkäufer reagieren auf Widerstand meist mit einem Gegenangriff. Mit Argumenten, mit denen sie den Einwand des Kunden entkräften zu können glauben. Diese Reaktion veranlaßt den Kunden oft, sich noch hartnäckiger hinter seinen Argumenten zu verschanzen.

Die wirkungsvollsten Formen der Einstimmung beziehen sich mehr darauf, wie etwas gesagt wird, als darauf, was gesagt wird. Der gute Verkäufer besitzt die Fähigkeit, sich wie ein Chamäleon der Sprache und der Denkweise jedes Kunden anzugleichen. Mit hypnotischer Wirkung paßt sich der Verkäufer dem Tonfall, dem Rhythmus, der Lautstärke und der Sprechgeschwindigkeit des Kunden an. Er imitiert Haltung, Körpersprache und Stimmung des Kunden. Er übernimmt typische Redewendungen des

Kunden (»hört sich gut an«, »da fällt mir was ein«, »in den Griff bekommen«).

Wenn der Kunde ein bißchen deprimiert ist, räumt der Verkäufer ein, er habe sich in letzter Zeit »auch nicht richtig wohl gefühlt«. Erzählt der Kunde stolz von geschäftlichen Erfolgen, die er in den letzten Wochen und Monaten verbuchen konnte, so stellt sich auch der Verkäufer optimistisch. Im Grunde genommen fungiert der erfolgreiche Verkäufer als hochentwickelter Biofeedback-Mechanismus, indem er die Wirklichkeit des Kunden teilt und reflektiert.

Erst dann, wenn der Verkäufer ein Band des Vertrauens und der menschlichen Nähe geknüpft hat, läßt er die suggestiven Vorschläge und indirekten Befehle ins Verkaufsgespräch einfließen. Eine solche weiche Verkaufstechnik besteht darin, die unbestreitbar wahren Einstimmungs-Feststellungen als Brücken zu beeinflussenden Behauptungen zu verwenden, die zu der erwünschten Reaktion oder Aktion führen.

Beispiele: »Sie sehen sich dieses Modell an und erinnern sich sofort, welche Freude es macht, einen verläßlichen neuen Wagen zu besitzen« oder »Sie sind jetzt 27 und nach unseren Erfahrungen brauchen Sie eine Lebensversicherung über 150.000 DM«.

Diese zugleich einstimmenden und beeinflussenden Feststellungen ähneln den Techniken, die der Hypnotiseur anwendet, um einen Patienten in die Hypnose zu führen:

»Sie sitzen in diesem Sessel und hören meine Stimme« — die unbestreitbaren Einstimmungs-Feststellungen — »und Ihre Augenlider werden schwer und beginnen sich zu schließen . . .«

Es braucht kein logischer Zusammenhang zwischen einer einstimmenden und einer beeinflussenden Bemerkung zu bestehen. Sie können sogar völlig unzusammenhängend sein, doch wenn sie im Zusammenhang ausgesprochen werden, entsteht eine »Verkaufslogik«, die sehr wirkungsvoll sein kann, sogar bei gemeinhin so analytisch veranlagten und nachdenklichen Kunden wie Ärzten.

Die starke Wirkung dieser beeinflussenden Bemerkungen rührt daher, daß sie die positive Einstellung ausnutzen, die durch die unbestreitbar wahren, einstimmenden Feststellungen erzeugt wurde, mit denen der Kunde jetzt vertraut ist.

Kunden, die einem Verkäufer schon einmal oder mehrmals zugestimmt haben, erwarten unbewußt weitere Übereinstimmung, genau wie Kunden, die dem Verkäufer einmal widersprochen haben, auf weitere Meinungsunterschiede gefaßt sind.

Die »traditionelle« Wahrheit dieser einstimmenden Feststellungen färbt auf die beeinflussenden Bemerkungen ab, und ohne es zu merken, beginnt der Kunde, immer mehr von dem, was der Verkäufer sagt, persönlich wichtig zu nehmen.

Gute Verkäufer achten darauf, daß ihre getarnten Befehle beim Kunden ankommen, indem sie Tonfall, Rhythmus und Lautstärke ihrer Worte ändern. Wenn sie die Befehle aussprechen, verlangsamen sie im typischen Fall ihre Sprache, sehen dem Kunden direkt in die Augen und verleihen jedem einzelnen Wort Gewicht.

Daß man in einem Satz den Namen des Gesprächspartners nennt, mag banal erscheinen, doch die Stellung des Namen im Satz kann sich stark darauf auswirken, wie dieser den Zuhörer beeinflußt. Wenn er vor oder nach dem Befehlsteil eines Satzes kommt, verleiht er der Aufforderung zusätzliches Gewicht.

Die 5 Stufen der Beeinflussung

1	2	3	4	5
aufschließen	interessieren	überzeugen	beeinflussen	gewinnen
Kontakt Aufmerksamkeit Sympathie Bereitschaft zum Gespräch	Vorteile anbieten Interessen — wecken — vertiefen — binden	Logik Argumentation Begründung Sachlichkeit	Lebendigkeit Überredungskunst Motivation	Glaubwürdigkeit Festigkeit Vertrauen (als höchstes Ergebnis)

50 Regeln für Redner

1. Die Grundlage der freien Rede ist eine durchgebildete, schöne und deutliche Aussprache.

2. Die Schönheit der Sprache beruht auf der Reinheit der Vokale, verbunden mit der Schärfe der Konsonanten. Die Deutlichkeit wird dadurch erzielt, daß der Redner jede Silbe vollständig ausspricht.

3. Das Ringen nach rhetorischem Können bedingt eine Veredlung der Sprache auch im Wesen. Alles Unschöne, Geschmacklose und Gewöhnliche hat der Redner abzulegen.

4. Durch den leichten Fluß der Sprache wird die Verständlichkeit und die Schönheit der Rede erhöht.

5. Tempo und Stimmstärke müssen dem Thema und den akustischen Verhältnissen des Raumes angepaßt sein. Je mehr Zuhörer, desto langsamer und lauter soll man sprechen.

6. Die erste Pflicht des Redners besteht darin, daß er sein Thema zweckentsprechend auswählt und es vollkommen beherrscht.

7. Der Redner wird seine Zuhörer fesseln und die Gemüter bewegen, wenn er nach Möglichkeit die Ausführungen mit den großen allgemeinen Interessen des Volkes oder bestimmter Kreise in Verbindung bringt.

8. Erfolgreiche Redner tragen ihren Vortrag in einem dynamischen, mitreißenden Stil vor und verfallen niemals in einen teilnahmslosen Ton.

9. Der einflußreiche Redner wendet sich beständig an sein Publikum. Der Vortrag wird zum Dialog, und er läßt die Zuhörer fühlen, daß er sich lebhaft für sie interessiert.

10. Kurze Sätze, eine treffende Wahl der Ausdrücke, erhöhen die Wirkung. Alles Überflüssige und Nebensächliche fortlassen!

11. Klangfarben, Licht und Schatten, Stimmlage und Stimmstärke, Ton und Ausdruck müssen wechseln. Der Redner spreche eindringlich und halte aus bis zum letzten Wort. Dadurch erhält er die Aufmerksamkeit und das Interesse der Zuhörer.

12. Der Redner hüte sich vor jeder Nachlässigkeit und behalte seine Stimme fest in der Gewalt.

13. Der Redner verleiht seinem Vortrag dadurch Wert, daß er seine Worte in den Dienst einer guten Idee stellt.

14. Eine Persönlichkeit bleibt immer fair gegen Freund und Feind, ohne Rücksicht auf Glaubensrichtung, politische Meinung, Rang, Stand, Alter und Nationalität.

DIE DISKUSSION

15. Die Diskussion ist ein sachlicher Meinungsaustausch, wobei sich jeder Redner eines möglichst objektiven Denkens zu befleißigen hat.

16. Bewahren Sie beim Hören gegnerischer Ansichten die Ruhe, indem Sie bedenken, daß nach dem Gesetz der Verschiedenartigkeit nicht zwei Menschen der gleichen Meinung sein können. Dadurch wächst die rednerische Stärke und die Fähigkeit, jede ausgesprochene Anschauung zu würdigen.

17. Machen Sie es sich zur Pflicht, Ihre Überzeugungen kraftvoll zum Ausdruck zu bringen, jedoch unter Würdigung der Gegenmeinungen.

18. Jede Wechselrede soll eine Aufklärung über die unterschiedlichen Auffassungen anstreben und versöhnend wirken.

19. Sprechen Sie nur zum Thema und meiden Sie jede unnötige Abschweifung.

20. Machen Sie es kurz, keine lange Einleitung, sondern gehen Sie bei der Diskussion direkt aufs Ziel los! Präzise Ausführung dessen, was Sie sagen wollen, gibt der Diskussionsrede die Würze.

21. Fordern Sie nicht heraus. Man hat Ihnen das Wort nicht erteilt, damit Sie Ihr Mißfallen an dieser oder jener, vielleicht nicht einmal anwesenden Person auslassen sollen.

22. Hören Sie aufmerksam zu, überlegen und sprechen Sie dann so, daß Sie mit jedem Wort den Kern der Sache treffen.

DIE PERSÖNLICHKEIT DES REDNERS

23. Bevor Sie sprechen, versetzen Sie sich in den nötigen Bereitschaftszustand, d.h., stellen Sie das innere Gleichgewicht, die Harmonie zwischen Empfinden und Denken her.

24. Nutzen Sie jede rednerische Gelegenheit dazu, Ihre Fähigkeiten weiterzuentwickeln: die scharfe Urteilsfähigkeit, die lebendige Vorstellung, die zuverlässige Erinnerungskraft, die Freiheit im selbständigen Denken und die Energie des Wollens.

25. Die körperliche Beredsamkeit ist das Ausdrucksbild der Gefühle und Gedanken. Sie muß anziehen und gefallen.

26. Das Bewußtsein des persönlichen Selbstwertes macht das Auftreten sicher.

27. Die Haltung des Körpers soll aufrecht und ungezwungen sein. Jedes Sichanlehnen und Sichstützen sowie das Spielen mit den Fingern ist zu unterlassen, denn der Redner ist der Konzentrationspunkt für die Zuhörer.

28. Die Bewegungen der Hände und Arme sollen leicht und lebhaft, dabei jedoch kraft- und ausdrucksvoll sein. Nervöse Unruhe und Künstelei sind zu vermeiden.

29. Der Blick soll während der Rede auf den Hörer gerichtet sein; der Blick muß mit der ganzen rednerischen Tätigkeit eins sein. Im Blick müssen sich die inneren Vorgänge, Überzeugungen, Begeisterungen und Wünsche widerspiegeln.

30. Das persönliche Auftreten des Redners muß mit dem Vortrag übereinstimmen. Die Harmonie seiner Worte und Gesten muß aus der Harmonie seiner Empfindungen und Gedanken hervorgehen.

31. Der Redner hat sich während der Ausübung seiner Tätigkeit streng zu überwachen, um einem Sichgehenlassen vorzubeugen.

DAS DENKEN

32. Betrachten Sie den Hauptgedanken als die Seele des Vortrages und seien Sie bestrebt, ihn konsequent bis zum Ende durchzuführen. Alle anderen Gedanken richten Sie so ein, daß Sie sich auf die Hauptidee beziehen und dazu beitragen, sie vollendet darzustellen.

33. Ordnen Sie Ihre Empfindungen und Ideen; nur darauf beruht die folgerichtige Verkettung der Gedanken.

34. Die Vorstellung ist die fortbewegende Kraft des logischen Gedankenganges und muß mit diesem in fortdauernder Verbindung gehalten werden.

35. Alle Vorstellungen und Gedanken müssen auf das eine Ziel, das der Redner sich gesteckt hat, gerichtet sein. Sämtliche dabei auftauchenden Vorstellungsbilder außerhalb des Themas müssen bewußt ausgeschieden werden.

36. Die Richtung der logischen Gedankenentwicklung ist in einem fortwährenden geistigen Fixieren des Hauptgegenstandes begründet. Die Konzentrationsfähigkeit aber beruht auf dem festen Wollen.

37. Üben Sie die Ruhe im Denken. Der Übergang von einem Gedanken zum nachfolgenden muß frei von Hast und Überstürzung sein. Damit wird auch Ruhe im Ausdruck erreicht.

38. Je größer das Interesse am Gegenstand, desto leichter der Gedankenfluß und um so sicherer ist auch die Konzentrationsfähigkeit.

39. Stellen Sie sich immer wieder vor, was Sie erreichen wollen.

REDNER UND ZUHÖRER

40. Erziehung und Bildung, Denk- und Urteilsfähigkeit, Charakter, Meinungen und Anschauungen sind unter Menschen millionenfach verschieden. Daraus ergibt sich, daß der Redner Unwissenheit und Irrtum, Trotz und Gleichgültigkeit, aktiven und passiven Widerstand überwinden muß.

41. Der Redner muß eine Persönlichkeit sein, die Achtung, Vertrauen und Sympathie seiner Zuhörer zu erwerben vermag.

42. Der Redner überwinde alle negativen Gewohnheiten.

43. Der gute Redner muß die Phantasie der Zuhörer ansprechen.

44. Der Redner, der es vermag, sich in andere hineinzuversetzen, es also versteht, die Dinge mit den Augen der anderen zu sehen, wird stets Erfolg haben.

45. Stets sei sich der Redner klar darüber, zu welchem Zweck er spricht und wohin er seine Hörer führen will.

46. Er hat alles zu berücksichtigen, was auf die Erhaltung der Harmonie und der frohen Stimmung von Einfluß sein könnte.

47. Auch bei Kritik und Tadel lasse der Redner merken, daß er trotz aller Strenge, von Wohlwollen und Sympathie gegen die Hörer erfüllt ist.

48. Seine Ruhe und Sicherheit sind so wichtig wie seine Worte.

49. Wer sich selbst vertraut, dem vertrauen auch die anderen.

50. Der positive, schöpferische Mensch wird als Redner immer Großes und Schönes leisten, wenn er wie der Maler, der Musiker oder jeder andere Künstler während der Rede ganz bei der Sache ist; wenn er genug Geistesgegenwart besitzt und die Menschen liebt.

Rhetorik-Grundregeln

Nachfolgend eine Checkliste von 12 möglichen Fehlern, die sich in jeder Rede, aber auch im Gespräch einschleichen.
Prüfen Sie selbst, ob Sie alles bisher beachtet haben.

1. **Formulieren Sie zu lange Sätze?**

   Nicht umsonst heißt es: Nebensätze bleiben Nebensätze. Sie sind tatsächlich oft Nebensätze. Bilden Sie lieber kurze Hauptsätze. Dies gibt Ihnen die Möglichkeit, nicht außer Atem am Ende des Satzes anzukommen.

2. **Benutzen Sie zu lange Wörter?**

   Prüfen Sie einmal Ihren Wortschatz. Für viele Wörter gibt es kürzere Begriffe, mit genau der gleichen Bedeutung.

   Beispiele:

   unter Zuhilfenahme von ......!
   besser: mit

   unter Ausnutzung der ......!
   besser: durch

   mit Ausnahme von ......!
   besser: außer

   Rückäußerung ......!
   besser: Antwort

   Fragestellung ......!
   besser: Frage

   Achten Sie jedoch darauf, daß Sie nicht zu einseitig werden und nur noch den Kurzbegriff verwenden. Die Sprache lebt. Dies sollten Sie Ihre Zuhörer fühlen lassen.

3. **Sind Sie zu unpersönlich?**

   Beziehen Sie grundsätzlich die Zuhörer in Ihren Vortrag ein. Ersetzen Sie das unpersönliche Wort »man« möglichst oft durch das persönliche »Sie«.

   Beispiele:

   Man kann daraus lernen ......!
   besser: Sie lernen hieraus

   Auch wenn man noch nichts gehört hat ......!
   besser: Auch wenn Sie noch nichts

4. **Sind Sie zu unentschlossen!**

   Wie viele Konjunktive verwenden Sie in Ihrer Rede? Besonders bekannt ist die Formulierung: Ich würde sagen, daß ......
   Vergessen Sie diesen Vorspann ganz. Nur in Verkaufsgesprächen ist es besser zu sagen: Ich würde sagen, daß Ihnen der Hut sehr gut steht, gnädige Frau! Gefällt er nicht, so haben Sie sich noch nicht endgültig festgelegt.

5. **Kommen Sie ohne übertriebene Höflichkeitsfloskeln aus?**

   In einem persönlichen Gespräch ist das »dürfen« eine Form der Höflichkeit (»Darf ich Sie zum Essen bitten?«). Es wirkt jedoch in einem Vortrag dominierend und belehrend (»Darf ich Sie um Ihre Aufmerksamkeit bitten?«). Außerdem verlängert dies — unnötig — Ihre Ausführungen.

6. **Arbeiten Sie mit Modewörtern?**

   Überprüfen Sie, ob Sie bestimmte Begriffe nicht zu häufig anwenden. Selbst in einer kurzen Stellenanzeige tauchte gleich zweimal das Wort »echt« auf. Ist das nicht »echt gut«?

7. **Sprechen Sie sehr oft in der Passiv-Form?**

   »Es wird gebeten, die Plätze einzunehmen«.
   Viel schneller wird es gehen mit dem Satz: »Ich bitte Sie, die Plätze einzunehmen«.
   Statt »Es wird den Teilnehmern Dank gesagt«, besser: »Wir danken den Teilnehmern«.

8. **Behaupten Sie zu viel?**

   Wenn Sie behaupten — oder gar belehren — bieten Sie zu viele Angriffsflächen. Versuchen Sie einmal mehr, Ihre Äußerungen in Frageform zu kleiden. Sie nehmen gleichzeitig die Spitze aus Ihren Äußerungen, wenn Sie das schlichte Wörtchen »auch« einbauen.

9. **Stellen Sie nur geschlossene Fragen?**

   Wenn ich meinen Gesprächspartner aktivieren will, so stelle ich keine Frage, die er mit einem Wort (Ja, nein, vielleicht) beantworten kann.

»Haben Sie heute Zeit?« Antwort: »Ja«
besser:
»Was machen Sie heute nachmittag?«
Antwort: »Ich habe noch einige Aufträge zu bearbeiten«.

Handelt es sich also um einen höflichen Menschen (und davon gehen wir immer aus!), so wird er immer mit einem vollständigen Satz antworten. Es ist die offene Frageform, die immer mit einem Fragewort (wann, wie, wo, welche etc.) beginnt.

10. **Verkaufen Sie sich schlecht?**

Jeder Mensch glaubt, daß er der Mittelpunkt der Welt ist. Leider gibt es zwischenzeitlich über 4 Milliarden Mittelpunkte! Nicht was ich kann, auch nicht, was wir leisten, sondern nur, was sie (die anderen) erhalten, interessiert.
Also: Den anderen mehr in den Vordergrund schieben.

11. **Sprechen Sie zu schnell und ohne Pausen?**

Überprüfen Sie einmal Ihren Bekanntenkreis. Wer zu schnell spricht, strebt besonders nach Anerkennung (Ausnahme: angeborene Eigenschaft). Sie können kaum zu langsam, aber fast immer zu schnell sprechen.
In Zukunft: Je mehr Zuhörer, um so langsamer Ihre Sprechweise. Arbeiten Sie mit Pausen und überfordern Sie nicht Ihre Zuhörer. Wichtig ist, daß Sie die Pausen natürlich an die richtige Stelle setzen. Wie heißt es doch bei Schillers Tell:

»Der brave Mensch denkt an sich selbst zuletzt.«

Heute klingt es meist so:
»Der brave Mensch denkt an sich ... (Pause) ...selbst zuletzt.«

12. **Halten Sie Blickkontakt?**

Sie werden etwas gefragt, und schon weichen Sie mit Ihrem Blick aus, um sich besser konzentrieren zu können. Falsch! Schauen Sie Ihrem Gesprächspartner unbedingt weiter ins Gesicht. Nur so strahlen Sie Sicherheit und Überzeugungskraft aus.

Fazit:

Fangen Sie heute noch an: Achten Sie jeden Tag einmal ausschließlich auf Ihren Satzbau. Den nächsten Tag korrigieren Sie nur zu lange »Wortschöpfungen«. Sie werden feststellen, daß Sie nach kurzer Zeit Ihre rhetorischen Fähigkeiten entschieden verbessert haben. Viel Spaß dabei!

Was ist zu tun, wenn man plötzlich eine Rede halten muß?

Fast jeder kommt früher oder später in die Situation, eine Rede halten zu müssen. Eine gute Vorbereitung hilft Ihnen, den »Kloß im Hals« abzubauen und die feuchten Hände zumindest zu vergessen. Jeder, der eine Rede halten muß, sollte auf die nachfolgenden Fragen ernsthaft Antwort geben.

Vor wem spreche ich?

Fremdwörter bei einer Betriebsversammlung sind unangebracht; bei einer Vorstandsbesprechung können sie durchaus eine positive Wirkung erzielen.

Wieviel Zuhörer habe ich?

Reicht meine natürliche Lautstärke oder muß ich mit Lautsprecheranlage arbeiten?

Wie kann ich alle in mein Blickfeld bekommen oder wie halte ich Blickkontakt?

Was wollen meine Zuhörer hören? Mit welcher Erwartungshaltung kommen sie?

Finde ich eine individuelle Lösung zwischen dem, was die Zuhörer hören wollen, und dem, was ich ihnen sagen möchte/muß?

Habe ich genügend Material für meine Rede?

Hilfen: Zeitungen, Fachzeitschriften, Bücher, Lexika, Umfragen im Bekanntenkreis.

Kenne ich interessante, lustige, bekannte Redewendungen oder Zitate, die ich zur Auf-

lockerung in meinen Vortrag einbauen könnte?

Dies schafft mir ein Sympathiefeld bei den Zuhörern.

Habe ich einen Stichwortzettel, auf dem die wichtigsten Gedankengänge — unter Umständen farbig abgesetzt oder unterstrichen — aufgezeichnet sind?

Habe ich Demonstrationsmaterial?

Setzen Sie z.B. einen Tagesschreiber ein. Auch eine Tafel, auf der Sie Thesen anschreiben können, kann Ihnen eine große Hilfe sein.
Nicht umsonst benutzt der amerikanische Staranwalt Melvin Belli in Gerichtsverhandlungen eine Tafel: man behält genau das Doppelte, wenn es visuell demonstriert wird.

Habe ich aus meinem Konzept die Fremdwörter weitgehend gestrichen und das Wort »ich« durch »Sie« ersetzt? (Ausnahmen sind zum Teil Überzeugungsreden.) Niemanden interessieren Ihre Vorteile und Ihre Probleme. Jeder Zuhörer will etwas über seine Vorteile wissen und eine Antwort auf seine Probleme hören.

Habe ich an die Begrüßung der Zuhörer (Reihenfolge) gedacht?

Hebt sich meine Eröffnung von dem üblichen Schema ab?

Beginnen Sie mit einem Zitat, einem bildhaften Vergleich, einer Episode oder einem geschichtlichen Rückblick.

Besitzt meine Rede eine klare Gliederung?

Dann stellen Sie diese dem Publikum vor. Haben Sie mehrere Schwerpunkte, so nehmen Sie eine Wertung vor.
Zum Beispiel:

1. Frage nach dem Sinn

   Wie hat man das in der **Vergangenheit** gemacht?

2. Frage nach der **Gegenwart**

   Situationsanalyse

3. Frage nach der Zukunft

Bringen Sie nicht die stärksten Aussagen am Anfang,
sondern verwenden Sie — wenn es möglich ist und es der Aufbau der Rede erlaubt — folgende Reihenfolge: z.B. bei 5 Schwerpunkten 3 - 5 - 1 - 4 - 2 . 1 ist hierbei das stärkste und 5 das schwächste Argument.

Habe ich auf meinem Stichwortzettel (farbig abgehoben) das Wort »Pause« vermerkt?

Senken Sie Ihre Stimme am Satzende und formulieren Sie möglichst kurze Sätze.

Lernen Sie den ersten und den letzten Satz Ihrer Rede unbedingt auswendig.

Dies gibt Ihnen einen guten Einstieg, frei nach dem Motto:
Der erste Eindruck ist wichtig, der letzte bleibt.

5 Regeln, um einen überzeugenden Eindruck zu machen!

Ihr Auftritt bitte — 5 Regeln, die unbedingt zu beachten sind.

1. **Haltung**

   Bewegen Sie sich normal, laufen Sie nicht zuviel hin und her. Stehen Sie mit beiden Beinen fest auf dem Boden. Wippen mit den Füßen zeigt Ihre Nervosität, sie kann sich auf die Zuschauer übertragen. Halten Sie sich nicht am Pult oder Stuhl fest. Dies zeigt ebenso Ihre Nervosität und wirkt negativ auf die Zuhörer.

2. **Gestik**

   Zu viel und zu wenig Gestik ist schlecht. Zeigen Sie nicht mit dem Finger auf Ihre Zuhörer. Machen Sie keine schnellen Bewegungen mit den Armen. Benutzen Sie beide Arme in Maßen, so daß Sie Ihre Aussage unterstreichen. Vor allem, bleiben Sie natürlich.

3. **Mimik**

   Ihre Mimik soll die Aussage, das was Sie sagen,

unterstreichen. Der Zuschauer soll aus Ihrem Ausdruck erkennen, daß Sie überzeugt sind von dem, was Sie sagen.

4. **Stimme**

   Durch ruhiges Sprechen erhöhen Sie die Konzentration Ihrer Zuhörer. Vermeiden Sie Monotonie in der Stimme. Senken und heben Sie die Stimme.

5. **Blickkontakt**

   Halten Sie Blickkontakt. Greifen Sie sich im Zuhörerkreis mehrere Damen und Herren heraus, links, rechts, in der Mitte, vorne, hinten, die Sie kurz anschauen. Wenn Sie das laufend wiederholen, wird sich jeder im Raum nach dem Vortrag angesprochen fühlen.

Was ist zu tun, wenn man den Faden verliert?

Wem ist es noch nicht so ergangen? Mitten in einer gut aufgebauten, klar gegliederten und wohldurchdachten Rede fehlen uns die Worte.
Die berühmte und vielzitierte »Mattscheibe« hat auch uns erwischt. Eine heiße Welle der Angst durchdringt unseren Körper. Zu allem Überfluß kommt jetzt noch der hochrote Kopf. Die medizinische Erklärung hierfür: Auf Geheiß des Gehirns produziertes Adrenalin und Noradrenalin wird in den Blutkreislauf geschickt.

Wer die folgende Checkliste beachtet, dem wird vielleicht bei der nächsten sich bietenden Gelegenheit eine der aufgezeigten Möglichkeiten, den Moment des Steckenbleibens, überwinden helfen. Unbedingt wichtig ist ein gesundes Maß an Selbstbejahung nach dem Motto: Ich werde mich in der nächsten kritischen Situation an diese Tips erinnern. Wenn ich mich danach richte, kann mir nichts passieren.

1. **Sagen Sie am Anfang einer Rede niemals, Sie seien nicht kompetent, das macht einen schlechten Eindruck.**

2. **Legen Sie ruhig zwischendurch eine Pause ein.**

   Seien Sie versichert, eine Pause stört in den seltensten Fällen.

3. **Fassen Sie den gesamten letzten Abschnitt zusammen.**

   Sagen Sie z.B.: »Zusammenfassend lassen Sie mich die Situation noch einmal umreißen«.

4. **Wiederholen Sie Ihren letzten Satz;** so gewinnen Sie Zeit zum Überlegen.

   Etwa: »Ich möchte noch einmal betonen, daß .....«

5. **Sagen Sie entwaffnend ehrlich die Wahrheit:**

   »Nun habe ich den Faden verloren.« Es gibt nur sehr wenige Situationen, in denen Sie sich ein solch offenes Wort nicht leisten können.

6. **Stellen Sie Fragen an die Zuhörer;**

   so schaffen Sie sich eine Atempause, zum Beispiel: »Haben Sie noch Fragen zu meinen bisherigen Ausführungen?«

7. **Wechseln Sie einfach das Thema:**

   »Kommen wir nun zu einem neuen Abschnitt ....«

8. **Halten Sie eine lustige Geschichte (Gag) bereit:**

   »An dieser Stelle fällt mir eine lustige Episode ein .....«
   Natürlich muß sie zu Ihrem Thema in irgendeiner Verbindung stehen und zum Anlaß passen.

9. **Überschätzen Sie nicht Ihre Zuhörer, und nehmen Sie sich selbst nicht allzu ernst.**

10. **Machen Sie es wie Bismarck:**

    Sehen Sie die Zuhörergruppe nicht als Menschen an, die Ihnen Böses wollen. Er soll sich immer eingeredet haben, vor Kohlköpfen zu sprechen.

11. **Verlassen Sie sich auf Ihren Stichwortzettel.**

Dieser wird Ihnen bestimmt — wenn er entsprechend aufgebaut ist (stärkeres DIN-A5-Papier, farbig und großzügig unterteilt, nur einseitig beschrieben, nicht zu viele Stichworte pro Seite) — als Rettungsanker dienen.

12. **Denken Sie nicht an frühere Auftritte,** in denen Sie vielleicht schon einmal steckengeblieben sind.

Zwischenrufe! — Wie verhält man sich?

Als oberste Regel gilt für jeden Redner. Lassen Sie sich nicht aus dem Gleichgewicht bringen. Antworten Sie nicht mit aggressiven Formulierungen wie: »Wenn Sie meinen, Sie könnten mit Ihren Zwischenrufen verwirren ....« Der nächste Zwischenruf könnte dann lauten: »Sie sind doch schon verwirrt!« Auch die »schlagkräftige« Antwort »Denken Sie erst nach — bevor Sie hier dazwischenrufen« ist selten angebracht.

Selbstverständlich gibt es keine Patentrezepte, doch nachfolgend eine Reihe von Möglichkeiten, um Zwischenrufen wirkungsvoll zu begegnen:

1. **Überhören:**

Diese Möglichkeit haben Sie, wenn es sich lediglich um vereinzelte Zwischenrufe handelt. Spätestens nach drei bis vier lauten Kommentaren müssen Sie jedoch reagieren.

2. **Schlagfertig antworten:**

Dies ist das beste Mittel, um auf böswillige Zwischenrufe zu antworten. Von Sir Winston Churchill ist bekannt, daß er in seinen Reden Formulierungen verwandte, die zum Widerspruch reizten. Sir Winston hatte sich jedoch schon vorher entsprechende — »schlagkräftige« — Antworten ausgedacht. Schlagfertigkeit können Sie trainieren durch das 3-Worte-Spiel: Lassen Sie sich im kleinen Kreis drei Worte zurufen (zum Beispiel: Hubschrauber — Kaffee — Polizist), und formen Sie daraus — sofort — eine Geschichte, die mindestens zwei Minuten dauert. Aber auch durch die Erweiterung Ihres aktiven Wortschatzes — das heißt, die Worte, die Sie täglich einsetzen — werden Sie Ihre Schlagfertigkeit verbessern.

3. **Verschieben:**

Ein sehr wirksames Mittel, wenn Sie zu einem späteren Zeitpunkt dann tatsächlich auf die Zwischenrufe eingehen. Bleiben Sie höflich: »Vielen Dank für Ihren Einwand. Ich komme zu einem späteren Zeitpunkt darauf zurück.« Wenn es in Ihr Konzept paßt und der Redefluß nicht zu stark gestört wird und der Einwand ernst gemeint ist, so schreiben Sie den Einwand auf.

4. **Rückfragen:**

Stellen Sie Rückfragen, wenn es Ihre Zeit erlaubt. Lassen Sie sich die Aussage nochmals wiederholen. Noch wirksamer: Wenn möglich, lassen Sie den »Zwischenrufer« bestimmte Ausdrücke definieren. Sie werden über das Ergebnis verblüfft sein.

5. **Ja-aber-Taktik:**

Meiden Sie lange Ausführungen und Dialoge. Antworten Sie kurz und benutzen Sie die »Ja-aber-Taktik«. Sprechen Sie das »Ja« nicht aus, sondern benutzen Sie andere scheinbar rechtgebende Formulierungen. »Da stimme ich Ihnen zu, doch haben Sie folgendes bedacht ....«

6. **Neutralisierungs-Taktik:**

Bereiten Sie sich auf Zwischenrufe vor. Neutralisieren Sie zum Beispiel den Zwischenruf durch den Satz: »Ich habe mit diesem Einwand gerechnet, aber es ist doch besser und interessanter für die anderen Zuhörer, wenn ich mit meinem Vortrag fortfahre.«
Bringen Sie klar zum Ausdruck, daß Sie im Interesse der anderen Zuhörer keine Privatunterhaltung wünschen. Wenn es geht, bieten Sie dem Zwischenrufer ein Gespräch nach dem Vortrag an. Das schafft eine positive Atmosphäre.

7. **Dialektischer Kniff:**

   Verweisen Sie — wenn möglich — auf den Ernst der Situation oder auch auf höhere Werte wie Vaterland, Liebe, Treue und daß dies doch wohl nicht der rechte Rahmen für Zwischenrufe ist. Achten Sie darauf, daß Sie sofort wieder ernst werden, wenn Sie eine geistreiche Antwort gegeben haben.

   Ein weiterer Tip:

   Versuchen Sie, heitere Zwischenrufe ernst und ernste Zwischenrufe heiter zu beantworten.

Unfaire Dialektik! — Wie kann man darauf reagieren?

Dialektik ist die »Kunst, geschickt und erfolgreich zu verhandeln«. Letztlich ist es die Fähigkeit, den Gesprächs- und Diskussionspartner zu überzeugen. Zwischen recht haben und recht behalten, liegt jedoch ein himmelweiter Unterschied. Die Methoden fairer Dialektik sind inzwischen durch zahlreiche Publikationen hinreichend bekanntgeworden. Über unfaire Dialektik, die auf jeden Fall abzulehnen ist, gibt es jedoch nur wenige Veröffentlichungen. Doch wie soll man sich gegen Methoden, wie sie folgen, wappnen, wenn man sie nicht oder nur zu spät erkennt?

1. **Laien-Taktik:**

   Der Gesprächspartner spielt den Ungläubigen. Wie leicht werden wir alle verwirrt, wenn der Gegner mehrmals hintereinander feststellt: »Das verstehe ich nicht, können Sie das bitte noch einmal erklären?«

   Tip:

   Kommen Sie später darauf zurück. Verweisen Sie — wenn möglich — auf nachfolgende Äußerungen.

2. **Wissenschafts-Taktik:**

   Der Gesprächspartner arbeitet mit Lehrmeinungen; er zitiert Mao, Lenin, Böll. Noch gefährlicher: er zitiert absichtlich falsch und fragt Sie, ob Ihnen nichts aufgefallen ist. Wer kennt schon die Formulierungen bestimmter Persönlichkeiten im einzelnen.

   Tip:

   Zitieren Sie ebenfalls! Bereiten Sie sich gut vor und behaupten Sie, daß Sie auf dieses Zitat schon lange gewartet haben.

3. **Unterbrechungs-Taktik:**

   Ihr Gegenüber zermürbt Sie durch laufende Unterbrechungen: »Sie wiederholen sich«; »Wo haben Sie das denn gehört?«

   Tip:

   Machen Sie eine lange Pause und fragen Sie dann, ob Sie fortfahren dürfen.

4. **Großzügigkeits-Taktik:**

   Begründen wir unsere wohlüberlegte Meinung mit genauem statistischen Material, so bezeichnet er uns als »Pfennigfuchser« und als »kleinkariert« oder sagt: »Man muß doch an die Gesamttendenz, an die große Linie denken, Herr Kollege.«

   Tip:

   Fragen Sie ihn, ob er den exakten Angaben etwas entgegensetzen könne. Nur anhand dieser Zahlen ließe sich eine klare Linie aufzeigen.

5. **Genauigkeits-Taktik:**

   Umgekehrt: Sind Sie großzügig und legen nur Wert auf die große Linie, so kommt blitzschnell die Frage, ob Sie auf Einzelheiten keinen Wert legten. »Der Teufel steckt bekanntlich im Detail, darum .....«

   Tip:

   Stellen Sie fest, daß Sie die Einzelheiten ebenfalls geprüft haben, jedoch nur das Wichtigste vortragen wollen.

6. **Ad-personam-Taktik:**

   Eine der bekanntesten Methoden der unfairen Dialektik: Nicht die Sache, sondern die Person anzugreifen. Der Gegner bringt keine sachlichen Argumente, sondern wird persönlich: »Die Farbe Ihres Jacketts entspricht auch Ihrer geistigen Haltung« (grau in grau).

Tip:

Fragen Sie ihn, ob er nicht auch etwas zur Sache zu sagen hätte. Weisen Sie — je nach Publikum und der Stärke Ihrer Position — die persönlichen Angriffe auf das Entschiedenste zurück.

7. **Versteckte Angriffe auf die Person:**

Statt konkret auf Ihre Aussagen einzugehen, verweist er auf die Widersprüche früher von Ihnen gemachter Aussagen, die zum Teil schon Jahre zurückliegen können. Daraus folgert der unfaire Dialektiker Charakterlosigkeit, Hemmungen oder Wankelmut.

Tip:

Decken Sie seine Angriffe auf und weisen Sie diese zurück. Fragen Sie ihn, wie weit er diese böswillige Dialektik noch treiben will. Geben Sie ruhig zu, daß Sie inzwischen dazugelernt haben und nicht stehengeblieben sind.

8. **Zuordnungs-Taktik:**

Der Gegner ordnet Sie einer bestimmten Gruppe zu und verallgemeinert unfair. »Alle leitenden Angestellten haben nur das eine Ziel ....«; »Alle Unternehmer sind gleich ....«.

Tip:

Fragen Sie, ob Verallgemeinerungen am Platze sind. Sind denn die Deutschen »alle« fleißig, ehrlich und »essen nur Sauerkraut«.

9. **Kompetenz-Taktik:**

Bei jüngeren Verhandlungspartnern werden sachlich richtige Argumente zurückgewiesen: »Ihre Lebens- und Berufserfahrung ist einfach zu gering ....« Bei älteren Gesprächspartnern wird kategorisch festgestellt, daß »diese Meinung einfach nicht mehr zeitgemäß ist«.

Tip:

Fragen Sie den »Gesprächsgegner«, was denn nun wirklich gegen Ihre Argumente spricht. So zwingen Sie ihn zu einer qualifizierten Stellungnahme.

10. **Fremdwort-Taktik:**

Der Gegner benutzt einen Jargon, der Ihnen nicht bekannt ist, um sein Fachwissen zu beweisen. Oder er überschüttet Sie mit einem Schwall von Fremdworten.

Tip:

Fragen Sie höflich, aber bestimmt, ob er nicht die Fremdworte übersetzen kann. Das schafft Ihnen Sympathien bei den Zuhörern.

11. **Phrasen-Taktik:**

Wenn andere Methoden versagen, so versucht er, Sie durch schöne Redensarten zu umgarnen. Er spricht von höheren Werten, wie Vaterland, Mutterliebe, Großmut, Ehre und sozialer Gerechtigkeit. Diese Worte verfehlen bei den Zuhörern selten ihre Wirkung.

Tip:

Erkennen Sie diese Motive — insbesondere wenn Zuhörer vorhanden sind — an. Versuchen Sie jedoch, durch die »Ja-aber-Methode« den Gegner von seinen hochtrabenden Argumenten abzubringen. Sprechen Sie das »Ja« nicht aus, sondern ersetzen Sie dies durch eine andere scheinbar rechtgebende Formulierung. »In diesem Punkt muß man Ihnen zustimmen, aber haben Sie folgendes bedacht ....«

12. **Aufschub-Taktik:**

Der Gesprächspartner will erst später zu einem Problem Stellung nehmen oder gewinnt Zeit durch Rückfragen.

Tip:

Versuchen Sie, um das Gespräch in der Hand zu behalten, eine sofortige Stellungnahme zu erreichen. Sagen Sie ihm, daß Ihnen gerade dieser Gedankengang besonders wichtig erscheint.

13. **Schweige-Taktik:**

Er hört nur zu und läßt alle Äußerungen an sich abgleiten, oder fällt plötzlich in das andere Extrem: Er fertigt Sie lautstark ab und schweigt dann wieder urplötzlich.

Tip:

Zeigen Sie Ihr Erstaunen über den lautstarken (oder schweigsamen) Dialektiker. Der Schweiger kann nur durch eine geschickte Fragestellung »geöffnet« werden. Auf den Lautstarken wird nicht eingegangen. Bei vorhandenem Publikum disqualifiziert er sich meist selbst.

10 Todsünden — Die absolut sichere Methode, einen Mißerfolg zu erzielen!

Wer die folgenden 10 Punkte beachtet, der braucht sich um das Scheitern seiner Rede nicht zu sorgen, und sei der Inhalt noch so brillant und tiefgründig.

1. **Übertreiben durch untertreiben:**

   »Ich freue mich, daß Sie so zahlreich zu meinem Vortrag erschienen sind.« (Der Raum ist jedoch nur spärlich besetzt.) —
   »Vielen Dank, daß Sie meinem Vortrag so angeregt zugehört haben.« (Jeder zweite im Raum konnte ein Gähnen nicht unterdrücken. Einige nickten begeistert .... ein.) —
   »Mit meinen bescheidenen Mitteln werde ich versuchen ....« (Sehr gefährlich, wenn ein Fachmann zu tief stapelt. Das weckt Aggressionen.)

2. **Sprechen Sie in langen Sätzen:**

   Je kürzer jedoch die Sätze, um so geringer die Gefahr, daß Sie sich versprechen. Außerdem werden Sie durch den kurzen Satz gezwungen, langsamer zu sprechen. Die Stimme wird am Ende eines Satzes automatisch tiefer.

3. **Entschuldigen Sie sich:**

   »Ich habe mein Konzept vergessen, deshalb können Sie mich nicht aus dem Konzept bringen« oder »Entschuldigen Sie vielmals, daß ich mich nicht besser vorbereiten konnte«. Wenn Sie nach einer Entschuldigung hervorragend sprechen, so wirkt dies negativ auf Ihre Zuhörer. Umgekehrt: Haben Sie Schwierigkeiten mit Ihrem Vortrag, so bestätigen Sie nur das, was jeder Zuhörer nach Ihren Anfangsworten befürchtet.

4. **Benutzen Sie möglichst viele Fremdwörter:**

   Es klingt hervorragend, wenn Sie Ihre Rede mit zahlreichen und recht ausgefallenen Fremdwörtern »garnieren«. Zur Zeit stark im Schwang — bei Politikern — »die normative Kraft des Faktischen«.

5. **Setzen Sie Füllwörter ein:**

   Das sehr beliebte Füllwort des Jahres 1976 ist das Wort »echt«. Ist das nicht »echt gut«? Eine weitere Sitte ist der zu häufige Gebrauch des Konjunktivs: »Ich würde sagen, daß ....«. (In Rhetorik-Seminaren murmeln die Teilnehmer nach kurzer Zeit, wenn der Satz »Ich würde sagen ....« kommt: Nun sagen Sie es doch endlich!)

6. **Führen Sie während Ihres Vortrages Privatdiskussionen:**

   Bei Zwischenfragen und Zwischenrufen lassen Sie sich ruhig auf »Privatkrieg« ein. Konzentrieren Sie sich nur nicht auf die gesamte Zuhörerschaft.

7. **Verstecken Sie sich hinter Ihrem Rednerpult:**

   So können Sie auf keinen Fall von Ihren Zuhörern »erkannt« werden. Außerdem sehen Sie nicht so genau, was im Raum vorgeht.

8. **Gestikulieren Sie mit Händen und Füßen**

   Nutzen Sie zusätzlich Ihr DIN-A4-Redemanuskript (rechte Hand), um Ihre Ausführungen zu unterstreichen. So können Ihre Zuhörer unter Umständen Ihre Nervosität am Zittern des Stichwortzettels ablesen.

9. **Sprechen Sie ausführlich:**

   und halten Sie sich nicht an vorgegebene Zeiten. (Viel Wahrheit liegt in dem Satz: Sie können über alles sprechen, nur nicht über 20 Minuten.)

10. **Machen Sie doppeldeutige Aussagen:**

    »Ich vermisse viele, die nicht hier sind«, und verwenden Sie Tautologien »weißer Schimmel«, als »letztes Schlußlicht«, das kann bestimmt zu einem (unvorhergesehenen) Heiterkeitserfolg führen. Es ist nur fraglich, ob Sie danach den Faden wiederfinden.

Die Macht der Überzeugung

Ü b e r z e u g e n — nicht verführen. Die Kunst, Menschen zu beeinflussen. (Anleitung für verantwortungsbewußte Persönlichkeiten)

Keiner von uns sage, er habe die Wahrheit schon gefunden. Laßt sie uns vielmehr so suchen, als ob sie uns unbekannt sei. Wenn keiner sich anmaßt, sie schon gefunden und erkannt zu haben, dann werden wir sie gewissenhaft und einträchtig gemeinsam suchen können.

Augustinus

Rhetorik ist die Kraft oder die Fähigkeit, bei jedem Gegenstand das herauszufinden, was am meisten überzeugt.

Hamilton

Laß mich an Deiner Überzeugung teilnehmen und behalte Deine Zweifel für Dich, da ich hieran schon genug allein zu tragen habe.

Goethe

Bevor Sie sprechen, sollten Sie sich folgende vier Fragen stellen. Die 'Vier-W-Formel' führt Sie zur Klarheit und damit zum Erfolg:

1. Was will ich erreichen?
2. Wie muß ich argumentieren?
3. Welche Einwendungen habe ich zu erwarten?
4. Wie kann ich sie widerlegen?

Wer seine Meinung in einer Diskussion oder Debatte durchsetzen will, kann auch in sehr kurzer Zeit Wesentliches vortragen. Arbeiten Sie Ihren Standpunkt klar heraus. Beachten Sie die fünf Punkte:

1. Standpunkt
2. Grund
3. Beispiel
4. Schlußfolgerung
5. Aufforderung

Leitfaden für Versammlungsleiter

1. Jede Versammlung, von der kleinsten Zusammenkunft bis zum Parlament, wird von der Persönlichkeit ihres Leiters geprägt.
2. Das äußere Bild, das ein Vorstand oder Ausschuß in einer Versammlung bietet, sollte immer geordnet und gefällig sein. Es kommt auch für das Auge darauf an, wer »quer vor« sitzt und wie man sich dort formiert.
3. Der Versammlungsleiter soll mit voller, raumbeherrschender Stimme sprechen; mit kreisendem Augenkontakt die Versammlung ständig im Auge behalten, um die Redegehemmten vorzulocken.
4. Er muß durch frisches, lebendiges, gelegentlich humorvolles Amtieren der gefürchteten Versammlungsmüdigkeit entgegenwirken.
5. Das Geheimnis, Versammlungen zu leiten, liegt in der genauen Kenntnis des Verhandlungsstoffes, verbunden mit der Beschlagenheit in allen Geschäftsordnungsfragen.
6. Der Versammlungsleiter sollte sich einen Schatz knapper formeller Redewendungen zulegen; sie erleichtern die Abwicklung der Tagesordnung.
7. Aufgabe des Versammlungsleiters ist es, den Redner vorzustellen, ihm ein günstiges Redeklima zu schaffen und ihm zum Schluß zu danken, wobei man Allerwelts-Redewendungen vermeiden sollte.
8. Bei Verstößen gegen Ordnung und Würde der Versammlung sowie Beleidigungen muß der Versammlungsleiter den Störenden zur Ordnung rufen. Dreimaliger Ordnungsruf führt nach parlamentarischem Brauch zum Wortentzug.

Beispiele zu Punkt 6:

Ich eröffne die Versammlung.
Ich bitte den Schriftführer, das Protokoll zu verlesen.
Wir treten nun in die Tagesordnung ein, und ich rufe Punkt 1 auf.
Wer wünscht das Wort zu diesem Punkt der Tagesordnung?
Herr Müller hat das Wort zu Punkt 4.
Herr Meier hat das Wort zur Geschäftsordnung.
Wir kommen jetzt zur Abstimmung über Punkt 8 der Tagesordnung.
Wer für den Antrag ist, den bitte ich um das Handzeichen.
Danke! — Wer ist dagegen? — Danke! — Wer enthält sich? — Danke! Die Mehrheit ist dafür, der Antrag ist angenommen.
Wird weiter das Wort gewünscht?
Sind Sie damit einverstanden, die Zeit für Ausspracheredner auf sechs Minuten zu begrenzen?
Ich bitte Herrn Weitling, nur zur Sache zu sprechen.
Es liegt ein Antrag auf Schluß der Debatte vor.
Wer möchte gegen den Antrag auf Schluß der Debatte sprechen?
Wir kommen zur Abstimmung. Wer ist für Schluß der Debatte?
Danke, das ist eindeutig die Mehrheit, eine Gegenprobe ist nicht erforderlich.
Ich rufe Herrn Rauheisen zum zweiten Mal wegen beleidigender Äußerungen zur Ordnung und mache auf die Folgen eines dritten Ordnungsrufes aufmerksam.
Die Liste der Diskussionsredner ist nun erschöpft und die Aussprache beendet. Der Referent, Herr Binding, hat nun das Schlußwort.
Ich danke dem Referenten für seine Ausführungen. Ebenso danke ich allen Damen und Herren für die Teilnahme an der Aussprache. Die Versammlung ist geschlossen.

Reden bekannter Persönlichkeiten

Die Rede des Marc Anton an das römische Volk

Aus »Julius Cäsar« von Shakespeare
(3. Aufzug, 2. Auftritt)

Antonius:

Mitbürger! Freunde! Römer! Hört mich an: Begraben will ich Cäsar, nicht ihn preisen. Was Menschen Übles tun, das überlebt sie; das Gute wird mit ihnen oft begraben. So sei es auch mit Cäsarn! Der edle Brutus hat Euch gesagt, daß er voll Herrschsucht war; und war er das, so war's ein schwer Vergehen, und schwer hat Cäsar auch dafür gebüßt. Hier, mit des Brutus Willen und der andern (denn Brutus ist ein ehrenwerter Mann, das sind sie alle, alle ehrenwert) komm ich, bei Cäsars Leichenzug zu reden. Er war mein Freund, war mir gerecht und treu; doch Brutus sagt, daß er voll Herrschsucht war, und Brutus ist ein ehrenwerter Mann, er brachte viel Gefangene heim nach Rom, wofür das Lösegeld den Schatz gefüllt. Sah das der Herrschsucht wohl am Cäsar gleich? Wenn Arme zu ihm schrien, so weinte Cäsar: Die Herrschsucht sollt' aus härterm Stoff bestehn. Doch Brutus sagt, daß er voll Herrschsucht war, und Brutus ist ein ehrenwerter Mann. Ihr alle saht, wie am Luperkusfest ich dreimal ihm die Königskrone bot, die dreimal er geweigert. War das Herrschsucht? Doch Brutus sagt, daß er voll Herrschsucht war, und ist gewiß ein ehrenwerter Mann. Ich will, was Brutus sprach, nicht widerlegen; ich spreche hier von dem nur, was ich weiß. Ihr liebtet all' ihn einst nicht ohne Grund: Was für ein Grund wehrt euch, um ihn zu trauern? — O Urteil, du entflohst zum blöden Vieh, der Mensch ward unvernünftig! — Habt Geduld! Mein Herz ist in dem Sarge hier beim Cäsar, und ich muß schweigen, bis es mir zurückkommt.

Noch gestern hätt' umsonst dem Worte Cäsars die Welt sich widersetzt: nun liegt er da, und der Geringste neigt sich nicht vor ihm. O Bürger! Strebt' ich, Herz und Mut in euch zur Wut und zur Empörung zu entflammen, so tät' ich Cassius und Brutus Unrecht, die ihr als ehrenwerte Männer kennt. Ich will nicht ihnen Unrecht tun, will lieber dem Toten Unrecht tun, mir selbst und Euch, als ehrenwerten Männern, wie sie sind. Doch seht dies Pergament mit Cäsars Siegel; ich fand's bei ihm, es ist sein letzter Wille! Vernähme nur das Volk dies Testament (das ich, verzeiht mir, nicht zu lesen denke), sie gingen hin und küßten Cäsars Wunden und tauchten Tücher in sein heil'ges Blut, ja bäten um ein Haar zum Angedenken, und sterbend nennten sie's im Testament und hinterließen's ihres Leibes Erben zum köstlichen Vermächtnis.
Seid ruhig, liebe Freund'! Ich darf's nicht lesen, Ihr müßt nicht wissen, wie Euch Cäsar liebte. Ihr seid nicht Holz, nicht Stein, Ihr seid ja Menschen; drum, wenn ihr Cäsars Testament erführt, es setzt' in Flammen Euch, es macht Euch rasend. Ihr dürft nicht wissen, daß Ihr ihn beerbt; denn wüßtet Ihr's, was würde draus entstehen?

Bürger:

Lest das Testament! Wir wollen's hören, Mark Anton. Ihr müßt es lesen! Cäsars Testament!

Antonius:

Wollt Ihr Euch wohl gedulden? Wollt Ihr warten? Ich übereilte mich, da ich's Euch sagte, ich fürcht', ich tu' den ehrenwerten Männern zu nah, durch deren Dolche Cäsar fiel; ich fürcht' es.
So zwingt Ihr mich, das Testament zu lesen? Schließt einen Kreis um Cäsars Leiche denn! Ich zeig' Euch den, der Euch zu Erben machte. Erlaubt Ihr mir's? Soll ich hinuntersteigen?
Wofern Ihr Tränen habt, bereitet Euch, Sie jetzo zu vergießen! Diesen Mantel, Ihr kennt ihn alle; noch erinnere ich mich des ersten Males, daß Cäsar ihn trug in seinem Zelt, an einem Sommerabend — er überwandt den Tag die Nervier — hier, schauet! Fuhr des Cassius Dolch hinein! Seht, welchen Riß der tück'sche Casca machte! Hier stieß der vielgeliebte Brutus durch; und als er den verfluchten Stahl hinwegriß, schaut her, wie ihm das Blut des Cäsars folgte, als stürzt' es vor die Tür, um zu erfahren, ob wirklich Brutus so unfreundlich klopfte, denn Brutus, wie Ihr wißt, war Cäsars Engel. — Ihr Götter, urteilt, wie ihn Cäsar liebte! Kein Stich von allen schmerzte so wie der: Denn als der edle Cäsar Brutus sah, warf Undank, stärker als Verräterwaffen, ganz nieder ihn; da brach sein großes Herz, und in den Mantel sein Gesicht verhüllend, Grad am Gestell der Säule des Pompejus, von der das Blut ran, fiel der große Cäsar. O meine Bürger, welch ein Fall

war das! Da fielet Ihr und ich; wir alle fielen, und über uns frohlockte blut'ge Tücke. O ja! Nun weint Ihr, und ich merk', Ihr fühlt den Drang des Mitleids: Dies sind milde Tropfen, wie? Weint Ihr, gute Herzen, seht Ihr gleich nur unsers Cäsars Kleid verletzt? Schaut her! Hier ist er selbst, geschändet von Verrätern.
Ihr guten lieben Freund', ich muß Euch nicht hinreißen zu des Aufruhrs wildem Sturm; die diese Tat getan, sind ehrenwert. Was für Beschwerden sie persönlich führen, warum sie's taten, ach! Das weiß ich nicht. Doch sind sie weis' und ehrenwert und werden Euch sicherlich mit Gründen Rede stehn. Nicht Euer Herz zu stehlen komm' ich, Freunde: Ich bin kein Redner, wie es Brutus ist, Nur, wie Ihr alle wißt, ein schlichter Mann, dem Freund ergeben, und das wußten die gar wohl, die mir gestattet, hier zu reden. Ich habe weder Witz noch Wort noch Gaben, noch Kunst des Vortrags, noch die Macht der Rede, der Menschen Blut zu reizen; nein, ich spreche nur gradezu und sag' Euch, was Ihr wißt. Ich zeig' Euch des geliebten Cäsars Wunden,
Die armen stummen Munde, heiße die statt meiner reden. Aber wär' ich Brutus, und Brutus Mark Anton, dann gäb' es einen, der eure Geister schürt' und jeder Wunde des Cäsar eine Zunge lieh', die selbst die Steine Roms zum Aufstand würd' empören.

Bürger:

Still da! Hört Mark Anton! Den edlen Mark Anton!

Antonius:

Nun, Freunde, wißt Ihr selbst auch, was Ihr tut? Wodurch verdiente Cäsar Eure Liebe? Ach nein! Ihr wißt nicht. — Hört es denn! Vergessen habt Ihr das Testament, wovon ich sprach.

Bürger:

Wohl wahr! Das Testament! Bleibt, hört das Testament!

Antonuis:

Hier ist das Testament mit Cäsars Siegel. Darin vermacht er jedem Bürger Roms, auf jeden Kopf Euch fünfundsiebzig Drachmen.

Bürger:

Still da!

Antonius:

Auch läßt er alle seine Lustgehege, verschloßne Lauben, neugepflanzte Gärten, diesseits der Tiber, Euch und Euren Erben auf ew'ge Zeit, damit Ihr Euch ergehen und Euch gemeinsam dort ergötzen könnt. Das war ein Cäsar: Wann kommt seinesgleichen?

Unterhausrede von Premierminister Churchill Pfingstmontag, 13. Mai 1940

Freitag abend erhielt ich den Auftrag Seiner Majestät, eine neue Regierung zu bilden. Es war der deutliche Wunsch und Wille des Parlaments und der Nation, daß diese Regierung auf einer möglichst breiten Basis gebildet werden und alle Parteien einschließen solle ... Ich habe den wichtigsten Teil dieser Aufgabe bereits erfüllt. Es wurde ein aus fünf Ministern bestehendes Kriegskabinett gebildet, das durch die Aufnahme der oppositionellen Liberalen die Einheit der Nation repräsentiert. Die Führer der drei Parteien haben sich bereit erklärt, an der Regierung teilzunehmen, sei es im Kriegskabinett oder in hohen Regierungsfunktionen. Die drei militärischen Ressorts sind besetzt. Es war notwendig, dies binnen eines Tages zu tun, in Anbetracht der außerordentlichen Dringlichkeit und Schwere der Ereignisse ...
Ich bitte nun das Haus, durch Annahme der von mir eingebrachten Resolution den unternommenen Schritten seine Zustimmung zu geben und der neuen Regierung sein Vertrauen auszusprechen.
Eine Regierung von solchem Ausmaß und solcher Vielgestaltigkeit zu bilden, ist an sich eine schwere Aufgabe; man muß aber bedenken, daß wir uns im Anfangsstadium einer der größten Schlachten der Weltgeschichte befinden, daß wir an vielen Punkten Norwegens und Hollands kämpfen, daß wir im Mittelmeer kampfbereit sein müssen, daß der Luftkrieg ohne Unterlaß weitergeht und daß wir hier im Lande viele Vorbereitungen treffen müssen. Ich hoffe, man wird mir verzeihen, wenn ich in dieser kritischen Lage mich heute nicht mit einer längeren Aussprache an das Haus wende. Ich hoffe, daß jeder meiner jetzigen oder früheren Kollegen, der von der Regierungsbildung berührt wird, den etwaigen Mangel an Förmlichkeit, mit dem wir vorgehen mußten, nachsehen wird.

Ich möchte zum Hause sagen, wie ich zu denen sagte, die dieser Regierung beigetreten sind: »Ich habe nichts zu bieten als Blut, Mühsal, Tränen und Schweiß.« Wir haben vor uns eine Prüfung der schmerzlichsten Art. Wir haben vor uns viele, viele lange Monate des Kampfes und Leidens. Sie fragen, was unsere Politik ist; ich will sagen: »Es ist Krieg zu führen, zu Wasser, zu Land und in der Luft, mit all unserer Macht und mit all der Kraft, die Gott uns geben kann, und Krieg zu führen gegen eine ungeheuerliche Gewaltherrschaft, die nie übertroffen worden ist in der dunklen, beklagenswerten Liste menschlichen Verbrechens.« Das ist unsere Politik.

Sie fragen, was unser Ziel ist; ich kann in einem Worte erwidern: Es ist der Sieg — Sieg um jeden Preis — Sieg trotz aller Schrecken, Sieg, wie lang und hart auch immer der Weg sein mag, denn ohne Sieg gibt es kein Überleben — seien Sie sich darüber klar — kein Überleben für das Britische Weltreich, kein Überleben für all das, wofür das Britische Weltreich eingetreten ist, kein Überleben für das Drängen und Streben der Zeitalter, daß die Menschheit sich vorwärts bewege ihrem Ziel entgegen.

Ich übernehme meine Aufgabe mit Schwungkraft und Hoffnung, und ich bin überzeugt, unsere Sache wird nicht untergehen dürfen bei den Menschen. In dieser Zeit fühle ich mich berechtigt, die Hilfe aller in Anspruch zu nehmen, und ich sage: »Kommt denn, laßt uns zusammen vorwärts gehen mit unserer vereinten Kraft.«

Rede des Dr. Goebbels, Propagandaminister des »Dritten Reiches« am 18. Februar 1943 im Berliner Sportpalast

.....

Ich will deshalb meine Ausführungen auch mit dem ganzen heiligen Ernst und dem offenen Freimut, den die Stunde von uns erfordert, ausstatten. Das im Nationalsozialismus erzogene, geschulte und disziplinierte deutsche Volk kann die volle Wahrheit vertragen. Es weiß, wie schwierig es um die Lage des Reiches bestellt ist, und seine Führung kann es deshalb gerade auch auffordern, aus der Bedrängtheit der Situation die nötigen harten, ja auch härtesten Folgerungen zu ziehen. Wir Deutschen sind gewappnet gegen Schwäche und Anfälligkeit, und Schläge und Unglücksfälle des Krieges verleihen uns nur zusätzliche Kraft, feste Entschlossenheit und eine seelische und kämpferische Aktivität, die bereit ist, alle Schwierigkeiten und Hindernisse mit revolutionärem Elan zu überwinden.

Es ist jetzt nicht der Augenblick, danach zu fragen, wie alles gekommen ist. Das wird einer späteren Rechenschaftsablegung überlassen bleiben, die in voller Offenheit erfolgen soll und dem deutschen Volk und der Weltöffentlichkeit zeigen wird, daß das Unglück, das uns in den letzten Wochen betroffen hat, seine tiefe, schicksalhafte Bedeutung besitzt. Das große Heldenopfer, das unsere Soldaten in Stalingrad brachten, ist für die ganze Ostfront von einer ausschlaggebenden geschichtlichen Bedeutung gewesen. Es war nicht umsonst. Warum, das wird die Zukunft beweisen.

Wenn ich nunmehr über die jüngste Vergangenheit hinaus den Blick wieder nach vorne lenke, so tue ich das mit voller Absicht. Die Stunde drängt! Sie läßt keine Zeit mehr offen für fruchtlose Debatten. Wir müssen handeln, und zwar unverzüglich, schnell und gründlich, so wie es seit jeher nationalsozialistische Art gewesen ist ...

... Es ist verständlich, daß wir bei den großangelegten Tarnungs- und Bluffmanövern des bolschewistischen Regimes das Kriegspotential der Sowjetuntion nicht richtig eingeschätzt haben. Erst jetzt offenbart es sich in seiner ganzen wilden Größe. Dementsprechend ist auch der Kampf, den unsere Soldaten zu bestehen haben, über alle menschlichen Vorstellungen hinaus hart, schwer und gefährlich. Er erfordert die Aufbietung unserer ganzen nationalen Kraft. Hier ist eine Bedrohung des Reiches und des europäischen Kontinents gegeben, die alle bisherigen Gefahren des Abendlandes weit in den Schatten stellt. Würden wir in diesem Kampf versagen, so verspielten wir damit überhaupt unsere geschichtliche Mission. Alles, was wir bisher aufgebaut und geleistet haben, verblaßt angesichts der gigantischen Aufgabe, die hier der deutschen Wehrmacht unmittelbar und dem deutschen Volke mittelbar gestellt ist.

Ich wende mich in meinen Ausführungen zuerst an die Weltöffentlichkeit und proklamiere ihr gegenüber drei Thesen unseres Kampfes gegen die bolschewistische Gefahr im Osten.

Die erste dieser Thesen lautet: Wäre die deutsche Wehrmacht nicht in der Lage, die Gefahr aus dem Osten zu brechen, so wäre damit das Reich und in kurzer Folge ganz Europa dem Bolschewismus verfallen.
Die zweite dieser Thesen lautet: Die deutsche Wehrmacht und das deutsche Volk allein besitzen mit ihren Verbündeten die Kraft, eine grundlegende Rettung Europas aus dieser Bedrohung durchzuführen.
Die dritte dieser Thesen lautet: Gefahr ist im Verzuge. Es muß schnell und gründlich gehandelt werden, sonst ist es zu spät ...
... Ich möchte aber zum Steuer der Wahrheit an euch, meine deutschen Volksgenossen und Volksgenossinnen, eine Reihe von Fragen richten, die ihr mir nach bestem Wissen und Gewissen beantworten müßt. Als mir meine Zuhörer auf meine Forderungen vom 30. Januar spontan ihre Zustimmung bekundeten, behauptete die englische Presse am anderen Tag, das sei ein Propagandatheater gewesen und entspreche in keiner Weise der wahren Stimmung des deutschen Volkes. Ich habe heute zu dieser Versammlung nun einen Ausschnitt des deutschen Volkes im besten Sinne des Wortes eingeladen. Vor mir sitzen reihenweise deutsche Verwundete von der Ostfront, Bein- und Armamputierte, mit zerschossenen Gliedern, Kriegsblinde, die mit ihren Rote-Kreuz-Schwestern gekommen sind, Männer in der Blüte ihrer Jahre, die vor sich ihre Krücken stehen haben. Dazwischen zähle ich an die fünfzig Träger des Eichenlaubes und des Ritterkreuzes, eine glänzende Abordnung unserer kämpfenden Front. Hinter ihnen erhebt sich ein Block von Rüstungsarbeitern und -arbeiterinnen aus den Berliner Panzerwerken. Wieder hinter ihnen sitzen Männer aus der Parteiorganisation, Soldaten aus der kämpfenden Wehrmacht, Ärzte, Wissenschaftler, Künstler, Ingenieure und Architekten, Lehrer, Beamte und Angestellte aus den Ämtern und Büros, eine stolze Vertreterschaft unseres geistigen Lebens in all seinen Schichtungen, dem das Reich gerade jetzt im Kriege Wunder der Erfindung und des menschlichen Genies verdankt. Über das ganze Rund des Sportpalastes verteilt sehe ich Tausende von deutschen Frauen. Die Jugend ist hier vertreten und das Greisenalter. Kein Stand, kein Beruf und kein Lebensjahr blieb bei der Einladung unberücksichtigt. Ich kann also mit Fug und Recht sagen: »Was hier vor mir sitzt, ist ein Ausschnitt aus dem ganzen deutschen Volk an der Front und in der Heimat.« Stimmt das? Ja oder nein!
Ihr also, meine Zuhörer, repräsentiert in diesem Augenblick die Nation. Und an euch möchte ich zehn Fragen richten, die ihr mir mit dem deutschen Volke vor der ganzen Welt, insbesondere aber vor unseren Feinden, die uns auch an ihrem Rundfunk zuhören, beantworten sollt:
Die Engländer behaupten, das deutsche Volk habe den Glauben an den Sieg verloren.
Ich frage euch: Glaubt ihr mit dem Führer und mit uns an den endgültigen Sieg des deutschen Volkes?
Ich frage euch: Seid ihr entschlossen, dem Führer in der Erkämpfung des Sieges durch dick und dünn und unter Aufnahme auch schwerster persönlicher Belastungen zu folgen?
Zweitens: Die Engländer behaupten, das deutsche Volk ist des Kampfes müde.
Ich frage euch: Seid ihr bereit, mit dem Führer als Phalanx der Heimat hinter der kämpfenden Wehrmacht stehend, diesen Kampf mit wilder Entschlossenheit und unbeirrt durch alle Schicksalsfügungen fortzusetzen, bis der Sieg in unseren Händen ist?
Drittens: Die Engländer behaupten, das deutsche Volk hat keine Lust mehr, sich der überhandnehmenden Kriegsarbeit, die die Regierung von ihm fordert, zu unterziehen.
Ich frage euch: Seid ihr und ist das deutsche Volk entschlossen, wenn der Führer es befiehlt, zehn, zwölf und, wenn nötig, vierzehn und sechzehn Stunden täglich zu arbeiten und das Letzte herzugeben für den Sieg?
Viertens: Die Engländer behaupten, das deutsche Volk wehrt sich gegen die totalen Kriegsmaßnahmen der Regierung. Es will nicht den totalen Krieg, sondern die Kapitulation.
Ich frage euch: Wollt ihr den totalen Krieg? Wollt ihr ihn, wenn nötig, totaler und radikaler, als wir ihn uns heute überhaupt noch vorstellen können?
Fünftens: Die Engländer behaupten, das deutsche Volk hat sein Vertrauen zum Führer verloren.
Ich frage euch: Ist euer Vertrauen zum Führer heute größer, gläubiger und unerschütterlicher denn je? Ist eure Bereitschaft, ihm auf allen seinen Wegen zu folgen und alles zu tun, was nötig ist, um den Krieg zum siegreichen Ende zu führen, eine absolute und uneingeschränkte?

Ich frage euch als sechstes: Seid ihr bereit, von nun ab eure ganze Kraft einzusetzen und der Ostfront die Menschen und Waffen zur Verfügung zu stellen, die sie braucht, um dem Bolschewismus den tödlichen Schlag zu versetzen?

Ich frage euch siebtens: Gelobt ihr mit heiligem Eid der Front, daß die Heimat mit starker Moral hinter ihr steht und ihr alles geben wird, was sie nötig hat, um den Sieg zu erkämpfen?

Ich frage euch achtens: Wollt ihr, insbesondere ihr Frauen selbst, daß die Regierung dafür sorgt, daß auch die deutsche Frau ihre ganze Kraft der Kriegsführung zur Verfügung stellt und überall da, wo es nur möglich ist, einspringt, um Männer für die Front frei zu machen und damit ihren Männern an der Front zu helfen?

Ich frage euch neuntens: Billigt ihr, wenn nötig, die radikalsten Maßnahmen gegen einen kleinen Kreis von Drückebergern und Schiebern, die mitten im Kriege Frieden spielen und die Not des Volkes zu eigensüchtigen Zwecken ausnutzen wollen? Seid ihr damit einverstanden, daß, wer sich am Krieg vergeht, den Kopf verliert?

Ich frage euch zehntens und zuletzt: Wollt ihr, daß, wie das nationalsozialistische Parteiprogramm es gebietet, gerade im Krieg gleiche Rechte und gleiche Pflichten vorherrschen, daß die Heimat die schwersten Belastungen des Krieges solidarisch auf ihre Schultern nimmt und daß sie für hoch und niedrig und arm und reich in gleicher Weise verteilt werden?
Ich habe euch gefragt; ihr habt mir eure Antworten gegeben. Ihr seid ein Stück Volk, durch euren Mund hat sich damit die Stellungnahme des deutschen Volkes manifestiert. Ihr habt unseren Feinden das zugerufen, was sie wissen müssen, damit sie sich keinen Illusionen und falschen Vorstellungen hingeben ...

... Der Führer hat befohlen, wir werden ihm folgen. Wenn wir je treu und unverbrüchlich an den Sieg geglaubt haben, dann in dieser Stunde der nationalen Besinnung und der inneren Aufrichtung. Wir sehen ihn greifbar nahe vor uns liegen; wir müssen nur zufassen. Wir müssen nur die Entschlußkraft aufbringen, alles andere seinem Dienst unterzuordnen. Das ist das Gebot der Stunde. Und darum lautet die Parole: Nun, Volk steh auf und Sturm brich los!

J. Stalin zum 24. Jahrestag der Sozialistischen Oktoberrevolution Moskau, 6. November 1941

G e n o s s e n !

.....
Die Mißerfolge der Roten Armee haben das Bündnis der Arbeiter und Bauern wie auch die Freundschaft der Völker der Sowjetunion nicht nur nicht geschwächt, sondern im Gegenteil, sie haben dieses Bündnis sowie diese Freundschaft noch gefestigt. Mehr noch — sie haben die Völkerfamilie der Sowjetunion in ein einheitliches, unerschütterliches Lager verwandelt, das seine Rote Armee und seine Rote Flotte aufopferungsvoll unterstützt. Niemals noch war das Sowjethinterland so fest wie jetzt. Es ist durchaus wahrscheinlich, daß jeder beliebige andere Staat, der solche Gebietsverluste erlitten hätte wie wir, die Prüfung nicht bestanden hätte und niedergebrochen wäre. Wenn die Sowjetordnung die Prüfung so leicht bestanden und ihr Hinterland noch gefestigt hat, so bedeutet das, daß die Sowjetordnung heute die stabilste aller Ordnungen ist.
... Und diese Leute, die weder Gewissen noch Ehre besitzen, Leute mit einer Moral von Bestien, haben die Stirn, zur Vernichtung der großen russischen Nation aufzurufen, der Nation Plechanows und Lenins, Belinskis und Tschernyschewskis, Puschkins und Tolstois, Glinkas und Tschaikowskis, Gorkis und Tschechows, Setschenows und Pawlows, Repins und Surikows, Suworows und Kutusows! ...
Die deutschen Landräuber wollen den Vernichtungskrieg gegen die Völker der Sowjetunion. Nun wohl, wenn die Deutschen einen Vernichtungskrieg wollen, so werden sie ihn bekommen.
Von nun an wird es unsere Aufgabe, die Aufgabe der Völker der Sowjetunion, die Aufgabe der Kämpfer, der Kommandeure und der politischen Funktionäre unserer Armee und unserer Flotte sein, alle Deutschen, die in das Gebiet unserer Heimat als Okkupanten eingedrungen sind, bis auf den letzten Mann zu vernichten.
Keine Gnade den deutschen Okkupanten!
Tod den deutschen Okkupanten!
... Die Dreimächtekonferenz, die kürzlich in Moskau stattgefunden hat und an der als Vertreter Großbritanniens Herr Beaverbrook und als Vertreter der

Vereinigten Staaten von Amerika Herr Harriman teilnahmen, hat den Beschluß gefaßt, unserem Lande mit Panzern und Flugzeugen systematisch zu helfen. Bekanntlich haben wir bereits auf Grund dieses Beschlusses Panzer und Flugzeuge erhalten. Schon früher hat Großbritannien die Versorgung unseres Landes mit solchen Mangelstoffen wie Aluminium, Blei, Zinn, Nickel und Kautschuk sichergestellt. Fügt man die Tatsache hinzu, daß die Vereinigten Staaten von Amerika in diesen Tagen beschlossen haben, der Sowjetunion eine Anleihe in Höhe von einer Milliarde Dollar zu gewähren, so kann man mit Gewißheit sagen, daß die Koalition der Vereinigten Staaten von Amerika, Großbritannien und der Sowjetunion eine reale Angelegenheit ist, die wächst und wachsen wird zum Wohl unseres gemeinsamen Befreiungswerkes. Das sind die Faktoren, die den unvermeidlichen Untergang des faschistischen deutschen Imperialismus bestimmen ...

Lenin unterscheidet zwei Arten von Kriegen: Eroberungskriege, das heißt ungerechte Kriege, und Befreiungskriege, gerechte Kriege. Die Deutschen führen heute einen Raubkrieg, einen ungerechten Krieg, der auf die Eroberung fremden Gebiets und die Unterwerfung fremder Völker abzielt. Darum müssen sich alle ehrlichen Menschen gegen die deutschen Eindringlinge als gegen ihre Feinde erheben.
Zum Unterschied von Hitlerdeutschland führen die Sowjetunion und ihre Bundesgenossen einen Befreiungskrieg, einen gerechten Krieg, der auf die Befreiung der unterjochten Völker Europas und der Sowjetunion von der Hitlertyrannei abzielt. Dazu müssen alle ehrlichen Menschen die Armeen der Sowjetunion, Großbritanniens und der anderen Verbündeten als Befreiungsarmeen unterstützen.

Wir haben keine Kriegsziele und können keine Kriegsziele haben wie die Eroberung fremder Gebiete oder die Unterwerfung fremder Völker, ganz gleich, ob es sich um Völker und Gebiete Europas oder um Völker und Gebiete Asiens, darunter auch Irans, handelt. Unser erstes Ziel besteht darin, unsere Gebiete und unsere Völker vom faschistischen deutschen Joch zu befreien.

Wir haben keine Kriegsziele und können keine Kriegsziele haben wie etwa das Ziel, den slawischen und den anderen unterjochten Völkern Europas, die von uns Hilfe erwarten, unseren Willen und unser Regime aufzuzwingen. Unser Ziel besteht darin, diesen Völkern in ihrem Befreiungskampf gegen die Hitlertyrannei zu helfen und es ihnen dann zu überlassen, sich auf ihrem Boden völlig frei so einzurichten, wie sie das wollen. Keinerlei Einmischung in die inneren Angelegenheiten der anderen Völker!
Um aber diese Ziele verwirklichen zu können, gilt es, die militärische Macht der deutschen Eindringlinge zu zerschmettern, gilt es, alle deutschen Okkupanten, die in unser Heimatland eingedrungen sind, um es zu unterjochen, bis auf den letzten Mann auszutilgen.
Dazu aber ist notwendig, daß unsere Armee und unsere Flotte von unserem ganzen Lande wirksam und aktiv unterstützt werden, daß unsere Arbeiter und Angestellten, Männer und Frauen in den Betrieben arbeiten, ohne die Hände in den Schoß zu legen, und der Front immer mehr und mehr Panzer, Panzerbüchsen und Panzerabwehrgeschütze, Flugzeuge, Granatwerfer, Maschinengewehre, Gewehre und Munition liefern, daß unsere Kollektivbauern, Männer und Frauen, auf ihren Feldern arbeiten, ohne die Hände in den Schoß zu legen, und der Front und dem Lande immer mehr und mehr Getreide, Fleisch und Industriestoffe liefern, daß unser ganzes Land und alle Völker der Sowjetunion sich zu einem einzigen Kampflager zusammenschließen, das gemeinsam mit unserer Armee und unserer Flotte den Großen Befreiungskrieg für die Ehre und die Freiheit unserer Heimat, für die Zerschmetterung der deutschen Armeen führt.
Darin besteht jetzt unsere Aufgabe.
Wir können und wir müssen diese Aufgabe bewältigen.
Nur wenn wir diese Aufgabe bewältigt und die deutschen Eindringlinge zerschlagen haben, können wir einen dauerhaften und gerechten Frieden erzielen.
Für die völlige Zerschmetterung der deutschen Eindringlinge!
Für die Befreiung aller unter dem Joch der Hitlertyrannei stöhnenden unterdrückten Völker!
Es lebe die unverbrüchliche Freundschaft der Völker der Sowjetunion!
Es lebe unsere Rote Armee und unsere Flotte!
Es lebe unser ruhmreiches Vaterland!
Unsere Sache ist gerecht — der Sieg wird unser sein!

Aus Adenauers Rundfunkansprache Weihnachten 1952

»Es war still und dunkel im Stalle zu Bethlehem, als die Jungfrau gebar und das Kind in Windeln wickelte und in eine Krippe legte. Die Hirten waren auf den Feldern bei ihren Herden, und die Heiligen Drei Könige waren noch in weiter Ferne, da brach der Glanz der himmlischen Heerscharen und ihre Stimme in das nächtliche Dunkel und die nächtliche Stille. Sie vertrieben das Dunkel mit ihrem himmlischen Licht und die Stille mit ihrem himmlischen Chor: 'Ehre sei Gott in der Höhe und Friede den Menschen auf Erden, die guten Willens sind'. Ehre sei Gott in der Höhe und Friede den Menschen auf Erden: — gehört das denn zusammen?...

Es ist wohl so, der Frieden ist das höchste Gut, das Gott den Menschen geben konnte durch die Menschwerdung seines Sohnes. Frieden, ach wie wenig haben wir Menschen erkannt, welch ein kostbares Gut der Frieden ist. Wie wenig haben wir begriffen, daß Frieden die Grundlage allen Glückes, daß Frieden und Ehre Gottes eng verbunden sind.

Aber was ist denn Frieden, und wie wird er uns zuteil? Liebt der den Frieden, der passiv alles hinnimmt, der sich rein passiv verhält gegenüber jeder Unterminierung, der sich lähmen läßt durch Furcht, durch Verlust der Freiheit, Vernichtung der Familie, Vernichtung religiösen Lebens? Liebt das Volk den Frieden, das sich durch ein anderes unterwerfen läßt? Ist Frieden nichts anderes als der Gegensatz von Krieg? Wäre dem so, dann würde Sklaverei und Kirchhofruhe auch Frieden sein, aber dagegen bäumt sich das Beste in unserem Innern auf. Unser innerstes Gefühl sagt uns, Frieden ohne Freiheit ist kein Frieden. Einen solchen Kirchhofsfrieden, einen solchen Frieden der Sklaverei können die himmlischen Heerscharen nicht gemeint haben, als sie in der Heiligen Nacht den Hirten auf dem Felde die Geburt des Heilands verkündeten...

Frieden ist Freiheit, Freiheit des einzelnen von Furcht und Zwang, Freiheit der Völker und der ganzen Menschheit von Ausbeutung, von Sklaverei, von Gewalt und Tod. Frieden und Freiheit, das sind die Grundlagen jeder menschenwürdigen Existenz. Frieden in unserem Innern, Frieden in der Familie, Frieden mit dem Nächsten ist die Grundlage des Glücks für jeden Menschen. Frieden und Freiheit sind die Fundamente wahren Fortschritts, ohne Frieden und Freiheit gibt es keinen Aufstieg der Völker, kein Glück, keine Ruhe für die Menschheit. Frieden für den einzelnen Menschen ist nicht möglich, ohne daß Frieden auch der Gemeinschaft zuteil wird, in die der einzelne eingebettet ist, deren Glied er ist, deren Geschick untrennbar und unzerreißbar mit seinem Geschick und seinem Leben verbunden ist.

Frieden für den einzelnen ist nicht möglich ohne Frieden für sein Volk. Hat uns die Geschichte der letzten Jahrzehnte nicht gezeigt, welch kostbares Gut der Frieden ist? Sind wir nicht furchtbar gestraft worden von Gott für den Bruch des Friedens, den wir begangen haben? Haben wir nicht fast alles dadurch verloren, was wir besaßen: Hab und Gut, Haus und Hof, Familie und Freiheit, Achtung und Ansehen? Haben wir nicht erfahren, daß alle Glieder eines Volkes untrennbar miteinander verbunden sind? Haben wir nicht erkannt, daß niemand sein Geschick von dem Geschick seines Volkes, seinen Frieden, seine Freiheit, sein Glück von dem Frieden und der Freiheit seines Volkes trennen kann und darf...

In unseren Tagen ist Frieden und Freiheit bedroht, zutiefst gefährdet. Es ist so bedroht, wie in jenen barbarischen Zeiten, die wir längst überwunden glaubten, da nur die Macht galt. Die Zeiten, in denen Stämme und Völker die Schwächeren mit Raub und Plünderung, mit Folter und Tod unterjochten. Jene barbarischen, jene grausamen Zeiten sind von neuem, von Osten her über Europa und uns hereingebrochen. Fragt die Polen und Ungarn, die Tschechoslowaken und alle Ostvölker, fragt die Deutschen in Mittel- und Ostdeutschland, ob dem nicht so ist.

Wir dienen der Sache des Friedens, wenn wir uns alle, die guten Willens sind, zusammenschließen zum gemeinsamen Schutz. Wie kleinlich, wie unwürdig, wie bar jeder inneren Größe erscheint gegenüber einer solch furchtbaren Gefahr — erscheint bei einem solchen Ringen um Frieden und Freiheit — Feigheit, parteipolitisches Gehabe. Wie unwürdig ist es, wenn zur Unterstützung eines solchen Handelns, das bar jeder Größe ist, noch das Recht mißbraucht wird, dessen erhabene und große Aufgabe es ist, Frieden und Freiheit zu schützen und zu wahren. Der Ruf der Engel lautete nicht: Friede den Menschen — er lautete: Frieden den Menschen, die guten Willens sind. Den Willen der Menschen, ihren guten Willen haben in jener Heiligen Nacht die Engel angerufen. Damit haben sie gesagt, daß es auf uns ankommt, wenn die Erlösung uns Frieden bringen soll auf unser Wollen, auf unseren Willen zum Guten. Wir müssen mitwirken, entschlossen mitwirken, daß uns die Frucht der Menschwerdung und Erlösung zuteil werde...

Haben wir Willen, sind wir guten Willens? Wollen schließt in sich, bereit sein zum Handeln. Wer ernsthaft will, muß auch bereit sein zu handeln und Opfer zu bringen. Jene, die nur reden und kritisieren, aber nicht bereit sind zu handeln, haben keinen Willen. Zagen und zaudern, nur das Negative sehen und nicht das Positive, heißt nicht wollen.

Jetzt sind es 20 Jahre her, da das deutsche Volk in die unheilvollste Periode seiner Geschichte eintrat. Weihnachten 1932 fühlte man das Heraufziehen einer unheilvollen Zeit, auch wenn sich damals die dunkle Zukunft noch hinter einem Schleier verbarg. Aber wer tiefer fühlte, spürte schon Weihnachten 1932 das Heraufziehen des Sturmes.

Jetzt ist Weihnachten 1952, und wiederum steht die Welt, steht vor allem Deutschland vor einer Entscheidung. Soll es entschlossen und dem Guten vertrauend eintreten in den Bund zum Schutze des Friedens, dessen Tore sich ihm geöffnet haben, oder soll es zögernd und zaudernd voll ewiger Unzufriedenheit, ohne innere Größe und Kraft in Untätigkeit und Passivität verharren? Das Jahr 1953 wird die Entscheidung bringen. Wählen wir den Weg, der zum Licht, zum Frieden führt, oder wählen wir den Weg in das Dunkel einer friedlosen Zukunft. Denken wir an die Verheißung der Engel auf den Fluren Behtlehems: Ehre sei Gott in der Höhe und Friede den Menschen auf Erden, die guten Willens sind.

Ich weiß, daß ich ernst gesprochen habe heute am Weihnachtsfest, aber ich mußte es tun, weil wir doch unserem Volk, unseren Kindern und Kindeskindern ein deutsches, ein christliches Weihnachtsfest erhalten wollen. Ich mußte ernst sprechen um des Friedens willen, des Friedens für ganz Deutschland, für Europa und die Welt. Weihnachten ist das Fest der Liebe. Aber auch Liebe kennt Ernst, wenn es not tut. Die Botschaft der himmlischen Heerscharen in Bethlehem ist eine frohe Botschaft, aber sie enthält auch die ernste Mahnung, guten Willens zu sein. 'Ehre sei Gott in der Höhe und Friede den Menschen auf Erden, die guten Willens sind.'«

Aus John F. Kennedys Berliner Rede (1963)

»Meine Berliner und Berlinerinnen!

Ich bin stolz, heute in Ihre Stadt zu kommen als Gast Ihres hervorragenden Regierenden Bürgermeisters, der in allen Teilen der Welt als Symbol für den Kampf und den Widerstandsgeist West-Berlins gilt. Ich bin stolz, auf dieser Reise die Bundesrepublik Deutschland zusammen mit Ihrem hervorragenden Bundeskanzler besucht zu haben, der während so langer Jahre die Politik bestimmt hat nach den Richtlinien der Demokratie, der Freiheit und des Fortschritts. Ich bin stolz darauf, heute in Ihre Stadt in der Gesellschaft eines amerikanischen Mitbürgers gekommen zu sein. General Clay, der hier tätig war in der Zeit der schwersten Krise, durch die diese Stadt gegangen ist, und der wieder nach Berlin kommen wird, wenn es notwendig werden sollte.

Vor zweitausend Jahren war der stolzeste Satz, den ein Mensch sagen konnte, der: Ich bin ein Bürger Roms! Heute ist der stolzeste Satz, den jemand in der freien Welt sagen kann: 'Ich bin ein Berliner!' Wenn es in der Welt Menschen geben sollte, die nicht verstehen oder die nicht zu verstehen vorgeben, worum es heute in der Auseinandersetzung zwischen der freien Welt und dem Kommunismus geht, dann können wir ihnen nur sagen, sie sollen nach Berlin kommen. Es gibt Leute, die sagen, dem Kommunismus gehöre die Zukunft. Sie sollen nach Berlin kommen! Und es gibt wieder andere in Europa und in anderen Teilen der Welt, die behaupten, man könnte mit den Kommunisten zusammenarbeiten. Auch sie sollen nach Berlin kommen! Und es gibt auch einige wenige, die sagen, es treffe zu, daß der Kommunismus ein böses und ein schlechtes System sei; aber er gestatte es ihnen, wirtschaftlichen Fortschritt zu erreichen. Aber laßt auch sie nach Berlin kommen!

Ein Leben in der Freiheit ist nicht leicht, und die Demokratie ist nicht vollkommen. Aber wir hatten es nie nötig, eine Mauer aufzubauen, um unsere Leute bei uns zu halten und sie daran zu hindern, woanders hinzugehen. Ich möchte Ihnen im Namen der Bevölkerung der Vereinigten Staaten, die viele Tausende Kilometer von Ihnen entfernt auf der anderen Seite des Atlantik lebt, sagen, daß meine amerikanischen Mitbürger sehr stolz darauf sind, mit Ihnen zusammen selbst aus der Entfernung die Geschichte der letzten achtzehn Jahre teilen zu können. Denn ich weiß nicht, daß jemals eine Stadt achtzehn Jahre lang belagert wurde und dennoch lebt mit ungebrochener Vitalität, mit unerschütterlicher Hoffnung, mit der gleichen Stärke und mit der gleichen Entschlossenheit wie heute West-Berlin.

Die Mauer ist die abscheulichste und die stärkste Demonstration für das Versagen des kommunistischen Systems. Die ganze Welt sieht dieses Eingeständnis des Versagens... Durch die Mauer werden Familien getrennt, der Mann von der Frau, der Bruder von der Schwester, Menschen werden mit Gewalt auseinander gehalten, die zusammenleben wollen...

Sie leben auf einer verteidigten Insel der Freiheit. Aber Ihr Leben ist mit dem des Festlandes verbunden, und deswegen fordere ich Sie zum Schluß auf, den Blick über die Gefahren des Heute hinweg auf die Hoffnung des Morgen zu richten, über die Freiheit dieser Stadt Berlin, über die Freiheit Ihres Landes hinweg auf den Vormarsch der Freiheit überall in der Welt, über die Mauer hinweg, auf den Tag des Friedens in Gerechtigkeit.

Die Freiheit ist unteilbar, und wenn auch nur einer versklavt ist, dann sind nicht alle frei. Aber wenn der Tag gekommen sein wird, an dem alle die Freiheit haben und Ihre Stadt und Ihr Land wieder vereint sind, wenn Europa geeint ist und Bestandteil eines friedvollen und zu höchsten Hoffnungen berechtigten Erdteils, dann können Sie mit Befriedigung von sich sagen, daß die Berliner und diese Stadt Berlin zwanzig Jahre lang die Front gehalten haben.

Alle freien Menschen, wo immer sie leben mögen, sind Bürger dieser Stadt West-Berlin, und deshalb bin ich als freier Mann stolz darauf, sagen zu können: Ich bin ein Berliner!«

Bertha von Suttner
Vortrag vor dem Nobel-Comitee in Stockholm am 18. April 1906

Die ewigen Wahrheiten und ewigen Rechte haben stets am Himmel der menschlichen Erkenntnis aufgeleuchtet, aber nur gar langsam wurden sie von da herab geholt, in Formen gegossen, mit Leben gefüllt, in Taten umgesetzt.
Eine jener Wahrheiten ist die, daß Frieden die Grundlage und das Endziel des Glückes ist, und eines jener Rechte ist das Recht auf das eigene Leben. Der stärkste aller Triebe, der Selbsterhaltungstrieb, ist gleichsam eine Legitimation dieses Rechtes, und seine Anerkennung ist durch ein uraltes Gebot geheiligt, welches heißt: »Du sollst nicht töten«.

Doch wie wenig in gegenwärtigen Stande der menschlichen Kultur jenes Recht respektiert und jenes Gebot befolgt wird, das brauche ich nicht zu sagen. Auf Verleugnung der Friedensmöglichkeit, auf Geringschätzung des Lebens, auf den Zwang zum Töten ist bisher die ganze militärisch organisierte Gesellschaftsordnung aufgebaut.

Und weil es so ist und weil es so war, solange unsere — ach so kurze, was sind ein paar tausend Jahre? — sogenannte Weltgeschichte zurückreicht, so glauben manche, glauben die meisten, daß es immer so bleiben müsse. Daß die Welt sich ewig wandelt und entwickelt, ist eine noch gering verbreitete Erkenntnis, denn auch die Entdeckung des Evolutionsgesetzes, unter dessen Herrschaft alles Leben — das geologische wie das soziale — steht, gehört einer jungen Periode der Wissenschaftsentwicklung an.

Nein; der Glaube an den ewigen Bestand des Vergangenen und Gegenwärtigen ist ein irrtümlicher Glaube. Das Gewesene und Seiende flieht am Zeitstrome zurück wie die Landschaft des Ufers; und das auf dem Strom getragene mit der Menschheit befrachtete Schiff treibt unablässig den neuen Gestaden dessen zu, was wird.

Bertha von Suttner
Vortrag in San Franzisko, Juni 1912

Meine Damen und Herren, kalifornische Wähler!

Sehr oft stellt man die Frage: »Glauben Sie an die Möglichkeit des Weltfriedens?« Es mag als persönliche Geringschätzung angesehen werden, wenn man

gefragt wird, ob man an eine Sache glaubt, für die man arbeitet; aber ich werde die Frage nicht vom Standpunkt des Glaubens ansehen.
Der Weltfriede ist keine Frage der Möglichkeit, sondern der Notwendigkeit. Er ist nicht das Ziel, sondern der normale Zustand der menschlichen Zivilisation. Wir dürfen nicht denken, daß wir diesen Zustand erreicht haben, solange wir noch von den Grausamkeiten der Kriege belastet sind. Die Höherentwicklung der Welt muß auf dem Weltfrieden basieren.
Für all dies gibt es Beweise politischer, wirtschaftlicher und gesellschaftlicher Art, die Bände füllen würden.

Diejenigen, die über die Friedensbewegung spotten, gefallen sich in ihrer Pose des Triumphes, die Skeptiker verlieren den Mut, und selbst einige der Pazifisten prophezeihen die schlimmsten Katastrophen für nahe Zukunft.

Die echten und überzeugten Friedenskämpfer sind immer Optimisten. Sie sind Optimisten von Natur aus. Sie wünschen nicht nur, sie hoffen nicht nur, sie sind sicher, daß die Welt Fortschritte macht und sich aufwärts entwickelt. Sie wissen es. Für sie ist die zukünftige, friedliche Organisation der Welt nicht bloß eine Möglichkeit, sondern ihr Entstehen unausweichlich.
Unser Optimismus macht aber uns nicht blind gegenüber den Ereignissen der Stunde und den Gefahren der Zukunft.

Pearl S. Buck
»Die Guten im deutschen Volk«

Der gute Mensch kämpft nicht gern. Er möchte, daß alle in Freundschaft leben — aber er macht sich nicht klar, daß dies nur durch beständigen Einsatz, durch ununterbrochene Wachsamkeit möglich ist.

Ihr Guten in Deutschland, ihr dürft nicht schlafen! Man hört so oft sagen, daß es in Deutschland keine guten Menschen gibt, aber wir wissen, daß sie in jedem Lande vertreten sind und daß in Deutschland jetzt ihre Zeit zum Einsatz gekommen ist. Im selben Maß, in dem ihr jetzt für die gute Sache kämpft, wird das deutsche Ansehen in der Welt steigen.
Deutschlands Hoffnung hängt von der Kraft ab, mit der seine Guten sich jetzt um die Fahnen aller Guten der Erde scharen.

Was einem im Glauben an die Menschheit bestärkt, ist, daß wir alle den gleichen Maßstab für das anlegen, was ein Wesen als »gut« kennzeichnet. Ein »guter« Mann in Deutschland ist auch ein guter Mann in Amerika, und ein guter Chinese ist dasselbe wie ein gütiger Japaner. Die Guten aller Völker sind durch eine natürliche Brüderschaft miteinander verbunden, da die Gesetze der Güte sehr einfach sind.

10 Fragen zu Ihrem Plan

Sie haben einen Plan. Ein Ziel. Und Sie überprüfen dieses Ziel alle zwei Monate mit unserem Erfolgsplaner. Und Sie planen dann jeweils detailliert neu und überprüfen täglich mit der Checklist? In Kurzform — aber schriftlich! Denn nur so wissen Sie ja, ob Sie Ihrem Ziel auch wirklich stückchenweise näherkommen. Von Zeit zu Zeit sollten Sie jedoch auch Ihren Plan überprüfen. Er kann sich ändern, weil sich bei Ihnen oder Ihrem Umfeld etwas geändert hat. Schauen Sie die folgende Liste in Abständen immer mal wieder an.

1. Hatten Sie sich für dieses Jahr ein Ziel gesetzt und dieses Ziel schriftlich fixiert? Gibt es bereits eine Planung für 1986/87?
2. Wissen Sie genau, was es für Sie persönlich bedeutet, wenn Sie dieses Ziel erreichen?
3. Können Sie dieses Ziel tatsächlich erreichen? Kennen Sie Ihre körperlichen und geistigen Leistungsgrenzen!
4. Haben Sie einen schriftlichen Ablaufplan gemacht, wie Sie dieses Ziel erreichen wollen?
5. Ist Ihr persönlicher Plan mit anderen Plänen abgestimmt?
   Mit den Plänen Ihrer Kollegen, Ihrer Mitarbeiter, Ihrer Wettbewerber, mit den Anforderungen des Marktes, Ihrer Familie?
6. Ist Ihr Plan in Phasen und Teilziele eingeteilt?
7. Haben Sie regelmäßig Erfolgskontrollen eingebaut und Kontrollmöglichkeiten vorgesehen?
8. Wissen Sie, wer Ihnen helfen wird, den Plan zu verwirklichen?
   Arbeitsdelegation — Ratschläge — finanzielle Hilfe — Material und Unterlagen — Know-how?
9. Haben Sie Ihre Zeit richtig eingeschätzt und sie nicht zu 120 % verplant?
10. Haben Sie sich ein Ziel gesetzt und einen Plan gemacht, um dieses Ziel wirklich zu erreichen oder nur um Ihr Gewissen zu beruhigen, oder weil es Mode ist?
    Brennt in Ihnen wirklich ein Wunschfeuer etwas Bestimmtes zu tun oder zu erreichen?
    Oder sind Sie schon wieder so im Routinealltag, daß Sie nur noch gelegentlich wie aus weiter Ferne etwas läuten hören?
    Dann lesen Sie gleich noch einmal von vorn, und dann vergessen Sie schnell, was Sie heute abend noch Wichtiges hören, sehen oder lesen wollten.
    Das einzige, was jetzt wichtig ist, ist Ihr Ziel und Ihr Plan.

Do it now

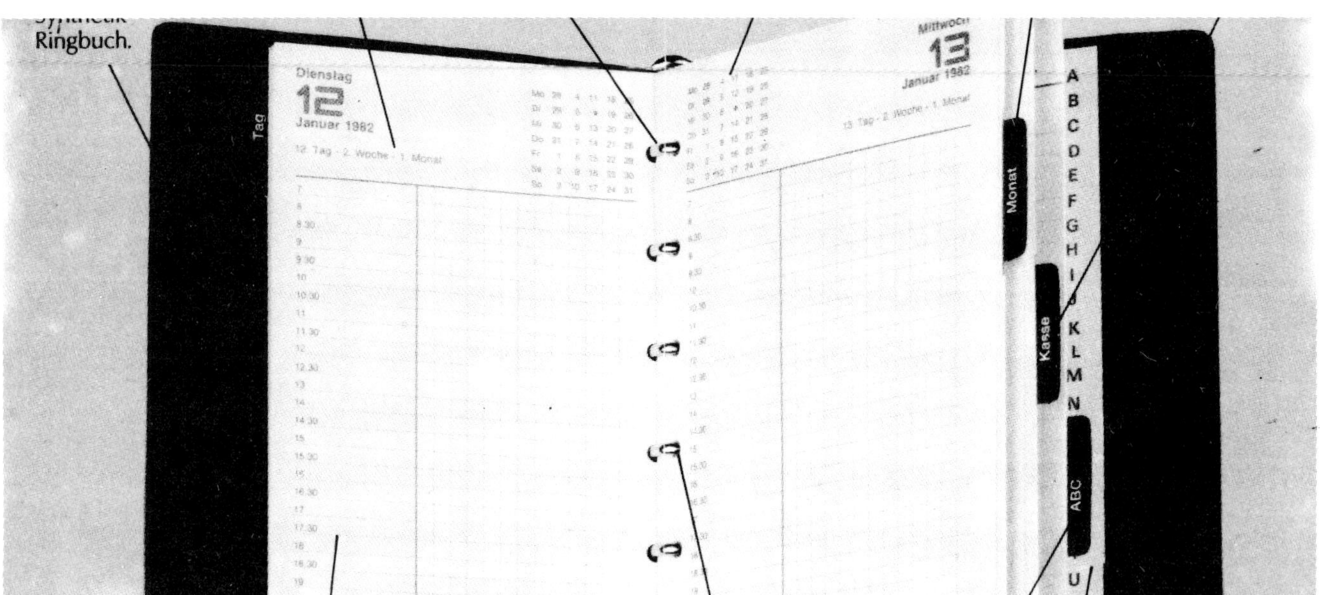

Je hastiger Sie atmen, um so mehr versprechen Sie sich. Atem-, Entspannungs- und Suggestionstechnik sind eine wirkungsvolle Hilfe.

Üben Sie auch mit einer der nachfolgenden Programmierungen (Suggestionen).

Wählen Sie aber bitte nur eine aus und üben Sie diese mindestens einen Monat lang. Diese Programmierung muß **täglich** viermal hintereinander so laut, so deutlich, so artikuliert und so überzeugend wie nur irgend möglich gesprochen werden.

Sie stellen sich mitten in einen Raum, den Sie mit Ihrer Stimme auszufüllen versuchen. Beim ersten Mal zeichnen Sie diese gesprochenen Worte auf eine Kassette auf, die Sie dann, nach 28 Tagen täglichen Trainings, mit einer neuen Kassettenaufnahme vergleichen!

Der Unterschied wird Sie überzeugen!

Nur die Praxis zählt! Niemand kann im voraus sagen, wo die Grenzen seiner Kräfte, Fähigkeiten und Möglichkeiten liegen. Nur Vorurteile sind Grenzen, aber diese sind unüberwindliche Mauern.

Das Rezitieren der Programmierung verbessert Ihre Sprechtechnik gewaltig.

SUGGESTIV REZEPTE

1. Programmierung für Anfänger der Redekunst

Ich weiß, daß ich sehr gut sprechen kann.

Ich muß nur immer ruhig und langsam sprechen.

Vor dem Reden werde ich erst überlegen, was ich sagen will.

Leicht und fließend verbinde ich alle Wörter eines Satzes so miteinander, als ob der ganze Satz ein einziges Wort wäre.

Ich bleibe ganz ruhig und selbstsicher und denke nur an meine Aufgabe. Nur an meine Aufgabe. Nur die Aufgabe ist wichtig.

SUGGESTIV REZEPTE

2. Programm für schon fortgeschrittene Rhetoriker:

Ich bin fest entschlossen, ein guter Redner zu werden.

Ich sehe mein schönes, großes Ziel ganz deutlich vor mir und bin bereit, es durch konsequente Planarbeit zu erreichen.

Ich werde nicht wankelmütig sein, denn ich kenne die großen Vorteile, die sich aus meiner zielbewußten Entwicklung ergeben.

Deshalb bin ich fest entschlossen, ein guter Redner zu werden.

SUGGESTIV REZEPTE

3. wirkungsvolle Programmierung

Auch ich habe große Ziele!
Alles, was vor uns entstehen soll, findet seine Ursache in unserem Denken. Ein Gedanke, eine Idee, deren Verwirklichung wir ausdauernd verfolgen, **muß** schließlich sichtbar in Erscheinung treten.

Auch ich habe große Ziele!

Alle Kräfte, die ich zur Verwirklichung meiner Wünsche benötige, schlummern in mir. Durch die Macht der Gedanken werden die Kräfte zu treuen Helfern bei meinem Werk.

Warum sollte ich nicht mehr erreichen, als andere mir zutrauen?

Ich wachse mit allen Aufgaben, die ich selber stelle. Ich werde meine Ziele erreichen — ganz bestimmt!

Ich fühle, wie meine Kräfte und Fähigkeiten wachsen.

Ich glaube an mich und meine Ziele, so wie alle an sich glauben mußten, die Großes vollbrachten.

Ich werde mein Ziel erreichen — ganz bestimmt!

SUGGESTIV REZEPTE SUGGESTIV REZEPTE

4. Programmierung zur Auswahl

Ein erfolgreicher Redner spricht ein gutes Deutsch! Ich werde ein einflußreicher Redner, darum muß ich ein sehr gutes Deutsch sprechen. Das macht mir viel Freude, und ich werde täglich üben und Fortschritte machen.

Für einen guten, eindrucksvollen Redner ist es selbstverständlich, daß er die Endsilben klar und deutlich ausspricht. Durch das bewußte Artikulieren der Wortendungen, wird meine Aussprache täglich besser, klangvoller und schöner.

Durch meine klare Aussprache habe ich die Möglichkeit, meine guten Ideen und wertvollen Gedanken erfolgreich und wirkungsvoll auszudrücken. So werde ich mich täglich etwas verbessern, indem ich treffsicheres Deutsch mit klarer Ausdrucksweise der Endsilben spreche. Dadurch stärkt sich auch mein Selbstbewußtsein und größte Erfolge werden mir möglich.

5. Programmierung

Redekunst ist Geisteskunst!

Ich kann sprechen — also lerne ich auch wirkungsvoll reden.

Selbstvertrauen ist das Wichtigste.

Wenn ich keine Angst habe, dann ist das Haupthindernis weg, das mich am Reden hindert. Wer im Gespräch gute Gedanken entwickeln kann, der kann das auch vor einer großen Zuhörerschaft.

Ich muß ganz klar sehen und erfassen, Vor- und Nachteile genau abwägen und durch Arbeit an mir selbst unwirksam machen. Das ist leichter, als es scheint.

Meine klare, kräftige Stimme, meine deutliche Aussprache, mein gefälliges Auftreten und gewinnendes Lächeln, meine ruhigen und sicheren Augen, meine harmonischen Gesten, mein witziger Anfang, mein klares geistiges Konzept, meine genau treffenden Worte und zündenden Formulierungen ergeben zusammen mit einem überraschenden Redeschluß eine Wechselwirkung zwischen mir als Redner und meiner Zuhörerschaft, die all mein Wissen, Charme, Mut und Schlagfertigkeit voll entfalten.

Mein Publikum wird von Darbietung und Inhalt meiner Reden begeistert sein.

Reden können ist Hochgenuß!

6. Programmierung

Ich werde ein gern gehörter und überzeugender Redner. Mein Auftreten ist frei und sicher — und weckt bei meinen Zuhörern eine sympathische Stimmung.

Meine Stimme wird immer einflußreicher. Mein Schwung und meine Begeisterung reißt alle Zuhörer mit. Der Macht und dem Einfluß meiner Stimme kann sich keiner entziehen.

Ich bin ein Meister in der Kunst der Menschenbehandlung. Es gelingt mir immer besser, die Zuhörer zu fesseln und von der Richtigkeit meiner Ideen zu überzeugen.

Der Zauberspiegel

Man beschuldigt die Menschen zuweilen, ihre eigene Schwäche nicht zu kennen. Es gibt aber vielleicht ebenso viele, die ihre eigene Kraft nicht kennen. Es geht mit den Menschen wie mit manchem Stück Erde, in dem eine Goldader verborgen ist, von der der Besitzer nichts ahnt.
(Dean Swist)

Eine alte Sage erzählt von einem Zauberspiegel, der die Bilder der Menschen wiedergab, so wie sie wirklich waren. Nicht wie sie selbst, ihre Freunde oder ihre Feinde sie sich dachten. Von allen Enden der Welt pilgerten die Menschen zu diesem Zauberspiegel.

Nun kam auch einmal ein Pilger von außerordentlicher Bescheidenheit, stets geneigt, sich selbst zu unterschätzen. Er war sehr erstaunt, in diesem Spiegel eine Seite von sich zu erkennen, von der er bis jetzt nichts geahnt hatte.

Hier in dem Zauberspiegel sah er deutlich innerhalb der Umrisse seiner eigenen Gestalt die eines anderen Wesens. Es war so stark, voll Selbstvertrauen, ein strahlendes Bild der Männlichkeit, ohne irgendeinen der Fehler und Minderwertigkeiten, die er sich immer selbst zugeschrieben hatte. Je länger er dieses Bild betrachtete, um so deutlicher trat es hervor, bis ihm endlich klar wurde, daß dies sein anderes, sein höheres Selbst sein müsse, das Wesen, das zu sein, der Schöpfer ihn geschaffen hatte.

Das Bild in dem Zauberspiegel machte einen so großen Eindruck auf den Pilger, daß er von nun an unablässig bemüht war, sich nach ihm zu richten und zu verändern. Und mit der Zeit wurde das Bild des vollkommenen Menschen, das ihm beständig vor Augen stand, zur Wirlichkeit und trat an die Stelle des schüchternen, zurückhaltenden, sich selbst unterschätzenden Menschen, der er seither gewesen war. Nur wenige Jahre später war mit seiner ganzen Erscheinung, seinem geistigen Zustand, seinem ganzen Wesen eine vollständige Veränderung vorgegangen. Er war wirklich der größere Mensch geworden, den ihm der Zauberspiegel entschleiert hatte; und nicht nur das, er war auch in seinem Beruf weitergekommen, hatte größeren Erfolg gehabt, als er sich je hätte träumen lassen. Und er sagte, er fange jetzt erst an, die Möglichkeiten, die in ihm lägen, zu verwirklichen.

Wenn dir nun jemand die Möglichkeit böte, einen Blick in den Zauberspiegel zu werfen, der dir den Menschen zeigt, der du sein könntest, statt des Schwächlings, für den du dich seither gehalten hast, würdest du nicht alles tun, was in deiner Macht steht, um zu diesem Spiegel zugelassen zu werden?

Dieser Zauberspiegel widerspiegelt nicht das Kleine, was du seither vollbracht hast, sondern das Große, wozu du bestimmt bist. Er ist ein geistiger Strahl, der es dir ermöglicht, in die Tiefe deines Wesens zu schauen, das Große in dir selbst, alle deine noch unentwickelten Kräfte und Möglichkeiten zu erkennen. Er zeigt dir, was du zu tun fähig bist, stärkt dein Selbstvertrauen und hilft dir, das Beste, das in dir ist, zutage zu fördern und den vollkommenen Menschen aus dir zu machen, der du sein möchtest.

Das schwierigste Ding in der Welt ist es, den Menschen Glauben an ihre eigene Größe, Vertrauen in die in ihnen ruhenden Fähigkeiten beizubringen. Wenn wir nur mehr Glauben und Vertrauen in uns selbst hätten, so würden selbst die, denen Erfolg nachgerühmt wird, noch unendlich viel mehr erreichen, als es jetzt der Fall ist. Wir sind gehemmt durch den alten Gedanken der menschlichen Minderwertigkeit. Aber es ist nichts Minderwertes an dem Menschen, den Gott geschaffen hat. Die einzige Minderwertigkeit in uns haben wir selbst in uns hineingelegt. Was Gott geschaffen hat, ist vollkommen. Der Fehler ist der, daß die meisten von uns nur das Zerrbild dessen sind, was sie nach Gottes Plan sein sollten. Das kommt von dem mangelnden Glauben an uns selbst, und weil wir unsere göttlichen Möglichkeiten nicht kennen. Aller Mißerfolg, alle Minderwertigkeit ist die Folge davon, daß wir von unserem wahren Selbst und unserer Verwandtschaft mit Gott nicht wissen.

Der Mensch ist dazu bestimmt, ein Sieger zu sein und nicht ein Sklave. Er soll sich seines Geburtsrechtes göttlicher Kraft bedienen und zu der höchsten Höhe seiner Möglichkeiten aufsteigen, nicht darunter hinabsinken, wie es so viele unter uns tun. So wie das Bild ist, das du dir von dir selbst gemacht hast, so wird auch der Mensch sein, der du bist. Tausche das minderwertige Muster gegen das, was du sein könntest, möchtest und solltest. Da muß dein geistiges Musterbild dein selbst erhöhen, und dann mit aller Macht danach streben, dieses Musterbild zu erreichen.

Schau in den Zauberspiegel deiner eigenen Seele, in dem du siehst, was Gottes Absicht war, was du sein solltest. Nicht das kleine, enge, schwache Wesen, das deine Ängste und Fehler aus dir gemacht haben, sondern der herrliche Mensch, den Gott in seinen Gedanken hatte, als er dich schuf. Denke, sprich, handle und lebe, wie dieser Mensch es tun sollte. Dann wirst du im Einklang mit deinem Schöpfer sein und nicht gegen ihn. Dann wirst du die Erfüllung seines Planes sein und nicht diesen durchkreuzen. Dann bist du ein Erfolg und kein Fehlschlag.

Faust: Wer bist du? Mephisto: Ich bin der Geist, der stets verneint

Das Nein tötet alle positiven Gedanken

So haben wir das früher noch nie gemacht
Das geht nicht
Meine Finanzlage erlaubt das nicht
Das haben wir schon versucht
Dazu bin ich jetzt noch nicht in der Lage
Alles graue Theorie
Darüber läßt sich ein andermal reden
Man weiß doch, das läßt sich einfach nicht machen
Warten wir erst einmal die Entwicklung ab
Bei mir geht das einfach nicht
Alles Quatsch
Klingt ja ganz gut, aber ich glaube nicht, daß das wirkt
Das wächst mir noch über den Kopf
Später
Zu spät
Das bringt doch nichts
Meine Mitarbeiter werden nicht mitmachen
Warum etwas neues — der Umsatz steigt doch laufend
Technisch undurchführbar
Warten wir lieber erst die Entwicklung ab
Damit muß sich ein Ausschuß beschäftigen
Der Betrieb ist für so etwas viel zu klein

Kunst der Menschenbehandlung

Im Jahre 1788 erschien das Buch »Über den Umgang mit Menschen« von Adolph v. Knigge.
Viele qualifizierte Menschen erreichen Ihre Ziele oft sehr mühsam, weil sie es nicht verstehen, ihre Mitmenschen zu führen und sie zu Freunden zu gewinnen. Wir alle sollten versuchen, Meister in der Kunst der Menschenbehandlung zu werden.

Die nachfolgenden Gedanken werden Ihnen helfen!

Der isolierte Mensch gelangt niemals zum Ziel.
(Goethe)

*

Mit Menschen umgehen zu können, ist vermutlich das größte Problem, das wir zu lösen haben.
(Carnegie)

*

Wer die Menschen behandelt, wie sie sind, macht sie schlechter; wer die Menschen behandelt, wie sie sein könnten, macht sie besser.
(Goethe)

*

Dem wird befohlen, der sich nicht selber gehorchen kann.
(Nietzsche)

*

Der ist mächtig, der vorwärts will.
(aus Norwegen)

*

Freundlichkeit ist die erste Lebensregel, die uns manchen Kummer ersparen kann.
(Graf v. Moltke)

*

Die Kraft verleiht Gewalt, die Liebe leiht Macht.
(Ebner-Eschenbach)

*

Wer selbst mißtrauisch ist, verdient kein Vertrauen.
(Goethe)

*

Alle, die die Stimmung ihrer Mitmenschen beeinträchtigen, sind Saboteure, schlimmer als die, welche Maschinen zerstören.
(Großmann)

*

Wer Menschen begeistern kann, kann auf Zwang verzichten.
(Großmann)

*

Unsicherheit im Befehlen erzeugt Unsicherheit im Gehorchen.
(Graf v. Moltke)

Wer seinen Willen durchsetzen will, muß leise sprechen.
(Jean Giraudoux)

*

Kritik ist wertlos, weil sie den Kritisierten in die Defensive drängt.

*

Prügle deinen Hund — und er wird zu nichts mehr nütze sein; aber behandle ihn gut — und du wirst sehen, was du an ihm hast.
(Sprichwort)

*

Selbst der chronische Nörgler wird oft weich und zugänglich, wenn er einen geduldigen, mitfühlenden Zuhörer findet.
(Carnegie)

*

Das wahre Geschenk macht einen reicher, obwohl man etwas hingibt.
(Hamsun)

*

Dank ist eine positive Suggestion.

*

Eine Frage stellen ist nicht dasselbe, wie einen Rat erteilen.

*

Der Mensch, der es vermag, sich in den anderen hineinzuversetzen — der es versteht, die Dinge mit den Augen des anderen zu sehen, braucht sich niemals um seine Zukunft Sorgen zu machen.
(Owen D. Young)

*

Ein großer Mann zeigt seine Größe durch die Art, wie er die kleinen Leute behandelt.
(Carlyle)

*

Kannst du nicht wie der Adler fliegen, klettere nur Schritt für Schritt bergan. Wer mit Mühe den Gipfel gewann, hat auch die Welt zu Füßen liegen.
(Viktor Blüthgen)

*

Wer klare Begriffe hat, kann befehlen!
(Goethe)

*

Dies aber ist das Dritte, was ich hörte, daß Befehlen schwerer ist als Gehorchen.
(Nietzsche)

*

Der Meister sprach: Wenn man in den Grundsätzen nicht übereinstimmt, kann man einander keine Ratschläge geben.
(Konfuzius)

Technik der geistigen Arbeit

Lernen ohne zu denken ist eitel; denken ohne zu lernen gefährlich.

Konfuzius

Die unmittelbare Kenntnis aus dem Gedächtnis ist die Quelle aller unserer Kenntnisse.

Bertrand Russel

Das Gedächtnis ist die Schatzkammer und der Hüter aller Dinge.

Cicero

I. Maxime

Der Lernprozeß beansprucht gleichermaßen Körper und Geist. Um zu einem erfolgreichen Abschluß zu kommen, benötigen Sie neben den entsprechenden Hilfsmitteln einen zweckdienlichen Raum sowie genügend Zeit.

II. Maxime

Lernen Sie nur das, was Sie zur Erreichung Ihrer Ziele benötigen. Aber das, was Sie lernen, müssen Sie gründlich lernen. Streben Sie stets danach, in Ihrem selbstgewählten Fach Meister zu werden.

III. Maxime

Beschäftigen Sie sich nur mit solchen Fachbereichen, zu denen Sie eine echte innere Beziehung haben. Nur unter dieser Voraussetzung werden Sie Bestleistungen erzielen können.

IV. Maxime

Der höher Begabte unterscheidet sich vom Minderbegabten nicht zuletzt durch den größeren Lernwillen. Halten Sie deshalb Ihren Lernwillen stets lebendig und spannkräftig. Wenn Sie mit 40 bereits nachgeben, gehören Sie mit 50 Jahren zur zweiten Garnitur.

V. Maxime

Stellen Sie deshalb ein Fortbildungsprogramm zusammen! Was wollen Sie heute lernen, was im nächsten Monat, was im nächsten Jahr und was im übernächsten? — Schreiben Sie Ihre Lernziele exakt nieder.

VI. Maxime

Vor jeder Lektion müssen Sie vorbehaltlos aufnahmebereit sein. Planen Sie für jede Lernstunde eine bestimmte Zeit ein. Ernsthafte, geistige Tätigkeit setzt die dazu notwendige innere Bereitschaft voraus. — Sie müssen sich mit den Dingen, die Sie lesen, interlektuell auseinandersetzen.

VII. Maxime

Vor jeder Lektion müssen Sie Ihr Lernziel klar umreißen und sich dabei die Frage stellen: »Was will ich heute lernen.«

VIII. Maxime

Ermitteln Sie für Ihre Grundwissensgebiete die brauchbare Elementar-Literatur und erwerben Sie diese.

IX. Maxime

Wenn neues Wissen aufgenommen wird, muß jedes Wort, insbesondere müssen die Fach- und Fremdwörter restlos verstanden sein. Begehen Sie keinen Selbstbetrug und begnügen Sie sich von Anfang an nicht mit Halb- oder unklarem Wissen.

X. Maxime

Versuchen Sie bei jedem Thema, mit dem Sie sich auseinandersetzen, den »roten Faden« zu erkennen. Diese Methode hilft Ihnen, den wesentlichen Inhalt eines Werkes zu erfassen und zu behalten.

XI. Maxime

Vermeiden Sie grundsätzlich, vieles gleichzeitig lernen zu wollen. Zersplitterung rächt sich durch Mehrarbeit und Mehraufwand.

XII. Maxime

Nur durch ständige Wiederholung festigen Sie Ihr Wissen.

Schluß-Maxime

Das Geheimnis des großen Erfolges ist — mehr zu lernen und dadurch mehr zu können, als gefordert wird.

Kein Morgenmuffel sein!

Gleich morgens können Sie beweisen, daß Sie eine außergewöhnliche Persönlichkeit sind. Was kann Ihre Umgebung dafür, wenn Sie nicht richtig ausgeschlafen und übler Laune sind? Wie man in den Wald hineinruft . . . An Ihnen ganz allein liegt es, wie sich Ihre Mitmenschen Ihnen gegenüber verhalten. Dieses Schildchen schreiben Sie ab und hängen es im Bad an den Spiegel!

* * * * *

Heute ist ein schöner Tag!!

Ich freue mich, daß ich lebe!!

* * * * *

Lesen Sie sich dies beim Rasieren und Waschen mindestens dreimal laut vor. Das fällt nur im Anfang schwer. Innerhalb von 3 Wochen ist Ihr Unterbewußtsein darauf umgestellt, umgewöhnt und Aufstehen und Frühstück werden für Sie zu einem festlichen Ritual. Egal, was der Tag noch bringen mag

Anfang gut — weiter gut!

Gute Laune ist Trainingssache!

Kein Erfolg ist möglich, ohne die Hilfe unserer Mitmenschen. Dazu aber brauchen wir Achtung, Vertrauen und Zuneigung. Jeder Mitarbeiter muß Sie gern haben und als liebenswürdigen und sympathischen Menschen schätzen. Bedanken Sie sich mal bei Ihrer Frau für die reibungslose Morgenhilfe lachend und mit einem Kuß. Als Frau bedenken Sie: So, wie Sie Mann und Kinder entlassen — so beginnt und verläuft der Tag. Morgendliche Hektik und Übellaunigkeit verdeckt Ihre liebevolle Fürsorge. Sie wird nicht erkannt und daher nicht anerkannt. **Sie** haben die Stimmung in Ihrem Heim in der Hand. Also gerade morgens alles an Liebenswürdigkeit und ansteckender Fröhlichkeit aufbieten! Aufstehen und Frühstück sollen Kraft und gute Laune bieten. Die Gestaltung des frühen Morgens ist die Überschrift für den Tag.
Wenn wir die Menschen so behandeln, wie sie sind, machen wir sie hart, disharmonisch, starr. Änderungen von schlechten Angewohnheiten, Unordentlichkeit, Unpünktlichkeit, Schlampigkeit, erreichen wir **niemals**, wenn wir darüber schimpfen und zetern.

Bewußtsein ist Schöpfung!

Jedes Verhalten, das beachtet wird (und sei es negativ beachtet, also beschimpft), wird verstärkt. Die Dinge, die Sie benörgeln, **müssen** also schlimmer werden. Behandeln wir unsere Mitmenschen also so, wie sie eigentlich sein sollten!
Was bewirkt diese Haltung? Erstaunen, Freude, Insichgehen, Besserung. Warum? Sie haben das GEFÜHL Ihres Partners angesprochen. Wir umgehen den Intellekt und vermeiden damit Widerstände, Diskussionen, Aggressionen, Ärger weitestgehend. Wir haben also unsere eigene Einstellung genau entgegengesetzt anzubringen.

Negatives möglichst nicht mehr beachten!

Unsere gesamte Aufmerksamkeit nur auf das Positive lenken, grundsätzlich nur das Positive sehen und immer wieder das Gute, das Richtige in den Vordergrund stellen und beachten und seien es nur Kleinigkeiten und Geringfügigkeiten. Damit anfangen! Auch dann liebenswürdig und nett bleiben, wenn sich keine Soforterfolge einstellen. Ausdauer siegt.

Wer lächelt, ist immer der Stärkere!

(Japanisches Sprichwort)

Also immer ganz bewußt und gezielt das Gefühl und die Aufmerksamkeit auf die guten Eigenschaften unserer Familie, Mitarbeiter, Kollegen, Schüler, Vorgesetzten lenken. Nie schimpfen! Schimpfen ist Beweis eigener Schwäche.

Das schönste Kompliment hat fünf Buchstaben

Viele Leute scheuen sich, Komplimente zu machen. Mit Recht, wenn sie plump, vordergründig und oberflächlich sind. Gleichzeitig ist uns aber bewußt: Der Mensch lebt nicht vom Brot allein. Jeder braucht Lob und Anerkennung. Der Streßforscher Hans Selye hat festgestellt, daß dem Menschen noch wichtiger als Macht und Reichtum die Anerkennung seiner Arbeit ist. Nur darauf kommt es im Grunde an. So einfach diese Erkenntnis zu sein scheint, so schwer fällt es doch, andere durch Worte anzuerkennen.

Wer andere kritisiert, verschlechtert seine eigene Situation, wer andere anerkennt, verbessert sie!

Das einfachste auf der Welt ist, andere zu kritisieren. Leider wird unsere Jugend systematisch dazu erzogen. Kritikfähigkeit gilt als Tugend. Aber was ist viel, viel schwerer? **Bessermachen!**
Aber zurück zur Praxis und zur Analyse:
Erkennen Sie die Leistung, das Gute, das Positive Ihrer Mitarbeiter an? Sprechen Sie es offen aus? Wie oft beginnen Sie Ihre Anrede mit

»Das hat mir gut gefallen . . .«
»Das ist ja toll . . .«
»Das ist sorgfältige und gute Arbeit . . .«
»Ihre Idee ist fabelhaft . . .«
»Fachmann bleibt Fachmann . . .«
»Tadellos wie immer . . .«
»Das hast du gut gemacht . . .«
»Dies ist großartig gelungen . . .«
»Ihre Arbeit wird immer besser und besser . . .«
»Das macht Ihnen so schnell keiner nach . . .«

All dies sind Zauberformeln, die die Herzen unserer Mitmenschen aufschließen.
Das schönste und einfachste Kompliment aber, das man machen kann, ist das kleine Wort **»danke«**. Beobachten Sie einmal, wie oft die Meister in der Kunst der Menschenbehandlung sich bedanken. In anderen Ländern bedankt man sich viel öfter als bei uns.

Danken und Lächeln sind die Grundpfeiler des Charmes!

D A N K E

Ihr Name ist Ihr Kapital!

Die Basis unseres Erfolges ist Sympathie, Harmonie, Vertrauen. Die Fähigkeit, eine solche Atmosphäre zu schaffen, beginnt mit der Anrede des Partners. Außerordentlich wichtig ist der Name! Beobachten Sie einmal, wie SIE Ihre Umwelt ansprechen. Benutzen Sie das Sie, das Du oder den Namen? Welchen Namen?
Den Namen eines Menschen, dem man schon einmal begegnet ist, vergessen zu haben, ist eine Todsünde der Überzeugungskunst. Für jeden ist es schmerzlich zu merken, wenn der eigene Name entfallen ist. Man begreift sofort — unbewußt — daß das Interesse für diese Person nicht allzu groß sein kann. Das ist unklug. Ein gutes Namensgedächtnis ist wichtig. Notieren Sie sich den Namen Ihres Verhandlungspartners, Ihres Kellners, Ihres Briefträgers, Ihres Bankbeamten, Ihres Masseurs, Ihres Friseurs, Ihres Milchmannes, Ihrer Telefonistin, Ihres Busfahrers, der Freunde und Freundinnen Ihres Partners und Ihrer Kinder schriftlich, damit Sie sich besser erinnern. Auch fragen Sie bei der Vorstellung ruhig noch einmal, wenn Sie einen Namen nicht verstanden haben.
Sie selbst sagen Ihren Namen natürlich laut und deutlich bei jeder Vorstellung, auch am Telefon, besonders, wenn Ihr Name kompliziert ist. Bei Verhandlungen, Sitzungen, Kongressen, Besprechungen, Vorträgen, Zusammenkünften aller Art tragen Sie ein Namensschildchen (auch wenn Sie eine Dame sind) oder setzen ein Kärtchen mit Ihrem Namen vor Ihren Platz.
Menschen, die ihren Namen nicht mögen, mögen sich selbst nicht. Sie werden Beobachtungen zum Thema Namen machen, die Ihnen auf Anhieb zeigen, wie es um das Selbstbewußtsein eines Menschen bestellt ist. Da jeder Mensch der Mittelpunkt **seiner** Welt, seiner eigenen Erlebnisse und seines Handelns ist, ist sein Name sein wichtigster Besitz. Wir mögen im Leben viel verlieren oder gewinnen — unser Name bleibt uns. Machen Sie deshalb Reklame für Ihren guten Namen, wo und wie Sie nur können. Sie machen indirekt Werbung für sich selbst, wenn auch unaufdringlich.
Ein Mann, der seine Frau nur noch mit »Mutti« anredet, sieht in ihr auch nur noch die Mutter, nicht mehr die Frau — er spricht demgemäß nur noch die mütterliche Seite in ihr an. Spinnen Sie diesen Gedanken einmal wieder schriftlich weiter. Er gilt auch für die Damen, die ihren Mann nur noch mit »Vati« titulieren . . . .
Sollten Sie Kinder haben, so bedenken Sie, daß diese täglich älter werden. Gerade in der Pubertät sind sie besonders empfindlich. Sie reagieren — mit Recht — trotzig, wenn sie immer noch mit Kose- oder Verkleinerungsnamen angeredet werden. Besonders, wenn Fremde dabei sind. Prüfen Sie also, wie SIE Ihre Umwelt ansprechen und wie diese darauf reagiert. Bitte alle Beobachtungen schriftlich festhalten.
Durch das korrekte Aussprechen seines Namens, erreichen wir jeden Menschen in seinem innersten Kern. Darum benutzen Sie die Namen Ihrer Mitmenschen oft und mit Achtung. So verleihen Sie auch Ihrem eigenen Glanz und Anerkennung — ganz nebenbei — ohne Kosten und wie selbstverständlich.

Ihr Name ist Ihr bestes Kapital

Sei kein Trauerkloß!!!

Tips zur Stimmungspflege

Niemand von uns würde es wagen, morgens ungewaschen und ungekämmt auf seinem Arbeitsplatz zu erscheinen. Den äußeren Menschen bringen wir in Ordnung. Dafür sorgt schon die Eitelkeit. Aber wie chaotisch sieht der innere Mensch bei den meisten von uns aus! Muffig, wortfaul und mißgelaunt sind wir oft schon während der Anfahrt. Von einer inneren Seelenhygiene kann also gar nicht die Rede sein.

Stimmungspflege ist aber mindestens so wichtig wie Körperpflege. Stimmungspflege ist Gesundheitspflege, denn unsere Stimmung kommt aus dem Gefühlsbereich. Sie ist die Auswirkung unterbewußter Gedanken. Unzufriedenheit, Ärger, Unterwertigkeitsgefühle und Neid verdrängen wir meist und wollen sie nicht wahrhaben. Unterbewußt aber wühlen solche Gefühle, unterminieren unser Wohlbefinden und drücken sich aus in Nörgelsucht, Besserwisserei und chronischer schlechter Laune. Solche verhängnisvollen geistigen Giftstoffe wirken sich auch äußerlich aus. Stoffwechselstörungen, schlapper Kreislauf, allergische Haut und scharfe Mundwinkelfalten entstehen dadurch. Stimmungspflege ist also tatsächlich Gesundheitspflege.

Sport und Hobby — eine befriedigende Freizeit also— sind fabelhafte Stimmungsmacher, die auch auf den Arbeitsalltag positiv ausstrahlen. Malen Sie sich ein hübsches, buntes Schild und stellen Sie es an Ihren Arbeitsplatz auf:

Heute ist ein schöner Tag!
Ich freue mich, daß ich lebe!!

Ärger macht alles ärger! Sich viel und oft zu ärgern, ist der Beweis für ein geschwächtes Nervenkostüm. Ärger entsteht, wenn die Dinge anders laufen, als wir sie uns vorgestellt haben. Ärger aber hat nur Sinn, wenn er konstruktiv ist, wenn Sie also die ärgerliche Erfahrung umsetzen in ein zukünftiges Bessermachen, Andersmachen, wie z.B. Partner und Mitarbeiter besser informieren, nicht zuviel als selbstverständlich voraussetzen, zeitlich nicht zu knapp kalkulieren, nicht das eigene Arbeitstempo für andere zugrunde legen, viel geduldiger sein. Wenn man sich immer wieder über dieselben Dinge ärgert, hat man immer wieder dieselben Fehler gemacht. Ärger ändert nichts — aber er führt mit Sicherheit zu Magengeschwüren, Bluthochdruck und schlechter Laune. Und gerade diese schlechte Laune ist die Volksseuche Nr. 1!

Aber Trauerklöße sind nicht gefragt — deshalb machen Sie nicht mit! Üben Sie Gedankendisziplin!

Nie, nie schimpfen!!

Schimpfen macht den Partner bockig und widerspenstig. Schimpfen verletzt und deprimiert und tötet jede Arbeitsfreude. Schimpfen ist Körperverletzung!

Wenn Sie chronische Mißstimmung haben — finden Sie die Ursache heraus! Pflegen Sie Ihre Gesundheit besser. Lernen Sie völlig abschalten und den Feierabend und das Wochenende gestalten und genießen. Nehmen Sie niemals Ärger mit in Ihr Bett, denn über Nacht hat er so richtig Gelegenheit, in Ihrem Unterbewußtsein zu wühlen. Daraus folgt schlechter Schlaf, Alpträume und miese Laune und weitere Bereitschaft zu noch mehr Ärger am nächsten Tag. Ein Teufelskreis, der immer größer wird.
Ärger muß sich Luft machen!

Buchstäblich. Also atmen Sie 20mal tief durch. Danach noch 20 Kniebeugen am offenen Fenster — das hilft bestimmt. Dann können Sie lächeln, selbst wenn Sie aus der Puste sein sollten.

Ihre Stimmung verrät Ihr Innenleben. Kein Mensch kann sich dauerhaft beherrschen. Chronische schlechte Laune ist Sabotage an der Gesundheit, sowohl der eigenen als auch der Ihrer Mitarbeiter. Denn Stimmung — jede Art von Stimmung — wirkt ansteckend.

Finden Sie heraus, was Ihre Stimmung hebt. Verschönern Sie den Alltag, er ist viel länger als der Sonntag, er kostet die meiste Zeit und Zeit ist das, woraus das Leben gemacht ist. Die beste, ehrlichste und dauerhafteste Hochstimmung kommt vom idealen Liebespartner. Solange Sie den (oder die) nicht gefunden haben, bleiben alle anderen Stimmungsmacher nur Augenblickslösungen.

Stimmungsmacher

Freundlichkeit
Körperfrische
gute, praktische
Kleidung
Kameradschaftlichkeit
Lächeln
Tee
innere Zufriedenheit

Parfum
Schlagfertigkeit
Lächeln
Rücksichtnahme
Geduld

Lächeln! Lächeln!
Lächeln!
Musik
ruhige Selbstsicherheit
schöne, warme Farben
richtige Raumtemperatur
Lächeln

hübsche Arbeitsgegenstände
warme, klare Stimme
Lächeln

Stimmungstöter

Ärger
Schimpfen

Unzuverlässigkeit
Klatsch und Tratsch

Geiz
Neid
Mund- und
Körpergeruch
Schmerzen

Angst
Eifersucht
Schlafmangel
Verzicht auf Frühstück,
Morgengymnastik

Sorgen
Hektik
Arroganz

Rechthaberei
schrille, laute Stimme

Mangel an
Selbstdisziplin

So lernt man, vor anderen Leuten zu sprechen

Wenn Sie vor mehr als drei, vier Personen kein Wort rausbringen — keine Bange: Reden läßt sich lernen. Sagt der Psychologe Nikolaus Enkelmann. Er hat österreichische Skispringer seelisch fit getrimmt und erfolgreich gemacht. Hier präsentiert er ein Trainingsprogramm für alle, denen es immer wieder die Stimme verschlägt.

Ein Alptraum. Vor Ihnen 20, 30 Menschen, Fremde. Alle blicken Sie an. Und Sie sollen reden. Zum Beispiel: sich vorstellen, einen Sachverhalt schildern, eine Meinung vertreten. Alle warten: Los endlich, bedeuten ihre Blicke.
Ihr Herzschlag jagt hoch wie ein Rennmotor bei durchgetretenem Gaspedal. Der Puls hämmert im Hals. In den Knien — nichts als Pudding. Heiß und feucht die Handflächen. Wo abwischen? Wohin überhaupt mit den Händen?
Die Stimmbänder scheinen blockiert. Aber irgendwie kommen doch ein paar Worte raus. Gequetscht, heiser. Wie eine fremde Stimme hört sich die eigene an. Gedanken schießen durch den Kopf. Unkontrolliert. Gedanken, die Angst machen und unsicher. Sie fühlen sich plötzlich wie eine Angeklagte vor einem Tribunal. Ein Alptraum.
Aber diesen Alptraum können Sie sich ersparen. Das kleine Einmaleins des freien Sprechens können Sie sich nämlich selbst beibringen. Fangen Sie einfach an.

1

Warum das feste Stehen fürs Reden genauso wichtig ist wie ein fester Standpunkt

Schauen Sie mal genau hin bei allen, die etwas zu sagen haben. Und zwar nach unten, auf die Beine. Je unsicherer einer ist, desto heißer wird ihm der Boden unter den Füßen, er trippelt und tänzelt. Und je sicherer sich einer seiner Sache ist, desto fester ist sein Standpunkt. So einfach ist das. Und überlegen Sie sich eins: daß es auch Ihren Zuhörern (und Zuschauern) nicht entgeht, ob Sie einen festen Standpunkt haben oder ob Sie dauernd auf der Flucht sind. Ihre Füße zeigen es, wenn Sie vor Ihren Zuhörern am liebsten Reißaus nehmen würden.
Deshalb — hämmern Sie sich ein: Ich habe einen Standpunkt. Ich falle nicht um. Ich stehe fest. Und da wir alle nun einmal Gewohnheitswesen sind, ist es erst einmal wichtig, daß Sie aus dem festen Auftreten eine feste Gewohnheit machen.
Achten Sie immer darauf, daß Sie die Knie durchdrücken. Stehen Sie bewußt. Üben Sie das. Denn wenn die Knie weich sind, dann sind es Ihre Argumente auch.

2

Eine Technik, ganz ruhig und gelassen zu werden. In knapp einer Minute

Das muß Ihnen sicher nicht erst ein Arzt sagen: Je nervöser, je aufgeregter Sie sind, desto schneller schlägt Ihr Herz. In der Psychologie wird dieser Zustand »überschießende Reaktion« genannt. Dieser Ausdruck bedeutet nichts anderes, als daß Sie mehr als wach sind. So aufgedreht und überdreht, daß Sie sich selbst schon wieder blockieren. Nichts geht mehr. Sie kriegen keinen Ton raus. Klar, Herz und Atmung sind miteinander gekoppelt. Je schneller Ihr Herz schlägt — und das kann »im Stand« so um die 160 Touren rasen — desto schneller geht auch Ihr Atem. Sie sprechen atemlos. Und genauso schnell jagen auch Gedanken durch Ihren Kopf. Zweifel und Ängste, die von allen Seiten kommen. Und diese unkontrollierten Gedanken bringen Ihr Konzept durcheinander — wie Störsender. Nicht nur, daß die Stimme versagt, wir verlieren auch unseren Plan. All das, was wir uns im Kopf zurechtgelegt hatten. Aber gegen dieses Durcheinander gibt es ein wirksames Mittel. Man kann sich nämlich selbst beruhigen.
Denken Sie nun bloß nicht, daß Sie sich mit Ihrem Willen zur Ruhe zwingen können. Das schaffen nicht mal indische Fakire. Aber eine Atemtechnik kann Ihnen helfen. In einer Minute. Es ist die Tech-

nik, mit der sich Yogis in tiefe Ruhe und Schlaf versetzen können, mit der Igel in den Winterschlaf wechseln. In diesen drei Schritten der Atemtechnik finden Sie zu mehr innerer Ruhe.

- Atmen Sie ganz tief und langsam aus.
- Atmen Sie nun langsam ein, ganz tief aus dem Zwerchfell heraus. Ihr Bauch muß sich beim Einatmen vorwölben und nicht der Brustkorb. Atmen Sie nach Gefühl.
- Halten Sie dann den Atem an — vier Sekunden lang. Danach atmen Sie wieder langsam aus. Diesen Rhythmus — ausatmen, einatmen, Atem anhalten — wiederholen Sie etwa fünf-, sechsmal. Danach werden Sie feststellen, daß Ihr Puls deutlich langsamer schlägt — und daß Sie auch spürbar ruhiger geworden sind.

Diese Technik sollten Sie immer dann anwenden, wenn im Bauch die »Schmetterlinge flattern«, wenn die Spannung überschießt und Sie Ihre Erregung nicht mehr in den Griff bekommen. Die Atemtechnik der Yogis wirkt fast wie eine Beruhigungspille, nur viel schneller. Und sie hat den Vorzug, daß Sie dabei einen kühlen und klaren Kopf behalten.

3

Immer dran denken: Der erste Eindruck ist so wichtig wie der Start einer Rakete

Sie wissen sicher, wie wir uns alle beeinflussen. Und Sie haben sicher schon andere Menschen nach dem ersten Eindruck beurteilt, manchmal diesen ersten Eindruck auch wieder korrigiert. Aber das dauert. Erste Eindrücke setzen sich fest wie Rotweinflecken auf einem Tischtuch.
Unser Kopf registriert wie eine Kamera. Manchmal nehmen wir in Sekundenbruchteilen Informationen auf. Und wir brauchen nicht länger als sieben Sekunden, um über Menschen »im Bilde« zu sein. Nach diesen sieben Sekunden haben sich die unterschiedlichsten Eindrücke — Stimme, Kleidung, Gang, Gesicht — zu einem Bild von diesem Menschen verdichtet. Dieses Bild, eine Momentaufnahme der Persönlichkeit, braucht nicht zu stimmen, aber es ist da. Und es bestimmt unsere Reaktionen.

4

Üben Sie den freundlichen Blick Ihrer Augen länger als einen Augenblick

Augen sind der Spiegel der Seele, heißt es. Und manche Menschen glauben, ihren Gesprächspartnern so ziemlich alles an den Augen ablesen zu können. Meist das Falsche. Denn unser Blick gibt nur Aufschluß über unseren Gemütszustand. Er verrät, ob wir innerlich ganz ruhig sind. Ober ob es in uns brodelt. An guten Tagen ist der Blick deshalb auch ruhig. An schlechten Tagen flattert er.
Aber unser Blick läßt sich trainieren. Wenn Sie lang genug geübt haben, ziehen Sie mit Ihrem ruhigen, warmen Blick selbst den uninteressiertesten oder feindlichsten Zuhörer in Ihren Bann.
Wie Sie das machen? Malen Sie sich einen Punkt auf ein weißes Blatt Papier. Etwa so groß wie ein Fünfpfennigstück. Stellen Sie dieses Blatt Papier etwa in einem Abstand von einem Meter auf den Tisch oder heften Sie das Blatt an die Wand. Fixieren Sie nun diesen Punkt, richten Sie den Blick darauf, ohne zu zwinkern. Solange es geht. Sie werden merken, daß Ihnen so nach ein, zwei Minuten Tränen in die Augen steigen. Üben Sie dieses Fixieren immer wieder. Ihr Blick wird ruhiger. Sie erreichen damit nicht nur, daß Sie die Zuhörer fesseln und faszinieren. Ihr ruhiger Blick beeinflußt auch Ihre eigene Haltung und Stimmung. Die äußere Ruhe überträgt sich nach innen.

5

Beobachten Sie Ihre Zuhörer, und fühlen Sie sich nicht immer beobachtet

Gewinnen Sie eine andere Einstellung zu den Menschen. Überwinden Sie den Eindruck, daß die anderen immer nur Augen für Sie haben. Und daß die Sie wie mit Röntgenstrahlen durchschauen. Die meisten haben nämlich nur Gedanken für sich selbst, auch wenn sie nur Sie anzuschauen scheinen. Überwinden Sie diesen Eindruck, weil er Sie nur belastet. Dabei hilft Ihnen wieder ein Trick.

Beobachten Sie die Gruppe genau. Damit lenken Sie Ihre Gedanken von einem Lieblingsthema ab, das jetzt verhängnisvoll werden könnte — der eigenen Person. Wer andere beobachtet, hat keine Zeit zur Nabelschau. Jede Gruppe, mit der Sie es zu tun haben, besteht aus drei Teilen: aus Menschen, die Sie mögen, aus Neutralen und aus Gegnern. Gehen Sie ruhig einmal davon aus, daß die ersten beiden Teile in einer Gruppe immer überwiegen. Das ist schon ein guter Ausgangspunkt für Sie. Gegner sind also fast immer in der Minderzahl. Finden Sie nun heraus, wo sie sitzen. Wer ist Feind? Wer ist Freund? Wer steht in der Mitte? Damit haben Sie eine Menge zu tun. Gut so, denn mit diesem Kombinations- und Denkspiel zwingen Sie die Gedanken immer auf die Gruppe zurück.

Denken Sie nicht zuviel an Ihre Schwächen. Sie können sich Ihr ganzes Leben lang über einen zu kleinen Busen ärgern. (Vielleicht haben Sie dafür einen besonders schönen Gang?) Denken Sie lieber mal daran: Der Mona Lisa schaut auch niemand auf den Busen — weil sie lächelt wie keine andere. Diese Überlegung soll Sie zu einer positiven Einstellung führen. Werden Sie sich selbst sympathischer. (Wenn Sie sich selbst nicht lieben, welchen Grund sollten dann die anderen haben?) Ein Trost: Dieses »immer an die eigenen Unzulänglichkeiten denken« ist ein ziemlich verbreitetes Leiden. Von zehn Menschen, die sich zum ersten Mal auf einem Videorecorder sehen, finden sich zwei unerträglich. Nehmen Sie also den einfachsten Videorecorder — Ihren Spiegel —, und beobachten Sie sich, finden Sie heraus, was Ihnen gefällt.

6

Reden Sie sich selbst mal was ein. Sie werden sehen, das funktioniert nämlich.

Reden Sie sich zum Beispiel ein, daß Sie bald eine hervorragende Rednerin sein werden. Dazu gibt es eine Formel, die wirkt fast wie eine Hexenbeschwörung. Bitte ausschneiden oder abschreiben:

»Ich bin fest entschlossen, ein guter Redner zu werden. Ein guter Redner ist ein Meister in der Kunst der Menschenbehandlung. Auch ich werde ein Meister in der Kunst der Menschenbehandlung und werde mich täglich und bei jeder Gelegenheit darin üben. Mein starkes Selbstbewußtsein und meine Kontaktfähigkeit erleichtern mir den Umgang mit Menschen. Ich bin ein zielbewußter Mensch. Im Umgang mit Menschen bemerke ich, wie ich meine Meinung immer freier ausdrücken und wie ich mich immer besser durchsetzen kann.«

Sagen Sie sich das immer wieder vor, bis Sie daran glauben — was sich auf die Dauer nicht vermeiden läßt.

7

Stimm-Training — wer übt, arbeitet auch kräftig am eigenen Charakter.

Auch Sprechen läßt sich lernen. Sprechen müssen Sie sogar lernen. Weil wir nur das beherrschen, was wir gelernt haben. Mit dem Mundwerk ist das nicht anders als mit einem Handwerk oder dem Klavierspielen. Wenn wir einem Menschen eine neue Stimme geben, dann geben wir ihm auch einen neuen Charakter (das Thema aus Shaws »Pygmalion«).

Machen Sie aber zuerst einmal Bestandsaufnahme. Nehmen Sie einen Kassettenrecorder, und sprechen Sie die Formel aus Kapitel 6 in die Kassette. Wenn Sie das vor dem Spiegel tun, können Sie sich sogar beim Sprechen beobachten. Aber bitte nicht erschrecken beim Abspielen. So schlimm ist Ihre Stimme nun auch wieder nicht. Wir hören beim Sprechen nur alle Resonanzen im Kopf mit, und deshalb ist uns nichts fremder als die eigene Stimme. Hören Sie sich die Aufnahme noch ein paarmal an. Dann legen Sie das Band weg. In der Zwischenzeit sollten Sie sich aber diese Formel immer wieder vorsprechen.

Ein Sprach-Grundgesetz sollten Sie beachten: Je dunkler, desto vertrauenerweckender und anziehender ist eine Stimme. Beginnen Sie Ihr Training so: Ganz entspannt hinsetzen. Beide Füße stehen mit der ganzen Sohle auf dem Boden. Knie und Hüften locker, Rücken gerade, die Unterarme liegen auf dem Tisch. Und der Mund — scheunentorweit offen.

Als erstes üben Sie Vokale.

Aber nicht nach dem Alphabet. Beginnen Sie der Höhe nach. Die Tonleiter abwärts: i - e - a - o - u. Atmen Sie aber zuerst einmal aus. Ganz langsam. Und dann wieder ein. Bei »i« ziehen Sie die Oberlippe hoch. Und lassen Sie soviel iiiiiiiii heraus, wie Sie Atem haben. Dann wieder einatmen, langsam ausatmen und wieder einatmen. Jetzt das »e«. Der Mund bildet dabei ein liegendes Rechteck. Dann das »a«. Mund weit öffnen. Der Unterkiefer gibt nach, und die Zunge wird nach unten gedrückt. So klingt es sauber und klar.

Diese Stimmübungen stammen übrigens auch von den indischen Yogis. Die glauben, daß wir mit diesen Übungen auch etwas für unsere Gesundheit tun. Das »a« läßt Magen, Brustkorb und Sonnengeflecht schwingen. Das »e« klärt die Stimme und befreit sie von Heiserkeit. Das »i« läßt Kopf, Gehirn und müde Augen vibrieren. Das »o« durchblutet Herz und Herzkranzgefäße. Das »u« drückt das Zwerchfell hinunter. Außerdem — so die Erfinder — erhöhen diese Übungen die Lebenskraft und steigern die Konzentrationsfähigkeit.

Eine zweite Übung: Ausatmen, langsam einatmen und mit geschlossenem Mund »mmm« summen, ohne zu unterbrechen. Dreimal leise. Dreimal laut. Das macht auch Pieps-Stimmen dunkler.

Eine dritte Übung hilft Ihre Aussprache zu verbessern.

Also: wieder ausatmen, dann einatmen. Dann
arrrrrrrrrrrr, dann
errrrrrrrrrrr, dann
irrrrrrrrrrr, dann
orrrrrrrrrrr, dann
urrrrrrrrrrr.

Wenn Sie das alles einen Monat geübt haben, sollten Sie sich wieder mal Ihren Kassettenrecorder herausholen. Sprechen Sie nun die Formel wieder aufs Band. Und vergleichen Sie. Ein Riesenunterschied — wetten? Sie haben Stimme bekommen und können Stimmung machen.

Die richtige Stimme ist nämlich fast so wichtig wie die richtigen Argumente. Nicht selten werden die unstimmigen Argumente von einer guten Stimme übertönt. Stimme ist der Leitstrahl Ihrer Ansichten.

Erhard Thiel

Sprechen lernen — dann macht die Stimme Stimmung

Über die allmähliche Verfertigung der Gedanken beim Reden

Heinrich von Kleist (gekürzt)

Wenn du etwas wissen willst und es durch Meditation nicht finden kannst, so rate ich dir, mein lieber, sinnreicher Freund, mit dem nächsten Bekannten, der dir aufstößt, darüber zu sprechen. Es braucht nicht eben ein scharfdenkender Kopf zu sein, auch meine ich es nicht so, als ob du ihn darum befragen solltest, nein: Vielmehr sollst du es ihm selber allererst erzählen.
Ich sehe dich zwar große Augen machen und mir antworten, man habe dir in früheren Jahren den Rat gegeben, von nichts zu sprechen, als nur von Dingen, die du bereits verstehst. Damals aber sprachst du wahrscheinlich mit dem Vorwitz, andere, ich will, daß du aus der verständigen Absicht sprechest, dich zu belehren, und so könnten, für verschiedene Fälle verschieden, beide Klugheitsregeln vielleicht gut nebeneinander bestehen. Der Franzose sagt, l'appétit vient en mangeant, und dieser Erfahrungssatz bleibt wahr, wenn man ihn parodiert und sagt, l'idée vient en parlant.
Oft sitze ich an meinem Geschäftstisch über den Akten und erforsche, in einer verwickelten Streitsache, den Gesichtspunkt, aus welchem sie wohl zu beurteilen sein möchte. Ich pflege dann gewöhnlich ins Licht zu sehen, als in den hellsten Punkt, bei dem Bestreben, in welchem mein innerstes Wesen begriffen ist, sich aufzuklären. Oder ich suche, wenn mir eine algebraische Aufgabe vorkommt, den ersten Ansatz, die Gleichung, die die gegebenen Verhältnisse ausdrückt, und aus welcher sich die Auflösung nachher durch Rechnung leicht ergibt. Und siehe da, wenn ich mit meiner Schwester davon rede, welche hinter mir sitzt und arbeitet, so erfahre ich, was ich durch ein vielleicht stundenlanges Brüten nicht herausgebracht haben würde. Nicht, als ob sie es mir im eigentlichen Sinne sagte; denn sie kennt weder das Gesetzbuch, noch hat sie den Euler oder den Kästner studiert. Auch nicht, als ob sie mich durch geschickte Fragen auf den Punkt hinführte, auf welchen es ankommt, wenn schon dies letzte häufig der Fall sein mag. Aber weil ich doch irgendeine dunkle Vorstellung habe, die mit dem, was ich suche, von fern her in einiger Verbindung steht, so prägt, wenn ich nur dreist damit den Anfang mache, das Gemüt, während die Rede fortschreitet, in der Notwendigkeit, dem Anfang nun auch — ein Ende zu finden, jene verworrene Vorstellung zur völligen Deutlichkeit aus, dergestalt, daß die Erkenntnis, zu meinem Erstaunen, mit der Periode fertig ist. Ich mische unartikulierte Töne ein, ziehe die Verbindungswörter in die Länge, gebrauche auch wohl eine Apposition, wo es nicht nötig wäre, und bediene mich anderer, die Rede ausdehnender Kunstgriffe, zur Fabrikation meiner Idee auf der Werkstätte der Vernunft die gehörige Zeit zu gewinnen.
Dabei ist mir nichts heilsamer als eine Bewegung meiner Schwester, als ob sie mich unterbrechen wollte; denn mein ohnehin schon angestrengtes Gemüt wird durch diesen Versuch von außen, ihm die Rede, in deren Besitz es sich befindet, zu entreißen, nur noch mehr erregt und in seiner Fähigkeit, wie ein großer General, wenn die Umstände drängen, noch um einen Grad höher gespannt.
In diesem Sinne begreife ich, von welchem Nutzen Molière seine Magd sein konnte; denn wenn er derselben, wie er vorgibt, ein Urteil zutraute, das das seinige berichtigen konnte, so ist dies eine Bescheidenheit, an deren Dasein in seiner Brust ich nicht glaube. Es liegt ein sonderbarer Quell der Begeisterung für denjenigen, der spricht, in einem menschlichen Antlitz, das ihm gegenübersteht; und ein Blick, der uns einen halb ausgedrückten Gedanken schon als begriffen ankündigt, schenkt uns oft den Ausdruck für die ganze andere Hälfte desselben. Ich glaube, daß mancher große Redner, in dem Augenblick, da er den Mund aufmachte, noch nicht wußte, was er sagen würde. Aber die Überzeugung, daß er die ihm nötige Gedankenfülle schon aus den Umständen und der daraus resultierenden Erregung seines Gemüts schöpfen werde, machte ihn dreist genug, den Anfang, auf gutes Glück hin, zu setzen.
Mir fällt jener »Donnerkeil« des Mirabeau ein, mit welchem er den Zeremonienmeister abfertigte, der nach Aufhebung der letzten monarchistischen Sitzung des Königs am 23. Juni, in welcher dieser den Ständen auseinanderzugehen anbefohlen hatte, in den Sitzungssaal, in welchem die Stände noch verweilten, zurückkehrte und sie befragte, ob sie den Befehl des Königs vernommen hätten? »Ja«, antwortete Mirabeau, »wir haben des Königs Befehl vernommen« — ich bin gewiß, daß er bei diesem humanen Anfang noch nicht an die Bajonette dachte, mit welchen er schloß: »ja, mein Herr«, wiederholte er, »wir haben ihn vernommen« — man sieht, daß er

noch gar nicht recht weiß, was er will. »Doch was berechtigt Sie«, fuhr er fort, und nun plötzlich geht ihm ein Quell ungeheurer Vorstellungen auf — »uns hier Befehle anzudeuten? Wir sind die Repräsentanten der Nation.« — Das war es, was er brauchte! »Die Nation gibt Befehle und empfängt keine« — um sich gleich auf den Gipfel der Vermessenheit zu schwingen. »Und damit ich mich Ihnen ganz deutlich erkläre« — und erst jetzt findet er, was den ganzen Widerstand, zu welchem seine Seele gerüstet dasteht, ausdrückt: »so sagen Sie Ihrem Könige, daß wir unsere Plätze anders nicht als auf die Gewalt der Bajonette verlassen werden.« — Worauf er sich, selbstzufrieden, auf einen Stuhl niedersetzte.

Wenn man an den Zeremonienmeister denkt, so kann man sich ihn bei diesem Auftritt nicht anders als in einem völligen Geistesbankrott vorstellen; nach einem ähnlichen Gesetz, nach welchem in einem Körper, der vor dem elektrischen Zustand Null ist, wenn er in eines elektrisierten Körpers Atmosphäre kommt, plötzlich die entgegengesetzte Elektrizität erweckt wird. Und wie in dem elektrisierten dadurch, nach einer Wechselwirkung, der ihm inwohnende Elektrizitätsgrad wieder verstärkt wird, so ging unseres Redners Mut bei der Vernichtung seines Gegners zur verwegensten Begeisterung über. Vielleicht, daß es auf diese Art zuletzt das Zucken einer Oberlippe war, oder ein zweideutiges Spiel an der Manschette, was in Frankreich den Umsturz der Ordnung der Dinge bewirkte.

Man liest: daß Mirabeau, sobald der Zeremonienmeister sich entfernt hatte, aufstand und vorschlug: 1. Sich sogleich als Nationalversammlung, und 2. als unverletzlich zu konstituieren. Denn dadurch, daß er sich, einer Kleistischen Flasche gleich, entladen hatte, war er nun wieder neutral geworden, und gab, von der Verwegenheit zurückgekehrt, plötzlich der Furcht vor dem Chatelot und der Vorsicht Raum.

Dies ist eine merkwürdige Übereinstimmung zwischen den Erscheinungen der physischen und moralischen Welt, welche sich, wenn man sie verfolgen wollte, auch noch in den Nebenumständen bewähren würde. Doch ich verlasse mein Gleichnis und kehre zur Sache zurück. Auch Lafontaine gibt in seiner Fabel: les animaux malades de la peste, wo der Fuchs dem Löwen eine Apologie zu halten gezwungen ist, ohne zu wissen, wo er den Stoff dazu hernehmen soll, ein merkwürdiges Beispiel von einer allmählichen Verfertigung des Gedankens aus einem in der Not hingesetzten Anfang.

Man kennt diese Fabel. Die Pest herrscht im Tierreich, der Löwe versammelt die Großen desselben und eröffnet ihnen, daß dem Himmel, wenn er besänftigt werden solle, ein Opfer fallen müsse. Viele Sünder seien im Volke, der Tod des Größten müsse die übrigen vom Untergange retten. Sie möchten ihm daher ihre Vergehungen aufrichtig bekennen. Er für sein Teil gestehe, daß er, im Drange des Hungers, manchem Schafe den Garaus gemacht; auch dem Hunde, wenn er ihm zu nahe gekommen; ja, es sei ihm in leckerhaften Augenblicken zugestoßen, daß er den Schäfer gefressen. Wenn niemand sich größerer Schwachheiten schuldig gemacht habe, so sei er bereit zu sterben.

»Sire«, sagt der Fuchs, der das Ungewitter von sich ableiten will, »Sie sind zu großmütig, Ihr edler Eifer führt Sie zu weit. Was ist es, ein Schaf erwürgen? Oder einen Hund, diese nichtswürdige Bestie? Und: quant au berger«, fährt er fort, denn dies ist der Hauptpunkt: »on peut dire«; obschon er noch nicht weiß was? »qu'il méritoit tout mal«; auf gut Glück; und somit ist er verwickelt; »etant«; eine schlechte Phrase, die ihm aber Zeit verschafft: »de ces gens là«, und nun erst findet er den Gedanken, der ihn aus der Not reißt: »qui sur les animaux se font un chimérique empire.«

Und jetzt beweist er, daß der Esel, der blutdürstige! (der alle Kräuter auffrißt), das zweckmäßigste Opfer sei, worauf alle über ihn herfallen und ihn zerreißen. — Ein solches Reden ist ein wahrhaftes lautes Denken. Die Reihen der Vorstellungen und ihrer Bezeichnungen gehen nebeneinander fort, und die Gemütsakte für eins und das andere, kongruieren. Die Sprache ist alsdann keine Fessel, etwa wie ein Hemmschuh an dem Rade des Geistes, sondern wie ein zweites, mit ihm parallel fortlaufendes Rad an seiner Achse.

Etwas ganz anderes ist es, wenn der Geist schon, vor aller Rede, mit dem Gedanken fertig ist. Denn dann muß er bei seiner bloßen Ausdrückung zurückbleiben, und dies Geschäft, weit entfernt, ihn zu erregen, hat vielmehr keine andere Wirkung, als ihn von seiner Erregung abzuspannen.

Wenn daher eine Vorstellung verworren ausgedrückt wird, so folgt der Schluß noch gar nicht, daß sie auch verworren gedacht worden sei: vielmehr könnte es leicht sein, daß die verworrenst ausgedrückten gerade am deutlichsten gedacht werden. Man sieht oft in einer Gesellschaft, wo durch ein lebhaftes Gespräch eine kontinuierliche Befruchtung der Gemüter mit Ideen im Werke ist, Leute, die sich, weil sie sich der Sprache nicht mächtig fühlen, sonst in der Regel zurückgezogen halten, plötzlich mit einer zuckenden Bewegung aufflammen, die Sprache an sich reißen und etwas Unverständliches zur Welt bringen. Ja, sie scheinen, wenn sie nun die Aufmerksamkeit aller auf sich gezogen haben, durch ein verlegenes Gebärdenspiel anzudeuten, daß sie selbst nicht mehr recht wissen, was sie haben sagen wollen. Es ist wahrscheinlich, daß diese Leute etwas recht Treffendes und sehr deutlich gedacht haben. Aber der plötzliche Geschäftswechsel, der Übergang ihres Geistes vom Denken zum Ausdrücken schlug die ganze Erregung desselben, die zur Festhaltung des Gedankens notwendig wie zum Hervorbringen erforderlich war, wieder nieder.

In solchen Fällen ist es um so unerläßlicher, daß uns die Sprache mit Leichtigkeit zur Hand sei, um dasjenige, was wir gleichzeitig gedacht haben und doch nicht gleichzeitig von uns geben können, wenigstens so schnell als möglich aufeinander folgen zu lassen. Und überhaupt wird jeder, der, bei gleicher Deutlichkeit, geschwinder als sein Gegner spricht, einen Vorteil über ihn haben, weil er gleichsam mehr Truppen als er ins Feld führt.

Wie notwendig eine gewisse Erregung des Gemüts ist, auch selbst nur, um Vorstellungen, die wir schon gehabt haben, wieder zu erzeugen, sieht man oft, wenn offene und unterrichtete Köpfe examiniert werden und man ihnen ohne vorhergegangene Einleitung Fragen vorlegt, wie diese: was ist der Staat? Oder: was ist das Eigentum? Oder dergleichen. Wenn diese jungen Leute sich in einer Gesellschaft befunden hätten, wo man sich vom Staat oder vom Eigentum schon eine Zeitlang unterhalten hätte, so würden sie vielleicht mit Leichtigkeit durch Vergleichung, Absonderung und Zusammenfassung der Begriffe die Definition gefunden haben. Hier aber, wo diese Vorbereitung des Gemüts gänzlich fehlt, sieht man sie stocken, und nur ein unverständiger Examinator wird daraus schließen, daß sie nicht wissen. Denn nicht wir wissen, es ist allererst ein gewisser Zustand unserer, welcher weiß. Nur ganz gemeine Geister, Leute, die, was der Staat sei, gestern auswendig gelernt und morgen schon wieder vergessen haben, werden hier mit der Antwort bei der Hand sein.

Vielleicht gibt es überhaupt keine schlechtere Gelegenheit, sich von einer vorteilhaften Seite zu zeigen, als gerade ein öffentliches Examen.

Abgerechnet, daß es schon widerwärtig und das Zartgefühl verletzend ist und daß es reizt, sich stetig zu zeigen, wenn solch ein gelehrter Roßkamm uns nach den Kenntnissen sieht, um uns, je nachdem es fünf oder sechs sind, zu kaufen oder wieder abtreten zu lassen: es ist schwer, auf einem menschlichen Gemüt zu spielen und ihm seinen eigentümlichen Laut abzulocken, es verstimmt sich so leicht unter ungeschickten Händen, daß selbst der geübteste Menschenkenner, der in der Hebammenkunst der Gedanken, wie Kant sie nennt, auf das Meisterhafteste bewandert wäre, hier noch, wegen der Unbekanntschaft mit seinem Sechswöchner, Mißgriffe tun könnte.

Was übrigens solchen jungen Leuten, auch selbst unwissendsten noch, in den meisten Fällen ein gutes Zeugnis verschafft, ist der Umstand, daß die Gemüter der Examinatoren, wenn die Prüfung öffentlich geschieht, selbst zu sehr befangen sind, um ein freies Urteil fällen zu können. Denn nicht nur fühlen sie häufig die Unanständigkeit dieses ganzen Verfahrens: man würde sich schon schämen, von jemanden, daß er seine Geldbörse vor uns ausschütte, zu fordern, viel weniger, seine Seele: sondern ihr eigener Verstand muß hier eine gefährliche Musterung passieren, und sie mögen oft ihrem Gott danken, wenn sie selbst aus dem Examen gehen können, ohne sich Blößen, schmachvoller vielleicht, als der eben von der Universität kommende Jüngling gegeben zu haben, den sie examinierten.

ENTHUSIASMUS
(Begeisterungsfähigkeit)

**Wenn du begeisterungsfähig bist,
kannst du alles schaffen.**

**Begeisterung ist die Hefe,
die deine Hoffnungen himmelwärts treibt.**

Begeisterung ist das Blitzen in deinen Augen, der Schwung deines Schrittes, der Griff deiner Hand, die unwiderstehliche Willenskraft und Energie zur Ausführung deiner Ideen.

Begeisterte sind Kämpfer. Sie haben Seelenkräfte. Sie besitzen Standfestigkeit.

Begeisterung ist die Grundlage allen Fortschritts. Mit ihr gelingen Leistungen, ohne sie höchstens Ausreden.

Henry Ford

Persönlichkeitstraining

»Der Wille siegt über weiche Knie«

Von Albert Bechtold
Handelsblatt,

KÖNIGSTEIN/TAUNUS. Er gilt als Geheimtip: Seine Seminare in Königstein im Taunus sind auf Wochen ausgebucht. Prominente Industriekapitäne, Gewerkschaftler, Politiker und Spitzensportler, aber auch Hausfrauen und Schüler lassen sich von dem Psychologen Nikolaus Enkelmann und seiner Mitarbeiterin Carin Mackenbach psychologisch aufrüsten und rhetorisch schulen. Sie werden im »Institut für Persönlichkeitsbildung, Rhetorik und Zukunftsgestaltung« von Unsicherheit, Ängsten und Nervosität befreit.

Daß die österreichischen Skispringer bei den Olympischen Spielen in Innsbruck erfolgreich waren, verdanken sie laut eigener Aussage Enkelmann, der damals noch in Baden-Baden ansässig war.

Inzwischen gehören auch die bundesdeutschen Ski-Asse zu Enkelmanns Klienten. Irene Epple, 1978 Silbermedaillengewinnerin im Abfahrtslauf in Garmisch-Partenkirchen und in diesem Jahr dritte in der Gesamtwertung des Weltcups, sagt: »Ohne Enkelmanns Mentales Training hätte ich meine Erfolge nie erreicht.« Sie sei eine typische »Trainingsweltmeisterin« gewesen: Wenn es um nichts ging, fuhr sie wie der Teufel. Doch bei Wettbewerben kam sie am Start fast um vor Nervosität und machte dann unterwegs Fehler auf Fehler. Vor zwei Jahren schickte Trainer Klaus Maier seine Ski-Damen erstmals zu Enkelmann. Irene Epple war jetzt erneut Teilnehmerin des Seminars »Der erfolgreiche Weg«, das sie gemeinsam mit leitenden Angestellten, Beamten und Freiberuflern absolvierte. Kein Kurs also für Spitzensportler, sondern eine der Routineveranstaltungen des Instituts, das jeder Bundesbürger besuchen kann.

Glücklich sein — wenn man nur will

Die Seminarteilnehmer erforschen die brachliegenden Fähigkeiten ihres Seelenlebens. Sie trainieren ihre Persönlichkeit. Sie lernen in aller Ruhe die freie Rede. Sie üben Konzentration und Atemtechnik. Sie machen Entspannungsübungen. Ein typischer Enkelmann-Satz: »Wünschen, planen, wagen, siegen, ich bin glücklich, denn ich weiß, was ich kann, was ich will.«

Zum Programm der Seminare gehören aber nicht nur Steigerung des Konzentrationsvermögens oder Stärkung des Selbstbewußtseins, sondern auch Gesundheitspflege, Redekunst und Lernmethoden. Es wird geübt, wie man abschalten und sich erholen kann. Die Lehrgangsteilnehmer gehen gemeinsam zum Schwimmen ins Königsteiner Kurbad, sie besuchen den Frankfurter Rhein-Main-Flughafen und besichtigen die Sternwarte. »Innerhalb von sieben Tagen gewinnen die Menschen Vertrauen in die eigene Kraft, und sie finden Sicherheit bei der Planung des eigenen Lebens«, sagt der Psychologe.
Irene Epple berichtet, daß sie schon nach dem ersten Seminar vor fast zwei Jahren kein Startfieber mehr hatte. Sie kann sich konzentrieren und ihre Nervosität durch ganz bestimmte Entspannungs- und Atemtechniken senken.
Nikolaus Enkelmann über seine Schülerin: »Es kommt darauf an, die Überspannung und den Überstreß abzubauen, das unnötige Flattern, das Weichwerden in den Knien, aber der Wille zum Sieg muß erhalten bleiben.« Irene Epple sagt, das habe sie geschafft. Sie sei frei von Hemmungen und seelischen Komplexen, sie bejahe eigene Wünsche und verwirkliche sie. Richtiger Zeitgebrauch gebe ihr innere Ruhe und Sicherheit. Sie verspüre Überlegenheit durch Lebens- und Menschenkenntnis.

Unterbewußtsein vor den Lebenswagen spannen

Was für Spitzensportler am Skihang oder auf der Aschenbahn gilt, das gilt auch für Männer und Frauen in Direktionsetagen, in Konferenzsälen, in Parlamenten, in Versammlungen, in Hörsälen, in Büros oder für Jugendliche im Schulzimmer.
Nikolaus Enkelmann faßt zusammen: »Es kommt darauf an, daß man sein Leben nicht allein durch seinen Intellekt meistern will, sondern daß man weit stärker als wir es bisher getan haben, auch die Fähigkeiten und die Möglichkeiten des Unterbewußtseins einsetzt. Man muß dieses Unterbewußtsein vor seinen Lebenswagen spannen, um das verwirklichen zu können, was man heute als Lebensqualität bezeichnet.«

Tips und Anregungen, die Sie sofort in die Praxis umsetzen können

Wenn Sie Ihr Leben erfolgreich meistern wollen, müssen Sie andere Menschen für sich gewinnen und erfolgreich beeinflussen können. Selbst kleine Erfolge sind ohne die Unterstützung Ihrer Umwelt nicht möglich. Das sollte Ihnen jederzeit bewußt sein. Menschen können Ihnen die Chance zur Entfaltung geben oder Sie verhindern. Deshalb sollten Sie Ihr Verhältnis zu allen Menschen so positiv wie möglich gestalten. Sie können ein Genie sein oder die besten Ideen, Pläne und Absichten haben — ohne Mitmenschen geschieht nichts — oder viel schlimmer — das Gegenteil.
Die Einstellung »die andern soll der Teufel holen, sie taugen ohnehin alle nichts«, paßt nicht in das Konzept eines erfolgreichen und glücklichen Lebens.

* * *

Überprüfen Sie doch einmal Ihre Einstellung zu anderen Menschen. Was glauben Sie ist für den Erfolg wichtig?
Daß die anderen Sie lieben, oder daß Sie die anderen lieben? Sie spüren sicher instinktiv die richtige Antwort, auch wenn Ihre Einstellung bisher eine andere war.
Je positiver Ihre Einstellung zu anderen Menschen ist, um so stärker ist auch das Echo, welches Sie damit erzeugen. Gute Gedanken erwecken auch beim anderen gute Gedanken. Schlechte Gedanken senden negative Wellen und rufen wiederum schlechte Gedanken hervor. Der Gedanke an das Starke ruft das Starke. Furcht macht Furcht.
Gedanken sind Kräfte. Was Du denkst, das bist Du. Was Du über andere denkst, kommt wie ein Echo zurück.

* * *

Je ruhiger ein Mensch ist, desto mehr kann er seine Energie auf das richten, was er sagt.

* * *

Alphatraining — der Zustand des ruhigen Gedankenflusses in der Entspannung — ist der Weg zu mehr Ruhe.

* * *

Die Suggestion ist der direkte Weg zur Seele des Menschen. Die Autosuggestion, mit der man sich selbst beeinflußt. Die Fremdsuggestion, mit der man auf andere positiv hinwirkt.

* * *

Um überzeugen zu können, müssen wir die Energie-Prozesse kennen, die zwischen Menschen und ihren Gedanken ablaufen.

* * *

1. Das Gehirn des Senders denkt und empfindet eine Idee.
2. Durch Sprache, Ton, Gestik und Mimik überträgt der Sender seine Überzeugung ins Gehirn des Empfängers.
3. Der Empfänger muß bereit sein, Ideen und Vorstellungen aufzunehmen.
4. Nach einer Inkubationszeit ist der Empfänger zur Reaktion bereit. Er ist bereit, die Überzeugung zu realisieren oder abzulehnen.

* * *

Diese vier Stufen laufen in der Regel unbewußt in Menschen ab. Vermeiden Sie deshalb, wenn Sie jemanden überzeugen wollen, am besten Anfangs-Diskussion. Jede Diskussion bewirkt sofort eine Kontrasuggestion und zerstört die Realisationsbereitschaft.

* * *

Mit Beweisen können Sie nichts beweisen; denn für jeden Beweis gibt es den passenden Gegenbeweis.

* * *

Diskussionen spielen sich immer in der linken Gehirnhälfte ab und bringen die Menschen stets von Alpha in Beta. Diskussionen führen leicht in Richtung Streit und Auseinandersetzung und Kräftemessen statt in die Richtung: gemeinsames Zielen und Handeln.

Fragen Sie statt zu diskutieren. Jede Frage suggeriert eine beobachtbare Reaktion.
Vergessen Sie nie die negative Wirkung der Kontrasuggestion. Sie ist eine Suggestion, die genau das Gegenteil dessen bewirkt, was sie bewirken wollen.
Beispiele von Kontrasuggestionen:
»Seien Sie ja vorsichtig, damit die Vase nicht zu Boden fällt.« —
»Hoffentlich verlierst Du Deine Stimme nicht wieder durch die Erkältung, wie damals.« —
»Sei nicht so aggressiv.«
Wer von der Sünde spricht, hält sie am Leben.

* * *

Um Ansatzpunkte für Suggestionen zu finden, muß man die Interessen und Wünsche der Menschen kennen.

* * *

Dank ist eine positive Suggestion.

* * *

Durch Dank machen Sie Ihre Mitmenschen zu Wiederholungstätern.

* * *

Etwas, worüber man nicht redet, ist gar nicht geschehen. Nur das Wort gibt den Dingen Realität.

* * *

Der Mensch hat die Kraft, Ideen stark und mächtig zu machen, und er hat die Macht, die Zukunft mit zu gestalten. Um andere von dieser Zukunft, von Plänen zu überzeugen, braucht man mitreißende Begeisterung.

* * *

Beeinflussen heißt, hineinfließen lassen. Hineinfließen lassen kann man aber nur, wenn der andere geöffnet ist. Beeinflussen ist daher die Kunst, den anderen zu öffnen. Das Geheimnis des Öffnens liegt im Schweigen, in den Pausen, liegt in Alpha.

* * *

Auch Ihre Worte können Balsam oder Gift sein. Die Zunge hat zwar keine Knochen, aber sie kann Knochen brechen.

* * *

Sie müssen bildhaft, plastisch und anschaulich sprechen. Das erfordert Einfallsreichtum und einen großen Wortschatz. Sachlichkeit und Fachwissen genügen nicht. Die Menschen möchten nicht nur etwas hören, Sie wollen etwas erleben.

* * *

Suggerieren ist etwas anderes als zu bitten, zu befehlen oder zu überreden. Die Suggestion wendet sich nie an den Willen, sondern immer an das Gefühl. Alle Entscheidungen des Menschen werden hauptsächlich von seinen Gefühlen gesteuert.

* * *

Die geistige Atmosphäre eines Menschen wird durch die Gedanken bestimmt, die aus seinem Herzen kommen.

Jede tiefwirksame Suggestion geht vom Herzen aus und wendet sich an das Herz. Nie von Ratio zu Ratio.

* * *

Die drei wichtigsten Gesetze der Suggestion:
1. Das Unterbewußtsein hat die Tendenz, jeden Gedanken zu realisieren.
2. Die ständige Wiederholung einer Idee wird zum Glauben, dann zur Überzeugung.
3. Glaube führt zur Tat. Konzentration führt zum Erfolg. Wiederholung zur Meisterschaft.

* * *

Die Suggestion besitzt die Kraft, den Zweifel auszuschalten und verstärkt dadurch den Glauben. Wer Glauben hat, hat alles. Wem er fehlt, dem fehlt alles. Wer Wunder will, verstärke seinen Glauben. Wer Wunder bewirken will, muß selbst an Wunder glauben.

Jeder Mensch braucht Zukunft

Die Grundlagen des bewußten positiven Denkens

Ein New Yorker will einem Gast aus China eine Sehenswürdigkeit am Rande der Stadt zeigen. Sie fahren mit dem Zug, steigen aus und schicken sich an, die letzten fünfhundert Meter zu Fuß zu gehen. Da kommt ein Bus,und der Amerikaner ruft: »Kommen Sie rasch, steigen Sie ein, wir gewinnen drei Minuten.« Der Asiate rührt sich nicht, sondern fragt ausgeglichen: »Und was tun wir mit den gewonnenen drei Minuten?«

Diese Frage ist unsere große Lebensfrage.
Was machen wir aus unserer Zeit? Was machen wir aus unserem Leben?
Zeit ist Leben!

Es gibt Menschen, die leben, als seien sie unsterblich, als hätten sie zuviel Zeit, während andere immer in Eile und Hektik sind und nie Zeit haben. Wir alle sind auf dem Wege. Auf dem Weg, der aus der Vergangenheit über die Gegenwart in die Zukunft führt. Um unseren eigenen Standort zu bestimmen, ist es am besten, sich von höherer Warte einen Überblick zu verschaffen, bevor wir uns detaillierter unserem eigenen Schicksal zuwenden.

Es begann mit dem Urknall.

Ich möchte versuchen, in kurzen Worten die Gedanken Teilhard de Chardins darzustellen:
Die Evolution des Kosmos, die sich im langsamen Aufstieg vom Mineral zur Pflanze, von da zum Tier und vom Tier zum Menschen vollzog, fand keinen Grund, auf diesem Wege je innezuhalten.
Die Menschheit ist in diesem Lebensentwicklungsprozeß noch sehr jung; sie existiert erst seit 300.000 Jahren, während das Leben vor mehr als drei Millionen Jahren auf der Erde begann. Die Erde war zu dieser Zeit bereits 3 Milliarden Jahre alt. Die Menschheit befindet sich also erst in einem embryonalen Zustand.
Die Bewegung des Lebens hat nie stillgestanden, sondern sich permanent weiterentwickelt, obwohl alle Lebewesen zu ihrer Zeit jeweils voll lebensfähig waren. Die Evolution des Menschen bewegt sich im Wachsen des Geistes und des Bewußtseins.
Im Universum arbeiten zwei gegensätzliche Strömungen. Das ist die *Entropie* (das sind physikalisch gesehen: abgeschlossene, konstante Systeme, die

sich nicht mehr verändern) und die *Ektropie* (das sind die offenen, nach außen gekehrten Systeme, die nie abgeschlossen oder konstant sind, sondern sich immer weiter entwickeln). Die Entropie-Strömung, welche die materiellen Energien lenkt, hat die Tendenz, allmählich alles gleichzumachen, alles dem wahrscheinlich zu erwartenden Ende, der Stagnation zuzuführen. Die Physiker nennen diese Strömungen: »Das Zunehmen der Entropie«.
Die andere Strömung, die Ektropie läßt — wie zur Kompensation — den Geist im Universum immer konzentrierter, immer stärker wachsen.
Im Laufe der Jahrtausende sind die Lebewesen differenzierter geworden, ebenso ihr Organismus. Das zunächst nur scheinbar vorhandene Bewußtsein steigerte sich fortwährend, voraussehbar zu unwahrscheinlichen Fähigkeiten. Und damit zu immer größeren Freiheiten. Denn geistige Freiheit ist Evolution.
Vom Einzeller bis zum Menschen nahm das energieleitende und steuernde Nervensystem an Umfang und Empfindsamkeit zu, wie die schöpferischen Möglichkeiten und unerwarteten Fähigkeiten. In einer langsamen kosmischen Bewegung entwickelte sich das Bewußtsein konstant. Ein mögliches Ziel ist, daß ein Ganzes entsteht, in dem alle Einzelelemente ihre immer fester werdende Zusammengehörigkeit und ihre Abhängigkeit empfinden. Wir bemerken doch heute sehr stark das Ringen um die Geburt einer neuen Menschheit, die einer Bestimmung entgegengeht, und zwar sehr bewußt und sehr vergeistigt. Zum erstenmal in der Geschichte des Kosmos ist der Mensch sich als Objekt der Mutation selbst bewußt. Was mit ihm geschieht und welche Anforderung an ihn gestellt ist, um seine Zukunft zu tragen.
Der Mensch ist an dem Tage geboren, da er von der Stufe des Tieres empor gehoben wurde,und er wußte, daß er ‚weiß'. Heute ist das zunehmende Bewußtsein stark genug, daß der Mensch weiß, daß er handeln kann. Er weiß, daß er handeln muß. Er weiß, daß alles, was er tun wird, von ungeheurer Bedeutung sein wird. Aber er weiß noch nicht, was er tun — und wie er handeln soll! Er ist genötigt, der Erfinder seiner eigenen Evolution zu sein.
Sie erkennen an diesem Evolutionsstand deutlich, daß der Mensch noch nicht im geringsten an seine Grenzen stößt. Professor Lange-Prollius hat es treffend mit einem Buchtitel formuliert: »Die Schöpfung geht weiter«. Ektropie und Entropie ringen auch in jedem Menschen weiter. Schon vor fünfzig Jahren sagte Oskar Schellbach:

»Nicht zur Zerstörung der Schöpfung, zur weiteren Vervollkommnung sind wir geboren. Mühe sich daher jeder durch planmäßige Ausnutzung von Zeit und Kraft, um das hohe Werk zu vollenden.«

Der erste und entscheidende Schritt ist die Aktivierung unseres Bewußtseins. Wir müssen erwachen. Wir müssen aufwachen aus dem Unbewußten, müssen wirklich Mensch werden, um Mensch zu sein. Wir müssen zum Bewußtsein unseres Selbst gelangen, zum Bewußtsein unserer Lebensaufgabe. Erst dann können wir unser Leben in den Dimensionen von Raum und Zeit begreifen und gestalten.

Jeder Mensch braucht Zukunft.
Gäbe es keine Zukunft,
wäre es das Ende der Evolution.

Das gesamte Universum würde in einem erneuten Urknall in sich zusammenfallen. Die Angst vor der Zukunft ist im Grunde die Angst vor der neuen Rolle des Menschen. Es ist die Angst vor der Verantwortung für diese Zukunft. Wir können der Angst aber nicht entfliehen, indem wir unser Bewußtsein ausschalten, um wieder auf der Stufe des Unbewußten zu leben.
Leben heißt: sich seinen Aufgaben bewußt zu stellen. Es ist die Aufgabe des Menschen, den Kräften der Ektropie — der Entfaltung in seinem Leben — Ausdruck zu verschaffen. Der Sinn unseres Daseins liegt im Handeln. Nichts tun löst nicht nur Unruhe aus, sondern bewirkt auch ein schlechtes Gewissen. Wirklich leben tun nur die Schaffenden.
Unser persönliches Leben bietet uns jeden Tag die Chance, an unserer Aufgabe zu arbeiten, um dadurch unserem Dasein Wert und Sinn zu geben. Aus diesem Grunde sollte das *»1. Grundgesetz der Lebensentfaltung«* immer vor unserem geistigen Auge stehen.

Nur der Mensch hat die Kraft, bewußt zu denken, zu planen und zu gestalten.
Nur er kann sich selbst und damit sein Schicksal und seine Zukunft gezielt beeinflussen.

Da der Mensch Angst vor der Zukunft hat, träumt er seit Ur-Zeiten von der Gabe des Vorhersehens. Es mag Menschen geben, die einen Blick hinter den

Schleier der Zukunft werfen dürfen. Wie ausgebildet diese Fähigkeit auch sein mag, sie nimmt keinem Menschen die Angst und die Verantwortung für die Zukunft.
Um unserer Aufgabe gerecht zu werden, müssen wir auf der Stufe unserer Evolution lernen, mit unseren Gehirnfähigkeiten richtig umzugehen. Oder um es anders auszudrücken: Unser Ich muß lernen, das Gehirn bewußt zu steuern.
Unser Gehirn kann nachdenken, und es kann im Kreis denken. Wir sollten es in der Kunst trainieren, *»vorauszudenken«*. Zahlreiche Mitmenschen verstehen die Bezeichnung unseres Instituts auf Anhieb nicht. »Institut für Zukunftsgestaltung«. Das heißt, es geht bei der Instituts- und Seminararbeit um die individuelle Planung und Gestaltung der Zukunft des einzelnen. Die tägliche Praxis zeigt, daß nur ein Mensch, der an seine Zukunft glaubt, auch geneigt ist, sie bewußt zu gestalten.
Unsere moderne Massengesellschaft hat die schöpferischen Fähigkeiten, die in jedem Menschen ruhen, bei den meisten verkümmern lassen. Deshalb müssen wir unsere wichtigsten Fähigkeiten wieder entdecken und weiter entwickeln. Jeder sollte erkennen, daß die individuelle Ausformung seines Lebens dem 'Ur-Gesetz des Lebens — der Evolution' entspricht. Nur Menschen mit dieser Voraussetzung und Erkenntnis bejahen die Zukunft mit ihren Gefahren und Chancen und erkennen in ihr die Herausforderung und Entwicklung.
Manche psychologischen Richtungen haben einen ausschließlichen Blick für das Vergangene und vergessen darüber die Bedeutung der Zukunft. Je bewußter wir jedoch in der Gegenwart leben, desto besser sind wir für den weiteren Lebensweg gewappnet und desto weniger brauchen wir schwarze Vergangenheitsbilder zu bewältigen.

Angst ist der schlechteste Ratgeber auf dem Weg in die Zukunft.

Angst blockiert sogar den Weg in die Zukunft; denn ein Mensch, der seinen Weg in die Zukunft nicht vorbereitet, der unsicher ist, was auf ihn zukommt, muß sich zwangsläufig ängstigen. Die Befürchtung ist sein ständiger Begleiter und das Beklagen ist sein Wanderstab. Ein Mensch, der nicht weiß, was er will, hat weder einen Kompaß noch ein Steuerrad.
Vielleicht erkennen Sie jetzt, wie wichtig für jeden einzelnen die Beantwortung der drei Fragen ist.
Wer bin ich?
Was bin ich?
Und was will ich?
Wir haben für vieles Zeit, doch der Beantwortung dieser drei Elementar-Fragen weichen wir immer wieder aus. Dabei entsteht unsere Zukunft in unserem Gehirn. Erst das Beschäftigen, das Denken, der Glaube an die Zukunft schafft die Voraussetzung für sie.
Wir sind stolz auf unsere Freiheit. Wirkliche Freiheit beginnt aber erst mit der Möglichkeit der Entscheidung. Für was aber soll sich der Mensch entscheiden, wenn er sich nicht ständig mit seiner Zukunft beschäftigt. Viele, zu viele verzichten auf diese Freiheit der Zukunfts- und damit Lebenswahl. Sie lassen ihre Zukunft von anderen bestimmen und gestalten und klagen dann das böse Schicksal an, wenn es nicht mit ihren Wünschen übereintrifft. Auf dem Weg in die Zukunft sollten uns zwei Geschwister begleiten: die Hoffnung und die Zuversicht. Nur wer an die Zukunft glaubt, hat auch die Kraft für die Gegenwart. Nur der Glaube gibt uns die Kraft, mit den täglichen Schwierigkeiten fertig zu werden und über uns selbst hinaus zu wachsen.

Verliert der Mensch den Glauben an sich und seine Aufgabe, schwinden die für das Leben notwendigen Antriebskräfte.

Ein Mensch, der seine Aufgabe kennt und daran arbeitet, für den ist die persönliche Zukunft nicht unberechenbar. Ganz im Gegenteil, er trägt seine Zukunft in sich. Er kennt den Satz der Möwe Jonathan »Man muß schon da sein, bevor man angekommen ist.«
Wer die Kunst beherrscht, vorauszudenken, spart Zeit und Geld und gewinnt noch mehr Freiheit. Nicht der wird eine Persönlichkeit, der eine Persönlichkeit sein will, sondern derjenige, der an seiner Aufgabe arbeitet. Um sein Ziel zu erreichen, muß er alle Fähigkeiten aktivieren, die den Menschen erst zu einer Persönlichkeit formen. Sie kennen zwar alle diese Gedanken, doch erst die Praxis macht den Meister. Ohne Leistung ist das menschliche Leben nicht denkbar. Erst aus der Leistung erwächst das Selbstwertgefühl.
Leben ist Kraft, jedoch nicht zum Zerstören von Umwelt oder anderen Menschen einzusetzen, sondern zur eigenen Entfaltung. Wir sollten nicht bei jeder

Gelegenheit von der Selbstverwirklichung sprechen und sie einklagen — Selbstverwirklichung ist die natürlichste Sache der Welt.
Unser tägliches Suggestiv-Training ist der schnellste und sicherste Weg, unser Gehirn in der Form zu trainieren, daß es ganz automatisch unsere Zukunft und unsere Aufgabe in den Mittelpunkt unseres Denkens stellt. Die Konzeption des Menschen ist ein Zukunfts-Baumeister. Er kennt seine Aufgaben und seine Verwirklichungspläne sehr genau. Er kennt die Menschen und Materialien, die ihm bei dieser Aufgabe helfen können.
Unser Motto lautet darum:

»Wir arbeiten für die Zukunft,
weil wir in ihr leben werden.«

Wer nicht für die Zukunft lebt, wird sich eines Tages in einer Welt befinden, in der es ihm nicht mehr gefällt. Schneller als je zuvor verwandelt und entwickelt sich unsere Welt. Wir werden im eigenen Lande und zur eigenen Zeit Fremde sein, wenn wir nicht selbst mitgestalten.
Die christliche Lehre kennt drei Haupttugenden für den zukunftsoffenen Menschen.
Glaube, Hoffnung und Liebe. Über Glaube und Hoffnung haben wir nachgedacht und erkennen jetzt, daß ohne Liebe alles nichts ist. Die Liebe ist die treibende Kraft. Am besten definiert man 'Liebe' als die große schöpferische Energie.

Die Krise als Chance

Alle sprechen von der Krise.
Wir nicht!
Die Zukunftsprognosen der meisten Medien sind seit Beginn dieses Jahres pessimistisch. Ist dieser Pessimismus nun der Wegweiser unserer Zukunft?

Viele Gespräche mit Führungskräften haben unsere These zwischenzeitlich bestätigt: »Der Mensch ist ein stark und leicht beeinflußbares Wesen.« Die pessimistischen Überschriften in Zeitungen und Zeitschriften haben sich inzwischen in so vielen Gehirnen festgesetzt, daß daraus eine negativ-lähmende Überzeugung wird. Die vieldiskutierte Basisfrage heißt:

Haben wir die Grenzen des Wachstums erreicht?

Leben heißt ‚Altes stirbt — Neues wird'. Auch im wirtschaftlichen Leben sieht es nicht anders aus. Es gibt, wie auch beim einzelnen, die zwei Möglichkeiten: Sich auf vergangenen Erfolgen auszuruhen oder sie zu verlängern oder zu erneuern.
Zu einer Krise kommt es immer dann, wenn aus Zufriedenheit aufgehört wurde, sich selbst oder eine Situation weiter zu entwickeln und auf Änderungen hin zu beachten. Überall im Leben gilt die Maxime ‚Stillstand ist Rückgang!'
Zu allen Zeiten großer Krisen gab es positive und negative Beispiele. Hier meldeten Firmen Konkurs an, wo andere Millionen-Umsätze machten.

Der eine klagt, der andere stabilisiert

Ausgangspunkt für unsere Analyse sind die Fragen:

— Warum geht es dem einen besser und dem anderen weniger gut trotz gleicher Voraussetzungen?
— Ist das Zufall oder Planung?

In unseren Seminaren erkennen wir, daß der Mensch die Welt nicht sieht, wie sie ist (die objektive Wirklichkeit),sondern so, wie sie ihm scheint. Ein indisches Sprichwort sagt: ‚Jeder sieht die Welt durch die Brille, die für seine Augen paßt.'

Also sieht jeder nur das, was er sehen will. Der Pessimist sieht in der Zukunft ganz andere Entwicklungsmöglichkeiten als der Optimist. Beide werden sich also in der gleichen Situation ganz unterschiedlich verhalten und damit ganz unterschiedliche Entwicklungen einleiten und bewirken. Eine Entwicklung nimmt einen positiven Anfang, die vom Pessimisten beginnt negativ. Ein Trend, der sich automatisch im Laufe seiner Weiterentwicklung verstärkt.

Wir haben nicht nur die Möglichkeit, auf das Leben zu reagieren, sondern die eigene Chance, Reize zu setzen und damit andere zur Reaktion zu veranlassen. Wir sind also selbst Anfang und Ursache einer positiven Entwicklung.

Am Anfang ist immer der Gedanke, ihm folgt die Idee, ihr die Tat

Wir kennen aus der Medizin den ‚Placebo-Effekt' — den Erwartungs-Effekt. Ein Placebo sieht aus wie ein Arzneimittel, enthält jedoch keinen Wirkstoff. Placebos werden zuweilen von Ärzten verordnet, wenn der Patient das starke Bedürfnis nach Tabletten hat (Tablettensucht).
Fühlt sich der Patient nach der Einnahme besser, ist das ein psychologischer Effekt und nicht die Wirkung der Arznei. Übrigens bei Testsituationen reagieren 20 – 40 Prozent aller Personen auf Placebos positiv.
In Chicago bildete man zwei Studentengruppen. Die gemeinsame Aufgabe hieß, weiße Ratten zu dressieren. Der ersten Gruppe wurde die Information gegeben, es handele sich um sehr intelligente Ratten aus einer besonderen Zucht. Der zweiten Gruppe teilte man mit, es handele sich um Ratten ganz normaler Herkunft.
Nach vier Wochen wurden die Dressurleistungen miteinander verglichen. Das Ergebnis war wie erwartet:
Die erste Gruppe hatte besser dressierte Ratten als die zweite Gruppe, obwohl alle Tiere aus der gleichen Zucht stammten.
Ein weiteres Beispiel:
Ein Team von Psychologen testete eine Schulklasse auf ihren Intelligenz-Quotienten und teilte ihre Testergebnisse in einer anschließenden Lehrerkonferenz mit. Dabei erwähnten sie die Namen von vier Schülern, die bei diesem Test am besten abgeschnitten hatten.
Ein Jahr später wurde den Lehrern die Frage gestellt: »Wie haben sich alle Schüler im Lauf dieses Jahres entwickelt?«
Das Ergebnis war nicht weiter erstaunlich. Die vier Schüler, deren Namen man in der ersten Besprechung genannt hatte, waren zu den besten Schülern aufgerückt. Sie waren beachtet, gefordert und dadurch gefördert worden. Die Erwartung hatte den sichtbaren Erfolg produziert; denn die vier stammten ursprünglich aus dem Klassen-Durchschnitt.

Ein anderes Beispiel las ich vor vielen Jahren: Ein Franzose wanderte nach Amerika aus und gründete dort eine französische Weingroßhandlung: Sein Unternehmen wuchs und wurde sehr bekannt. Zum 25jährigen Geschäftsjubiläum gab es ein großes Fest mit vielen Ehrengästen und Journalisten. Einer stellte dem Weingroßhändler die bohrende Frage: »Sie haben sich zur Zeit der Weltwirtschaftskrise selbständig gemacht, Ihren Betrieb aufgebaut und vergrößert. Was haben Sie für ein Erfolgs-System?« »Sie werden mich auslachen, wenn ich es Ihnen erzähle«, antwortete der Franzose. »In den ersten Jahren hier in Amerika waren meine Englischkenntnisse so dürftig, daß ich keine Zeitung lesen konnte. Deshalb wußte ich gar nichts von der Krise.«

Alles lebt aus der Beachtung und hört auf zu sein durch Nichtbeachtung.

Nur was wir beachten, lebt. Beachten wir darum in Zukunft stärker unsere Möglichkeiten und Chancen und mißachten wir die Krisennachrichten.

Drei Aufgaben zum Training:

1. Aufgabe

Werden Sie gleich aktiv und schreiben Sie fünf Antworten auf ein Blatt Papier zu der Frage:

Was kann ich besonders gut?

2. Aufgabe

Notieren Sie fünf weitere — gut überlegte — Antworten:

Was kann ich davon in den nächsten zwei Monaten verbessern?

3. Aufgabe

Aus einem leichten Karton schneiden Sie zehn Kärtchen in der Größe 10 x 4 Zentimeter.
Darauf schreiben Sie — zehnmal das gleiche:
Das nächste Jahr wird für mich ein Jahr des Fortschritts und des Erfolgs. W A R U M ? ? ?

Das Wort WARUM schreiben Sie besonders deutlich und mit drei Fragezeichen. Das aktiviert Ihr Unterbewußtsein besonders intensiv.
In jede Tasche, in den Terminkalender, an allen Plätzen, wo Sie arbeiten oder sich länger aufhalten, stecken oder stellen Sie ein Kärtchen. Mit dem Beschreiben der Kärtchen setzen Sie ein positives Startsignal. Was wird weiter passieren?
Jedesmal, wenn Sie ein Kärtchen sehen oder berühren, arbeitet Ihr Unterbewußtsein. Kreativität wird das Ergebnis sein. Sammeln Sie Ihre Einfälle auf Zetteln und gewöhnen Sie sich generell an, Ideen und interessante Gedanken sofort schriftlich festzuhalten.
Nach 14 Tagen schreiben Sie für sich einen cirka zweiseitigen Aufsatz mit dem Thema:

»Warum wird das nächste Jahr ein Jahr des Fortschritts und des Erfolgs für mich?«

Bewußtsein bewirkt Schöpfung. Nicht körperliche, sondern gedankliche Mehrarbeit bringt größeren Erfolg. Die Erfolgsursache liegt in Ihren Denkprozessen und Ihren Ideen.
Viele sprechen von der Krise. Sie nicht!
Ihre Blickrichtung heißt ‚Die Krise als Chance'! Sie gehören zu den Menschen, die ganz gezielt nach neuen Ideen Ausschau halten. Sie gehören zu dem Kreis, der ganz bewußt nach Chancen sucht und sie deshalb auch findet.

Ich will — Ich kann — Ich werde

Überall im Universum
wirkt die Schöpfungsenergie.
Eine Kraft, die alles drängt,
sich ständig weiter und höher
zu ‚entwickeln'.
Dieser Wille zur ‚Entfaltung'
ist das Wesentliche der Welt.

Der Lauf der Sterne, das Leben aller Wesen und alle Erscheinungen sind der sichtbare Spiegel dieses schöpferischen Urwillens. »Überall, wo wir diesem Willen begegnen, wird auch das Leben sein«, erkannte Schopenhauer. Alles Leben ist tätiger Wille. Jeder Willensimpuls ist die Äußerung dieser Lebenskraft, die in uns allen wirksam ist. Bewußt kann aber diese Willenskraft nur dann wirken, wenn der Mensch weiß, was er will. Darum weiß jeder positivdenkende Mensch ‚Mein Wille ist meine unversiegbare Kraftquelle,und jeder bewußte Willensimpuls ist ein ‚Es werde' für das, was ich will!'

Von dieser Grundüberzeugung sollten Sie felsenfest überzeugt sein! Es stehen also jedem Menschen mehr Energien zur Verfügung, als er nutzen kann. Und darum ist für uns die Beantwortung der Frage: ‚Für welche Zwecke will ich diese Energie nutzen', so wichtig.
Kein Mensch ist je zu alt und zu schwach, um Großes und Wunderbares zu vollbringen. Die einzige Voraussetzung ist, die vorhandenen Kräfte zu konzentrieren und bewußt zu lenken.

Wir leben in einer interessanten Welt, die uns unendlich viele Möglichkeiten bietet. Aber gerade aus dieser Vielfältigkeit entsteht die Oberflächlichkeit und die Zerstreuung. Am liebsten wäre der Mensch ein Gott — allwissend und zugleich allgegenwärtig. Leider aber sind nur wenige Menschen zu der Einsicht fähig, daß sich in der Begrenzung der Meister zeigt, der wirklich Großes will.

Der Unterschied zwischen Wissen und Weisheit

Wir wissen heute viel von vielen Dingen, wirkliches Verstehen beginnt jedoch erst dann, wenn man die inneren Zusammenhänge versteht: »Zu wissen, was die Welt im Innersten zusammenhält«, wie im Faust zu lesen. Wer seine Lebenszeit im Sinne der Schöpfung »mitschöpferisch« nutzen will, muß wirken, muß etwas bewirken. Man sollte also das Leben und die Mitmenschen nicht nur beobachten, sondern aktiv an der Höher- und Weiterentwicklung der Welt mitarbeiten.
Darum sollte jeder bewußt-lebende und denkende Mensch sagen ‚Ich will'. Denn es leben nur die Schaffenden. Sollten Sie diese Erkenntnis bejahen können, ist es sinnvoll, über folgende Fragen zu meditieren:

— **‚Wo kann ich meine Energien am wirksamsten einsetzen?'**
— **‚Wo liegen meine Schwächen?'**
— **‚Was liegt mir überhaupt nicht?'**
— **‚Was tue ich nur mit dem größten Widerwillen?'**

Sie sollten sich aber auch in dieser Meditation die folgenden Fragen vorlegen:

- **,Was geht bei mir von selbst?'**
- **,Was kann ich besonders gut?'**
- **,Was kann ich am besten?'**
- **,Auf welchen Gebieten liegen meine größten Erfolge?'**

Sie erkennen das Ziel: dem eigenen Leben einen Sinn zu geben im Einklang mit unseren Begabungen und Talenten.
In unseren Seminaren erzähle ich immer wieder die Geschichte vom Schwan auf dem Schloßteich. Wenn wir uns einmal in dieses Bild hinein vertiefen, erkennen wir Ruhe, Harmonie und majestätisches Verhalten. Wir sind fasziniert von dem erhabenen Gleiten durch das Wasser. — Aber sobald der Schwan sein Element — das Wasser — verläßt, wirkt er jedoch linkisch und unbeholfen. Kommt er zurück ins Wasser, stellt sich die Schönheit und Harmonie sofort wieder ein.
Darum sollten Sie sich immer wieder die Frage stellen:
,Bin ich der linkische Schwan auf der Wiese oder bewege ich mich in meinem Element?'
Nach diesem Absatz sollten Sie das Lesen unterbrechen, damit diese Erkenntnis die tieferen Schichten Ihres Unterbewußtseins aktiviert. Schließen Sie doch einmal die Augen und beruhigen Sie Ihren Atem. Nun zählen Sie langsam rückwärts — von 5–0 — und lassen Ihr ganzes Leben gedanklich Revue passieren.
Fragen Sie sich bei den vorbeiziehenden Gedankenbildern.
»Wann und wo war ich der Schwan in meinem Element?« Erfolg ist für uns eine Verpflichtung! Erfolgreich sind wir nicht, wenn es uns gelingt, andere auszunützen, sondern nur dann, wenn unser Erfolg auch anderen Nutzen bringt.
Wer also auf die Enfaltung seiner Fähigkeiten verzichtet, versündigt sich gegen die Gemeinschaft und wird früher oder später trotz seines großen Ehrgeizes scheitern.

,Wann und wo ist es mir schon in der Vergangenheit gelungen, anderen Nutzen zu bieten — und wie groß war dieser Nutzen?'

Wer sein Leben in dem Bewußtsein führt, nicht nur ein guter Mensch zu sein, sondern auch für wertvolle Ziele zu arbeiten, erhält als Dank ein starkes, gefestigtes Selbstbewußtsein und wird damit unabhängig von oberflächlichen Komplimenten und Bestätigungen durch andere.
Darum sollten Sie nicht nur darüber nachdenken, sondern sich verbindlich festlegen, auf welchem Gebiete und auf welche Weise Sie anderen nutzen wollen. Auch hier — wie überall im Kosmos — liegt das Verderben in der Vielseitigkeit.
Lernen Sie sich zu beschränken und zu konzentrieren. Kommen Sie in sich selbst zur Einheit. Nur damit können Sie Ihren Plan verwirklichen und werden auch für andere zu einer kompetenten Persönlichkeit.
Jedes Talent entfaltet sich nur durch Betätigung. Je mehr Sie Ihre Talente betätigen, um so mehr blüht Ihre gesamte Persönlichkeit auf.
Es gibt keinen untalentierten Menschen. Aber es gibt viele Menschen, die zu unbequem sind, ihre Talente zu entfalten.
In unseren Seminaren zeige ich öfter einen Filmausschnitt aus der André Heller-Show ,Begnadete Körper', um deutlich zu machen, zu welchen Spitzenleistungen Menschen — aus Freude — fähig sind.

Die Voraussetzungen für Spitzenleistungen:

1. Der Wunsch, überhaupt etwas Besonderes leisten zu wollen
2. Die Talent-Analyse und das Erkennen von Begabungs-Reserven
3. Die Entscheidung, was man verstärken will. Die Konzentration auf ein Ziel
4. Trainieren — üben — wiederholen; denn jedes Talent entfaltet sich nur durch Betätigung
5. Die vollkommene Präsentation Ihres Könnens.

Stellen Sie sich also — auf dem Wege zur Spitzenleistung — die Frage: ,Welche der fünf Punkte erfülle ich bereits, an welchen muß ich noch arbeiten?'
Viele Menschen haben nicht nur Angst vor dem Erfolg, sondern glauben sogar, sie hätten kein Recht auf Erfolg und Entfaltung.
Sie haben sogar ein schlechtes Gewissen, wenn es ihnen gut geht und vieles gelingt. Es gibt sogar Menschen, die sich durch Mißerfolge selbst bestrafen. Das Gleiche betrifft den Ehrgeiz. Natürlich gibt es eine rücksichtslose Möglichkeit der Selbstverwirkli-

chung. Aber das ist weder der ideale, noch der positive, noch der erfolgreiche Weg. Es ist der Weg des Egozentrikers.
Wenn ein Arzt den Ehrgeiz entfaltet ‚Ich möchte ein sehr guter Arzt werden', wird jeder Patient davon profitieren!
Wenn eine Mutter den Ehrgeiz entwickelt ‚Ich möchte eine sehr gute Erzieherin und Mutter sein', wird jedes Kind von diesem Ehrgeiz profitieren!

Ich will — Ich kann — Ich werde

Wenn eine Sekretärin den Wunsch hat ‚Ich möchte eine ausgezeichnete Sekretärin sein', wird jeder im Betrieb und jeder Kunde davon profitieren!
Wenn ein Lehrer den Ehrgeiz entwickelt, ein sehr guter Lehrer zu sein, werden mehrere Generationen von Kindern davon profitieren können!
Lassen wir also bei unserem Streben das gute Gewissen zu. Lernen wir, unsere Erfolge zu genießen; denn der Erfolg ist ein Naturgesetz.

Raus aus dem begrenzten Denken

Zehn Schritte vor, zehn zurück, zehn Schritte vor, zehn zurück . . . Mehr als zehn Schritte erlaubte die Größe des Käfigs dem Bären nicht. Doch eines Tages erhielt er ein neues Zuhause, das so weit wie nur irgend möglich seiner natürlichen Heimat angepaßt war: da gab es Bäume, Bäche — ein weitläufiges Gelände. Man schläferte den Bären ein, um ihn aus seinem engen Käfig in sein neues Gehege zu verfrachten. Wieder aufgewacht, räkelte sich der Bär und begann, seine Umgebung zu erkunden. Vorsichtig setzte er einen Schritt vor den anderen . . . acht, neun, zehn Schritte. Am Leben des Bären hatte sich nichts geändert — seine »Welt« bestand nach wie vor aus zehn Schritten vor und zehn Schritten zurück. Er erwartete nicht mehr »Spielraum«.
Auch wir erwarten oft zu wenig und finden uns mit zu eng gesteckten Grenzen ab, weil wir unsere wirklichen Möglichkeiten nicht kennen.

Frei von Sorgen — Frei von Krankheiten — Frei von Armut — Frei von Minderwertigkeits-Komplexen

Sie erkennen, daß die Arbeit an sich selbst die Kräfte zur Selbstbefreiung aktiviert. Wer wirklich frei von seinen Ängsten werden will, braucht ein erstrebenswertes Ziel.
Jeder Mensch sollte sich als Millionär seines inneren Vermögens fühlen. Nicht der Intelligenz-Quotient ist für das Leben entscheidend, sondern die Überzeugung ‚auf mich selbst kommt es an'.
Wir leben in einer Zeit der rasanten technischen Entwicklung und der Wissensexplosion. Diese Entwicklung führt bei vielen Menschen zur Hektik und Verunsicherung.
Wenn es uns nicht gelingt, uns trotz des schnellen Wachstums und der Leistungsanforderungen zu sammeln und auf das Wesentliche zu konzentrieren, ganz gleich, was es ist, gehen wir unter. Aufmerksamkeit auf einen Punkt ist die Voraussetzung aller Erfolge.

‚Ich jage niemals zwei Hasen auf einmal'

— Bismarck —

Nicht alles, was interessant ist, ist auch sinnvoll und wertvoll. Darum versuchen Sie ganz genau herauszufinden, was Sie wirklich wollen und was Ihre Lebensaufgabe ist. Haben Sie den Mut, sich festzulegen. Erst durch einen solchen Entschluß erfahren Sie die Möglichkeiten Ihres Geistes, Ihres Unterbewußtseins, Ihrer Mitmenschen und Ihrer Zeit.
Erst wenn i c h weiß, was ich will, kann ich Schwierigkeiten, Nöte und Gefahren überwinden, die notwendige Zeichen auf dem Wege sind.
Wenn das Wort ‚Ich werde' Ihr Leben bestimmt, dann sind Sie auf dem Wege zu Ihren Zielen.

Ziehen wir die notwendigen Konsequenzen mit Freude:

1. **Ich weiß, was ich will!**
   Ich weiß um die Kräfte im Menschen
2. **Ich weiß, daß ich es kann!**
   Ich kenne meine Intelligenz- und Begabungs-Reserven
3. **Ich werde meinem Leben Sinn und Inhalt geben**
   Ich werde meine Zeit nutzen und Freunde finden, die mich auf meinem Wege unterstützen

Große Ziele wecken große Kräfte und aktivieren den inneren und den äußeren Menschen. Welch eine Sympathie geht doch von einem Menschen aus, von dem man sagt, »Er weiß, was er will!« Darum sollte auch Ihr Motto lauten:

Ich will — Ich kann — Ich werde

»Nichts ändert sich außer, wir ändern uns.« Indem wir uns ändern, ändert sich unsere Umwelt. Natürlich mit einer gewissen Zeitverzögerung.
Der Anfang in diesem vernetzten Prozeß liegt jedoch immer bei uns.

Glücklicherweise gibt es noch viele glückliche und erfolgreiche Menschen. Aber weder die Glücklichen noch die Unglücklichen stellen sich die Frage, warum sie das eine oder andere sind. Zu leichtfertig glauben die meisten an den Zufall und die Fortune. Und so warten oder resignieren sie, statt den Zufall auszuschalten.

Doch bevor Sie an die praktische Verwirklichung gehen, sollten Sie die Maschine genau kennen und begreifen, die uns alle lenkt und leitet. Nicht der Wille, sondern die Erkenntnis macht uns frei.

Unser Leben ist ein Prozeß gegenseitiger Beeinflussung. Dieser Prozeß beginnt im Augenblick der Zeugung.

Augen, Haarfarbe, Körpergröße, Mentalität und vieles andere ererben wir von unseren Eltern. Wenn ein Baby dann nach neun Monaten Entwicklung glücklich, wie wir sagen, das Licht der Welt erblickt, hat es von der Natur alles mitbekommen, um zu überleben. Es muß natürlich weiter wachsen, lernen und sich entfalten. Das Wort »entfalten« ist dabei besonders wichtig. Nehmen wir es wörtlich, so heißt Entfaltung: etwas entfalten, was vorher eingefaltet war. Das ganze Leben sollte von Stufe zu Stufe ein Entfaltungsprozeß sein.

Was bekommt so ein Baby für seinen Lebensweg mit: den ganzen Körper, sein Gehirn, sein Nervensystem, seine Sinnesorgane, sein Urwissen und vor allem — ein leeres Gedächtnis. Wir alle bekamen bei unserer Geburt einen fast leeren Speicher mit, der sich zu unserem Gedächtnis, zu unserem ureigenen Privatarchiv entwickelte.

Das Gehirn des heranwachsenden Kleinkindes wird zu einem Empfänger vorgefaßter Meinungen. Es kann nicht anders, als alle Informationen weiterzuleiten, zu speichern und zu verrechnen, die die Sinne reizen. Natürlich völlig unbewußt. Ohne jedes persönliche Zutun, ohne die Chance der Wahl. Denn das Kleinkind kann noch nicht entscheiden, was richtig und was falsch, was positiv oder negativ, was aufbauend oder zerstörerisch ist. Es will nicht, sondern es muß alle Informationen der Umwelt aufnehmen und speichern. Gerade in den ersten Lebensjahren werden die Gleise gelegt, auf denen der Lebenszug weiterfahren wird, sowohl im Positiven wie im Negativen.

Jeder von uns repräsentiert heute das Gesamtergebnis seiner individuell gespeicherten Informationen. Vom ersten Tag seines Lebens bis zum heutigen.

Der Inhalt unseres Gehirns wurde also erst durch die Erlebnisse nach unserer Geburt programmiert. Diese Erkenntnis ist vor allem für Paare sehr wichtig, die ein kleines Kind adoptieren möchten. Das Kind hat von seinen Eltern zwar das Gehirn, nicht aber deren Verhaltensmuster mitgeerbt. Was also aus einem adoptierten Kind und seinem Unterbewußtsein wird, verantworten und bestimmen die Erzieher.

Aus vielen Erfahrungen und Eindrücken unseres Lebens bildet sich erst das Unterbewußtsein, unsere Gewohnheiten, der Charakter, Ansichten und Einstellungen. Eine Summe von positiven und negativen Antrieben, von der Geburt bis zum Jetzt.

Um sich selbst zu begreifen, ist es sehr wichtig zu wissen, von welchen Eindrücken wir geprägt und ge-

bildet wurden. Erst von den Eltern, den Verwandten und Bekannten. Dann war es der Kindergarten und die Schule mit den verschiedenen Lehrern. Alle Freunde und unsere Mitmenschen in der Lehre oder beim Studium. Später der Partner und Vorgesetzte wie Kollegen. Und heute die Medien: das Radio, die Zeitschriften, das Fernsehen und alle Menschen, die uns täglich begegnen.
Sie erkennen daran sehr deutlich: das ganze Leben ist ein Prozeß gegenseitiger Beeinflussung. Denn auch Sie beeinflussen Ihre Umwelt. Wie man diesen gegenseitigen Prozeß zum Besten handhabt, lehrt uns — seit den alten Griechen — die Rhetorik. Sie ist die Kunst der Fremdbeeinflussung. Zu einem aufbauenden Lebensweg gehört jedoch auch die Kunst der Selbstbeeinflussung. Sie ist der königliche Weg der Schicksalslenkung.
Jeder von uns ist ein Teil des Ganzen. Damit ist er für sich — und für seine Aufgabe im Ganzen — verantwortlich. Der Biologe Dr. Frederic Vester bestätigt diese Grunderkenntnis in seinem Buch »Die Welt, ein vernetztes System«. Alles ist mit allem verbunden und in Kontakt. Aus den vorgenannten Erkenntnissen ergeben sich für unseren Lebensweg zwei praktische Möglichkeiten. Die erste: wir verändern und dominieren unsere Mitmenschen, werden im wahrsten Sinne des Wortes Antreiber und machen uns immer unbeliebter, bis wir uns selbst nicht mehr ausstehen können. Siebzig Prozent der Führungspersönlichkeiten gehen diesen Weg. Erfolge erreichen sie durch blaue Flecken an den Ellenbogen.
Für den philosophisch denkenden Menschen gibt es den zweiten Weg. Es ist der richtige Weg: er arbeitet an sich, seiner Persönlichkeit und seiner Ausstrahlung. Er lebt und agiert aus der Erkenntnis heraus: »Nichts ändert sich, außer ich ändere mich.« In einem vernetzten System verstehen wir diesen Prozeß mit seinen Wirkungen und seinen Erfolgen. Durch unsere positive Wirkung auf die Umwelt und durch die eintretende positive Rückkoppelung werden immer neue positive Wirkungsketten entstehen. Auf unserer Cassette »Die unerschöpfliche Energiequelle unserer Seele«, erleben Sie tief im Inneren dieses Gesetz der positiven Kettenreaktion. Sie warfen einen Stein ins Wasser, der Kreise bildet, die immer größer werden und nach einer gewissen Zeit wieder zum Ursprung zurückkommen.

Praktischer Lehrsatz Nummer 1 für die Kunst der Selbst- und Fremdbeeinflussung:
»Nichts ändert sich, außer wir ändern uns«.
Bei unserer Geburt hatten wir von den Eltern unsere fünf Sinne geerbt. Sie haben die Aufgabe, alle Informationen der Außenwelt an unsere Innenwelt zu vermitteln. Nur durch diese Information der Sinne kann sich in unserem Inneren ein Bild der Außenwelt bilden. Zwei Sinne spielen bei diesem Prozeß eine Hauptrolle. Das Sehen der Augen und das Hören der Ohren. Von beiden Informationswegen ist das Ohr der wichtigste Informationskanal.
Unsere Entscheidungen, unser Denken und Handeln sowie die Gestaltung unseres ganzen Lebensweges ist abhängig von den gespeicherten positiven und negativen Informationen in unserem Inneren. Dabei sind wir abhängig von den Informationen, die wir in der Vergangenheit bewußt oder unbewußt aufgenommen haben. Frei sind wir jedoch in der Wahl der Informationen, die wir heute und in der Zukunft bewußt speichern wollen.
Von Archimedes kennen wir den Gedanken: »Gebt mir einen Punkt, und ich werde die Welt aus ihren Angeln heben.«
Diese Erkenntnis ist der Dreh- und Angelpunkt auf dem Wege in eine größere Freiheit und damit in eine selbstgewählte Zukunft.
Gedanken sind Kräfte. Unser Gehirn kann Gedanken produzieren. Diese Gedanken sind Kräfte. Kräfte sind Energien, die etwas bewegen oder verändern können. Je stärker ein Gedanke ist, um so größer ist eine Energie, um die Zukunft zu gestalten.
Auch Angst ist ein Gedanke — Hoffnung ist ein anderer. Es gibt haßerfüllte, kriegerische und zerstörerische Gedanken. Es gibt aufbauende, optimistische und zuversichtliche Gedanken. Um so stärker sie sind, um so größer ist ihre Energieschubkraft.
Das 2. Denkgesetz zeigt uns die Möglichkeiten des Denkens:
»Am Anfang jeder Tat steht die Idee. Nur was gedacht wurde, existiert.« Und das 10. Denkgesetz macht unsere Denk-Freiheit deutlich: »Durch eine gezielte Entscheidung kann die Aufmerksamkeit auf jeden ausgewählten Punkt gelenkt werden. Worte sind hörbare Gedanken. Jeder Mensch hat die Macht, durch die Kraft seiner Worte unglückliche Zustände zu ändern.« Das 4. Denkgesetz weist uns den Weg zu einer erfolgreichen Praxis: »Das Unter-

bewußtsein, die Baustelle des Lebens und der Arbeitsraum der Seele, hat die Tendenz, jeden Gedanken zu realisieren. Alles was werden soll, was entstehen und was sich entfalten will, benötigt einen Anfang.« Daß alles Große aus dem Kleinsten gewachsen ist, wird uns im 5. Denkgesetz deutlich: »Aus dem kleinsten Gedankenfunken kann ein leuchtendes Feuer werden.«

Die bewußte, aktive Autosuggestion ist die konsequente Methode, die Kräfte und Fähigkeiten des Unterbewußtseins zu nutzen und nach unserem Wollen zu lenken. Die aktive Programmierung befreit uns von den negativen Erlebnissen der Vergangenheit. Die Gedanken-Cassetten werden neu programmiert. Da der Glaube Berge versetzen kann, ist es für jeden vorwärtsstrebenden Menschen notwendig, in sich einen unerschütterlichen Glauben auszubauen: Den Glauben an sich, seine Chancen und seine Zukunft. Mit der Programmierung: Ich kann, was ich will.
»Ich bin fest entschlossen, meinem Leben Wert und Sinn zu geben; denn ich weiß, was ich will. Ich habe einen starken Willen und kann mich gut konzentrieren. Mißerfolge können mich nicht verunsichern; denn ich kann, was ich will. Meine Konzentrationskraft vertreibt meine Unruhe. Ich kann mich immer besser auf meine Ziele konzentrieren. Warum sollte ich nicht mehr erreichen, als andere mir zutrauen. Ich muß nur an mich glauben, dann erwachen meine Kräfte, und alles wird leicht. Ich bin glücklich, denn ich weiß, ich kann, wenn ich will.«

Die Kunst der Selbstbeeinflussung

Durch regelmäßige Wiederholungen entwickelt die Programmierung eine gewaltige Kraft. Wie bei jeder anderen Disziplin gilt auch hier, je mehr man sich damit aktiv beschäftigt, um so größer wird der Erfolg. Je stärker die Hingabe ist, mit der wir regelmäßig üben, um so tiefer sinkt die Programmierung in uns hinein. Sie erzeugt in unserer Tiefe ein starkes Echo. Wir überwinden unsere Unbeweglichkeit und setzen Wachstumsreize. Negative Gewohnheiten werden überwunden. Wir wachsen, entfalten uns, und unsere Persönlichkeit stabilisiert sich. Wir erlangen geistige Freiheit.

Worte sind der Ausdruck des Willens. Sie hinterlassen im Unterbewußtsein tiefe Eindrücke. Deshalb ist die gesprochene Programmierung eine dynamische Übung, mit deren Hilfe wir alles Negative in uns verwandeln können: Unsicherheit in Sicherheit und Nervosität in Konzentration. Wir müssen lernen, unsere ungeheuren Reserven an Willenskraft, Intelligenz und Gesundheit zu mobilisieren. Gerade bei Krankheiten, Beschwerden oder Mißerfolgen ist die aktive Programmierung von großem Nutzen. Sie lenkt die Aufmerksamkeit von der Krankheit auf die Heilung, vom Versagen auf das Gelingen. Der innere Arzt wird aktiviert.

In schwierigen Lebenssituationen kann es geschehen, daß die immer gleichen negativen Gedanken im Kopf herumkreisen. Wie bei einer Schallplatte mit einem Sprung. Der Gedanke kehrt immer wieder. In solch schwierigen Situationen helfen keine Pillen, sondern nur die aktive dynamische Programmierung! Um die positive Wirkung zu verdeutlichen, dazu ein Zitat von Mahatma Gandhi:

»Die Programmierung wird Stab und Stütze unseres Lebens. Sie trägt uns durch jede schwere Prüfung. Man wiederholt nicht nur um der Wiederholung willen, sondern zum Zwecke der Reinigung. Als eine Hilfe in unserem Bemühen. Die ständige Wiederholung ist darum keine sinnlose Wiederholung; denn bei jeder Wiederholung ergibt sich eine neue Bedeutung. Jede Wiederholung bringt uns unserem Ideal immer näher!«

Erst durch die ständige Wiederholung erhalten wir einen Zugang zu den eigenen tiefliegenden Kräften. Die Programmierung ist eine dynamische Konzentrationsübung. Wir überwinden unsere innere Ruhelosigkeit, die unseren eigentlichen Streß, unsere Überanstrengung ausmacht. Die dynamisch und aktiv gesprochene Programmierung führt zur Beherrschung des Geistes. Sehr viel Lebenskraft vergeuden wir, durch Unschlüssigkeit und Wankelmut, weil unser Denken ständig hin und her schwankt und wir zu keiner Entscheidung kommen.

Unsere besten Kräfte können dadurch nicht wirksam werden. Wir müssen unseren Willen allmählich stärken und trainieren. Die Kraft, die sich in uns befreit, ist der Schlüssel zu einem selbstbewußten Leben. Verwenden Sie daher auf die Wahl Ihrer Programmierung besondere Sorgfalt. Haben Sie einmal Ihre

Programmierung ausgewählt oder erarbeitet, sollten Sie konsequent dabei bleiben.
In unserem Lehrwerk »Das Tor zu Ihrem Unterbewußtsein« haben wir mehr als 150 verschiedene Programmierungen vorbereitet. Nur Ausdauer und Wiederholung garantieren den Erfolg.
Ein Baum, der zu oft verpflanzt wird, kann keine tiefen Wurzeln schlagen. Wenn ein Mensch seine Programmierungen ständig wechselt, ist es, als würde ein Bauer an zehn verschiedenen Stellen nach Wasser graben.
Natürlich braucht es eine gewisse Zeit, bis die Programmierung reift. Wir sind also nicht enttäuscht, wenn wir nach den ersten Übungen nicht gleich in einen Taumel der Freude und des Erfolges geraten. Wir lassen uns nicht entmutigen; denn es kommt der Augenblick, in dem wir die Veränderung unseres Lebens erfahren. Eine Programmierung ist mehr als ein positiver Spruch. Es ist eine dynamische Kraft! Zuerst wirkt sie nur an der Oberfläche des Bewußtseins, aber wenn wir sie regelmäßig, mit nie nachlassender Begeisterung wiederholen, dringt sie bis zu den Quellen unserer magischen Kräfte vor. Die wachsende Sammlung unserer Kräfte befreit unsere Fähigkeiten aus dem Grund unserer Seele.
Die tief in unserem Inneren liegende Kraft wird durch die aktive Programmierung befreit und gestärkt.
Wie muß nun Ihre tägliche Praxis aussehen? Sie sollten einmal am Tage die Programmierung viermal hintereinander sprechen. Mit stark beseelter Stimme, so ausdrucksvoll wie möglich. Die Wirkung tritt beim Üben und Wiederholen ein, auch wenn Sie nicht daran glauben. Selbst die Abwehrkräfte und Ihr Hormonsystem werden aktiviert.

Sechs Vorteile haben Sie durch Ihre regelmäßigen Programmierungen:

1. Sie entdecken Ihren eigenen Willen.
2. Sie aktivieren Ihre Willens- und Nervenkraft.
3. Sie verbessern Ihre Konzentrationsfähigkeit und aktivieren Ihr Gedächtnis.
4. Sie verbessern Ihre Aussprache und Ihre Artikulation.
5. Sie programmieren Ihr Unterbewußtsein selbst nach Ihren Zielen und Wünschen.
6. Sie aktivieren Ihre Suggestivkräfte.

Durch die Arbeit an sich selbst entwickelt sich in Ihrem Inneren eine Kraft zur Weiter- und Höherentwicklung. Sie wachsen über sich hinaus. Glück und Erfolg werden Ihre ständigen Begleiter, weil Sie immun gegen Unglück und Mißerfolg werden. »Wer Wunder will«, sagt Goethe im Faust, »verstärke seinen Glauben.« Wenn sich Ihr Leben in wundervoller Weise verwandeln soll, müssen Sie üben und Ihren Vorsätzen treu bleiben.
Im 13. und 14. »Denkgesetz der Lebensentfaltung« heißt es:
»Die ständige Wiederholung einer Idee wird erst zum Glauben. Zum Glauben, der Berge versetzen kann. Dieser Glaube führt zur Tat. Konzentration führt zum Erfolg, Wiederholung zur Meisterschaft.«
Diese Meisterschaft über das Negative im Leben wünsche ich Ihnen von ganzem Herzen. Von Menschen, die diese Kraft in Ihrem Inneren spüren, geht etwas Besonderes und Magisches aus. Sie sind anziehend, faszinierend und scheinen unverwundbar zu sein.

Probleme und Konflikte lösen — darunter leiden oder sogar zerbrechen?

Wahrscheinlich ist unsere Erde der einzige Stern im Universum, auf dem sich das Leben entwickelt und weiterentwickelt hat. Von Stufe zu Stufe höher und höher. Obwohl es überall und auf jeder Stufe Probleme, Schwierigkeiten und Konflikte en masse gab. Das Leben ist an allen Widerständen gewachsen. Die Widerstände waren, so wissen wir heute, die wichtigste Voraussetzung, um auf eine immer höhere Stufe emporzuklimmen.
Würde heute ein Neandertaler auferstehen, würde er uns — die Generation der Astronauten — für Götter halten. Es wäre für ihn unfaßbar zu erleben, daß es dem Menschen inzwischen gelingt, größte und schwierigste Welt-Probleme zu lösen, statt nur die Einzelexistenz zu retten.
Jede Generation traf auf dem Wege zur Höherentwicklung stets auf neue Probleme und Aufgaben. Aus diesem Grunde finden auch wir — die heutige Generation — auf unserem Weg neue Schwierigkeiten und neue Aufgaben, die zu lösen sind. Warum sollte es uns denn anders gehen als allen vor uns?
»Machet Euch die Erde untertan«, war die Aufforderung an den Menschen.
»Erkennt und erobert die Möglichkeiten dieser Welt«, lautet es weiter. Erobern heißt, nutzvoll erkennen und weiterentwickeln, zum Nutzen der Erde und der Menschen. Viele Menschen haben heute jedoch ein gestörtes Verhältnis zum »Erfolg«. Im Alten Testament sagte man zu einer Person, die keinen Erfolg hatte: »Gott hat dessen Arbeit nicht gesegnet.« Das hieß, Gott hat die Arbeit nicht anerkannt und von sich gewiesen. In vielen Religionen und Weiterlebens-Definitionen heißt es: Jeder wird einmal für das zur Rechenschaft gezogen, was er versäumt hat

zu tun. Danach bemißt sich der Grad des Lebenserfolges.

In unserer Zeit flüchten viele Zeitgenossen aus der Wirklichkeit und streben nach »innerem Reichtum«. Doch wenn sie gefragt werden, was das denn sei, werden sie verlegen und erzählen viel — aber sagen wenig. Das uralte, magische Gesetz — »So wie oben, so auch unten« — offenbart doch die ganze Wahrheit von Mikrokosmos und Makrokosmos. Die Außenwelt entspricht der Innenwelt, der Mensch entspricht dem Schöpfer, und beides bedingt einander. Innerer Reichtum müßte also dem Gesetz zufolge auch äußerlich bemerkbar sein. Das Streben nur nach äußerem Glanz ist nach diesem Gesetz wertlos und von Gott gewiß nicht gesegnet.

Unser positives Vorbild sollte Nathan der Weise sein. Vielleicht haben Sie in der kommenden Theatersaison die Gelegenheit, sich dieses Werk von Lessing einmal auf der Bühne anzusehen oder Sie lesen es noch einmal aufmerksam nach.

Oft streitet man sich um Worte, nur weil die Begriffsdefinitionen unterschiedlich sind. Deshalb möchte ich an dieser Stelle das Wort Erfolg nochmals von meinem Verständnis aus definieren:

Erfolg ist die Fähigkeit, Widerstände zu überwinden. Alles was lebt, muß ständig Widerstände überwinden. Jede Pflanze, jeder Fisch und auch wir Menschen, die großen wie die kleinen, unterliegen den gleichen Gesetzen.

Wir können Erfolg auch definieren als die Fähigkeit, Probleme zu lösen. Ich glaube, daß kaum jemand auf die Idee käme, zu behaupten: Wir brauchen noch mehr Menschen, die Probleme machen! Sie werden selbst erkennen, daß das nicht der Weg zum persönlichen Glück sein kann. Glück, das wissen wir alle, kommt aus dem Wortstamm »glücken = gelingen«. Das kann doch nur heißen, solange es gelingt, unsere Probleme und Schwierigkeiten zu lösen, sind wir auf dem Wege des Glückes und der Zufriedenheit. Wir sollten darum von Zeit zu Zeit einmal in den Spiegel der Selbsterkenntnis schauen, um uns zu fragen: Bin ich ein Mensch, der Probleme macht oder dem es immer wieder gelingt, Probleme zu lösen?

Wir haben in den letzten Jahrzehnten viel vom lebenswichtigen Intelligenz-Quotienten gehört. Viel wichtiger für uns und für andere aber ist der Erfolgs-Quotient. Die Fähigkeit, über Probleme diskutieren zu können, hat bisher noch keine Lösung gebracht. Daß Erfolg keine Sache des Zufalls ist, erkennen Sie an unserer Erfolgsformel.

Sie erkennen daran auf einen Blick, daß eine Persönlichkeit, der es gelingt, die inneren und äußeren Widerstände zu überwinden, erfolgreich leben kann. Wer also behauptet, Herkunft oder Umwelt seien schuld daran, daß er nicht erfolgreich wäre, der unternimmt lediglich den traurigen Versuch, seinen mangelnden Erfolgswillen zu bemänteln. Er erklärt sich für unfähig und versucht, daraus eine Lebenseinstellung zu machen.

Erfolgreich leben heißt, auf jeder Altersstufe die Aufgaben dieser Etappe bestmöglich zu bewältigen. Nachholen geht immer auf Kosten gegenwärtiger anderer wichtiger Aufgaben. So, wie man seine Jugend nicht nachholen oder sein Rentenalter nicht vorziehen kann, so kann man die Aufgaben des jeweiligen Lebensabschnittes nicht verschieben, außer man verschiebt seine eigene Mitte bewußt. Solange der Glaube an das nicht beeinflußbare Schicksal verbreitet ist, unternimmt die große Masse Kreuzzüge gegen alles, was sie in ihrem Recht auf Dummheit, Aberglauben, Faulheit, Not, Elend und Arroganz stört.

Wir glauben daher nicht an ein komplett vorgefertigtes Schicksal, sondern an die Fähigkeit des Menschen zur Mitgestaltung seines Lebens. Jeder hat eine besondere Fähigkeit und Stärke mitbekommen — mindestens eine. Wer sie brach liegen läßt oder sich in Terrains versucht, die nicht seine sind, versagt an seinem Schicksal. Denn diese »Fähigkeit« — diese »Aufgabe« und dieser »Lebensplatz der Ausübung« wurde ihm geschickt. Das ist Schicksal.

Die Freiheit des Menschen besteht darin, daß er sich nach seiner Vernunft und seinen Erkenntnissen richtet und das Erforderliche tut. Und daß er es durch den Reifeprozeß des Lebens — in dem er Probleme und Aufgaben löst — immer besser und besser tut. Bis er seine Lebensaufgabe für den Schöpfer — und damit für sich selbst — gelöst hat — und vom Leben erlöst wird.

Schreiben können wir, weil wir es gelernt haben. Lesen können wir, weil wir es gelernt haben. Warum lernen die Menschen nicht schon in der Schule das Allerwichtigste: Wie man Probleme, die man erkannt hat, auch löst. Das wichtigste Schulfach müßte lauten: Wie verursache ich den Erfolg?

Viele, sehr viele Menschen leiden unter dem Aberglauben, wenn sie nicht in diesem Beruf erfolgreich sind, werden sie es vielleicht im nächsten sein. Die Lebensläufe zahlreicher Menschen bestätigen immer wieder diesen traurigen Aberglauben. Die meisten setzen jedoch Erfolg mit viel Geldverdienen gleich, statt nach Erfüllung ihrer Fähigkeiten.

Erfolgreich sind wir immer dann, wenn wir in Übereinstimmung mit den Naturgesetzen handeln. Dagegen ist der Mißerfolg ein deutliches Signal, daß wir bewußt oder unbewußt gegen diese Gesetze verstoßen. Die konsequente Beachtung der »Grundgesetze zur Lebensentfaltung« ist die berufliche Voraussetzung. Da unsere Erde kein Paradies ist, gibt es keinen Menschen, der hier keine Probleme oder Konflikte zu lösen hätte.

Überprüfen Sie doch einmal Ihre eigene Einstellung: »Leide ich unter meinen Problemen oder besitze ich das Erfolgswissen, um an der Lösung zu arbeiten?« Vielleicht haben Sie sich selbst schon einmal die Frage gestellt: Wäre die Welt vollkommen, was hätte ich dann zu tun? Wie könnte ich mich dann noch von der Masse unterscheiden? Der Erfolgreiche weiß, Unglück und Schwierigkeiten haben ihren Sinn. Je größer die Gefahr, desto mächtiger wird der Antrieb, ihr zu entrinnen oder sie zu meistern.

Viele haben sich daran gewöhnt, bei Problemen oder Konflikten mit Ärger, Flucht, Alkohol oder Resignation zu reagieren. Wer sich aber so verhält, weiht seine Seele dem Teufel, nämlich der Verstimmung. Ganz genau sollten Sie erkennen, daß der Wille zur Überwindung von Schwierigkeiten, Mängeln, Nöten und Gefahren überhaupt nur dann entstehen kann, wenn der Mensch nach der Überwindung sucht. Statt sein Leben positiv und erfolgreich zu gestalten, verdrängen die meisten Menschen ihre ungelösten Probleme. Seine Probleme und Aufgaben zu kennen und zu erkennen, ist ein Zeichen von innerer Freiheit, von Mut und von Selbstbewußtsein. Daher sollten Sie einmal in Ihrem Ordner »Meine Zukunft« all ihre Sorgen und Nöte, Probleme, Ängste und Schwierigkeiten schriftlich sichtbar machen! Die meisten Menschen finden weder die Zeit noch den Mut dazu, obwohl sie wissen, vor die Therapie haben die Götter die Diagnose gestellt.

Alle meine Seminare verfolgen das Ziel, die Teilnehmer zu Alchimisten zu machen. Ein Alchimist war im Mittelalter ein Mensch, der unedle Metalle in Gold verwandelte.

Stellen Sie sich einmal vor, Sie wären ein Mensch, der die Macht besäße, Unglück in Glück zu verwandeln. Wäre das nicht etwas Wunderbares?

Unbewußt wußten wir schon immer, ohne Probleme und Schwierigkeiten gibt es keine Erfolgserlebnisse. Es ist modern geworden, über das positive Denken zu sprechen. Aber sonderbarerweise praktizieren die meisten Menschen dieses wichtige Können nicht.

Meinungsumfragen ergeben, daß die Bevölkerung immer pessimistischer wird, immer sorgenvoller in die Zukunft schaut. Daher sollten wir nicht von anderen das positive Denken verlangen, sondern zuerst von uns.

Aus der Unfähigkeit, persönliche Probleme zu lösen, flüchten viele Menschen in die Lösung der Weltprobleme. Dabei verzweifeln sie immer mehr — und helfen weder sich noch der Welt.

Vielleicht ist Ihnen der positive Gedanke bewußt, »Gott liefert die Nüsse, aber er knackt sie nicht.«

Von Zeit zu Zeit ist es gut, sich wieder an Goethes Zitat aus Wilhelm Meister zu erinnern. »Des Menschen größtes Verdienst bleibt es wohl, wenn er die Umstände so viel als möglich bestimmt und sich so wenig als möglich von ihnen bestimmen läßt. Das ganze Weltwesen liegt vor uns wie ein großer Steinbruch vor dem Baumeister, der aber nur dann den Namen verdient, wenn er aus den zufälligen Naturmassen ein in seinem Geiste entsprungenes Urbild mit der größten Ökonomie, Zweckmäßigkeit und Festigkeit zusammenstellt. Alles, außer uns, ist nur Element. Ja, ich darf wohl sagen, auch alles an uns; aber tief in uns liegt diese schöpferische Kraft, die das zu schaffen vermag, was sein soll, und uns nicht ruhen und rasten läßt, bis wir es außer uns oder an uns auf die eine oder die andere Weise dargestellt haben.«

Für den Meister der Lebenskunst sind Probleme nicht dazu da, um unter ihnen zu leiden, ganz im Gegenteil: Mängel, Nöte, Leiden, Gefahren und Qualen sind selten Erfolgshindernisse, sondern sogar Erfolgsbedingungen, die zu Taten und Leistungen anspornen. Zum Glück leben wir in einer Gesellschaftsordnung, in der wir durch unsere Leistungen auch unsere Erfolge selbst bestimmen können. Sie werden deshalb den Mut finden, alle Ihre Sorgen, Nöte, Probleme, Ängste und Konflikte mit ehrli-

cher Konzentration in Ihren Ordner »Meine Zukunft« zu schreiben. Wenn Sie sich bei dieser Arbeit beobachten, werden Sie bemerken, daß alles, was man aufschreibt, das heißt, »sichtbar« macht, zur Helligkeit im Inneren führt.
Viele, ja fast alle Menschen, möchten glücklich und erfolgreich sein, aber sie peilen alles grob über den Daumen, da sie nie gelernt haben, die Zukunft »methodisch« vorzubereiten. Denn erst dabei kann sich jeder Mensch selbst beweisen, ob er tatsächlich positiv denken und handeln kann.
Bitte nehmen Sie einen Bogen Papier zur Hand. Teilen Sie die Seite in eine linke und eine rechte Spalte. In die linke Seite schreiben Sie alles, was besser sein könnte, also alles Negative. Und jetzt beginnt die Arbeit des »positiven Alchimisten«, der die Lehre von der Herrschaft über das Negative beherrscht. Der Alchimist war ein Meister der Wandlung. Um etwas wandeln zu können, benötigte er ein Ausgangsmaterial. Auch der positive Alchimist benötigt zu seiner Wandlung eine Ausgangssituation. Sein Material, das darauf wartet, gewandelt zu werden, sind die negativen Punkte in der linken Spalte. Sie werden bei dieser Fähigkeit eine Veränderung an sich bemerken. Sie leiden nicht länger unter Ihren Problemen oder werden von ihnen erdrückt; denn Sie besitzen den Stoff, aus dem die Träume — und die Lösungen sind. Sie erfahren, was Schöpfung heißt. Wer wirklich einmal hungern mußte, weiß, wie köstlich essen sein kann. Vielleicht sind viele so unglücklich, weil sie niemals unglücklich waren und aus diesem Grunde undankbar geworden sind. Ganz methodisch gehen Sie nun daran, in der rechten Spalte einen negativen Punkt nach dem anderen in einen positiven Idealzustand umzuformulieren. Vielleicht fühlen und erleben auch Sie diese atemberaubende Situation. Probleme sind oft schon halb gelöst, wenn sie erst einmal richtig definiert sind. Neue Horizonte werden sichtbar. Sie erkennen den Silberstreifen der Zukunft. Sie erleben ganz bewußt die Möglichkeiten und die Macht, die schöpferische Macht des positiven Denkens. Jedoch Ihr Denken wird nur dann zu einer magischen Kraft, wenn Sie es aufschreiben. Wenn Sie bewußt schreiben und die Lösungen so positiv wie möglich formulieren. Die Macht der Suggestion wird durch das geschriebene Ideal sichtbar. Denn durch das Schreiben wird Ihr Geist Materie. Sie werden es direkt erleben, daß Gedanken Kräfte sind und Sie spüren, nur wer seine Ziele formulieren kann, wird sie auch erreichen. Und noch etwas sehr wichtiges wird Ihnen klar: Sie sind kein theoretisierender Esoteriker, sondern ein Erfolgspraktiker. Sie praktizieren nicht nur zu Ihrem Vorteil, sondern auch zum Vorteil aller Menschen, die mit Ihnen in Kontakt kommen.

Trainieren Sie also bei jeder Gelegenheit, schriftlich das Negative in das positive Ideal zu verwandeln. Werden Sie ein Meister in der Kunst, das Positive Ihrer Zukunft schriftlich auszudrücken.

Ihre Zukunft wird dadurch Gestalt gewinnen. Durch das Negative im Leben findet der Mensch Ansatzpunkte für sein Wirken. Ohne sein Wirken würde er vor Kummer verkümmern, würde er unglücklich werden. Es ist das Kennzeichen praktischer Intelligenz, von der gegebenen Situation auszugehen und die Möglichkeiten zur Verwirklichung des Ziels ausfindig zu machen. Trüb und hoffnungslos in die Zukunft zu schauen, das kann jeder. Aber positiv auf das Leben zu reagieren, kann nur der Meister der weisen Magie. Denn der Mensch besitzt von Natur aus die Kraft und die Fähigkeit, sich selbst und die Umwelt zu verändern. Wir definieren also den Menschen als ein Wesen, welches Ideale in Wirklichkeiten umzuwandeln vermag.

Überwinden wir also das Negative und unsere Sorgen. Denn Sorgen erzeugen negative Reaktionen. Wer sich sorgt, vergißt sich zu wappnen. Wer sich sorgt, erzeugt Gefühle, die ihn deprimieren. Wer sich sorgt, lähmt Körper und Geist. Wer sich sorgt, lenkt seine Energie in negative Kanäle.

Nur der Mensch, der sich freut und begeistert ist, spürt, daß der Geist in ihm wirkt. Wir werden nach und nach die Angst vor Problemen und Konflikten verlieren. Denn wir haben inzwischen den positiven Aspekt von Problemen und Konflikten erkannt und wissen, wer seine Probleme nicht kennt, kann keine Gegenstrategie entwickeln. Wer seine Probleme nicht kennt, ist ihnen hoffnungslos ausgeliefert. Wer eine Gefahr nicht entdeckt, kann ihr nicht entgehen. Wir haben die Angst vor dem Negativen verloren, denn wir wissen: »Wenn man den Teufel beim Namen nennt, ist seine Macht schon gebrochen.«

Da wir wissen, daß der Mensch seine Zukunft gestalten kann, haben wir das Gefühl der Ohnmacht verloren. Die mächtigste Waffe im Daseinskampf, das spüren wir ganz deutlich, ist der Glaube an sich und an den Sinn seiner Ziele.

Zum Abschluß ein positives Zitat:

Betrachte immer die helle Seite aller Dinge —
und wenn sie keine helle hat,
dann reibe die dunkle, bis sie glänzt.

Jede Stunde hat nur 60 Minuten

Wer seine Zeit richtig plant — verlängert und intensiviert sein Leben

Es gibt unendlich viele Menschen, die nicht mit ihrem Geld umgehen können.
Aber es gibt noch viel mehr Menschen, die nicht mit ihrer Zeit umzugehen wissen.
Ein Mensch, der nicht mit Geld umgehen kann, wird trotz seines guten Verdienstes ein armer Teufel bleiben.
Ein Mensch, der nicht mit der Zeit richtig umgehen kann, vertrödelt nicht nur sein Leben, er ist meist unzuverlässig, unpünktlich, hat nie Zeit, steckt immer voller innerer Unruhe, leidet permanent unter Streß und damit auch unter einem schlechten Gewissen. Erst wird er seelisch und dann körperlich krank.
Er ruiniert sich und in der Regel auch seine Umwelt. Ein Mensch, der nicht mit der Zeit umgehen kann, lebt dauernd im Ärger.
Sie erkennen unter dem Mikroskop der eigenen Erkenntnis, daß eine der Hauptursachen von Mißerfolgen und Krankheit der falsche Umgang mit der Zeit ist.
Wenn Sie Ihre Mitmenschen miteinander vergleichen, scheint es objektiv betrachtet keine Chancengleichheit zu geben. Doch in einem einzigen Punkt haben wir alle die gleichen Voraussetzungen. Für jeden von uns hat der Tag vierundzwanzig Stunden.
Für jeden, für die Kinder, für die Mütter, die Sekretärin, den Verkäufer, den Abteilungsleiter, für Berthold Beitz oder den Bundeskanzler, aber auch der Arbeitslose und der Tippelbruder, wir alle haben jeden Tag vierundzwanzig Stunden zur Verfügung.
Jetzt erkennen Sie hoffentlich den großen Unterschied. Alle gehen mit diesen vierundzwanzig Stunden verschieden um. Vierundzwanzig Stunden, das sind 1440 pulsierende Minuten. Zeit ist wie treibendes Wasser. Der eine läßt die Zeit nutzlos verplempern, während der andere die Triebkraft des Wassers zum Aufbau nutzt.
Eines Mittags, um 12.40 Uhr, steht ein Journalist von seinem Schreibtisch auf, um sich aus einem Automaten einen Kaffee zu holen. Unter der großen Uhr auf dem Gang sitzen drei Kollegen und spielen Skat. Auf seinem Rückweg zum Schreibtisch fragte er seine Kollegen:
»Was macht Ihr da?«
»Wir schlagen bis 13.00 Uhr die Zeit tot« — ist die Antwort. Der Journalist setzt sich daraufhin an seinen Platz und schreibt einen Artikel, den wir uns alle hinter den Spiegel stecken sollten:
»Ein Mensch, der seine Zeit totschlägt, schlägt seine eigenen Chancen tot«.
Dieser Bericht soll Sie anregen, zeitbewußt zu werden. Wie ein Mensch seinen Tag verlebt oder sein Leben führt oder aber umgekehrt geführt und gegängelt wird, bestimmt nicht nur den Tag, sondern sein ganzes Leben.
Es gibt keinen nebensächlichen, keinen sinnlosen und unwichtigen Tag in unserem Leben. Jeder Tag mit seiner Wachstumskraft ist wichtig. Unser Leben besteht aus einer Fülle von Sekunden, Minuten, Stunden, Tagen, Jahren.
Jeder Tag ist eine Grundeinheit unseres Lebens. Und jeder Mensch hat die große Chance, etwas zu erreichen, was er bisher noch nicht erreicht hat.
Wir können Stunden und Monate über unsere Vergangenheit nachdenken, wir können Tränen darüber vergießen. Ändern können wir unsere Vergangenheit nicht mehr. Was wir jedoch gestalten und verändern können, das ist unser Heute und vor allem unser Morgen.
Solange wir atmen, können wir gestalterisch wirken und unsere Welt verändern.
Keinem Regisseur würde es einfallen, ein Theaterstück ohne Planung und ohne Proben aufzuführen. Das Leben vieler Menschen sieht jedoch aus wie ein andauerndes Stegreif-Theater.
Der Mensch trägt als einziges lebendes Wesen schöpferisch-gestalterische Fähigkeiten in sich.
Nur durch die Prozesse der Vermassung bleiben diese Fähigkeiten unterentwickelt.
Vielleicht kann das nachfolgende Zitat von Goethe uns helfen, unsere Lebenssituation zu verstehen:

»Immer strebe zum Ganzen
und kannst du selbst
kein Ganzes werden
als dienendes Glied
so schließ an
ein Ganzes Dich an.«

Entfaltung ist mehr als Erhaltung. Wer nur auf die Erhaltung seines Lebens bedacht ist, der hindert sich an seiner Entwicklung. Bewußte Lebensführung beginnt immer mit Selbsterkenntnis, darauf erst erfolgt die Selbstorganisation.

Erst aus dieser inneren Ordnung erwächst eine glückliche und erfüllte Zukunft.
An jedem Morgen wünschen wir allen, denen wir begegnen, einen Guten Morgen und einen Guten Tag. Aber wie wenig tun wir selbst dazu, daß jeder neue Tag ein Guter Tag wird?

ZEIT
Alle Macht des Menschen besteht aus einer Mischung von Zeit und Geduld

(Honoré de Balzac)

Menschen, die keine Zeit haben, sind in der Regel Menschen, die nicht genau wissen, was sie wollen. Sicher, viele Menschen sind überlastet und haben zuviele Aufgaben. Aber sollte man nicht gerade in solchen Fällen die Lösung mit einer neuorientierten Selbstorganisation beginnen? Planmäßiges Denken beginnt mit Papier und Bleistift. Sie sollten nicht nur analytisch denken. Nein, Sie müssen Ihre eigenen Gedanken sehen. Darum schreiben Sie sich einmal alle Aufgaben der nächsten Woche auf, ohne sie geordnet zu haben. Wenn Sie diese Liste prüfen, werden Sie feststellen, vor Ihnen liegt eine Woche, mit A, B und C-Aufgaben.
A-Aufgaben sind Aufgaben, die äußerst dringend und wichtig sind. Aufgaben, die Sie erledigen können.
B-Aufgaben sind wichtige Aufgaben.
C-Aufgaben sind Aufgaben, die Sie delegieren sollten oder die liegen bleiben können.
Wenn Sie daraufhin nach dem A, B-System an die Arbeit gehen, dürften Sie nie in den Konflikt geraten, das Wichtigste noch tun zu müssen.

ZEIT
Die Leute, die niemals Zeit haben, tun am wenigsten

(Lichtenberg)

Sie haben nur dann Zeit, wenn Sie sich Zeit nehmen. Für das persönlich Wichtige findet der Mensch immer Zeit. Auch Sie kennen sicher Menschen, die bei jeder Gelegenheit sagen: »Ich habe keine Zeit« und voller Eile sind. Da sie sehr eilig und schnell sind, müßten sie im Leben schneller vorwärts kommen. Doch treffen Sie diese Menschen zwei Jahre später wieder, haben sie es immer noch sehr eilig, nur weiter sind sie nicht gekommen. Sie treten immer noch auf der Stelle, aber dafür besonders hektisch und beschäftigt.

Ich habe viele Menschen kennengelernt, die angeblich keine Zeit hatten. Plötzlich verliebten sie sich. Sie glauben gar nicht, wieviel Zeit jetzt diese Menschen auf einmal hatten. Dabei spielt es überhaupt keine Rolle, ob sich jemand in einen Menschen oder in ein Hobby verliebt. Es kann auch ein Buch oder eine neue, reizvolle Aufgabe sein.
Zeit für das Wichtigste setzt voraus, daß man weiß, was für einen wichtig ist!
Sonst wird unsere kostbare Zeit von unwichtigen und nebensächlichen Dingen aufgefressen.
Was bedeutet das konkret für Sie persönlich? Stellen Sie sich in einer ruhigen Stunde die Frage:
Was sind die wichtigsten Dinge meines Lebens, meiner Zukunft und meiner Planung?
Ich wiederhole einen wichtigen Satz. Menschen, die keine Zeit haben, wissen nicht genau, was sie wollen. Wenn für einen Menschen das Tennisspielen wichtig ist, findet er in der Regel auch die Zeit dazu. Wenn für einen Chef das Golfspielen wichtig ist, kann man ihn trotz Arbeitsüberlastung auf dem Golfplatz finden.
Wenn für einen Menschen seine rhetorischen Fähigkeiten und positive Motivation wichtig sind, findet er auch Zeit für den Besuch eines Seminars. Darum müssen Sie sich immer wieder die Frage stellen: Was will ich erreichen?
Erst wenn Sie diese Frage ganz konkret beantwortet haben, können Sie sich die nächste Frage stellen: Welche Menschen und Informationen können mir helfen, dieses Ziel zu erreichen?

ZEIT
Es gibt Diebe, die nicht bestraft werden und den Menschen doch das Kostbarste stehlen: Die Zeit

(Napoleon)

Der wirklich große Lebenserfolg kommt niemals durch die tausend Kleinigkeiten unseres täglichen Alltags, sondern stets und immer durch das Besondere. Das Besondere, das Einmalige ist immer das Resultat von großer Konzentration.
Die vielen hundert kleinen »C-Aufgaben« zerfressen unsere Schwungkraft. »Konzentration auf das Wichtigste«, unter dieser Überschrift sollten Sie Ihre Zeiteinteilung stellen.
Um die Ursachen eines Erfolgszieles zu verdeutlichen, stellen Sie sich den Erfolg abstrakt als Ergebnis

von 100 Prozent vor und Ihren Tagesablauf auch als 100 Prozent. Viele Analysen haben als interessantes Ergebnis erbracht, daß der 100-prozentige Erfolg in der Regel nur mit 20 Prozent an Zeit, Kraft und Intelligenz finanziert wird.

Die restlichen 80 Prozent unserer Zeit stehen also den C-Aufgaben zur Verfügung. Vielleicht verstehen Sie jetzt unsere These: »Mit weniger Arbeit mehr erreichen.«

Durch zehn Minuten konzentrierte Planung können Sie täglich bis zu zwei Stunden sparen. Diese Erkenntnis müßte uns zur sofortigen Konsequenz veranlassen.

Wie sollte Ihre Praxis aussehen? Am besten, Sie gehören zu den Menschen, die jeden neuen Tag am Vorabend planen.

Der neue Tag beginnt also schon am Abend vorher. Sie schreiben zunächst auf, was Sie alles am nächsten Tag erledigen müssen.

Erst dann sortieren Sie die Arbeiten nach dem Zeitablauf. Jetzt erst übertragen Sie Ihre konkreten Vorhaben in Ihren Terminplaner. Sie wissen ja, Ihr Terminplaner ist Ihr sichtbares Unterbewußtsein. Indem Sie jetzt schriftlich Ihren Tagesablauf übertragen, übertragen Sie Ihre Ziele auch automatisch Ihrem Unterbewußtsein.

Sie schreiben es buchstäblich in Ihr Unterbewußtsein hinein. Nun erst kommt der entscheidende Punkt: Erst jetzt stellen Sie sich die Frage: Was ist morgen für mich und für meine Zukunft das Wichtigste?

ZEIT

Wer seine Zeit aus der Hand gleiten läßt, läßt sein Leben aus der Hand gleiten.

(Victor Hugo)

Welches ist morgen meine A-Aufgabe?
Dieses A unterstreichen Sie mit rot.

Jeder Tag sollte viele Aufgaben beinhalten. Aber nur eine, höchstens zwei A-Aufgaben. Denken Sie dabei immer an die Erkenntnis, daß Sie nur 20 Prozent Konzentration für 100 Prozent brauchen.

ZEIT

Gegenüber der Fähigkeit, die Arbeit eines einzigen Tages sinnvoll zu ordnen, ist alles andere im Leben ein Kinderspiel.

(Goethe)

Warum scheitern so viele andere Planungsmethoden in der Praxis? Ganz einfach, weil die Planer zu viel in den Tag hineinplanen. Das erzeugt jeden Abend nur Mißerfolgs-Erlebnisse; denn die Stunde hat nicht mehr als 60 Minuten.

Bei dem von mir empfohlenen Weg steht an jedem Abend ein Erfolgserlebnis. Voraussetzung ist, daß Sie am Vorabend den neuen Tag konzentriert geplant haben. Aber Sie wissen auch, daß im Verlauf des Tages viele neue Dinge dazu und dazwischen kommen und den schönsten Plan zerstören können. Aber — und jetzt kommt das ganz große ‚Aber'. Einen Punkt, nämlich den rot unterstrichenen, können Sie, auch wenn noch soviel dazwischen kommt, erledigen. Dieser eine entscheidende Punkt ist Ihre tägliche Sprosse zum Erfolg. In der Konsequenz heißt das, praktisch jeden Tag einen Schritt voranzukommen.

Wer jeden Tag einen großen Erfolg registriert, hat sieben Erfolge in der Woche, dreißig im Monat, dreihundertfünfundsechzig Erfolge im Jahr.

Damit wächst das Bewußtsein, jeden Tag seinen Zielen einen Schritt näherzukommen. Eine positive Eigendynamik entwickelt sich.

Zurück zur Praxis. Sie haben neben der einen wichtigen »rot unterstrichenen« Aufgabe noch zehn weitere Aufgaben für den kommenden Tag geplant. Aber Sie konnten aufgrund von Störungen und Zeitdieben nur sechs erledigen. Was ergibt sich aus den vier unerledigten Aufgaben?

Entweder die Aufgaben erledigen sich durch Liegenlassen von selbst, es war also gar nicht so notwendig, oder aber — das ist die andere Möglichkeit — es entwickelt sich daraus eine A-Aufgabe für den nächsten Tag. Zuviele Menschen arbeiten immer noch nach dem Prinzip: wild gewühlt ist besser als gut geplant. Das sollte bei Ihnen ab sofort aufhören.

Konzentration auf das Wesentliche, das ist Ihr Erfolgsprinzip.

ZEIT

Die Ablehnung, Unwichtiges zu tun, ist eine entscheidende Voraussetzung für den Erfolg.

(Mackenzie)

Neben einer praktischen Anleitung zum Führen Ihres Planungskalenders sollte dieser Bericht Ihr Zeitbewußtsein entwickeln. Am deutlichsten hat Anne Steinwart dies einmal ausgedrückt:

»Als hätten wir eine Ewigkeit Zeit, so verplanen wir unsere Tage.«
Zeit ist Geld, ist eine Wahrheit. Zeit ist unser Leben, ist eine weitere.

ZEIT

Gebraucht der Zeit,
sie geht so schnell von hinnen,
doch Ordnung lehrt Euch Zeit gewinnen!
(Mephistopheles in Goethes Faust)

Wenn wir uns keine Zeit nehmen zum Betrachten und Kennenlernen, zum Verweilen und Nachdenken, verlernen wir zu leben.
Wir verschieben alles auf morgen, auf nächstes Jahr, auf später, als hätten wir eine Ewigkeit Zeit zur Verfügung.
Beherzigen Sie die folgenden Vorsätze nicht nur für die nächsten zwei Monate.

1. *Ich werde zeitbewußt und zeitempfindlich leben.*
2. *Ich werde stets auf ein Ziel hinarbeiten.*
3. *Ich werde eine Rangordnung für meine Arbeit aufstellen.*
4. *Ich werde mich positiv kontrollieren.*

Einen Tag, also vierundzwanzig Stunden, richtig — das heißt, erfolgreich zu durchleben — ist der Anfang der Lebenskunst.
Darum vergessen Sie auch nie, daß positives Erfolgsstreben nur die eine Seite eines glücklichen Lebens ist. Arbeit und Muße sind kein Gegensatz, sie sollten eine Einheit bilden. Sie sollten rhythmisch ineinanderklingen. Eine Stunde hat nur sechzig Minuten. Und darum sollten wir wenigstens einmal in diesen sechzig Minuten einen Mitmenschen durch ein nettes Wort glücklich machen. Mit einem Gedanken von Tagore möchte ich diesen Beitrag abschließen:
»Gott achtet mich,
wenn ich arbeite.
Aber er liebt mich,
wenn ich singe.«

Das Rad des Lebens

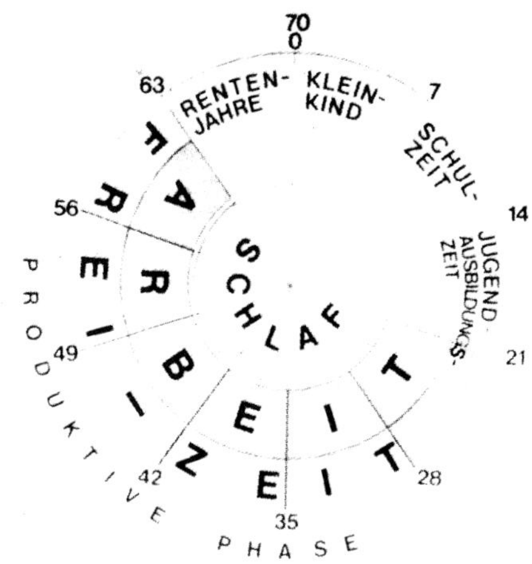

Aus wie vielen
Tagen besteht Ihr Leben?
Und wieviel sind noch übrig?

Der Körper spricht die Sprache der Seele

Signale erkennen und deuten

Wer sich mit der Körpersprache — die sehr ehrlich ist — beschäftigt, weiß, welche gesteigerte Aufmerksamkeit eine solche Beobachtung erfordert. Sie setzt immer eine vollkommene innere Bereitschaft voraus — und die Fähigkeit, sich selbst loslassen zu können. Wer selbst von Hektik beherrscht ist, kann nicht erfolgreich beobachten. Eigene Gemütsbewegungen verwirren und blockieren uns die Einsichten, die uns die Sinne vermitteln. Im Zorn sieht man rot, wer verliebt ist, sieht rosa, wer enttäuscht ist, sieht schwarz. Ist man wütend, trübt sich der Blick, ein Zerrspiegel entstellt die Welt, ebenso bei einem Trauernden, wo der Außenspiegel »blind« geworden ist. Und wenn wir gereizt, verärgert oder gar verzweifelt sind, verändert sich wieder unser Blick. Ein gestörtes Nervensystem läßt nur noch verstümmelte Botschaften durchkommen — vom Unterbewußtsein ins Wachbewußtsein. Der ideale Beobachter benötigt innere Ruhe und Ausgeglichenheit, er benötigt Gehirnwellen im Alpha-Rhythmus. Erst dann kann das 11. Gesetz der Lebensentfaltung »Beachtung bringt Verstärkung« wirksam werden.

Sicher hatten auch Sie schon oft den Wunsch, die Gedanken Ihrer Mitmenschen lesen zu können, in ihr Inneres zu schauen. Dieser Blick ist leichter, als Sie glauben. Sie brauchen sie nur zu beobachten. Wer wirklich sieht, kann mehr erkennen! Es gilt das kosmische Gesetz: Wie oben — so unten = wie innen, so außen.

Wer Augen hat zu sehen und Ohren zu hören, überzeugt sich, daß die Sterblichen kein Geheimnis verbergen können.

Da der Erfolg unseres Lebens von der Kunst, mit Menschen umzugehen, abhängt, ist es wichtig zu wissen, was im Partner, im Mitarbeiter, im Kunden vorgeht! Denn nur, wenn wir den Menschen so begreifen, wie er wirklich ist, können wir ihm auch gerecht werden. Wir studieren den Menschen nicht, um ihn zu manipulieren, sondern um positiv mit ihm leben zu können.

Aus der Biographie von Sigmund Freud wissen wir, daß er der Körpersprache seiner Patienten große Bedeutung beimaß. Seine wissenschaftlichen Studien, kombiniert mit seiner Beobachtungsgabe, lassen seine Krankengeschichten zu einer packenden Lektüre werden.

Auch die klinischen Berichte Freuds enthalten ähnlich facettenreiche Beschreibungen, in denen er die geringfügigsten Besonderheiten in der Körpersprache seiner Patienten vermerkt, wenn er schreibt: »Wer Augen hat zu sehen und Ohren zu hören, überzeugt sich, daß die Sterblichen kein Geheimnis verbergen können. Wessen Lippen schweigen, der schwätzt mit den Fingerspitzen. Aus allen Poren dringt ihm der Verrat. Darum ist die Aufgabe, das Verborgenste bewußt zu machen, sehr wohl lösbar.«

Körper und Seele sind eine Einheit, solange wir leben. Der Körper beeinflußt den seelischen Menschen, und die Seele beeinflußt äußerst intensiv unseren Körper.

Körper und Seele sind eine Einheit, solange wir leben. Der Körper beeinflußt den seelischen Menschen, und die Seele beeinflußt äußerst intensiv unseren Körper.

Stellen Sie sich doch noch einmal das Bild der Marionette vor, deren Körperbewegungen einzig von den Fäden — der Seele »außerhalb« — gesteuert werden. Zittern die Fäden — zittert der Körper —, gibt es Knoten in den Fäden — gerät der Körper in Unordnung. Ursachen, die im körperlichen Bereich spürbar werden, entstehen also grundsätzlich in der Zentrale. Sobald unsere Gedanken freundlich sind, wird auch unser Mienenspiel freundlich oder umgekehrt.

Die Sprache der gespaltenen Zunge und der unruhigen Füße

Die Zunge kann lügen, der Körper nicht, und schon Karl May läßt Winnetou sagen: »Er spricht mit gespaltener Zunge.« Die Sprache des Körpers ist die universelle Sprache der Menschheit. In jedem Kulturkreis ist ein lachendes Gesicht ein Zeichen von Glück und Freude. Ein weinendes Gesicht ein Zeichen für Schmerz oder Trauer.

Unser Körper ist unser fleischgewordenes Denkmal. Sicher kennen Sie das geflügelte Wort, »Jeder ist für sein Gesicht selbst verantwortlich« — »Gesichter sind Lesebücher des Lebens.« Von Mirza Schaffys stammt das Gedicht:

In jedes Menschen Gesichte,
steht seine Geschichte —
Sein Hassen und Lieben
gar deutlich geschrieben.
Sein innerstes Wesen,

es tritt hier ans Licht,
doch nicht jeder kann's lesen,
verstehen jeder nicht.

Wie intensiv beobachten Sie Ihre Umwelt??? Der persönlichkeitsstarke Mensch ist weit mehr auf die Reaktionen seiner Umwelt bedacht. Er spürt und fühlt, was im Innersten des anderen Menschen vorgeht, um sich selbst entsprechend zu verhalten. Denn wenn ich merke, daß mein Gegenüber nervös ist, werde ich versuchen, ihn zu beruhigen. Ist er nicht bei der Sache, bringe ich jetzt nicht unbedingt meine stärksten Anliegen vor, sondern warte auf eine bessere Gelegenheit.

Daß der Körper die innere Situation des Menschen widerspiegelt, erkannte ich bereits vor vielen Jahren in unseren Rhetorik-Seminaren. Die Füße der Teilnehmer — während sie am Pult sprachen — zeigten sehr deutlich, was in ihnen vorging.

Viele Menschen bemühen sich, ihre Gesichtszüge — und ihre Worte zu beherrschen, aber die Füße brechen aus! Die Füße sind unsere Wurzeln, sie sind unser Unterbewußtsein. Wollen wir davonlaufen? — Ist uns der Boden zu heiß? — Wechseln wir von einem Standpunkt zum anderen? — Oder sind wir standfest?

Sind wir verankert? — Sind wir belastbar? — Oder weichen wir schon bei Kleinigkeiten aus?

Geht es in unserem Leben voran oder sind wir auf dem Rückzug?

An der Abnutzung der Schuhsohlen kann ein Schuhmacher Rückschlüsse auf den Charakter des Besitzers ziehen. Denn ein ehrgeiziger Mensch tritt anders auf als ein Schleicher, Schleimer oder Angsthase. Beobachten Sie bei Ihren Mitmenschen einmal recht aufmerksam die Füße und deren Bewegungsmuster. Aber nicht nur bei anderen, denken Sie bei Ihren Beobachtungen immer wieder an die alte Erkenntnis: Menschenkenntnis führt zur Selbsterkenntnis, und Selbsterkenntnis führt zur Menschenkenntnis.

Vielleicht verstehen mich jetzt viele Leser besser, warum ich in den Rhetorik-Seminaren nicht nur auf eine gute Argumentation achte, sondern auf den Standpunkt. Ein Mensch, der einen Standpunkt hat, sollte auch mit seinen Füßen zeigen, daß er in sich ruht und standfest ist. So wie es Martin Luther vor dem Reichstag in Worms deutlich machte, als er ausrief: »Hier stehe ich, ich kann nicht anders.«

Der Körper verkörpert unser Inneres

Ein Meister auf dem Gebiet der Körpersprache ist Samy Molcho. Er kommt von der Bühne, genauer von der Pantomime. Von hier bezieht er sein erstaunliches Wissen und Können und sein persönliches Einfühlungsvermögen. Es ist faszinierend zu beobachten, was sein geschultes Auge alles sieht. Das Zitat: »Wer weiß, sieht mehr«, könnte von ihm stammen.

Am meisten lernen Sie über das faszinierende Gebiet der Körpersprache, der Mimik und der Gestik, wenn Sie sich vorstellen, Sie seien ein Schauspieler und müßten z.B. die Rolle eines Bettlers spielen. Versuchen Sie doch einmal — so gut es geht — in diese Rolle hineinzuschlüpfen. Oder vielleicht spielen Sie einmal zum Spaß die Rolle des vom Schicksal verstoßenen Menschen. Sie werden sofort erkennen, jede Rolle hat ihren eigenen spezifischen Ausdruck. Das Verhalten des Mutigen ist ganz anders als das Verhalten des Ängstlichen. Das Verhalten des Rechthabers ist anders als der Ausdruck des Toleranten. Der Verachter bewegt sich anders als der Geliebte. Nutzen Sie bei Ihren Theaterbesuchen Ihre Beobachtungsgabe, um Rollen zu erkennen, ob Inhalt und Rollenform identisch sind.

Wie verhält sich der temperamentvolle Eroberer, der Diener, der Lügner, der Unterwürfige? Wie reagiert der Verliebte? Wie bewegt sich der König? Ist er ein König? Ein Caesar, ein Napoleon? Es wird für Sie bestimmt ein noch viel interessanterer Theaterabend als bisher. Und vielleicht gelingt es Ihnen, sich selbst und Ihr Leben und Denken etwas besser zu begreifen. Wir stehen alle auf der Bühne und spielen unsere Rolle — und wir werden von unseren Mitspielern und unserem Publikum nur akzeptiert, wenn wir sie überzeugend spielen.

Begreifen — erfassen — festhalten — sich lösen — sich offenbaren — sich verbergen — sich verstecken: wir beobachten die Hände

Haben Sie die Zeichnungen Albrecht Dürers voll bewundernder Aufmerksamkeit studiert? Mit welch offenem Blick muß er die Hände verschiedener Menschen beobachtet und studiert haben, um sie so ausdrucksvoll wiedergeben zu können.

Was der Mund verschweigt, verraten die Hände. Wie erschrocken sind wir bei einem schlaffen Händedruck. Und Menschen, die negativ sind, wissen meist nicht einmal, daß schon beim Händedruck eine negative Strömung von ihnen ausgeht. So, wie die Stimme eines Menschen unterschiedlich ist, sind auch die Bewegungen seiner Hände. Auch sie können weich, fest, hart, entschlossen oder einfühlend sein. Nehmen Sie jede Gelegenheit wahr, die Hände eines Pianisten oder Dirigenten oder auch einer fernöstlichen Tempeltänzerin zu studieren, um zu wissen, welche Ausdruckskraft und Vielfalt darin liegen kann.

Schauen Sie in Gesichter — um »erkennen« zu können

Kein Mensch kann auf Dauer verhindern, daß sein Gesichtsausdruck sein Gefühlsleben widerspiegelt. Wie kalt oder wie leuchtend können die Augen sein? Wie weich oder wie verbissen können sich Mund oder Lippen eines Menschen zeigen!
Die Ausstrahlung, die Sie von anderen spüren, nimmt auch der andere von Ihnen wahr. Da wir die Seele eines Menschen nicht sehen können, bekam der Mensch einen Körper für das Leben auf dieser Erde. Über diesen Körper sind wir erlebbar, erfaßbar, begreifbar. Ergreifen wir also mutig die Chance, uns selbst und andere zu erfahren.
Wissen Sie, welche Rolle Sie auf dieser Erde bewußt oder unbewußt spielen? Sind Sie ein guter Darsteller oder ein großartiger Versteller? Oder sind Sie ein Unterdrücker. Ein Mensch, der seine eigene wahre Persönlichkeit ständig unterdrückt und damit natürlich auch seine Lebensentfaltung.
Vielleicht erkennen Sie jetzt, warum ich Ihnen immer wieder die Spiegelmagie ans Herz lege. Denn Spiegel sind nicht aufgestellt zur Steigerung der Eitelkeit, sie sind die wertvollsten Instrumente der Selbsterkenntnis. Sie lernen nicht nur sich selbst zu erkennen, sondern sich auch zu ertragen. Automatisch wächst damit der Wunsch und die Fähigkeit sich zu verbessern. Sich weiter und höher zu entwickeln. Unser Körper zeigt uns unseren Weg. Sie beginnen sich selbst zu entdecken. Denn der Spiegel ruft Ihnen immer wieder zu, nimm Deine Maske ab. Sei der, der Du wirklich bist.

Unser Körper ist der Spiegel unserer Seele, der Träger unseres Lebens.

Daher ist einleuchtend, daß man auch den inneren Menschen vom Körper her formen und bilden kann. Also das Wirken von Außen und Innen. Natürlich erfolgt eine so positive Formung nicht von einem zum anderen Augenblick. Darum sind unsere Spiegelexerzitien auch ständige Übungen auf dem Wege zur Weiter- und Höherentwicklung. Denn alles, was lebt, entwickelt sich ständig weiter. Wollen wir also eine positive Entwicklung bewußt beeinflussen, so müssen wir unaufhaltsam weiter an uns arbeiten. Diese wertvolle Arbeit an uns selbst beeinflußt uns bis in unsere tiefsten Schichten.

Vor dem Spiegel erfährt der Übende seine Fähigkeiten, die äußeren wie die inneren. Er beginnt zu spüren und zu fühlen, er erlebt sich selbst in seinem Ausdruck. Er spürt, wie stark die Flamme seines Lebens in ihm brennt. Der Übende wird sensibel für Spannung und Verspannung. Für Gelöstheit und Freiheit. Das Gefühl für Freiheit und Entspannung kommt von selbst. Der Körper beginnt sich auf natürliche Weise zu regenerieren.

Bewußtsein und Unterbewußtsein werden so auf das positivste trainiert. Darum verschieben Sie Ihre guten Vorsätze nicht, sondern beginnen Sie wieder zu üben. Das Training mit der Autosuggestion am Morgen und der Spiegelmagie am Abend. Denn nur durch Übung werden Sie zum Meister Ihres Lebens.

Warum kritisiert ein Mensch?

Jede Mutter, jeder Vorgesetzte und jeder Ehemann weiß, was durch positive Motivation beim anderen möglich ist. Trotzdem wird auf allen mitmenschlichen Ebenen mehr kritisiert als motiviert.
Man kritisiert die Politiker wie den Partner, die Nachbarn wie die Geschäftsleitung, die Kinder, Schwiegermutter, Lehrer, Polizisten, Kollegen und die Kirche. Man möchte etwas verbessern — wohlgemerkt im eigenen Sinne — und kritisiert, weil man glaubt, dadurch etwas zu verändern.
Positive und aufbauende Kritik wird dann sogar als pädagogische Maßnahme oder als Führungs-Instrument bezeichnet und bleibt nichts anderes als:

Kritik

Kritik ist eine Bewertung oder Beurteilung, ein Tadel oder soll eine Unterscheidung treffen zwischen »richtig« und »falsch«. Der Kritiker selbst steht natürlich immer auf der richtigen Seite.

Kritik ist eine Sache des Verstandes; denn Kritik analysiert etwas,und das kann nur die linke Gehirnhälfte. Bei Kritik wird klar und deutlich unterschieden zwischen dem eigenen Vorstellungs-Raster und dem anderen, mit dem man gerade konfrontiert wird und den man nicht ohne weiteres akzeptieren kann und will. Deshalb kritisiert man es und lehnt zum eigenen Schutz erst mal ab. Und man fühlt sich dabei noch im Recht, intellektuell überlegen; denn man hat sich durchgesetzt und die eigene heile, begrenzte Anschauungswelt wieder gerettet. Trotzdem fühlt man sich nicht immer sehr wohl bei der Kritik — und erst recht nicht, wenn der andere gegenkritisiert und gegenargumentiert und man einsehen muß, daß da entweder erheblicher Widerstand ist oder eine völlig andere Anschauung als die eigene. Und spätestens dann sollte einem ein Licht im Gehirn aufleuchten und einem blitzschnell klarmachen, daß es schon verschiedene Realitäten und Betrachtungsweisen als nur die eigene gibt. Deshalb sind Gespräche, die in freundlicher Offenheit geführt werden und bei denen man eigene Standpunkte auf den Tisch legt, um danach zu sortieren, welche Entscheidung man jetzt für alle Seiten fällt, sehr viel konstruktiver als die gegenseitige Kritik.
Um aber besser zu verstehen, warum Menschen auf allen Ebenen und in allen Altersklassen ständig kritisieren, müssen wir uns erst einmal die Motive dazu ansehen.

Aus welchen Motiven kritisiert der Mensch?

- aus Mißgunst
- aus Rache
- aus Böswilligkeit
- aus Neid
- aus Selbstunzufriedenheit
- um Kritik weiterzugeben
- aus Unfähigkeit
- um von eigenen Schwächen abzulenken
- um aufzufallen
- weil man glaubt, alles besser zu können
- um zu kränken
- aus Geltungsbedürfnis
- aus negativer Grundstimmung
- weil man sich selbst im Moment nicht leiden kann
- weil man von seinen eigenen Problemen ablenken will
- aus Sensationslust
- aus Unfähigkeit
- aus Überheblichkeit
- aus aggressiver Stimmung

Sie sehen an dieser Liste, die durchaus nicht vollständig ist, daß sie strotzt von negativen Persönlichkeitswerten.
Kritik beginnt bereits in der Einstellung und Art und Weise, wie ich etwas betrachte und aufnehme. Wenn ich eine positive, offene Grundeinstellung habe, werde ich jede Nachricht, Information oder Erlebnis erst einmal neutral aufnehmen und versuchen, meiner bisherigen Anschauung anzupassen. Dabei werde ich ganz sicher positive und negative Merkmale sehen und sollte nun über beide nachdenken; denn nur so komme ich ja zu einem neuen Schluß. Man sollte ebenso verfahren, wenn man gerade wieder den Mund öffnen möchte, um eine Kritik über einen anderen Menschen vorzutragen — was bekanntermaßen sehr einfach ist. Überlegen Sie dann blitzschnell nach drei positiven Eigenschaften dieses Menschen. Und erst wenn Sie sie gefunden haben, können Sie Ihre Kritik über ihn vortragen. Sie werden erstaunt sein, wie schwer es Ihnen fällt, drei positive Eigenschaften bei manchen zu finden — und wie banal Ihnen danach Ihre Kritik vorkommt. Und Sie

sollen ja doch sicher nicht bezweifeln, daß jeder Mensch mindestens drei positive Eigenschaften hat. Wenn Sie sie bisher nicht gesehen haben, dann haben Sie offensichtlich auf etwas anderes, nämlich nur auf das Negative geachtet.
So ist es mit der generellen Bewertung. Rasten Sie nicht sofort bei etwas ein, was Ihnen widerstrebt; sondern haben Sie die eigene Disziplin, erst einmal alles anzuhören, anzusehen und zu verarbeiten, bevor Sie sich äußern.

Schalten Sie drei Siebe vor Ihre Kritik

Zu Sokrates kam ein Freund und wollte ihm gerade aufgeregt die letzte Neuigkeit über einen anderen Freund berichten, dem die Frau davongelaufen war. Sokrates unterbrach ihn nach dem ersten Satz und fragte ihn stattdessen: »Lieber Freund, hast du das, was du mir jetzt erzählen willst, durch die drei Siebe gefiltert.«
»Nein«, antwortete der Freund erstaunt. »Was sind das für drei Siebe?«
»Nun«, sagte Sokrates, »das erste Sieb ist das *Sieb der Liebe.* Hat du deine Nachricht über unseren gemeinsamen Freund durch das Sieb der Liebe laufen lassen?«
Errötend antwortete der Freund: »Nein.«
»Gut«, antwortete Sokrates. »Hast du dann diese Nachricht durch das *Sieb der Wahrhaftigkeit* laufen lassen? Ist alles so, wie du es mir jetzt erzählen willst, auch tatsächlich geschehen? Warst du dabei, weißt du alles ganz genau?« Der Freund errötete noch mehr und sagte wiederum: »Nein.«
»Gut«, antwortete Sokrates. »Dann hast du deine Nachricht aber sicher durch das *Sieb des Nutzens* laufen lassen. Was nützt es mir also, wenn ich diese Nachricht über unseren gemeinsamen Freund erfahre?«
Der Freund überlegte kurz und sagte dann, »Gar nichts«, und ging beschämt von dannen.
Kritik ist sehr oft anmaßend. Wir beurteilen einen winzigen Teilausschnitt, auf den wir gerade sehen, und glauben, damit das Ganze zu kennen. Oder wir sind einfach so verblendet anzunehmen, daß unsere Anschauung die einzige richtige ist. Dabei weiß jeder, daß er selbst regelmäßig in zwei Realitäten lebt, im Tagesbewußtsein und des Nachts im Schlaf- oder Traumbewußtsein. Also dürfte es doch ziemlich sicher sein, daß es mehr als eine Realität gibt.
»Was kümmert mich mein dummes Geschwätz von gestern«, mit diesem Satz ist der Alt-Bundeskanzler Adenauer berühmt geworden und legte damit immer wieder ein Zeugnis größter Weisheit ab. Ein Mensch, der aufhört zu lernen und sich vom Besseren belehren zu lassen, wird starr und starrköpfig und einseitig, altmodisch, verstaubt und engherzig. Kritik zeugt von Enge. Ein Mensch, der einen weiten Geist und ein weit geöffnetes Wesen und Herz hat, wird nicht kritisieren, sondern etwas Neues als neue Erfahrung interessiert betrachten und durchdenken.
»Alles Quatsch — alles Humbug — Spinnerei — Kann gar nicht sein — Das gibt es doch gar nicht — Unmöglich«, diese Schlagworte hören Sie immer wieder und sicherlich werden Sie sie leider auch öfter gebrauchen. Alles, was man nicht kennt und nicht annehmen will, tut man gerne geringschätzig ab.

Was erreicht man durch Kritik?

Ich habe das Vergnügen, in einer regelmäßigen Konzert-Veranstaltung hinter dem Kritiker einer großen deutschen Tageszeitung zu sitzen. Der Mann dauert mich, weil er schon recht griesgrämig mit einem Alltags-Gesicht in die Veranstaltung kommt, auf die sich jeder andere freut. Gut, für ihn ist es Arbeit — und offensichtlich liebt er sie nicht. Warum er sie dann tut, ist die zweite Frage.
Das Konzert ist verklungen — und nach kurzer Atempause setzt der Beifall ein. Mal stürmisch, mal etwas verhalten, je nach der gebotenen Leistung. Begeisterung und Freude erfüllt den Raum, bis auf einen. Zumindestens den, den ich im Blickfeld habe — und das ist der Kritiker der deutschen Tageszeitung. Er sitzt bewegungslos da, sein Gehirn scheint sehr analytisch zu zerlegen, was jetzt geboten wurde. Er schreibt nicht, sondern denkt nur. Und was er denkt, scheint ihn keineswegs zu erfreuen; denn ich habe ihn noch nie — wirklich nie klatschen sehen. Ich weiß allerdings nicht, ob es zur Berufsausbildung eines Kritikers gehört, daß man nie klatschen darf. Die Kritik dieses Mannes ist natürlich meist ähnlich, wie er sich selbst gibt. Analytisch zerlegt er die Partitur und die musikalische Umsetzung. Es liest sich wie die Gebrauchsanweisung eines Computers. Seine Töne klingen nicht melodisch, sondern scharf akzentuiert.
Kann es sein, daß Sie ähnlich manche Dinge, Men-

schen und Situationen betrachten? Oder die Menschen, von denen Sie Ihre Meinung annehmen. Seien das Ihre Mitmenschen oder die öffentlichen Medien. Es gibt nur selten eine objektive Nachricht, fast alles ist subjektiv gefärbt, weil immer Menschen dahinter stehen und jeder seine subjektive Meinung hat.
Aber wenn so viel kritisiert wird, wollen ja alle etwas dadurch erreichen — sonst würden sie es ja nicht tun. Schauen wir uns doch einmal eine weitere Liste an, was man tatsächlich mit Kritik erreicht.

Was erreicht man durch Kritik?

— Schlechte Laune
— Schlechtes Klima
— Verteidigung
— Nutzlose stundenlange Diskussionen oder Rechtfertigungen
— Feindschaft
— Aggressivität
— Verstärkung der eigenen negativen Stimmung bis zur totalen Lustlosigkeit
— Energieverlust auf beiden Seiten
— Verunsicherung
— Verletzung
— Unglaubwürdigkeit
— Desinteresse
— Gegenkritik
— Angst vor weiterer Kritik
— Und vor allem: das Gegenteil dessen, was man erreichen wollte

Warum kritisieren wir also?

Kritik hat nur Negatives für uns selbst zur Folge — und erst recht für den anderen und dadurch für das Verhältnis zwischen uns beiden.
Was nutzt uns der stärkste Wille und die beste Idee, wenn wir nicht die Möglichkeit haben, sie unseren Mitmenschen zu vermitteln und gut mit ihnen umzugehen?
Der Hamburger Kaufmann sagt: »Wenn Deine Freunde nicht zu Dir kommen, Deine Feinde kommen nicht.« Natürlich ist die eigene Qualifikation wichtig. Man muß von seiner Sache etwas verstehen, um die Voraussetzungen für den Erfolg zu haben. Aber genauso wichtig ist es, mit anderen Menschen gut umzugehen.
Beobachten Sie selbst die wirklich Erfolgreichen. Neben ihrer fachlichen Qualifikation haben sie fast immer die Fähigkeit, mit anderen Menschen gut umgehen zu können. Ein Fachmann, der Blockaden hat zu anderen Menschen, bleibt isoliert. Im Gegenteil, da seine Idee meist nicht erkannt — und akzeptiert wird, entwickelt er sich zum introvertierten, aggressiven Nörgler.

Warum kritisieren Sie?

Neben den vorher aufgezählten Motiven kann es nur Dummheit sein; denn Sie wissen ja, was man mit seiner Kritik bewirkt. Oder man ist so in die Enge getrieben, daß man aus Hilflosigkeit kritisiert und die Menschen und das Zusammenleben mit ihnen nicht liebt. Denn ohne Liebe zueinander und zu den Dingen und zum Leben schlechthin geht es nun mal nicht.

Was ist zu tun?

1. Beachten Sie einmal an sich selbst, wie oft Sie im Laufe des Tages kritisieren — und sei es noch eine so »harmlose« Kritik.
2. Beobachten Sie, wie Ihre Mitmenschen und die Medien kritisieren — und ob Sie das einfach annehmen oder immer deutlicher merken, daß es sich um Kritik handelt.
3. Bevor Sie selbst erneut kritisieren wollen, fragen Sie sich, was Sie damit erreichen werden.
4. Bevor Sie sich über einen Dritten kritisch äußern, lassen Sie Ihre Kritik durch die drei Siebe von Sokrates laufen und schauen, was dann noch übrig bleibt.
5. Bevor Sie selbst kritisieren wollen, überlegen Sie drei positive Eigenschaften des anderen oder der Situation.
6. Üben Sie sich in der Kunst, statt Kritik eine positive Motivation auszusprechen. Seien Sie dankbar für das, was geschehen ist, statt undankbar für das, was nicht geschehen ist.
7. Wenn Sie selbst kritisiert werden, üben Sie sich in der Kunst des Ablaufenlassens, ohne es im Herzen zu verankern.
   Fragen Sie sich stattdessen, warum der andere gerade etwas »loswerden« muß und verzeihen Sie es ihm. Denken Sie — möglichst ruhig darüber nach — worin der andere recht hat.

8. Wenn der andere auf seiner Kritik beharrt, reagieren Sie gelassen mit der Feststellung: »Das ist Ihre Meinung und Ihre Ansicht — meine ist stattdessen ... Nun lassen Sie uns überlegen, wo unsere gemeinsame Einstellung ist.«
9. Suchen Sie generell bei allen Gesprächen den gemeinsamen Nenner statt den polaren.
10. Üben Sie sich aus jedem Nein des anderen ein Ja zu machen — nicht durch Überredung, sondern durch Überzeugung und durch positive Motivation.

»Der Lebensprozeß ist ein energetisches Phänomen. Es ist total blind, rollt wie eine anwachsende Lawine, schafft ständig neue, sich steigernde Mechanismen. Der effizienteste Mechanismus dabei sind wir selbst — die Menschheit. Nur durch Denken und Einsicht und Verständnis füreinander können wir überleben.« *— Hans Hass —*

Warum ist der Umgang mit Menschen so schwer?

Über diese Frage denke ich immer wieder nach. Natürlich gibt es viele Antworten, aber eine alles erklärende weiß ich auch nicht. Was ich aber genau weiß ist, wie wichtig im Leben jedes Menschen der Umgang mit anderen ist. Ebenso weiß ich, wieviel Unglück, Unfrieden, Wunden und falsche Lebenswege durch den falschen Umgang mit anderen Menschen entstehen.

Die Kunst im richtigen Umgang mit Menschen muß tatsächlich eine Kunst sein; denn alle Philosophen haben sich mit diesem großen Thema beschäftigt und Erfahrungen und Ratschläge vermittelt.

Bis heute bekannt und von Bedeutung ist das Werk von Adolf Freiherr von Knigge, einem Zeitgenossen Goethes. Einige Überschriften aus diesem Buch zeigen uns, wie die Probleme auch heute noch die gleichen sind:

»Warum man mit großen und glänzenden Eigenschaften in der Welt dennoch nicht immer sein Glück macht«

»Enthülle nicht die Schwächen deiner Nebenmenschen«

»Der Umgang mit Leuten von verschiedenen Gemütsarten, Temperamenten und Stimmungslagen«

»Über den Umgang mit den Großen der Erde«

»Doppelte Vorsicht im Umgang mit vornehmen Dummköpfen«.

Sie wissen aus unseren Seminaren, daß wir uns auf zwei Grundprobleme konzentrieren, die wir meistern wollen:

— den Umgang mit sich

— den Umgang mit anderen.

Wenn wir an uns erkennen, was für uns gut und was weniger gut ist, wissen wir eigentlich auch schon, was andere mögen und was nicht.

Eines der Grundprobleme im Umgang mit anderen Menschen ist die Tatsache, daß wir weitestgehend »unbewußt« leben. Das heißt, weder uns — noch die anderen kennen. Anders gesagt, wir haben uns so an uns gewöhnt, daß wir gar nicht wissen, wann wir uns richtig und wann wir uns falsch oder negativ verhalten.

Der gebildete Mensch interessiert sich für die verschiedensten Aspekte des Lebens, nur vor sich selbst scheint er Angst zu haben. Es gibt nur wenige, die ihre Stimme gern auf dem Tonband, Video oder Anrufbeantworter hören.

In unseren Rhetorik-Seminaren arbeiten wir mit der Videotechnik. Wir zeichnen dabei das Verhalten der Teilnehmer auf und besprechen es anschließend. Die Art zu gehen, der Augenkontakt, die Bewegung des Körpers, der Füße, der Hände und natürlich die Wirkung der Stimme können wir so genau analysieren.

Anschließend erleben sich die Teilnehmer in Ton und Bild auf der Leinwand. Sie erleben sich so, wie ihre Mitmenschen sie stets sehen, und dabei treten folgende Reaktionen auf:

— Einige Teilnehmer schauen weg, sie können sich selbst nicht ertragen,

— andere starren auf ihre Fehler und sehen nichts als ihre Fehler

— und wieder andere sagen ganz erstaunt: »Ich wußte gar nicht, daß ich so gut bin.«

Wir sind Fremde im eigenen Haus

Wir kennen andere oft besser als uns selbst. Und da wir unser eigenes Verhalten nicht kennen, ist den meisten Menschen auch nicht ihre Wirkung auf andere bekannt. Sie kennen weder ihre positive noch ihre negative Wirkung und glauben daher stets an den Zufall.

Unser Erfolg im Leben ist aber immer abhängig von

unserer Wirkung auf andere. »Wie man in den Wald hineinruft, so schallt es heraus.«
Wenn wir also über den positiven Umgang mit den Menschen nachdenken, erkennen wir die Notwendigkeit, sich der eigenen Ausstrahlung bewußt zu werden. Denn nur die Persönlichkeit, die ihre eigene Ausstrahlung kennt, kann sie veredeln, bewußt und gezielt einsetzen.
Da kein Mensch unsere Gehirnzellen sehen kann, erleben uns die Menschen durch unser körperliches Verhalten. Unser Körper kann und sollte unsere Gefühle deutlich machen und ausdrücken. Sie erkennen jetzt vielleicht, wie falsch das Einsparen und Verdrängen von Gefühlen ist und wie negativ sich eine falsche Selbstbeherrschung auswirken kann.
Darum sollten wir unsere Gefühle nicht nur empfinden, sondern wir sollten unseren positiven Gefühlen auch Ausdruck verleihen — und zwar durch unsere Hände — durch den Blick unserer Augen und durch die Art und Weise, wie wir auf andere zugehen und mit ihnen sprechen. Nur wenn wir zu uns selbst »Ja« sagen, können auch andere zu uns »Ja« sagen. Nur dadurch werden wir erkannt und anerkannt.
Ein positiver Mensch denkt nicht nur positiv, sondern er spricht auch positiv, er formuliert positiv. Er spricht nie von all den Dingen, die er befürchtet, sondern nur von den Dingen, die er erwünscht.
Unsere Wünsche sollten echte Wünsche sein — und damit zu Bitten an andere zu Mitverwirklichung werden, aber nie zu Befehlen oder Anweisungen. Nörgeln oder kritisieren Sie also nie. Lernen Sie stattdessen, Ihre Wünsche positiv auszudrücken; denn Ihre Mitmenschen sind keine Gedankenleser.
Wie oft beginnen Sie einen Satz mit den Worten: »Ich wäre Ihnen sehr dankbar, wenn Sie mir diesen Wunsch erfüllen könnten«.
Versuchen Sie immer wieder, positive Stimmungen zu erzeugen. Werden Sie zum Meister der Stimmungspflege. Arbeiten Sie dabei auch immer wieder mit dem 11. Denkgesetz: »Beachtung bringt Verstärkung.« Sehr oft sollten Sie darum im Verlauf des Tages einen Satz beginnen mit den Worten: »Es gefällt mir, daß ...«. Sie werden bemerken, sobald Sie diese Worte aussprechen, geht die Sonne im Gesicht der Menschen auf. Jeder und alles lebt aus der Beachtung.
Ein Hund, der sehr oft allein in der Wohnung ist, wird neurotisch. Ebenso wie Tiere brauchen auch Pflanzen das Licht der Sonne. Und auch wir Menschen benötigen die Kraft der Sonne, die Beachtung. Häufig stelle ich in unseren Seminaren die Frage: »Wer von Ihnen hat schon oft das Gefühl gehabt, zu viel gelobt zu werden?« Betretenes Schweigen ist die Antwort. Nur hin und wieder meldet sich ganz zaghaft eine Person. Wenn es mir so geht, könnte daraufhin Ihre Erkenntnis sein, geht es anderen genauso. Hier liegt also ein wirksamer Schlüssel zum Herzen der Menschen: die Anwendung und das Lob.
Die nachstehenden Suggestionen werden in Ihnen die Kunst der positiven Motivation entfachen. Entwickeln Sie durch Training und Wiederholung jede Woche eine neue Gewohnheit.

Licht wird alles, was ich fasse

Ja! Ich weiß, woher ich stamme!
Ungesättigt gleich der Flamme
glühe und verzehr' ich mich.
Licht wird alles, was ich fasse,
Kohle alles, was ich lasse:
Flamme bin ich sicherlich!
Friedrich Nietzsche

Die Kunst zu loben

1. Lob ist das wirksamste Mittel, das Ihnen zur Verfügung steht.
2. Wer andere lobt, wird selbst leichter erfolgreich.
3. Jeder Mensch braucht Anerkennung, Liebe, Zustimmung und regelmäßig neuen Auftrieb.
4. Jeder Mensch — egal wie intelligent er ist — wächst über sich selbst hinaus, wenn er gelobt wird. Lob ist Ihr wirksamstes Mittel im Umgang mit anderen.
5. Lob ist eine positiv wirksame Kraft, die sich von allein vermehrfacht.
6. Der Hunger nach Anerkennung und Zustimmung kann nur durch Lob gestillt werden.
7. Das Lob muß jederzeit mit Ort und Situation im Einklang stehen. Lob schenkt den Menschen neuen Glauben an sich selbst. Loben Sie Ihre Mitmenschen, Sie stellen dadurch ein besseres Verhältnis von Mensch zu Menschen her.
8. Ihr Lob muß aufrichtig sein; denn nichts ist schlimmer als ein falsches Lob.
9. Loben Sie einen Menschen, wenn Sie mit ihm

allein sind, wird er Ihr Freund werden. Loben Sie ihn in der Öffentlichkeit, wird er Ihnen noch einmal so treu sein. Weisen Sie vor anderen auf seine Fähigkeiten hin, wird er Sie jedem empfehlen und Sie gegen alle verteidigen.

Die Fähigkeit zu loben setzt eine gefestigte und selbstbewußte Persönlichkeit voraus. Aus diesem Grunde können und wollen Menschen mit Minderwertigkeitskomplexen nicht loben. Sie leben ständig in der Angst, sich etwas zu vergeben.

Die Hauptursache des persönlichen Mißerfolges liegt in der Undankbarkeit. Das Glück wohnt niemals in dem Herzen eines undankbaren Menschen. Beobachten Sie doch viele Ihrer Mitmenschen — was sie können: Sie können Ansprüche stellen, sie können fordern, sie können das Beste verlangen, nur das Wort »Danke« kennen sie nicht. Es gibt Menschen, die viele Fremdsprachen beherrschen, nur das Wort »Danke« ist in ihrem Lexikon gestrichen.
Es ist deshalb mein Wunsch, daß die nachfolgenden Gedanken sich fest in Ihrem Unterbewußtsein verankern:

— Dank ist die beste Investition in Ihre Mitmenschen
— Dank ist besser als ein Geschenk
— Wer dankbar ist, bleibt unvergessen
— Dank ist ein liebenswertes Kompliment
— Die vollkommene Anerkennung ist Dankbarkeit
— Aufrichtige Dankbarkeit ist menschliche Größe
— Dank ist eine positive Suggestion
— Durch Dank machen Sie Ihre Mitmenschen zu Wiederholungs-Tätern

Sie erkennen, daß der Umgang mit anderen Menschen gar nicht so schwer ist, sondern wir selbst machen uns nur oft das Leben unnötig schwer.
Darum gestalten Sie sich und anderen das Leben leicht! Die Kunst, mit anderen Menschen umzugehen, ist nicht angeboren, sondern ist erlernbar.
Werden Sie darum ein Meister im positiven Umgang mit anderen Menschen.
Werden Sie ein Meister der positiven Motivation.

Das wirksamste Instrument des erfolgreichen Menschen ist seine Sprache

Der sprachliche Ausdruck des Menschen ist das entscheidende Element für die Überzeugung des Partners. Dabei ist die Stimme das Wichtigste — aber wie wir zusehends mehr wissen, ist die gesamte Körpersprache und das Erscheinungsbild stark mitbestimmend. Bei aller Wertschätzung für Verkaufshilfen jeglicher Art — bis hin zu den modernen elektronischen Hilfs-Instrumenten, bleibt der Mensch Mittelpunkt des Geschehens. Deshalb ist die Berufsgruppe des Verkäufers am wenigsten belastet von Zukunftssorgen. Ganz im Gegenteil, es wird immer mehr qualifizierte Verkäufer brauchen. Erst überzeugt der Mensch — und dann das Produkt. Umgekehrt funktioniert es nur, wenn der Käufer unbedingt einen Artikel haben will — und es ihm ziemlich egal ist, woher er ihn bekommt. Aber aus der Praxis wissen wir, daß dies relativ selten ist. Meistens muß ein Verkäufer den Kunden überzeugen, bevor er kauft. Wirksamstes Mittel dazu ist seine Sprache, vorausgesetzt, er weiß sie wirkungsvoll einzusetzen.

Die verkäuferische Sprache beinhaltet eine Reihe von negativen Begriffen, von denen sich jeder erfolgreiche Verkäufer frei machen sollte:

1. Unterwürfigkeit

Ein Verkäufer muß einem Kunden zwar dienen wollen, bevor er etwas verdienen kann. Aber als Partner und nicht als Diener. Höflichkeit ist das Zaubermittel im Umgang miteinander, aber sie darf nicht zu Unterwerfungs-Formeln ausarten: 'Ich darf mir erlauben ...'. 'Darf ich bitten, mir höflichst zu gestatten ...'. 'Wenn ich mir erlauben darf, zu diesem Punkt eine kleine Randbemerkung zu machen' etc. etc.

Hören Sie sich selbst einmal aufmerksam zu, ob Sie sich von vornherein in die Untergebenenrolle bringen — und sich permanent für alles entschuldigen — oder ob Sie liebenswürdig, höflich, aber bestimmt etwas verkaufen wollen.

2. 'Ich würde sagen'

Wer viele Konjunktive verwendet, ist innerlich unsicher und identifiziert sich mangelhaft mit seinem Produkt. Für Politiker und Diplomaten sind Konjunktive recht; denn sie bilden immer eine Rückzugsstraße. Für einen Verkäufer sollten die Begriffe:
könnte/möchte/würde
sehr selten angewandt werden.

3. Ein klarer Standpunkt

Eben solche unklaren Aussagen wie Konjunktive sind die Möglichkeitsfälle: eventuell/vielleicht/unter Umständen/gegebenenfalls etc. Mit solchen Formulierungen überläßt der Verkäufer dem Kunden eine klare Aussage und provoziert eher ein Nein als ein Ja. Ein identifikationsschwacher Verkäufer braucht solche Formen nicht.

4. Achtung vor Superlativen!

'Ich komme von dem größten Unternehmen der Branche und biete Ihnen heute unser stärkstes Produkt zu einem Spottpreis an. Sie werden damit einen Riesenerfolg haben, Ihre Mitarbeiter werden begeistert sein und Ihre Kunden Ihnen das Haus stürmen.'
In der Werbung hat man längst gelernt, daß solche Superlative nichts taugen. Verkäufer wenden diese Übertreibungen immer noch gerne an und bewirken damit nur eines, nämlich: Unglaubwürdigkeit.

5. Aktive Ausdrucksweise

Benutzen Sie möglichst wenig Substantive mit den Endungen 'ung':
Bestätigung/Lieferung/Einweisung/Behandlung/Bezahlung/Berechnung etc. Eine aktive Ausdrucksweise hat viele Verben wie: Wann bezahlen Sie?/Wann sollen wir liefern?/Wann können wir Ihre Mitarbeiter einweisen?/Wie berechnen Sie den Ertrag?

Verkäufer müssen reden lernen und eine aktive Dialektik beherrschen. Dazu gehört Mut zur Frage und zum gezielten Widerspruch. Wenn Sie wirklich etwas von Ihrem Kunden erfahren wollen — und nur dann können Sie ihm auch wirklich etwas anbieten — müssen Sie schon tiefer ins Innere vorstoßen. Sonst ist jedes Verkaufsgespräch unbefriedigend und die Abschlüsse erst recht.

6. Nicht behaupten — sondern beweisen

Statt qualifizierte, sachliche Aussagen zu machen wird oft in Verkaufsgesprächen 'behauptet'. Qualität, Service, Garantie, ausgereifte Technik etc. werden dem Kunden — gut verpackt — an den Kopf geworfen. In der Hoffnung, daß er beeindruckt ist. Besser ist es zu erklären, was unter den einzelnen Begriffen tatsächlich zu verstehen ist — und was der Kunde — in welcher Form — mitbezahlt und was er kostenlos bekommt.

7. Der beste Verkäufer schweigt

Es wird viel zu viel geredet. In viel zu langen Sätzen und viel zu viel Überflüssiges. Dagegen wird viel zu wenig gefragt und noch weniger genügend aufmerksam zugehört. Nehmen Sie sich als Verkäufer ein Beispiel an einem Psychologen: Der fragt nur wenige Sätze bei einem Gespräch, und ansonsten beschränkt er sich aufs Zuhören. Und so erfährt er über seinen Patienten alles.

8. Ihr Kunde ist ein Dummkopf

Wenn Sie Ihrer 5jährigen Tochter erklären, wie sie ein einfaches Gerät bedienen soll, fangen Sie am Anfang an und hören am Ende auf. Sie erklären jeden Handgriff — und dies in ruhigen, langsamen Sätzen. Dann lassen Sie es nachmachen, und dann erst erklären Sie den nächsten Schritt. Wenn Sie Ihrem Kunden etwas erklären, setzen Sie voraus, daß er Ihren Beruf seit 5 Jahren meisterlich studiert hat. Sie setzen außerdem voraus, daß er nichts anderes im Kopf hat als Ihre Produkt-Demonstration; denn nur so ist erklärbar, warum das Verkaufsgespräch oft so mangelhaft ist. Da wird von Details gesprochen, obwohl der andere das Ganze noch gar nicht erfaßt hat. Da wird sehr schnell gesprochen, damit der Kunde meint, man hat viel zu sagen. Da wird einfach vorausgesetzt, was man selbst mühsam gelernt hat. Systematik in das Verkaufsgespräch zu bringen und ein einfacher, logischer Aufbau der audiellen Mittel sollte jeder Verkäufer lange üben und immer wieder trainieren.

Argumentation, Demonstration und Information — versehen mit den richtigen Worten — führen zu einer klaren Einstellung und einem eindeutigen Entschluß beim Kunden.

9. Kundengespräch oder Kundenbrief

Alles, was für das Verkaufsgespräch gilt, gilt im gleichen Maße für das schriftliche Verkaufs-Angebot. Streichen Sie radikal alle überflüssigen Floskeln heraus und seien Sie dort konkret, wo es etwas wesentliches zu sagen gibt. In der Werbung wird jedes Wort und jede Formulierung lange überlegt und immer wieder die Frage gestellt:

'Wie wirkt das auf den Kunden?' Denken Sie ebenso bei der Gestaltung Ihrer verbalen und schriftlichen Maßnahmen.

Arbeit an sich selbst

Herrschaft über das Denken gibt Macht über Leib und Leben
Wir sollten lernen, durch unser Denken unser Unterbewußtsein zu beherrschen. Vielen Menschen ist dieser Gedanke nicht nur neu, sondern auch fremd. Die vielen Mißerfolge und psychomatischen Krankheiten machen die Macht der Gedanken deutlich.

Negative Gedanken bringen: Mißerfolg - Ärger - Neid - Streit - Unbeliebtheit - Depression - usw.
Positive Gedanken bringen: Erfolg - Freude - Bewunderung - Anerkennung - Beliebtheit - Glück - usw.

Negatives Denken zerstört den Körper, die eigene Harmonie wie die Harmonie mit anderen - in der Familie, am Arbeitsplatz, in jeder Gemeinschaft. Es ist jedoch möglich, das Denken statt dessen durch positive, aufbauende Gedanken, die gesund und glücklich machen, zu beeinflussen. Die bewußte Autosuggestion ist der königliche Weg, sein Gehirn wirkungsvoll positiv zu trainieren. Wir beschäftigen uns mehr mit der Frage, was die anderen denken mögen, als damit, welche Gedanken wir selbst produzieren. Durch kluge Selbsterziehung und Gedankendisziplin erziehen und trainieren Sie Ihr Gehirn zur Produktion positiver Gedanken. Schon vor 2500 Jahren sagte Buddha »Herrschaft über das Denken gibt Macht über Leib und Leben«.

Die 3 Hauptseminare:

Der erfolgreiche Weg

Lebensmut und Tatkraft
Erkenntnis und Erfolgswissen
Entfaltung der Persönlichkeit

In sieben erlebnisreichen Tagen entdecken Sie die Geheimnisse des Glücks und des Erfolges. Ihr Leben wird reicher.

Sie gewinnen: Eigene Wünsche bejahen und verwirklichen – unausgeschöpfte Potentiale des Gehirns nutzen – reicher durch richtigen Zeitgebrauch – innere Ruhe und Sicherheit – Überlegenheit durch Lebens- und Menschenkenntnis – Selbstkontrolle und Selbstbeherrschung – Unbeeinflußbarkeit – Selbstvertrauen – gutes Erinnerungsvermögen – gute Konzentrationsfähigkeit – Ideenreichtum und Intuition – klarer Blick für Tatsachen – Initiative – Tatkraft und Wagemut – wohlwollendes, gewinnendes Wesen – psychologisches Wissen für die Aufgaben der Organisation und rationelles Wirtschaften – Arbeitsfreude und seelische Spannkraft – größtmögliche Gesundheit der Nerven und des Körpers.
In diesem Seminar werden die neuesten Erkenntnisse der Medizin, der Psychologie, der Evolutionsforschung und anderer Wissenschaften vorgestellt und systematisch für die positive Lebensgestaltung nutzbar gemacht.

Alpha Training
Mentales Training, Tiefenentspannung, vollkommene Erholung

Sammlung aller Kräfte
Konzentration und Gelassenheit
zu sich selbst finden
frei von Streß

Es ist ein glückhaftes Erlebnis, wenn nach tiefer Entspannung sich die eigenen Kräfte in ungeahnter Weise neu entfalten. Sie erlernen die Möglichkeit der Selbstentfaltung durch Konzentration.

Sie finden: das Geheimnis der inneren Ruhe – die Harmonie des Alltags – Steigerung der Nervenkraft – Schöpferkraft des Unterbewußtseins – Beeinflussung der Schaltvorgänge im Unterbewußtsein – Macht der Gedanken – Lernen im Schlaf – Herrschaft über die Kraft des Geistes – Konzentrationsfähigkeit – Gelassenheit – Steigerung der Leistungsfähigkeit – Kreativitätssteigerung – Steigerung der Entschlußfähigkeit – Abbau der Überlastungsnervosität – effektivere Nutzung von Erholungspausen – intensiveres Erleben – besseres Verhältnis zur Umwelt – bessere Kontaktfähigkeit – leichtere Problemlösung – leichteres Einschlafen.
Wenn Sie drei Tage in der ruhigen Atmosphäre bei Enkelmann in Königstein die Gesetze des Umgangs mit sich selbst erlernt haben, sind Sie in der Lage, ruhiger, freier und bewußter Ihr Leben zu gestalten. Machen Sie sich frei von Furcht und Streß.

Rhetorik Autorität
Körpersprache

frei auftreten
überzeugend verhandeln
mitreißend reden
Begeisterung ausstrahlen

Rhetorik ist mehr, als reden können. Rhetorik ist das Wissen um die Wirkung des ganzen Menschen – und seine konsequente Anwendung.

Stufe I
Dazu gehört: Einführung in die Rhetorik – Rhetorik als Mittel zur Persönlichkeitsentwicklung – die Rednerpersönlichkeit – Atemtechnik – Ausbildung der vollen Stimme – Sprechtechnik – Steigerung des Selbstbewußtseins – Steigerung der inneren Kraft – Autosuggestion – Abbau der Hemmungen – Verkaufspsychologie – Schwachstellenanalyse – Stegreifredeübungen – die Ausschöpfung der sprachlichen und rhetorischen Möglichkeiten, Menschen zu gewinnen und zu überzeugen – Erfolgsmeditation.
In Theorie und Praxis lernen Sie in drei Tagen, Ihr Wissen und Ihre Persönlichkeit voll zur Wirkung zu bringen. Moderne technische Hilfsmittel, wie Fernsehaufzeichnungsgeräte, unterstützen die Selbstkontrolle. Dieses Seminar ebnet den Weg zum Erfolg für Sie und Ihre Mitarbeiter.